导游业务

主 编 黄玉理 王玉琼

西南交通大学出版社
·成都·

图书在版编目（CIP）数据

导游业务 / 黄玉理，王玉琼主编. —成都：西南交通大学出版社，2022.12
ISBN 978-7-5643-9148-5

Ⅰ. ①导… Ⅱ. ①黄… ②王… Ⅲ. ①导游 – 业务 – 教材 Ⅳ. ①F590.633

中国版本图书馆 CIP 数据核字（2022）第 255223 号

Daoyou Yewu
导游业务
主　编　黄玉理　王玉琼

责 任 编 辑	何宝华
封 面 设 计	原谋书装
出 版 发 行	西南交通大学出版社 （四川省成都市金牛区二环路北一段 111 号 西南交通大学创新大厦 21 楼）
发行部电话	028-87600564　028-87600533
邮 政 编 码	610031
网　　　址	http://www.xnjdcbs.com
印　　　刷	四川森林印务有限责任公司
成 品 尺 寸	185 mm × 260 mm
印　　　张	22.25
字　　　数	556 千
版　　　次	2022 年 12 月第 1 版
印　　　次	2022 年 12 月第 1 次
书　　　号	ISBN 978-7-5643-9148-5
定　　　价	59.00 元

课件咨询电话：028-81435775
图书如有印装质量问题　本社负责退换
版权所有　盗版必究　举报电话：028-87600562

前　言

"导游业务"是一门应用性、综合性非常强，且涉及诸多学科的课程，是旅游管理专业的专业核心课程，也是酒店管理的主干专业课，还是学生从事导游职业前参加导游资格证书考试的必考科目之一，对培养学生的导游服务能力、带团技能、讲解技能、应变能力及职业素养起主要支撑作用。因此，对于这样一门实践性和综合性很强的课程来说，教材编写至关重要。

随着旅游业的不断发展，旅游消费市场日益成熟，旅游者对导游的要求越来越高。导游是旅游业的灵魂，导游员在旅游业中的地位越来越重要，是旅游业中最积极、最有代表性的从业人员。本教材的编写充分考虑了我国旅游业的发展实际，按照循序渐进的学习规律，以不同导游员在实际工作中的带团流程与规范为出发点，以导游工作流程为主线，介绍导游活动所需任务与能力，培养学生理论知识和实践工作能力，将整个教学内容分成了四大模块，即基础理论模块、业务模块、技能与应变能力模块和旅行常识模块。基础理论模块包括第一章和第二章，主要阐述了导游服务的产生与发展、导游服务的概念、类型、性质、特点、地位及导游服务的发展趋势；导游员的分类、职责及行为规范，导游员应该具备的基本素质及培训与考核。业务模块主要涉及导游服务流程与规范，包括第三章和第四章，系统地讲述了团队旅游中海外领队、全陪、地陪、景区（点）讲解员的服务程序与规范；散客旅游的类型，散客导游服务的程序。技能与应变能力模块含第五章、第六章、第七章和第八章，详细介绍了导游员的带团技能和语言运用技能、旅游常见问题与事故的预防和处理、旅游者个别要求的处理。旅行常识模块即第九章，介绍导游服务的相关知识。

在设计思路上，本书参考了全国导游资格考试大纲，根据大纲整理材料知识，同时根据《旅游法》《导游管理办法》等法律法规的最新规定以及行业发展的新情况，新增了许多内容，如"导游自由执业的相关内容""我国免办签证的几种情况""民航临时乘机证明""我国目前被批准实施的境外旅客购物离境退税政策"等有关内容。

为了使学生真正掌握导游业务的各种基本技能，本教材在编写过程中注重理论与实践相结合，对学生的培养主要体现在导游服务各种操作规范的介绍上，力求具有实用性和操作性。每章引入大量的实例与案例分析，有效地培养学生分析问题、解决问题的能力。课后练习设置了判断题、单选题、多选题、案例分析题。客观题主要是历年考试真题，目的是让学生熟悉考试题型、考试内容等，并配有参考答案，便于教师参考和学生自学。导游业务的课程设置一般都是以理论学习+实践的模式开展的。本书的业务模块、技能与应变能力模块和旅行常识模块均可设计实践和情景模拟教学环节，培养学生带团、讲解、处理突发事件和个别要求的技能，从而提高学生的综合素质和能力。本书简明扼要，通俗易懂。本教材是校级"课程思政"示范课程和校级本科一流课程线上和线下混合模式的示范课程。

本教材由黄玉理（成都大学）和王玉琼（成都理工大学）负责四大模块的编写工作。在编写过程中，成都大学旅游与文化产业学院的2020级旅游管理专业1班的李忠权和2班的徐方媛参与每章内容课后练习的收集、整理和参考答案校对，在此对两位学生的大力支持表示衷心的感谢！本书的编写过程中，我们参考了国内外许多专家和学者的相关著作、教材、文献和网站信息，并介绍了其中部分内容，未能一一注明出处，在此对各位专家、学者表示衷心的感谢！由于编者时间和水平有限，书中难免会有不足之处，敬请专家和读者不吝指正，以便再版时修订完善。

编者
2022年8月

目 录

基础理论模块

第一章 导游服务 ··002
第一节 导游服务的产生与发展历程 ··002
第二节 导游服务的内涵及类型 ··008
第三节 导游服务的性质与特点 ··012
第四节 导游服务的地位、作用与发展趋势 ··019
课后练习 ··023

第二章 导游员 ··026
第一节 导游人员的概念与分类 ··026
第二节 导游员的职责 ··032
第三节 导游员的素质和修养 ··035
第四节 导游员的职业道德和行为规范 ··045
第五节 导游员的培训、考核与管理 ··050
课后练习 ··055

业务模块

第三章 团队导游服务程序与规范 ··060
第一节 导游服务集体 ··061
第二节 出境旅游领队服务程序与规范 ··063
第三节 全程导游服务程序与规范 ··075
第四节 地方导游服务程序与规范 ··085
第五节 景区(点)导游服务程序与规范 ··105
第六节 导游词的撰写 ··109

课后练习 ··· 116

第四章　散客导游服务程序与规范 ································ 121
　　第一节　散客旅游服务概述 ······································· 122
　　第二节　散客旅游与团队旅游 ····································· 125
　　第三节　散客导游服务程序 ······································· 128
　　课后练习 ··· 133

技能与应变能力模块

第五章　导游人员的带团组织技能 ···································· 138
　　第一节　导游人员的吸引力和形象塑造 ····················· 139
　　第二节　导游带团的特点、原则和模式 ····················· 145
　　第三节　参观游览活动的组织技巧 ···························· 148
　　第四节　导游人员与游客的交往技能 ······················· 150
　　第五节　导游人员的协作技能 ····································· 152
　　第六节　特殊游客的接待 ··· 157
　　课后练习 ··· 161

第六章　导游人员的语言技能 ··· 165
　　第一节　导游语言概述 ··· 166
　　第二节　导游交际语言艺术 ··· 175
　　第三节　导游讲解的语言艺术 ····································· 182
　　课后练习 ··· 202

第七章　旅游者个别要求的处理 ··· 205
　　第一节　旅游者个别要求的处理方法 ······················· 206
　　第二节　旅游投诉的心理与处理方式 ······················· 218
　　课后练习 ··· 222

第八章　常见事故的预防与处理 ··· 227
　　第一节　常见事故的预防和处理原则 ······················· 228
　　第二节　漏接、空接、错接的预防和处理 ··············· 233

第三节　旅游活动计划和日程变更的处理……………………237
第四节　误机（车、船）事故的预防和处理……………………240
第五节　游客证件、行李、钱物遗失的预防和处理……………241
第六节　游客走失的预防和处理…………………………………246
第七节　游客患病、死亡的处理…………………………………248
第八节　旅游安全事故的预防与处理……………………………253
第九节　旅游者越轨行为的预防和处理…………………………258
课后练习……………………………………………………………260

旅行常识模块

第九章　旅行服务相关知识……………………………………266
第一节　出入境知识………………………………………………266
第二节　交通知识与邮电知识……………………………………277
第三节　货币与保险知识…………………………………………288
第四节　旅游卫生救护及安全知识………………………………292
第五节　时差与度量衡换算………………………………………303
课后练习……………………………………………………………305

附　录……………………………………………………………312
附录1　各章的案例思考答案……………………………………312
附录2　导游人员扣分的违规行为明细…………………………325
附录3　《中华人民共和国旅游法》……………………………327
附录4　《导游管理办法》………………………………………340

参考文献…………………………………………………………348

基础理论模块

第一章 导游服务

第二章 导游员

第一章　导游服务

知识目标
1. 了解世界及我国导游服务的发展历程。
2. 熟悉导游服务的含义及服务内容。
3. 掌握导游服务的类型和特点。

能力目标
1. 分清导游服务的范围及服务方式。
2. 能够意识到导游服务工作会面临的挑战。

教学重点
1. 托马斯·库克对导游服务业的贡献。
2. 导游服务的性质和特点。

课程导入

> 小刘是重庆某职业学校的一位老师,负责学校与比利时的一所农业职业学校的文化交流。2019年夏天,小刘所在学校的领导与几位老师前往比利时农业职业学校进行考察,由小刘担任翻译人员,在旅途中为领导与老师们提供生活上的服务与翻译。
> 【思考】请问小刘提供的服务是导游服务吗?

第一节　导游服务的产生与发展历程

一、导游服务的产生

导游服务是旅游服务的一个组成部分,是在旅游活动的发展过程中产生,随着社会生产力的不断发展,随人类旅行活动规模不断扩大而形成和发展的。到今天,导游服务已经形成了自己的服务体系和服务规范,并确立了在旅游业中不可动摇的地位与作用,被人们誉为"旅游活动的灵魂"。

（一）古代旅游活动

"旅游"一词最早出现于19世纪初，但旅游活动作为人类的文明活动早在古代就已经出现了。

在人类历史上，人类有意识地外出旅行是由产品或商品交换引起的，即第二次社会大分工使商业从农牧业和手工业中分离出来，出现了专门从事商品交换的商人。正是他们在原始社会末期开创了人类旅游活动的先河。

在古代社会，人们外出旅行主要是出于经济目的。在原始社会末期和奴隶社会形成时期，随着商品生产和交换的发展，第二次社会大分工的出现，使商业从农牧业和手工业中分离出来，出现了专门从事商品交换的商人。他们以经商为目的四处奔走，开创了旅行的通路。商品交换越发达，交换的范围越大，人们就越要离开常住地，到异地他乡经商。所以，最早的旅行是建立在经商贸易基础上的一种经济活动。

以消遣为目的旅行后来也随之出现。例如，在西方奴隶制社会，奴隶主以巡视、巡游为名义的享乐旅行；古埃及在5000多年前就已有组织朝圣者去圣地朝拜的朝圣旅行。古希腊时代，人们旅行去参加、观看奥林匹克运动会。在此时期，旅行的目已不限于经商和宗教，更是出现了海滨疗养、鉴赏艺术、游览古迹、欣赏建筑等多种目的的旅行。

到了封建社会，旅行的形式更加多种多样。帝王、王公贵族的巡游，以求学求知为目的的教育旅行，以探险为目的的航海旅行，以科学考察为目的的旅行，以经商为目的的跨国旅行等也发展了起来。如秦始皇一生巡游了六次，五次是在统一全国以后。西汉时期，张骞出使西域，打通了通往西域的大门，第一个开通了通往欧洲大陆的交通线。明代著名的外交使节郑和曾七次航行到印度洋一带，开拓海上丝绸之路，走访了亚非30多个国家，创造了世界航海史上的壮举。意大利旅行家马可·波罗为经商来到中国，著名意大利航海家哥伦布进行航海探险旅行，发现了美洲新大陆等。但是需要指出的是，在漫长的古代旅游发展史中，以经商为目的的旅行始终是主要形式，以消遣为目的的旅行并非普遍现象，而只是少数人参与的活动。

古代旅游充满艰苦性、冒险性的原因中，除了交通工具落后外，没有向导是另一个重要的原因。充当向导的人不仅可以引路，而且还能对沿途的山水景物及当地的风俗民情进行介绍。他们提供的服务在一定程度上已具有了与现代导游服务相似的内容。只不过在古代，由于客观因素的制约，旅游的人数和范围有限，规模不大，人们当导游的机会并不多。往往是一些与旅行者偶然相遇的车夫、马夫、船夫、当地居民以及僧侣等为其担任向导，导游服务只是一种偶尔为之的行为。向导有时是出于义务，与旅行者并无金钱关系，有时则收受或多或少的报酬。但是做向导在当时并不能成为安身立命的谋生手段，不是一种职业，没有专业的要求，从本质上讲不具有商业性质，因此也没有形成以向导为固定职业的专业队伍。

（二）商业性导游服务的产生

1. 早期有陪同和领队的旅行活动

在国外，五千年前的埃及已经出现了宗教徒参拜圣地的朝圣旅行；在古希腊时代，人们会去参加、观看奥林匹克运动会；后来，有哥伦布发现美洲新大陆的探险旅行，达尔文进行的环球航行、科考旅行等。但这些都是非经济目的的消遣旅行，而且还只是少数人参加的活动或者是区域性的活动，不具有普遍性。而跟随在这些主人后面的侍从、仆人、臣子等，除侍奉和护卫外，也起着旅行向导的作用。有时在陌生的环境里，为了自身的安全和旅行顺利，人们往往会寻找或雇用一个熟悉当地环境的向导，帮助他们顺利完成旅行活动。

由此可见，在古代的各种旅行活动中已经开始出现了向导服务，不管提供这种服务的人身份如何，他们在旅行中所起的向导作用是毋庸置疑的。只是在当时，人们充当向导是偶尔的、个别的现象，不是经常有的现象，向导不是一种固定的职业。

2. 近代商业性导游服务的出现

18世纪60年代至19世纪，英国、美国、法国、德国先后完成了产业革命，大大促进了生产力的发展和经济的繁荣，不仅给人类社会带来了巨大的变化，也使得这一时期的旅游活动获得了突破性的发展。工业革命为近现代旅游业的诞生创造了一定的条件。一方面产生了一批新兴的资产阶级，他们聚敛了大量资财，不仅产生了出外享乐的需要，而且他们从事的生产经营活动也需要经常外出采购原材料和推销商品，这促成了不同地区和国家之间人员往来的增加。另一方面新技术的应用大大推进了社会生产力的发展，商业的繁荣和城市的兴起，加上交通工具的革新，火车、轮船的出现使运输速度更快，城市旅馆、铁路旅馆、餐馆、咖啡馆的兴起，为人们的出行生活创造了便利条件。正是在这种历史背景下，英国人托马

斯·库克（Thomas Cook）发现了巨大的商机并勇敢地采取了行动，从而成为近代旅行代理业的创始人。

1808年11月22日托马斯·库克出生于英格兰德比郡墨尔本镇，自幼家境贫寒，十岁辍学从业，做过帮工、木工、诵经人等。出于宗教信仰的原因，他极力主张禁酒。1841年7月初，在他居住的莱斯特城不远的拉夫巴勒要举行一次禁酒会。为了壮大这次会的声势，托马斯·库克在莱斯特城张贴广告、招徕游客，组织了570人从莱斯特前往拉夫巴勒参加禁酒大会。他向每位游客收费1先令，为他们包租了一列火车，作好了行程的一切准备，使这次短途旅行十分成功。这次活动虽然不是一次纯粹的商业性活动，却成为公认的近代商业性旅游活动的开端。

1845年托马斯·库克放弃了木工的工作，开始专门从事旅游代理业务，成为世界上第一位专职的旅行代理商。他在英格兰的莱斯特城创办了世界上第一家商业性旅行社，"为一切旅游公众服务"是它的服务宗旨。1846年，托马斯·库克亲自带领一个旅行团乘火车和轮船到苏格兰旅行。旅行社为每个成员发了一份活动日程表，还为旅行团配置了向导。这是世界上第一次有商业性导游陪同的旅游活动。他还编写出版了第一本旅游指南——《利物浦之行手册》。1855年，他组织去法国巴黎参加第二次世界博览会，开创了国际旅游和"包价"旅游的先河。1865年托马斯·库克与儿子约翰·梅森·库克（John Mason Cook）成立父子公司（即通济隆旅游公司），迁址于伦敦，并在美洲、亚洲、非洲设立分公司。此后，托马斯·库克又组织了到法国等地的旅游活动。1872年他本人亲自带领一个9人旅游团访问纽约、华盛顿、南北战争战场、尼亚加拉大瀑布、多伦多等地，把旅游业务扩展到了北美洲。这次环球旅行使他声名远播，产生了极大的影响，使人们"想到旅游，就想到库克"。此外，托马斯·库克

在 1892 年还创造性发明了一种流通券（即旅行支票）。凡持有流通券的国际旅游者可在旅游目的地兑换等价的当地货币，即旅行支票，更加方便了旅游者进行跨国和洲际旅游。

后来欧洲、北美诸国和日本纷纷仿效托马斯·库克组织旅游活动的成功模式，先后组建了旅行社或类似的旅游组织，招募陪同或导游，带团在国内外参观游览。这样，世界上逐渐形成了导游队伍。第二次世界大战后，大规模的群众性旅游活动崛起并得到发展，使导游队伍迅速扩大。到目前，几乎世界各国都拥有一大批数量不等的专职和兼职导游队伍。

3. 大众旅游时期的导游服务

第二次世界大战结束以后，世界各地的社会化大众旅游活动迅速普及，其原因主要有以下几点：一方面，战后世界经济迅速发展，人们的工资收入、可支付能力不断提高。生产劳动自动化程度的提高，也使得人们的工作时间缩短，带薪假期增加，因而更多的人加入旅游者的队伍中来。另一方面，战后科学技术的发展使交通运输工具越来越先进，喷气式客机的快速、便捷使人们外出旅游的时空距离大大缩短，为远程旅游提供了新的便利条件，而交通工具的进步又带来了交通费用的降低，使社会公众具有了外出旅游的能力。正是这些因素的推动，旅游活动迅速走向大众化。于是，世界旅游进入了大众旅游时期。

旅游已不再是一种奢侈品，而是生活的必需品，已成为人们的一种生活方式。随着大众旅游活动的发展，导游作为一种新兴的职业，其人数不断增加，队伍迅速扩大，现在已发展成为一支拥有几十万人的遍及全球的专业化导游队伍。

二、我国导游服务的发展演变

我国导游服务起步于 1923 年 8 月，即上海商业储备银行的旅游部组建之时，至今经历了五个发展阶段。

（一）起步阶段（1923—1949 年）

同欧美国家相比，中国近代旅游业起步较晚。19 世纪末上海租界已有专门为外国游客服务的民间旅游组织。20 世纪初西方一些旅游企业陆续占领中国市场，中国的旅游市场完全被英、美、日、法等外国旅行机构所垄断。英国的"通济隆"旅游公司（前身即托马斯·库克父子旅游公司）、美国运通旅游公司等开始在上海等地设立旅游代办机构，总揽中国旅游业务，雇佣中国人充当向导。那时中国的旅游业还是空白。

1923 年 8 月 15 日，上海商业储备银行总经理陈光甫先生在其同仁的支持下，在该银行下创设了旅游部。1927 年 6 月，旅游部与银行分立，正式命名为中国旅行社，这是中国人自己创办的第一家旅行社，其分支遍布华东、华北、华南等 15 个城市，现为香港中国旅行社股份有限公司。与此同时中国还出现了其他类似的旅游组织，如铁路旅游经理处、公路旅游服务社、浙江名胜导游团等。这些旅行社和旅游组织承担

了近代中国人旅游活动的组织工作，同时也产生了我国的第一批导游。

这个时期不仅出现了导游服务，而且从事这一工作的人员分成了全程陪同服务型和地方游览讲解服务型两种类型。前者除起着向导作用外，还担负了旅游团的行程和生活照料工作，后者则负责当地游览项目的导游和讲解。旅行社组织的旅游活动均招聘全程陪同和在参观游览景点临时雇佣当地人进行导游讲解，使得社会中一部分人逐渐将导游工作作为一种职业来对待，从而促进了导游服务向职业化转变。

（二）开拓阶段（1949—1978年）

中华人民共和国成立后，我国旅游事业有了进一步发展。第一家旅行社"华侨服务社"于1949年11月在厦门筹建，12月正式营业，这是新中国第一家国营的旅行社。此时便诞生了中华人民共和国成立后的第一批导游。1954年4月15日，中国国际旅行社在北京西交民巷4号诞生（简称"国旅"，CITS），并在全国设立了14家分社，成为我国第一个从事接待外国旅游者的机构，主要负责接待外宾，为外国人来华旅游提供食、住、行、游等服务。1957年，各地的华侨服务社组建成华侨旅行服务总社及其分社。1964年6月，国务院批准成立了"中国旅行游览事业管理局"作为国务院直属机构，加强了对旅游事业的组织和领导。在此期间，导游队伍逐渐形成，规模有两三百人，掌握了十几种语言。1974年，华侨旅行社改名为中国旅行社（简称"中旅"，CTS），接待对象主要为自费归国观光探亲的海外华侨、外籍华人以及港、澳、台同胞。这一时期导游服务以外事接待工作为主要内容，当时旅游业的发展规模并不大，而且主要是入境旅游，导游员的数量并不太多，从事导游服务的工作人员均被称为翻译导游人员。

（三）发展阶段（1978—1988年）

中国共产党第十一届三中全会后，我国实行对外开放政策，吸引了大批海外游客涌入我国，国内旅游也蓬勃发展。1978年，"中国旅行游览事业管理局"改名为"中国旅行游览事业管理总局"，各省、市、自治区都设立相应的旅游局。（1982年，"中国旅行游览事业管理总局"更名为"国家旅游局"。1988年国务院机构改革，国家旅游局成为国务院直属机构。）1980年6月，中国青年旅行社总社成立（简称"中青旅"，CYTS），几个中央部委如邮电、教育、铁路等也相继成立了旅行社。1984年，旅行社外联权下放，全国各行业和地区性旅行社迅速发展。到1988年年底，全国形成了以国旅、中旅、青旅为主干框架的近1600家旅行社构成的体系，承揽了绝大部分入境游客的招徕和接待工作以及国内游客的旅游业务，全国导游队伍迅速扩大到25 000多人。但由于增长速度过快，导游队伍出现了鱼龙混杂的局面，整体导游水平和素质不如前一阶段。

（四）全面建设导游队伍阶段（1988—2016年）

为了整顿导游队伍，使导游服务水平适应我国旅游业发展的需要，1988年国家旅游局开始在上海和浙江设立导游考试试点，1989年举行全国导游考试，随后每年开展一次导游资格考试，我国开始迈入全面建设导游队伍的阶段。

为进一步规范导游服务、加强导游管理，1994 年国家旅游局决定对全国持有导游证的专职及兼职导游分等级，划分为初级、中级、高级、特级四个级别，进一步加强导游队伍建设。1999 年 5 月国务院颁发的《导游人员管理条例》，废除了之前的《导游人员管理暂行规定》。条例规定国家实行全国统一的导游人员资格考试制度，增加了不得颁发导游证的情形，对导游证与临时导游证的有效期限进行了规定，对导游执业规范和标准有更加详细的规定，相较于之前的暂行规定更加详细和具体，标志着我国导游队伍的建设迈上了新进程。

2001 年，国家旅游局颁发《导游人员管理实施办法》，决定启用新版导游证，实行导游计分制管理，运用现代科学技术手段建立导游数据库，在全国范围内推行导游电子信息网络化管理。

2002 年，国家旅游局开展整顿和规范旅游市场秩序活动，明确提出严厉查处乱拿、私收回扣，打击非法导游活动，建立和完善"专职导游"和"社会导游"两套组织体系和教育管理体系，全面推行导游记分制管理和 IC 卡管理等举措，促进了导游工作的规范化，加强了导游队伍的建设。

2005 年 7 月《导游人员等级考核评定管理办法（试行）》以及同年修正后的《导游人员管理实施办法》开始实施。这两项规定进一步促进了旅游业中导游人才队伍的建设，提高了导游人员的服务质量和从业素质，促进了旅游发展。

2013 年 10 月 1 日，《中华人民共和国旅游法》正式施行。该法从薪酬机制几大方面对导游人员的权益保障、行为规范、从业、培训等进行了规定，规范了导游与旅行社之间的利益分配关系，既保障导游人员的权益，也进一步明确了导游执业行为应该承担的法律责任，对导游准入条件也做出重大修改。

（五）深化导游改革阶段（2016 年至今）

2016 年废止《导游人员管理实施办法》，该办法规定的导游岗前培训考核制度、计分管理制度、年审管理制度和导游人员资格证 3 年有效制度等停止实施。国家旅游局根据导游管理体制机制改革工作的推进，逐步完善事中、事后监管措施并加强监管。2017 年 11 月，国家旅游局正式颁布《导游管理办法》，并于 2018 年 1 月 1 日起施行。

2016 年 5 月 9 日，国家旅游局（2018 年与文化部合并为文化和旅游部）印发了《关于开展导游自由执业试点工作的通知》，附带《导游自由执业试点实施方案》和《导游自由执业试点管理办法（试行）》两个文件，取消"导游必须经旅行社委派"的政策规定，拓宽导游执业途径，建立导游服务预约平台；游客既可通过线上平台预约导游，也可线下自主联系，实现交易方式完全放开。决定从 2016 年 5 月开始，正式启动在江浙沪三省市、广东省的线上导游自由职业试点工作，在吉林长白山、湖南长沙和张家界、广西桂林、海南三亚、四川成都开展线上线下导游自由执业试点工作。由此标志着导游进入了自由执业阶段。

导游执业方式自由化是导游自由执业的核心，目前导游执业主要有两大类型和五种模式。

1. 导游自由执业的两大类型

（1）线上导游自由执业：指导游向通过网络平台预约其服务的消费者提供单项讲解或向导服务，并通过第三方支付平台收取导游服务费的执业方式。

(2)线下导游自由执业:指导游向通过旅游集散中心、旅游咨询中心、A级景区游客中心等机构预约其服务的消费者提供单项讲解或向导服务,并通过第三方支付平台收取导游服务费的执业方式。

2. 导游自由执业的五种模式

(1)"旅行社委派"模式:指导游接受旅行社委派,为游客提供服务的模式,是现有旅行社委派导游经营模式的延续。

(2)"旅行社预订"模式:指旅游者通过旅行社预订导游服务的模式。导游自由执业后旅行社依然保留与部分优秀导游的劳动关系或雇佣关系。

(3)"协会预订"模式:指游客通过旅游行业协会,如导游协会预订导游服务的模式。只要旅游行业协会能够真正成为"导游之家",维护导游的合法权益,旅游行业协会必然会成为导游的聚集地。游客通过旅游行业协会预订导游服务、必定会成为导游自由执业后的趋势之一,如张家界"导游协会"、四川"导游之家"等。

(4)"导服公司"模式:指导游服务公司、导游经纪公司为游客提供导游服务的模式。这里所指的导游服务公司,与目前正在营运的导服公司不是一个概念。现在的导服公司多为半官方性质,能按照市场化模式运转的较少。导游自由执业全面实施后,导游服务公司等经济实体应该会应运而生,专职从事预订和提供导游服务。

(5)"游客直联"模式:指旅游者直接与导游本人联系,预订其导游服务。这种模式为那些业务水平精湛、服务质量高的导游提供了施展才华的天地,目前只适用于试点省市(地区)。

为了方便导游执业,加强对导游的信息化管理和制度保证。2016年8月24日全国导游公共服务监管平台正式上线。随着平台建设的不断完善,将实现导游网上培训、星级评价、信息咨询、突发事件应急管理等公共服务。

第二节 导游服务的内涵及类型

一、导游服务的内涵

导游服务是旅游业不可缺少的一个组成部分,是旅游者实现旅游需求的主要途径之一。导游服务是导游员代表被委派的旅行社,接待或陪同游客旅行、游览,按照组团合同或约定的内容和标准,向游客提供的旅游接待服务。

导游服务的内涵,具体说应包括以下几层含义:

(1)导游人员是旅行社委派的,可以是专职的,也可以是兼职的。过去曾有规定,未受旅行社委派的导游人员,不得私自接待游客。导游自由执业试点后,此政策取消,游客可通过第三方平台线上预约导游,也可线下自立联系。

(2)导游人员的主要业务是从事游客的接待。一般说来,多数导游人员是在陪同游客旅行、游览的过程中向其提供导游服务的,但是也有些导游人员是在旅行社设在不同地点的柜台前接待客人,向客人提供旅游咨询,帮助客人联系和安排各项旅游事宜,他们同样提供的是接待服务。不同的是，前者是在出游中提供接待服务，后者是在出游前提供接待服务。

（3）导游人员向游客提供的接待服务，对于团体游客必须按组团合同的规定和导游服务质量标准实施，对于散客必须按事前约定的内容和标准实施。导游人员不得擅自增加或减少甚至取消旅游项目，也不得降低导游服务质量标准。一方面，导游人员在接待过程中要注意维护所代表的旅行社的形象和信誉，另一方面也要注意维护游客的合法权益。对于参加旅行社组织的旅游活动的游客而言，导游的服务工作是其顺利完成游程的主要依托。

因此，导游服务是整个旅游过程中的服务灵魂，导游人员在旅游过程中的服务艺术、服务技能、服务效果和组织能力对游客综合旅游感受会形成最直接的影响。不仅如此，导游服务工作的优劣，还会直接影响到整个旅游行业的信誉，对旅游经济的发展产生直接或间接的影响。

二、导游服务的类型

导游服务的类型是指导游人员向游客介绍所游地区或地点情况的方式。导游服务的范围极广，内容相当复杂。不过，就现代导游服务方式而言，大致可分为两大类：图文声像导游方式和实地导游方式。

（一）图文声像导游方式

图文声像导游方式，亦称物化导游方式，它包括：
（1）导游图、交通图、旅游指南、景点介绍册页、画册、旅游产品目录等。
（2）有关旅游产品、专项旅游活动的宣传品、广告、招贴以及旅游纪念品等。
（3）有关国情介绍、景点介绍的录像带、录音带、电影片、幻灯片和CD、VCD光盘等。
（4）语音导览机：又称自动感应式讲解器、科音达语音导览设备、自助讲解器等，一般应用于景区或者博物馆、科技馆、展厅等地方。
（5）智慧旅游：通过融合通信与信息平台，利用云计算、互联网技术，借助全球卫星定位系统，使用便携式终端上网设备，主动感知旅游相关信息，实现导游服务。

（二）实地口语导游方式

实地口语导游方式，亦称讲解导游方式，它包括导游人员在游客旅行、游览途中所做的介绍、交谈和问题解答等导游活动。

随着时代的发展、科学技术的进步，导游服务方式将越来越多样化、高科技化。图文声像导游方式形象生动、便于携带和保存的优势将会得到进一步发挥，在导游服务中的作用会进一步加强。然而，同实地口语导游方式相比，仍然处于从属地位，只能起着减轻导游人员负担、辅助实地口语导游方式的作用。实地口语导游不仅不会被图文声像导游方式所替代，而且将永远在导游服务中处于主导地位。这是因为：

1. 导游服务的对象是有思想和目的的游客

由于社会背景和旅游动机的不同，不同的游客出游的想法和目的也不尽相同，有的人会直接表达出来，有的人比较含蓄，还有的人可能缄默不语。图文声像以千篇一律的固定模式介绍旅游景点，是不可能满足不同社会背景和出游目的的游客的需求的。导游人员可以通过实地口语导游方式掌握游客对旅游景点的喜好程度，在与游客接触和交谈中，了解不同游客的想法和出游目的，然后根据游客的不同需求，在对参观游览的景物进行必要介绍的同时，有针对性、有重点地进行讲解。导游讲解贵在灵活，妙在变化，绝不是一部机器甚至是高智能的机器人能够替代的。

2. 现场导游情况复杂多变

现场导游情况纷繁复杂，在导游人员对参观游览的景物进行介绍和讲解时，有的游客会专心致志地听，有的则满不在乎，有的还会借题发挥，提出各种稀奇古怪的问题。这些情况都需要导游人员在讲解过程中沉着应付、妥善处理。在不降低导游服务质量标准的前提下，一方面满足那些确实想了解参观游览地景物知识的游客的需求，另一方面想方设法调动那些对参观游览地不感兴趣的游客的游兴，还要对提出古怪问题的游客做必要的解释，以活跃整个旅游气氛。此类复杂情况也并非现代科技导游手段可以应付的，只有人，而且是高水平的导游人员才能得心应手地应付这种复杂多变的情况。

3. 旅游是一种人际交往和情感交流关系

旅游是客源地的人们到旅游目的地的一种社会文化活动，通过对目的地社会文化的了解以及接触目的地的人民，实现不同国度、地域、民族之间的人际交往，建立友谊。导游人员是游客首先接触而且接触时间最长的目的地的居民，导游人员的仪容仪表、言谈举止和导游讲解方式都会给游客留下难以磨灭的印象。通过导游人员的介绍和讲解，游客可以了解目的地的文化，增长知识，陶冶情操。接触目的地的居民，特别是与其相处时间较长的导游人员，人们会自然而然地产生一种情感交流，即不同国度、地域、民族之间的人们相互了解，产生友谊。这种游客与导游之间建立起的正常的人与人之间的情感关系是提高导游服务质量的重要保证。这同样是高科技导游方式难以做到的。

三、导游服务的范围

导游服务范围是指导游人员向旅游者提供的服务内容，即导游人员业务工作的内容。导游人员向旅游者提供的服务是多方面的，涉及食、住、行、游、购、娱、出入境迎送、上下站联络、邮电通讯、医疗等，几乎无所不包，但大体可以归为三大类，即导游讲解服务、旅行生活服务和市内交通服务。具体的导游服务范围如下。

（一）导游讲解服务

导游讲解服务包括口译服务和导游服务。口译服务包括现场参观访问和座谈、会见、交流、咨询等。导游服务包括物化导游（图文、声像）和口语导游（娱乐活动导游、流动游览讲解、沿途讲解服务、现场导游讲解服务）。

导游讲解服务需要导游人员在引领旅游者参观游览的过程中，运用自己掌握的知识、导游技能和语言艺术，对旅游目的地的风景名胜、风俗民情、古今文化、艺术和建设新貌等进行准确而又生动地介绍，使旅游者在游览观光时的审美情趣和求知需求得到满足。通过导游讲解服务，旅游者可以认识一个国家或地区的历史文化和现代文明，进而了解当地人民的精神风貌和道德水准。导游讲解服务贯穿于参观游览全过程，涉及的知识领域非常广泛，所以导游人员需要学习的知识是没有止境的。

（二）旅行生活服务

旅行生活服务是由导游人员根据合同约定的内容和标准为旅游者在旅途生活中提供的相应的服务，它是导游服务的重要组成部分，主要包括旅途中旅游者食、住、行、游、购、娱的具体安排实施，还有帮助旅游者处理旅途中遇到的各种问题。

旅行生活服务是整个导游服务中不可缺少的。认真做好生活服务，使旅游者在旅游期间的生活舒适、愉快、丰富多彩，能够使其对导游人员产生信任感，使双方关系融洽和谐，这就为导游人员的讲解服务取得良好效果创造了有利的环境条件。这不仅会使旅游者增加对旅游目的地的认识和了解，使旅游产品形象丰富、质量提高，而且会给旅游者留下美好的印象。

（三）市内交通服务

市内交通服务是指导游人员同时兼任驾驶员，为游客在市内和市郊旅行游览时提供开车服务。这种服务在西方旅游发达国家比较普遍，目前在我国还不多见。

（四）导游讲解服务、旅行生活服务与旅游接待服务的关系

导游人员向游客提供的导游讲解服务和旅行生活服务是旅游接待服务的重要组成部分。

1. 导游讲解服务有助于传播文化、增进了解和陶情怡性

导游人员的介绍、讲解或翻译，帮助游客认识一个国家（或地区）和其民族的历史文化、传统风俗、生活方式和现代文明，进而了解他们的精神面貌、价值观念和道德水准，使游客对游览地的社会文化和精神风貌有切身体验，获得在旅游目的地的一次难忘经历和美好的回忆。高质量的导游讲解服务有助于加深游客对游览地的了解和对自然景观、人文景观的认识，从而使他们增长知识，获得更多的旅游乐趣和精神享受，还可以在某种程度上弥补生活服务中的某些不足，消除因生活服务的不尽如人意而造成的不愉快。

2. 旅行生活服务是目的地旅游接待工作不可缺少的环节

在现代旅游中，游客以实现享受需求为其出游的主要目的之一。因此，认真做好游客的旅行生活服务显得十分重要。在这方面，导游人员是做好游客旅行生活服务的重要环节。首先，导游人员除了处理迎送游客、帮助游客住店离店、安排行李运送、注意保护游客安全等日常事务外，还负责与饭店、餐馆、商店等提供旅游接待服务的相关部门进行必要的协调、沟通，使游客在旅游期间的生活顺利、愉快。其次，提供令人满意的旅行生活服务，可使游客对导游人员产生信赖感，逐渐消除初见时的隔膜和距离。同时，提供热情周到的旅行生活服务，可使旅游生活丰富多彩，游客精神轻松愉快、游兴浓郁，游客和导游之间关系融洽，有利于游客集中精力倾听导游人员的讲解，从而使导游讲解服务取得良好的效果。

第三节　导游服务的性质与特点

一、导游服务的性质

导游服务的性质因国家和地区的不同，其政治属性也不同。在资本主义制度下，导游人员由于长期受资本主义社会环境的影响，在向游客提供导游服务时，往往会自觉或不自觉地传播资本主义人生观、价值观和伦理道德，使导游服务有形或无形地带有资本主义色彩。

社会主义中国的导游服务工作在本质上有别于资本主义国家。中国的导游服务工作是一项为祖国的社会主义建设和国内外民间交往服务的旅游服务工作。它以游客为服务对象，以协调旅游活动、导游讲解、帮助游客了解旅游地为主要服务职责，以沟通语言和文化为主要服务形式，以增进相互了解和友谊为主要工作目的，以"热情友好、服务周到"为服务座右铭。

总之，导游服务的政治属性在世界各国或地区都是存在的，政治性是中国导游服务与西方导游服务最本质的区别。此外，世界各国的导游服务还具有以下共同属性。

（一）社会性

旅游活动是一种社会现象，在促进社会物质文明和精神文明建设中起着十分重要的作用。在旅游活动中，导游人员处于旅游接待工作的中心位置，接待着四海宾朋、八方游客，推动着这项涉及面十分广泛的社会活动。所以导游人员所从事的工作本身就具有社会性。同时，导游工作又是一种社会职业，对大多数导游人员来说，它是一种谋生的手段。

（二）文化性

作为导游服务的实际承担者，导游工作者是主体。行话说："看景不如听景。"锦绣山川、艺术宝库、文化古迹，只有加上导游人员的解说、指点，再穿插动人的故事，才能活起来，才能引起游客更大的兴趣，使人增长知识，领略到异乡风情，享受到审美的乐趣。由于语言和生存环境等方面的不同，游客同旅游目的地之间往往存在一些文化差异，这会产生交流和欣赏的障碍。为了加强旅游的美感和愉悦程度，游客们迫切地需要导游的引导和服务，需要导游跨越不同的文化区，弥合文化差异。导游服务的文化性主要体现在以下两方面：

1. 导游服务是传播文化的重要渠道

导游人员的导游讲解翻译、与游客的日常交谈，甚至是一言一行都影响着游客，都在扩大着一个国家（或地区）及其民族的传统文化和现代文明的影响。导游人员为来自世界各国、各民族的游客服务，通过引导和生动、精彩的讲解给游客以知识、乐趣和美的享受。同时也对各国、各民族的传统文化和现代文明进行兼收并蓄，有意无意间传播着文化。

2. 导游服务是审美和求知的媒介

游客要通过旅游去认识过去不曾接触或不曾了解过的事物，以期满足求知欲望。我们知道，山水风光或文物古迹的欣赏价值，并不是孤立地存在的，它总是与一定的自然、地理、历史、艺术背景等条件和特点相联系的，是一种完美地融合在一起的客观实体。在这方面，有无指导大不相同。导游讲解服务能循循善诱地指导游客以最佳的方式或最合适的角度去欣赏某一名胜古迹、历史故事、神话传说，能妙趣横生地向游客介绍当地的风俗习惯、故事趣谈、风味特产等，使游客得到自然美和艺术美的享受，并且在潜移默化中增长知识。由此可见，导游服务起着沟通和传播精神文明、为人类创造精神财富的作用，直接或间接地起着传播一个国家、地区、民族的传统文化和现代文化的作用。

（三）服务性

导游服务，顾名思义是一种服务工作。导游服务与第三产业的其他服务一样，属于非生产劳动，是一种通过提供一定的劳务活动，提供一定的服务产品，创造特定的使用价值的劳动。与一般服务工作不同的是，导游服务不是一般的简单服务，它围绕游客展开，有着翻译、讲解、安排生活、组织活动等形式，工作内容涉及旅途中的交通、住宿、饮食、娱乐、购物、票证、货币和其他各方面的生活需求等，给游客提供全方位、全过程的服务。导游人员除具有丰富的专业知识外，还应具备一定的社会活动能力、应变能力以及独立处理问题的工作能力。导游人员有时像幼儿园的阿姨，有时像学生，有时又是指挥员、服务员、保安员、联络员等。因此，导游服务是一种复杂的、高智能的、高级的服务。导游服务的代表性体现在以下几方面：

1. 导游服务可以提高旅途生活质量

旅游不同于平常的简单休息，它是人类的一种高级消闲休息形式，是在旅游动机的主导下进行的有目的的享受性、休闲性、娱乐性、提高性的活动，其基本特点之一就是异地性。游客身处陌生的环境，如果没有导游人员的服务，他（她）就会茫然不知所向，只好盲目游览、疲于奔命，不但不能达到精神休息的目的，还会因为过分疲劳和无奈破坏旅游情绪。对于年迈体弱者，没有导游服务，还会直接影响其身体健康。游客要自己安排自己的食、住、行，势必会分散游览观光的精力，也会影响旅游观光的顺利进行。有了导游人员的服务，游客就可获得事半功倍的旅游效果。即使那些旅游经验丰富而不需要导游的人也往往离不开"物化的导游"（即旅游指南和各种旅游地的指示）。

2. 导游服务可以促进文化交流，满足心理需求

人是群居动物，渴求一种归属感。游客身处他乡异地，满目陌生，很可能希望有人对当地情况非常熟悉，可以对其在精神上进行抚慰，生活上进行关照。热情的导游人员能消除游客在旅游中出现的拘谨心理和寂寞感，增强安全感。同时，不熟悉当地的语言和风俗，也会给旅游带来不少麻烦。旅游生活中常有因对当地风俗不了解或因语言不通而造成误会的情况发生。有时甚至因不熟悉情况，冒犯当地居民的风俗习惯而发生不愉快的事情，使人极为扫兴。因此，帮助游客避免上述现象发生的任务，就责无旁贷落在了导游人员的肩上。

（四）经济性

今天，越来越多的国家和学者承认：旅游业是国民经济的重要组成部分，是具有独立特色的经济部门，是无烟的朝阳产业。导游工作一般具有经济性，由各级各类旅行社提供的导游服务，是旅游部门工作的组成部分。导游服务的经济性主要表现在以下诸方面。

1. 优质服务、直接创收

旅行社是现代旅游业的龙头行业。旅行社的产品开发能力、促销能力、接待能力如何对整个旅游业的发展意义重大。旅行社组合的旅游产品在形式上是通过签订旅游合同销售出去的,但实际上,旅游产品不同于一般的有形商品,它的销售是多次性的,贯穿于旅游全过程,通过提供综合性服务来实现,而导游服务在其中起着举足轻重的作用。产品的设计是为了接待,宣传和销售的效果需要通过接待来实现。导游人员直接为游客服务,为他们提供语言翻译服务、导游讲解服务、旅行生活服务以及各种代办服务,收取服务费和手续费。旅行社的产品最终是通过导游工作生产和提供出来的。因此,导游服务是旅行社产品的最终生产者和提供者,它直接为国家建设创收外汇、回笼货币、积累资金。

2. 扩大客源、间接创收

游客是旅游业生存和发展的先决条件。没有游客,发展旅游业无从谈起,导游人员也就没有了服务对象。所以,世界上许多国家和地区为支持旅游业的发展,不惜投入大量资金和人力进行大规模的广告宣传和促销活动以招徕游客。

然而,与广告宣传相比,另一种更为有效的宣传方式则是游客的"口头宣传"(word of mouth),即游客在旅游目的地参观访问之后,回去向其亲朋好友讲述他在旅游地所受到的接待、旅游经历和体验。这种"口头宣传"不仅向游客周围的人传播了旅游目的地的旅游信息,提高了旅游目的地和旅行社的知名度,而且在一定程度上会对其他游客今后的旅游流向产生影响。因为,游客的亲身体验比任何广告宣传更可靠,更令人信服。所以,导游人员向游客提供优质的导游服务,在招徕回头客、扩大客源以及间接创收方面都起着不可忽视的作用。

3. 因势利导、促销商品

商品和旅游纪念品的开发、生产和销售是发展旅游业的重要组成部分。各国、各地对此都非常重视,并将其视作争夺游客的魅力因素和增加旅游收入的重要手段。据统计,在国际旅游总消费中,用于购物的部分约占50%,在新加坡、香港等地的旅游总收入中,销售商品和纪念品的收入甚至已超过了上述比例,在销售商品过程中,导游人员的作用举足轻重。

4. 增进了解、促进经济交流

我国正在进行大规模的社会主义经济建设,各地都需要资金和先进的科学技术。在来中国旅游的海外人士及在国内游客中,不乏科学家、教授及方方面面的专家和经济界人士,他们中有人希望借旅游之机与各地的同行接触,相互交流信息;或想通过参观访问,了解合作的可能性以及投资的环境。因此,导游人员在与游客交往的过程中要做一个有心人,设法了解他们的愿望,并不失时机地向旅行社报告,在有关领导的指示下积极牵线搭桥,促进中外及地区间的科技、经济交流与合作,为国家和本地的现代化建设做出应有的贡献。

(五)涉外性

发展海外来华旅游是中国旅游业的长期方针,也是一项战略任务。自改革开放以来,随着经济的迅速发展,人民生活水平不断提高,我国公民出境旅游发展势头也很强劲。导游人员既为海外游客提供导游服务,也为中国公民提供出境陪同服务,两者都具有明显的涉外性。据WTO预测,到2030年,国际旅游者将达18亿多人次。旅游者的跨国界旅行为增进各国人民之间的了解和友谊、促进世界和平做出了积极贡献。导游人员提供的涉外导游服务的政治意义和所起的民间外交的作用主要表现在以下两个方面：

1. 宣传社会主义中国

目前中国接待的海外来华游客中，绝大多数人都希望了解中国，了解中国的社会制度、建设情况和各族人民的生活，其中也不乏希望深入了解和研究中国的游客。因此，帮助来自四面八方的海外游客正确认识中国是导游人员义不容辞的责任。同样，导游人员陪同中国公民出境旅游时，目的地的人民也希望从中国导游人员那里了解中国的发展情况。所以，导游人员的导游讲解，甚至一举一动都是在宣传中国。作为社会主义中国的导游员，在进行涉外导游服务时，应有鲜明的政治立场，要以积极的姿态，努力将对外宣传寓于导游讲解、日常交谈和参观游览娱乐中。对那些希望了解中国的游客及其他国家和地区的人民，更应不失时机地宣传中国。当然，在宣传中，形式要多样化，方法要灵活多变，切忌呆板、僵化、千篇一律和强加于人。

2. 发挥民间大使的作用

旅游活动是当今世界上最大规模的民间外交活动。从这个意义上讲，旅游促进了国家之间、地区之间的人际交往，增进了各国、各地区、各族人民之间的相互了解和友谊，消除因相互隔绝而造成的误解、猜忌，对加强世界各国人民的团结，维护国家安定和世界和平具有重要意义。在这一方面，导游人员起着极为重要的作用。

在游客心目中，导游人员是一个国家或地区的代表，是人民的友好使者，是"民间大使"。导游人员可利用旅游活动的群众性、广泛性的特点广交朋友，可利用接触游客面广、机会多、时间长、无语言障碍又比较熟悉外国和游客等有利条件，与游客进行广泛接触，进行思想感情上的交流。事实上，绝大多数中国导游人员以其高尚的思想品德、渊博的知识、精湛的导游技艺、热情的服务态度，为来自五湖四海的游客提供了不同凡响的导游讲解服务和富有人情味的旅行生活服务，帮助游客认识和了解中国，增进中国与各国（地区）人民的相互了解，在为中国赢得友谊和朋友方面做出了重要贡献，履行着"民间大使"的重任。

导游服务的涉外性，还要求导游人员对海外有关情况进行调查研究，特别要了解外国客的需求及其变化，了解外国旅游企业的运作和经营管理模式。

此外，了解外国旅游企业的经营方式，旅游产品的组合、销售运作和管理模式，有助于中国旅游企业吸取外国先进的管理经验和经营手段，改善和提高中国旅游企业的经营管理水平。

二、导游服务的特点

导游服务是旅游服务中具有代表性的工作，处在旅游接待的前沿。随着时代的发展，导游工作的特点也会随之发生变化。目前，其特点归纳起来有以下几点：

（一）独立性强

导游服务工作的独立性强。在旅游者整个旅游活动过程中，往往只有导游人员与游客朝夕相处，时刻照顾他们吃、行、游、购、娱等方面的需求，独立地提供各项服务，特别在回答游客政策性很强的问题或处理突发性事故时，常常要当机立断、独立决策，事后才能向领导和有关方面汇报。导游的讲解也是需要独特性的，因为在同一景点，导游要根据不同游客的不同特性、不同时机进行针对性的导游讲解，以满足他们的精神享受。这是每位导游人员都必须努力完成的任务，其他人无法替代。

1. 独立宣传、执行国家政策

在旅游者心目中，导游人员是一个国家或地区的形象代表，旅游者往往希望通过导游人员来更多地了解一个国家或地区的情况。如海外旅游者来我国旅游，不仅会对我国的风景名胜古迹进行游览，还会对我国的社会状况、政治局势、经济发展水平以及风俗民情进行考察和评判。他们会提出各种各样的问题要求导游人员解答，有时可能会要求举行专题性座谈等，这必然要涉及国家的各项方针政策。因此，我国的导游服务是一项政策性很强的工作。导游人员要想圆满地解答这些政策性很强的问题，不仅要有广博的知识、较高的外语水平，还要有较高的政策水平。导游人员要贯彻执行国家的方针政策，首先自己要对其有充分的了解，在此基础上，要讲究策略和方法，以有效地传播给旅游者。因此，导游人员须具备较高的政治修养和清晰的政治头脑，具备独立宣传、执行国家政策的能力。

2. 独立组织、协调旅游活动

导游人员作为旅行社委派的代表，在为旅游者提供服务的过程中，需要独立完成许多组织协调工作。在旅行社内部，导游人员需要与外联、计调、财会等部门协调关系、密切合作，充分做好导游服务的准备工作，以保证旅游活动的顺利进行；在对外关系中，导游人员要代表本旅行社与各有关方进行联系和交往，协调各种关系；在旅游团内部，几十位旅游者的年龄、职业、性格、兴趣各不相同，要组织安排好团队的各项活动，有多种关系需要协调；旅行社之间、旅行社与各单项旅游产品供给部门之间都可能产生矛盾，需要导游人员进行组织与协调，使之紧密合作，各负其责。旅游过程中，导游人员还必须协调与交通运输企业、饭店、景点、银行和海关等方面的关系，以取得这些部门的支持和配合。导游人员必须具有较强的公关能力，与相关方面保持良好的合作关系。

3. 独立解决矛盾和处理突发性事件

导游人员在带团旅游过程中，不可避免地会遇到各种各样的问题和矛盾，而且往往是事先难以预料到的。尤其在遇到一些突发性事件如食物中毒、交通事故、游客突然发病等问题时，往往来不及向旅行社请示，就必须由导游人员立即独立做出决定并进行初步处理。此时，导游人员必须头脑冷静清醒，善于决断，迅速及时地采取措施，以最恰当的方式处理好突发事件，保证旅游活动的顺利完成。

4. 导游讲解具有相对的独立性

导游人员在实际讲解过程中，并不存在千篇一律的固定模式，而是需要根据不同游客的不同的文化层次、不同的审美情趣以及不同的兴趣爱好，及时调整自己的讲解内容，使讲解具有较强的针对性，以满足不同旅游者的需要。这是需要导游人员独立完成的主要工作，是别人无法替代的。

（二）脑体高度结合

导游服务是一项脑力劳动与体力劳动高度结合的服务性工作。旅游活动涉及面广，这就要求导游人员具有丰富而广博的知识，如此才能使导游服务工作做到尽善尽美，精益求精。除了掌握导游工作程序外，导游人员还必须具有一定的政治、经济、历史、地理、天文、宗教、民俗、建筑、心理、美学等方面的基本知识，还必须了解我国当前的大政方针、旅游业的发展状况及有关的政策法规，掌握旅游目的地主要游览点、旅游线路的基本知识。同时，还要了解客源国（或地区）的政治倾向、社会经济、风土民情、宗教信仰、禁忌等。导游人员在进行景观讲解、解答游客的问题时，需要运用所掌握的知识和智慧来应对，这是一种艰苦而复杂的脑力劳动。所以导游人员要不断学习，不仅在学校里学，而且还要在实践中学，努力扩大知识面，使自己成为"万事通"，并尽力掌握一两门专业知识，成为游客敬佩的导游艺术家。同时，导游人员的工作量也相当大，除了在旅行游览过程中进行介绍、讲解，还要随时随地根据游客的要求，帮助解决问题，事无巨细，也无分内与分外。尤其是旅游旺季，导游人员往往会连轴转，整日、整月陪同游客，无论严寒酷暑长期在外作业，体力消耗大，又常常无法正常休息。因此，导游人员必须具备高度的事业心和良好的体质。

（三）复杂性

导游服务工作具有一定的规程，如接站、送站、旅途服务和各方面关系的接洽、协调等，按照一定的程序进行工作，具有相对的规范性和便利性。但导游服务中面对的更多的是不确定性，客观要求复杂多变。即使是有预定的日程和规程，具体的情况可能千差万别，意外的情况也可能随时出现，游览中各种矛盾可能集中显现。因此，导游人员必须具备应对各种可能和偶然情况的能力。归纳起来，导游服务的复杂性主要有以下几方面：

1. 服务对象复杂

导游服务的对象是游客，他们来自五湖四海，国籍、民俗、肤色不同，职业、性别、年龄、宗教信仰和受教育的情况各异，性格、习惯、爱好等各不相同。导游人员面对的就是这样一个复杂的群体。而且每一次接待的游客都不相同，这就更增加了服务对象的复杂性。

2. 游客需求多种多样

导游人员除按接待计划安排和落实旅游过程中的行、游、住、食、购、娱基本活动外，还有责任满足游客提出的各种合理的特殊要求，以及解决或处理旅游中随时可能出现的问题和情况，如会见亲友、传递信件、转递物品、游客患病、游客走失、游客财物被窃与证件丢失等。而且由于对象不同、时间场合不同、客观条件不同，同样的要求或问题也会出现在不同的情况下，需要导游人员审时度势、判断准确并妥善处理。

3. 接触的人员多，人际关系复杂

导游人员的工作是与人打交道的工作，其服务的内容会涉及方方面面的关系和利益。抛开导游人员是旅游目的地国家（或地区）的代表不谈，如前所述，导游人员还是旅行社的代表，他们既要维护旅行社利益，又代表着游客的利益，除天天接触游客之外，在安排和组织游客活动时还要同饭店、餐馆、旅游点、商店、娱乐、交通等部门和单位的人员接洽、交涉，

以维护游客的正当权益。这自然是一项复杂的工作。就旅游者而言，他们来自不同的国家，有着不同的旅游心愿和文化背景，他们的旅游需求基本一致却又各具特色，导游人员能够面对游客提供"Customer Service"已是难能可贵。良好的旅途感受是综合的，导游人员还要处理和协调导游人员中全陪、地陪与外方领队的关系，争取各方面的支持和配合。虽然导游人员面对的这些方方面面的关系是建立在共同目标基础之上的合作关系，然而每一种关系的背后都有各自的利益，落实到具体人员身上，情况就更为复杂。因此，导游人员需要具备"十八般武艺"来面对纷繁复杂的人际关系。

4. 要面对各种物质诱惑和"精神污染"

导游人员常年直接接触各方游客，直接面对各色各样的意识形态、政治经济、文化观点、价值观念和生活方式，有时还会面临金钱、色情、利益、地位的不断诱惑，直接面对"精神污染"的机会大大多于常人。常言道"近朱者赤，近墨者黑"，导游人员如果缺乏高度的自觉性和抵抗力，往往容易受其影响。所以身处这种氛围中的导游人员需要有较高的政治思想水平，坚强的意志和高度的政治警惕性，始终保持清醒头脑，防微杜渐，自觉抵制"精神污染"。

（四）关联度高

旅游产品是通过服务表现出来的无形产品，一个完整的旅游产品是由许许多多的单项旅游产品组合成一个整体而形成的，但是这些单项旅游产品却是由各自独立、性质不同、功能各异的旅游供给部门分别提供的。旅行社将这些单项产品组合起来，形成能满足旅游者在旅游活动中各种需要的整体旅游产品。因此，一次成功的旅游活动需要这些环环相扣的各旅游供给部门的共向努力和通力协作。任何一个部门出现了问题，都势必会影响到旅游活动的正常进行，使旅游者感到不满或失望，从而影响到整体旅游产品的质量。导游人员带领旅游团参观游览，要为旅游者提供旅途中的各种服务，在组织旅游活动的过程中，与饭店、餐馆、旅游景点、旅游商店、娱乐场所、旅游交通等诸多部门发生相互联系，这些部门的服务质量不是导游人员所能左右的，但是其服务质量的高低都会对导游服务的质量产生很大的影响。从这个意义上来说，导游服务具有自身的综合性，又对其他旅游供给部门有很强的依赖性。

在旅游者心目中，导游人员是一个国家或地区的代表，他们从导游人员的表现来评判一个国家或地区的文明程度，因此导游服务质量不仅是旅游产品质量高低的重要影响因素，而且也关系到一个国家或地区的文明形象。

（五）跨文化性

导游服务是传播文化的重要渠道，起着沟通和传播文明、为人类创造精神财富的作用。各类游客来自不同的国家和地区、不同的民族、有着不同的文化背景。导游人员必须在各种文化的差异中，甚至在各民族、各地区文化的碰撞中工作，应尽可能多地了解中外文化之间的差异，圆满完成文化传播的任务。

第四节　导游服务的地位、作用与发展趋势

一、导游服务的地位

旅行社、饭店和交通是现代旅游业的三大支柱，其中处于核心地位的是旅行社，因为旅行社担负着生产和销售旅游产品的职能，旅行社招徕游客的多少直接关系到饭店、交通部门接待游客的数量和其经济效益。

旅行社在现代旅游业的三大要素中处于核心地位，而在旅行社接待工作中处于第一线的关键角色则是导游员，他（她）是导游服务工作的主体。因而，世界各国的旅游专家把导游服务视为现代旅游业的代表工种，并给予高度的评价。日本旅游专家土井厚认为："任何行业都有代表性的业务，在旅游业中，就是导游服务。"能够成为某一行业代表性工种的工作，应该具有行业的典型特征、典型工作方式，其工作应该与行业行为具有很强的关联性，能够对本行业的发展起到重要的影响。有些国际旅游界人士说："没有导游员的旅行，是不完美的旅行，甚至是没有灵魂的旅行。"并将导游服务冠以"旅游业的灵魂""旅行社的支柱""旅行游览活动的导演"以及"旅游接待服务的四大要素之一"等美称。虽然赞词各异，但都说明导游服务在旅游接待工作中不可或缺的作用。其重要性主要体现在以下方面。

旅行社的业务主要有四大项，即旅游产品的开发、旅游产品的销售、旅游服务的采购和旅游接待（包括团体和散客）。根据马克思的生产与再生产原理，旅行社的前三项业务属于产品的生产和交换，后一项业务属于产品的消费，即游客购买了旅游产品后到旅游目的地进行消费。旅游接待过程即旅游产品的消费过程。如果说我们把旅游接待过程看作是一条环环相扣的链条（从迎接游客入境开始，直到欢送游客出境为止）。那么，向游客提供的住宿、餐饮、交通、游览、购物、娱乐等服务分别是这根链条中的一个个环节。正是导游服务把这些环节连接起来，使相应的部门的产品和服务得以销售和实现，使游客在旅游过程中的种种需求得到满足，使旅游目的地的旅游产品得以进入消费。因此，导游服务虽然只是旅游接待服务中的一种服务，但与旅游接待服务中的其他服务如住宿服务、餐饮服务、购物服务相比，无疑居于主导地位。

二、导游服务的作用

（一）纽带作用

导游服务是旅游接待服务的核心和纽带。导游人员在旅游服务各环节之间中对沟通上下、联结内外、协调左右关系起着举足轻重的作用。

首先，是"承上启下"的作用。导游人员是国家方针政策的宣传者和具体执行者，他代表旅行社执行并完成旅游计划。同时，游客的意见、要求、建议乃至投诉，其他旅游服务部门在接待中出现的问题以及他们的建议和要求，一般也通过导游人员向旅行社转递，甚至可以上达国家最高旅游管理部门。其次，是"连接内外"的作用。导游人员既代表接待方的旅行社的利益，又肩负着维护旅游者合法权益的责任；导游人员既有责任向游客介绍旅游目的

地，同时又要多与游客接触，进行调查研究，了解游客及其文化背景。第三，是"协调左右"的作用。旅行社与饭店、餐馆、游览点、交通部门、商店、娱乐场所等企业之间的第一联络员是导游员，他在各旅游企业之间起着重要的协调作用。导游人员要通过自己的努力使游客在游览过程中的物质需求及其他生活需求得到满足。相互协作是导游服务中的生活服务得以顺利进行的重要保障。相互协作是提高生活服务质量的重要保证，而高质量的生活服务又为导游讲解服务的成功奠定了基础。所以，搞好与各有关部门的相互协作对提高旅游质量至关重要。导游人员处在各项旅游服务协调的中心位置，所负责任重大。

（二）标志作用

导游服务质量是旅游服务质量高低的最敏感的标志。导游服务质量包括导游讲解质量、为游客提供生活服务的质量以及各项旅游活动安排落实的质量。导游人员与游客朝夕相处，因此游客对导游人员的服务接触最直接，感受最深切，对其服务质量的反应最敏感。旅游服务中其他服务质量虽然也很重要，对游客的旅游活动也会有影响，但除特殊情况外，由于接触时间短，游客对其印象一般不如对导游服务质量印象深刻。一般来说，如果导游服务质量高，令游客感到满意，游客会认为该旅游产品物有所值，而且在满意而归后，会以其亲身体验向亲朋好友进行义务宣传，从而扩大了旅游产品的销路。同时优质的导游服务还可以弥补其他旅游服务质量的某些不足。而导游服务质量低劣会导致游客抱怨和不满，并间接影响其周围的人，从而阻碍了旅游产品的销路，它给旅游企业造成的损失是无法弥补的。因此，游客旅游活动的成败更多取决于导游服务质量。导游服务质量的好坏不仅关系到整个旅游服务质量的高低，而且关系着国家或地区旅游业的声誉。

（三）信息反馈作用

在消费过程中，游客会根据自己的需要对旅游产品的型号、规格、质量、标准等做出这样或那样的反映。而导游人员在向游客提供导游服务过程中，由于处在接待游客的第一线，同游客交往和接触的时间最长，对游客关于旅游产品方面意见和需求最了解。导游人员可充分利用这种有利条件，根据自己的接待实践，综合游客的意见，向旅行社有关部门反馈，促使旅游产品的设计、包装和质量得到不断改进和完善，更好地满足游客的需要。

应当指出的是，我们在此重点阐述导游服务在旅游服务中的地位和作用，并不意味着其他各项旅游服务就不重要。其实，旅游服务是一项综合性服务，导游服务只是其中一个重要环节，没有其他各项旅游服务的配合，导游服务也无法做好，旅游产品的价值就不可能充分实现。

（四）扩散作用

优质的导游服务能对旅游目的地的旅游产品和旅行社形象起到扩散或传播作用。旅游产品质量主要由旅游资源质量、旅游服务质量、旅游活动组织安排质量和旅游环境质量构成。它们都与导游服务质量密切相关。因为旅游资源的特色需要导游人员的优秀讲解来展现，各种旅游服务质量和活动安排都离不开导游人员的业务水平和对工作的投入。

导游服务质量的高低，均会对旅游产品的销售起到扩散作用。不同的是，质量高时起到正面作用，质量低时则起到反面作用。

三、导游服务的发展趋势

旅游业是一种朝阳产业。因旅游业是以旅游资源为凭借、以旅游设施为条件，向旅游者提供旅行游览服务的行业，因而又被称为无烟工业、无形贸易。未来旅游业发展速度虽然会放缓，但仍将持续增长，旅游活动也会继续朝知识型和休闲、娱乐、度假型方向发展，而且旅游市场的竞争将越来越激烈。在这种背景下，导游服务将顺应旅游活动的发展趋势，并提出一些新的要求。导游服务将朝着以下几个趋势进行发展。

（一）导游讲解内容的高知识化

导游讲解服务是一种知识密集型的服务，即通过导游人员的讲解来传播文化、传递知识，促进世界各国、各地区间的文化交流。在未来社会，人们的文化素养更高，对知识的更新更加重视，文化旅游、专业旅游、科研考察旅游的发展对导游服务将会提出更高的知识要求。

根据这一趋势，导游人员必须提高自身的文化素养，在掌握广博知识的同时，使导游讲解的内容进一步深化，更具有科学性。这样，导游人员的讲解将更有说服力，不仅能同游客讨论一般问题，还能较深入地谈论某些专业问题。总之，在知识方面，导游人员不仅要成为"杂家"，还要成为某一领域或某些方面的专家。

（二）导游手段的科技化

随着现代信息通信技术和智能技术的发展，将来还会有更先进的科技手段运用到导游工作中来。如图文声像导游、网络导游等先进的导游手段，在游览前或在引导游客参观游览的过程中，不仅能让游客看到（听到）旅游景观的现状，还可让游客进一步了解其历史沿革和相关知识，起到深化实地导游讲解和以点带面的作用，成为导游工作不可或缺的重要手段。特别是智慧旅游体系的形成和逐步完善大大促进了旅游业的发展，也为旅游者带来了福音。智慧旅游平台提高了旅游本身的乐趣，增加了便利性，同时提升游客的旅游体验和旅游品质。

因此，导游人员必须学会使用它们，并在游中和游后更好地向游客提供服务，收集游客的意见和建议，进行互动交流，利用科技导游手段与实地口语导游相互配合，相辅相成，使口语导游锦上添花。同时，在导游过程中讲解科技知识、运用科技手段，能够使游客了解到旅游和高科技发展之间的关系，使导游工作充满时代气息。

（三）导游方法的多样化

旅游活动的多样化趋势，尤其是参与性旅游活动的兴起和发展，要求导游人员相应变化其导游方式。

参与性旅游活动的发展，意味着人们追求自我价值实现的意识在不断增强。追求自我价值不仅体现在工作中，还存在于娱乐活动之中。人们可能会参加各种竞赛，参与各类节庆活动，与当地居民一起活动、生活，还可能会在旅游目的地学习语言、各种手艺和技能，甚至参加探险活动等。这要求导游人员不仅会说（导游讲解），还要能动（才艺），与游客一起参加活动。

旅游活动的这一发展趋势对导游人员提出了更高的要求。未来的导游人员不仅是能说会道、能唱会跳、多才多艺的人，还要能动手，有强壮的体魄、勇敢的精神，与游客一起回归大自然，参与绿色旅游活动，一起参加各种竞赛，甚至去探险。

（四）服务方式的个性化

在现代社会，个性化已成为时代的主题，人们对旅游的需求个性化，旅游产品的消费也呈现个性化的趋势。首先，社会为人们个性的发展创造了广阔的空间，人们可以在各自的舞台上施展自己的才能；其次，游客的个性差异使他们在旅游消费上呈现出个性化的趋势，这要求导游人员在提供规范化服务的同时，根据游客的个性差异和不同的旅游需求提供针对性的服务，使不同的游客获得更大的心理满足；最后，导游服务独立性强的特点和导游人员不同的个性特征为其充分发挥个人的聪明才智创造了契机，有利于导游人员根据自己的优势或特长、爱好，形成自己的个性风格，打造导游人员的品牌，给游客留下特色鲜明的印象。因此，为了满足不同个性游客的不同个性需求，导游服务方式和服务模式将会体现出导游人员各自的风格和特征。

（五）导游职业的自由化

导游职业的自由化不仅在西方国家早已盛行，而且也成为我国导游人员职业生涯的发展趋势。目前，国家旅游主管部门已在一些地方启动导游职业自由化的试点工作，一些导游人员已加入试点中。为了推进导游服务自由执业化，国家旅游局在2016年8月启动了全国导游公共服务监管平台。导游人员的执业选择不再受地域限制，可以在全国范围自由择业，有序流动。对游客来说，则可通过该平台或对接该平台的商业网站提供的导游人员二维码进行扫描，识别导游身份，查看导游信息，自主选择导游和对导游服务进行评价、点赞和投诉。

为配合平台运行，国家旅游局印发《关于换发电子导游证等相关事宜的通知》。通知明确规定，在2017年6月30日前，在全国范围内完成电子导游证换发。电子导游证将替代导游IC卡成为导游执业证件，以电子数据形式保存于导游个人的手机等移动终端设备中。按统一规格制作的"导游身份标识"是电子导游证的外在表现形式。2017年7月1日之后，导游人员在开展导游活动时，需使用电子导游证。而旅游执法检查、导游执业信息收集等工作将依托电子导游证展开。

从世界各国导游发展的历史来看，导游人员成为自由职业者是必然趋势。他们身份自由、行动自由、收入自由，靠为游客提供良好的服务和高尚的职业道德取得社会认同，收入取决于上团机会，服务水平高、个人声誉好的上团机会就多，收入就高，体现了"优胜劣汰"的原则。

课后练习

一、判断题（正确的打√，错误的打×）

1.【2017年真题】具有初中、旅游类中专或以上学历，身体健康，具有适应导游需要的基本知识和语言表达能力的中国公民可以参加全国导游人员资格考试。（　　）
2.【2018年真题】1923年，上海商业储备银行总经理陈光甫先生在同仁的支持下，成立了中国历史上的第一家旅行社——中国旅行社，同时产生了中国第一批导游。（　　）
3.【2018年真题】1927年陈光甫先生在上海成立"中国旅行社"，成为中国近代旅游业诞生的标志。（　　）
4.【2018年真题】1841年，英国人托马斯·库克组织了570人从莱斯特到拉夫巴勒参加禁酒大会，并专门配备了向导。这是世界上第一次提供商业性导游服务的旅游活动。（　　）
5.【2019年真题】导游服务是旅行社工作中最重要的环节，导游服务的规范与否直接影响到旅行社产品的价值实现（　　）
6.【2019年真题】1954年4月15日，中国国际旅行社在北京成立。它是中国的第一家旅行社，它的诞生也标志着新中国第一批导游的诞生。（　　）
7.【2020年真题】1945年，托马斯·库克与儿子约翰·梅森·库克将原来的托马斯库克更名为托马斯库克父子公司。（　　）
8.【2021年真题】职业导游员诞生于近代，此时的导游服务已经有全程陪同服务和地方陪同服务两种类型。（　　）
9. 早在古代社会就开始出现了"导者"，但不能简单地说这是一种导游服务的萌芽。（　　）
10. "上到九十九，下到才会走。上了我的车，都要好伺候。"这句流传在导游界的俗话，说明了导游服务具有脑体高度结合的特点。（　　）

二、单选题（每题只有一个正确答案）

1.【2016年真题】中国旅行社的英文简称是（　　）。
   A. CYTS B. CTS C. CFTS D. CITS
2.【2017年真题】世界上第一家商业性旅行社诞生于（　　）。
   A. 1847年 B. 1845年 C. 1843年 D. 1841年
3.【2017年真题】增进了解、促进经济交流，因势利导、促销商品，扩大客源、间接创收。这些特性都体现了导游服务的（　　）。
   A.经济性 B.文化性 C.社会性 D.涉外性
4.【2017年真题】导游人员在带团中要与饭店、餐馆、游览点、交通部门、商店、娱乐场所等企业进行联系，在其中起着（　　）的作用。
   A.连接内外 B.协调左右 C.贯穿始终 D.沟通上下
5.【2019年真题】1927年创办了中国第一本《旅行杂志》的是（　　）。
   A.中国旅行社　　　　　　　　　　B.英国通济隆洋行驻华办事处
   C.中国国际旅行社　　　　　　　　D.美国运通公司驻华办事处

6.【2019年真题】导游服务质量不仅关系到整个旅游服务质量,而且关系着国家或地区旅游的声誉和形象。这体现了导游服务的(　　)作用。
　　A.标志　　　　　　B.纽带　　　　　　C.反馈　　　　　　D.扩散

7.【2020年真题】1845年,托马斯·库克印制了世界上最早的旅游指南(　　)。
　　A.《苏格兰之行手册》　　　　　　　　B.《拉夫巴勒之行手册》
　　C.《莱斯特之行手册》　　　　　　　　D.《利物浦之行手册》

8.【2020年真题】新中国成立的第一家旅行社是(　　)。
　　A.厦门旅行社　　　　　　　　　　　　B.华侨服务社
　　C.上海商业储备银行旅行部　　　　　　D.中国旅行社

9.新中国第一家国营旅行社是成立于1949年11月19日的(　　)。
　　A.厦门华侨旅行社　　　　　　　　　　B.华侨服务社
　　C.华侨旅行服务社　　　　　　　　　　D.中国旅行社

10.中国第一家旅行社——中国旅行社产生于(　　)。
　　A.1923年　　　　B.1925年　　　　C.1927年　　　　D.1929年

11.国务院于(　　)正式设立中国旅行游览事业管理局。
　　A.1957年　　　　B.1967年　　　　C.1977年　　　　D.1987年

12.1980年,(　　)正式成立。
　　A.中国康辉旅行社　　　　　　　　　　B.中国和平旅行社
　　C.中国妇女旅行社　　　　　　　　　　D.中国青年旅行社

13.旅游景区中设置的声光模拟事物属于(　　)。
　　A.实地导游　　　B.物化导游　　　C.讲解导游　　　D.口语导游

14.现代旅游活动需要导游人员提供富有人情味的服务,因此(　　)永远是最重要的导游服务方式。
　　A.图文声像导游　B.实地口语导游　C.模拟导游　　　D.物化导游

15.在旅行游览过程中,导游不仅要进行介绍、讲解,还要随时随地应游客的要求帮助解决问题,这体现了导游服务具有(　　)的特点。
　　A.独立性强　　　B.脑体高度结合　C.复杂多变　　　D.跨文化性

三、多选题(每道题至少有2个正确的答案)

1.【2020年真题】导游服务的性质主要体现在(　　)方面。
　　A.艺术性　　B.经济性　　C.服务性　　D.文化性　　E.政治性

2.【2016年真题】导游服务在旅游中的作用主要有(　　)。
　　A.反馈作用　B.公关作用　C.标志作用　D.纽带作用　E.扩散作用

3.现代导游服务大致可分为(　　)等几种类型。
　　A.图文导游　B.实地口语导游　C.声像导游　D.口译导游　E.咨询服务

4.导游服务具有的共同属性包括服务性和(　　)。
　　A.文化性　　B.计划性　　C.社会性　　D.经济性　　E.涉外性

5.导游服务具有(　　)的特点。
　　A.独立性强　B.强体弱脑　C.跨文化性　D.任务单一　E.诱惑性大

6.景点现场导游包括（　　）。
　　A.自然风光导游　　　　　　B.人文景观导游　　　　　　C.途中导游
　　D.博物馆导游　　　　　　　E.游船上的导游
7.导游服务的范围主要包括（　　）。
　　A.导游讲解服务　　　　　　B.旅行生活服务　　　　　　C.市内交通服务
　　D.全程陪同服务　　　　　　E.地方陪同服务
8.以下关于导游服务的说法中，正确的是（　　）。
　　A.在旅游服务中具有主导地位　B.旅行社的支柱
　　C.旅游服务水平的体现　　　　D.旅游活动的主体
　　E.旅游竞争的焦点
9.导游服务复杂多变的特点体现在（　　）。
　　A.服务对象复杂　　　　　　B.要面对各种物质诱惑和精神污染
　　C.游客需求多种多样　　　　D.接触的人员多且关系复杂
　　E.服务程序复杂
10.导游服务在未来的发展趋势是（　　）。
　　A.导游内容高知识化　　　　B.导游手段简单化　　　　　C.导游职业自由化
　　D.导游服务个性化　　　　　E.导游方法多样化

扫码在线答题

第二章 导游员

知识目标

1. 熟悉导游员的基本概念和分类。
2. 熟悉导游员的职责及素质。
3. 了解导游应具备的职业道德和行为规范。

能力目标

1. 分清国内外导游员的不同分类,明确导游员的行为规范。
2. 根据不同的业务范围,有针对性地提供导游服务。

教学重点

1. 导游员的分类与职责。
2. 导游员的素质和修养。
3. 导游员的行为规范。

课程导入

> 小李是成都某旅行社的导游,有一天他的老同学从河北来找他,他带同学在成都市区及周边游览了3天,并得到老同学的好评。请问小李在这3天的游览中是导游吗?

第一节 导游人员的概念与分类

一、导游人员的概念

人们常说,导游是旅游业的"灵魂"。"导游"一词有两层含义:既可指导游工作、导游业务、导游接待服务,也是对导游工作人员的简称。

与近代旅游业首先在西方国家兴起一样,导游这项社会职业也是首先在西方国家出现的。因此我们对导游人员的理解,难免不受到一些西方的影响。如加拿大用"旅游团领队"指代导游人员,并要求:"他是受过高等教育和培训的人,他有能力进行研究,为一次旅游做准备,带领团队旅行、做旅游讲解，因而能使一次旅游成为一次异乎寻常、难以忘却的经历。"美国则是这样定义导游人员的："他是首要的代理人和各种服务的供应商，直接与旅行者打交道，保证提供承包的服务项目、实现承诺，使游客满意，此人就是陪同或旅游团领队，通常称为导游。"

随着旅游业的发展，我国的相关法律法规文件对导游员做了明确的规定。1994年国家旅游局颁发的《导游员职业等级标准》中明确定义导游员为"运用专门知识和技能为旅游者组织、安排旅行和游览事项、提供向导、讲解和旅途服务的人员"。1999年5月国家旅游局发布的《导游人员管理条例》对导游人员做了如下规定：导游人员是指按照《导游人员管理条例》的规定取得导游证，接受旅行社委派，为旅游者提供向导、讲解及相关旅游服务的人员。2011年1月发布的《导游服务规范》国家标准代替了《导游服务质量》国家标准，"导游人员"统称为"导游员"（tour guide），指符合上岗资格的法定要求，接受旅行社委派，直接为旅游团（者）提供向导、讲解及相关旅游服务的人员。导游员包括全程陪同导游员和地方陪同导游员。

取得了导游证，导游人员才有资格从事导游活动。2016年5月，全国9个省市正式启动导游执业改革试点工作，取消了"导游必须经旅行社委派"的政策规定。因为执业方式的不同，一部分导游人员参与了自由执业试点，其导游活动限定为向游客提供向导和讲解服务，这些自由执业的导游员不必经旅行社委派，可以自行揽活带团，相当于允许导游干"个体户"。绝大部分导游人员仍从属于旅行社或注册在导游服务公司（或其他旅游机构），其导游活动须经旅行社委派，根据旅游计划陪同旅游者旅行、游览，为旅游者提供向导、讲解和其他旅游服务。

二、导游员的资格获取

（一）导游资格证考试

1. 报名条件

具有高级中学、中等专业学校或者以上学历、身体健康、具有适合导游需要的基本知识和语言表达水平的中华人民共和国公民，能够参加导游人员资格考试。

2008年6月底，中央政府与港澳特区政府分别签署了《CEPA补充协议五》，其中，在旅游项下开放的内容之一为："允许香港、澳门永久性居民中的中国公民参加内地导游人员资格考试。考试合格者依据有关规定领取导游人员资格证书。"

2. 考试科目与内容

1989年我国举行全国统一的导游员资格考试，2001年权限下放到各省，成为"省考"，2016年又回归"国考"，其间30年，导游资格考试变革出现了3个重要的变化。

在20世纪80年代末90年代初，我国旅游业开始飞速发展，导游人才需求剧增，国家旅游局出台了导游资格认证考核办法，开始实施全国统一的导游员资格考试。考试分笔试和面试，由国家旅游局组织人员进行统一阅卷。考试合格者可获得全国导游人员资格证书，换取导游证后持证上岗。

为提高导游队伍素质，2001年，国家旅游局对导游资格考试进行了重大改革，将导游考试的教材、命题、考试时间等决定权限全部下放到各省，由过去全国统一命题改为各省根据本省特点自行命题、考试及评卷，并注重培养导游人员的实际工作能力。考试也分笔试和面试。面试要求与原来基本相同，但讲解景点内容本地化。

2001年"国考"变"省考"，准入标准较宽，考生人数大增，考生结构非常复杂，各种学历、各种年龄、各种层次、各种行业的人都可以考，考试门槛低也带来了一些负面效应——旅游市场混乱，导游队伍鱼龙混杂。为了改变上述现状，2016年起，导游资格考试再度改革，全国实行统一的导游资格考试。考试笔试科目由国家旅游局实行机考，现场考试（口试）部分仍由各省旅游局组织实施。

现如今，导游资格考试分为笔试和口试两部分。笔试考试的主要内容如下：

科目一：政策与法律法规；科目二：导游业务；科目三：全国导游基础知识；科目四：地方导游基础知识。

考核形式为机考，题型全部为客观题。其中，"政策和法律法规"与"导游业务"合并为一张试卷，考试时间为90分钟；"全国导游基础知识"与"地方导游基础知识"合并为一张试卷，考试时间为90分钟。

口试（科目五）的主要内容为：①导游讲解能力；②导游规范服务能力；③导游特殊问题处理及应变能力

口试的考核各省份方式不同，有机考和人工面试两种。考核内容为十二篇导游词（各省份考察景点不同）与综合知识，外语考试有口译环节。中文口试时间一般不少于15分钟，外语口试时间不少于25分钟。考试流程一般为：景点讲解——导游规范服务能力——导游特殊问题处理及应变能力——综合知识——口译（外语类考生）。

考试合格的，由国务院旅游行政管理部门或者国务院旅游行政管理部门委托省、自治区、直辖市人民政府旅游行政管理部门颁发导游人员资格证书。导游资格证终身有效。

（二）导游证的获取

取得导游人员资格证书的，经与旅行社订立劳动合同或者在相关旅游行业组织注册登记，方可持所订立的劳动合同或者登记证明材料，向省、自治区、直辖市人民政府旅游行政部门申请领取导游证或通过全国导游公共服务监管平台申领基于智能移动端的电子导游证，全国通用。电子导游证以电子数据形式保存于导游个人移动电话等移动终端设备中。电子导游证有效期为3年。导游需要在导游证有效期届满后继续执业的，应当在有效期限届满前3个月内，通过全国旅游监管服务信息系统向所在地旅游主管部门提出申请。

根据《导游管理办法》的规定，有下列情形之一的，不得颁发导游证：

（1）无民事行为能力或者限制民事行为能力的；

（2）患有甲类、乙类以及其他可能危害旅游者人身健康安全的传染性疾病的；

（3）受过刑事处罚的，过失犯罪的除外；

（4）被吊销导游证之日起未逾3年的。

（三）临时导游证的取得

所谓临时导游证，是指具有特定语种语言能力的人员，虽未取得导游人员资格证书，但因旅行社需要聘请其临时从事导游活动，由旅行社向省、自治区、直辖市人民政府旅游行政部门申请领取的导游证。

从上述临时导游证的概念可以看出，领取临时导游证的条件有两个：一是具有某种特定语种语言能力；二是旅行社需要聘请其临时从事导游活动。

三、导游人员的分类

导游人员因为工作范围、业务内容的不同，服务对象和使用的语言各异，其业务性质和服务方式也不尽相同。即使是同一位导游人员，因为从事的业务性质不同，所扮演的社会角色也会随之变换。并且，世界各国对导游人员类型的划分也不尽相同，因而很难用一个世界公认的统一标准对导游人员实行分类。

（一）外国导游人员的分类

在国外，特别是旅游业高度发达的国家，导游人员的管理体制已制度化或法律化。他们按工作性质把导游员分为国际入境导游与国际出境导游两大类。

1. 国际入境旅游导游

按职业性质区分，国际入境旅游导游又可分为以下四种：

（1）专业导游员：是指以导游工作为职业，受雇于旅行社或其他旅游企业，领取固定工资，专门从事导游接待服务的人员。有的国家组建有翻译导游协会之类的半官方性质的组织，接受政府授权，享有招考、培训导游人员，颁发导游执照的权限。经协会培训、考核合格并领取执照者，即为会员。一些无固定专业导游人员或导游人员不足的旅行社，需要时可向这类协会雇用导游人员。

（2）业余导游员：亦称兼职导游员。他们不以导游工作为主要职业，利用业余时间兼职导游工作。他们也需经培训、考核，向管理部门领取导游执照，与使用单位签订合同，按接待旅游者的人数和活动时间计酬。在西方旅游业发达的国家中，大学师生、政府公务员与其他自由职业者，从事业余导游工作的人相当多。

（3）旅游景点导游员：是指被博物馆或景点管理部门雇用，专职从事本景点导游讲解工作的人员。他们在所有导游人员中，是水平、级别最高的。对重要的博物馆或景点（如英国的大英博物馆、西敏寺等），导游人员的考试极为严格，只有水平很高的导游人员，才能获取在这些景点从事导游讲解工作的资格。这是为了保证导游质量，避免因为导游讲解质量差而有损珍贵文物的价值。

（4）义务导游员：这些人大多是旅游活动的爱好者，他们参与导游工作完全出于个人爱好和自愿，不计较报酬。当然，他们也必须经过有关部门考核，取得从事这项工作的资格。

2. 国际出境旅游导游

国际出境旅游导游，我们习惯上称其为领队。他们由所在国旅行社雇用，带领旅游团出国旅游，既对组团旅行社负责，又代表该旅行社与接待国进行业务联系，随团活动，伴随始终。

领队也分为职业、业余、义务三种。职业领队受雇于旅行社，领取固定工资，以此作为谋生的职业；业余领队则是旅行社临时雇用的人员，他们多半因为熟悉接待国的情况或语言而被临时雇用；义务领队是从旅游团成员中选择出来的，他们既是游客，又义务为大家服务，从而可享受某些优惠待遇。他们多出现在单位或民间团体组织的旅游团中，原本就是单位、团体的领导人或者有威信的工作人员。

（二）我国导游人员的分类

根据我国目前的旅游市场现状以及未来旅游业发展趋势，借鉴国外的经验和中国旅游业特定的运转规律，我们从不同的角度对中国导游人员进行分类。

1. 按业务范围划分

按业务范围划分，我国导游人员分为出境旅游领队、全程陪同导游人员、地方陪同导游人员和景区（点）讲解员。

出境旅游领队（简称领队）是依法取得从业资格，受出境组团旅行社委派，全权代表组团社带领旅游团出境旅游，监督境外接待旅行社和导游人员执行旅游计划，并为旅游者提供出入境等相关服务的工作人员（如表 2-1）。

全程陪同导游人员（简称全陪）是指受组团社委派，代表组团旅行社，在旅游团领队和地方陪同导游人员的配合下，实施旅游接待计划，为旅游团（者）提供国内全程陪同服务的导游人员。

地方陪同导游人员（简称地陪）是指受接待社委派，代表接待旅行社实施接待计划，为旅游团（者）提供当地旅游活动安排、讲解、翻译等服务的导游人员。

景区（点）讲解员是受旅游景区（点）委派或安排，为旅游团或旅游者提供讲解服务的专职人员和兼职人员。他们虽隶属于景区（点），不受旅行社委派，但所从事的工作与导游人员一样，向旅游团（者）提供导游讲解服务。

上述四类从事导游服务的人员中，出境旅游领队和全程陪同导游人员的主要业务是实行旅游活动的组织与协调；地方陪同导游人员的主要工作既有当地旅游活动的组织、协调，又有实行导游讲解或翻译的任务；景区（点）讲解员的主要业务是从事所在景区（点）的导游讲解。

表 2-1　不同导游人员的业务区别

类型	委派单位	讲解内容	陪同范围	是否提供旅途生活服务
出境旅游领队	组团社（委派方）	旅游目的地国情况（行前介绍）	全程陪同	是
全程陪同导游	组团社（接待方）	沿途各站点情况	全程陪同	是
地方陪同导游	地接社	接待地及当地游览景点情况	接待地陪同	是
景区（点）讲解员	景区	景区情况	景区	否

2. 按劳动就业方式划分

导游人员分为旅行社专职导游人员和社会导游人员。

（1）专职导游人员：旅行社专职导游人员是指具备导游资格，持有导游证、专门从事导游服务的旅行社工作人员。目前，这类导游人员大多数受过中、高等教育，或受过专门训练，一般为旅行社的正式职员。他们是当前我国导游队伍的主体。

（2）社会导游人员：按执业方式分为同旅行社签订劳动合同的导游人员、在协会或导游服务公司登记的导游人员、兼职导游人员和自由职业导游人员。

与旅行社签订合同的导游人员是指具备导游资格，持有导游证，同旅行社签订了一个月以上合同的导游人员。

在协会、导游公司登记的导游人员是指具备导游资格，持有导游证，在协会、导游服务公司或相关旅游机构注册登记的导游人员。

（3）兼职导游人员：亦称业余导游人员，是指具备导游资格、持有导游证，但不以导游工作为主要职业而在业余时间短期（不满一个月）到旅行社从事导游服务的其他单位人员。

自由职业导游人员是以导游工作为主要职业，但并不受雇于固定的旅行社，而是通过签订临时劳动合同为多家旅行社服务，或者通过导游自由执业平台为散客提供导游服务的人员。

自由职业导游人员分为线上执业导游人员和线下执业导游人员，其中线上导游自由执业是指导游员向通过网络平台（如携程、同程等网站）预订旅游服务的消费者提供讲解和向导服务，并通过第三方支付平台收取导游服务费的执业方式。线下导游自由执业是指导游员向通过旅游集散中心、旅游咨询中心、景区（点）游客服务中心等机构预约其服务的消费者提供单项讲解和向导服务，并通过第三方支付平台收取导游服务费的执业方式。

对于专职导游而言，其限制相对来说较多，比如要和旅行社签订合同，只能为一家旅行社服务，但是旅行社也需要为他交社会保险，支付全额的工资等。

而兼职导游的注册单位不是旅行社，是行业组织，比如导游协会、旅游协会。在这些部门注册，然后为不同的旅行社服务，虽然更为自由，但其经济来源不是特别稳定。

对于自由职业导游来讲，接受游客的预约服务，无论是线下还是线上，必须通过第三方来进行。导游不经过网络预约平台或线下自由执业业务机构，自行开展自由执业业务的，按照《旅游法》第一百零二条处罚；即处一千元以上一万元以下罚款，并暂扣或者吊销导游证、领队证。

3. 按使用的语言划分

导游人员分为中文导游人员和外语导游人员。

中文导游人员按使用的语言又分为普通话导游人员、方言导游人员和少数民族语言导游人员，其服务的对象为国内游客及港澳台同胞、海外华侨、外籍华人。

外语导游人员是能够使用外国语言从事导游服务工作的人员，其服务对象是入境旅游的外国游客和出境旅游的中国公民。

4. 按技术等级划分

按技术等级，导游人员分为初级导游员、中级导游员、高级导游员和特级导游员。

第二节　导游员的职责

在我国，海外领队、全陪、地陪和景点景区导游人员统称导游人员。各类导游人员由于其工作性质、工作对象、工作范围和时空条件各不相同，他们的工作各有侧重，所起的作用也不尽相同，因此，除了要履行各类导游人员都应予履行的共同职责外，不同的导游人员还有自己要重点关注的部分。每位导游人员各司其职、各负其责的共同目的都是圆满完成整个旅游团的接待任务。

一、导游人员的基本职责

根据当前我国旅游业发展的实际和各类导游人员的服务对象，导游人员的基本职责包含以下几点：

（1）接受旅行社分配的导游任务，按照接待计划安排和组织游客参观、游览。
（2）负责向游客导游、讲解，介绍旅游目的地文化和旅游资源。
（3）配合和督促有关部门安排游客的交通、住宿、保护游客的人身和财产安全。
（4）反映游客的意见和要求，协助安排会见、座谈等活动。
（5）耐心解答游客的问询，协助处理旅途中遇到的问题。

二、海外领队、全陪、地陪和景点景区导游人员的职责

前面我们已经提到，一个标准的、规范的、完整的旅游接待过程应该是由全陪、地陪、

领队共同参与、共同配合才能完成的。全陪是东道国组团社利益的代表，地陪是东道国或地区接待社利益的代表，而领队则是游客及他们所在国（地区）利益的代言人，三者代表着三个方面，维护着各自的利益。共同的目标、相同的工作对象使他们走到了一起。

（一）海外领队的职责

海外领队是经国家旅游行政主管部门批准组织出境旅游的旅行社的代表，是出境旅游团的领导者和代言人。"高高兴兴出游去，平平安安回家来"是领队的重要职责。因此，海外领队在团结旅游团全体成员、组织游客完成旅游计划方面起着全陪、地陪往往难以起到的作用。其具体职责包括以下几点。

1. 全程服务，旅途向导

领队行前应向旅游团介绍旅游目的国（地）概况及注意事项；陪同旅游团的全程参观游览活动，积极提供必要的旅途导游和生活服务。

2. 落实旅游合同

领队要监督更要配合旅游目的国（地）的全陪、地陪安排好旅游计划，组织好游览活动，全面落实旅游合同。

3. 做好组织和团结工作

领队应积极关注并听取游客的要求和意见，做好旅游团的组织工作，维护旅游团内部的团结，调动游客的积极性，保证旅游活动顺利进行。

4. 协调联络、维护权益、解决难题

领队应负责旅游团与接待方旅行社的联络工作，转达游客的建议、要求、意见乃至投诉，维护游客的正当权益，遇到麻烦和微妙问题时要出面斡旋或解决。

（二）全程导游人员的职责

全程导游人员简称全陪。对海外游客而言，从入境到出境，全陪一直陪伴着他们，对国内游客，全陪更是陪伴其全程。在游客心目中，全陪是旅游目的地的代表，是旅游团在当地活动的主要决策人，在导游工作集体中处于中心地位，起着主导作用。其具体职责是：

1. 实施旅游接待计划

按照旅游合同或约定实施组团旅行社的接待计划；监督各地接待单位的执行情况和接待质量。

2. 联络工作

负责旅游过程中同组团旅行社和各地接待旅行社的联络，做好旅行各站的衔接工作，掌握旅游活动的连贯性、一致性和多样性。

3. 组织协调工作

协调旅游团与地方接待旅行社及地方导游人员之间、领队与地方导游人员、司机等各方面接待人员之间的合作关系；协调旅游团在各地的旅游活动，听取游客的意见。

4. 维护安全、处理问题

维护游客旅游过程中的人身和财物安全，处理好各类突发事件；转达游客的意见和要求，力所能及地处理游客的意见、要求乃至投诉。

5. 宣传、调研工作

耐心解答游客的问询，介绍旅游地文化和旅游资源，开展市场调研、协助开发、改进旅游产品的设计和市场营销方式。

（三）地方导游人员的职责

地方导游人员简称地陪，是地方接待旅行社的代表，是旅游计划的具体执行者。地陪的职责重点之一是组织旅游团在当地的旅游活动并负责安排落实旅游团全体成员的吃、行、住、游、购、娱等方面的事宜；重点之二是导游讲解，这是区别于全陪的。全陪虽然也作导游讲解，但这并不是其职责的重点。就一地而言，地陪是典型的、完全意义上的导游人员，他的工作责任最大，处理的事务最多，工作最辛苦，所起的作用最关键。其主要职责是：

1. 安排旅游活动

严格按照旅游接待计划，合理安排旅游团（游客）在当地的旅游活动。

2. 做好接待工作

认真落实旅游团（游客）在当地的接送服务和食、住、行、游、购、娱等服务；与全陪、领队密切合作，按照旅游接待协议做好当地旅游接待工作。

3. 导游讲解

负责旅游团（游客）在当地参观游览中的导游讲解，解答游客的问题，积极介绍和传播旅游地文化和旅游资源。

4. 维护安全

维护游客在当地旅游过程中的人身和财物安全，做好事故防范和安全提示工作。

5. 处理问题

妥善处理旅游相关服务各方面的协作关系以及游客在当地旅游过程中发生的各类问题。

（四）景点景区导游人员的职责

1. 导游讲解

负责所在景区、景点的导游讲解，解答游客的问询。

2. 安全提示

提醒游客在参观游览过程中注意安全，并给以必要的协助。

3. 结合景物向游客宣讲环境、生态和文物保护知识

随着旅行社业务的发展，地陪和全陪的界线不是绝对的。目前许多地方旅行社的地陪也在做全陪。因此，全陪和地陪的划分只是相对的。但无论全陪或地陪，其主要职责都是为游客服务。在带团活动期间，他们既是翻译，又是导游；既要组织安排游览、参观，又应照顾好游客的生活，一身多职。而每一项工作都带有服务性质，服务的内容也不限于旅游协议书上规定的条文。因此，全陪、地陪与领队只有齐心协力、精诚合作，才能圆满完成一个旅游团（游客）的接待任务。

第三节 导游员的素质和修养

一、导游人员的素质

早在20世纪60年代，周恩来总理就对我国的外事人员提出了"三过硬"和"五大员"的要求，即翻译导游人员要"三过硬"（即思想过硬、业务过硬、外语过硬）和做"五大员"（即宣传员、调研员、服务员、安全员和翻译员），这是对当时翻译导游人员职责的高度而明确的概括。

改革开放以来，我国旅游业发生了翻天覆地的变化，旅游部门由从前作为外事工作一部分的政治接待部门转变为国民经济中一个产业部门；导游服务对象也由数量较少的外国友好人士和海外华侨，转变为海外各阶层的旅游人士和数量更为巨大的国内公民。我国导游翻译界著名人士认为，当今导游人员要真正做好导游服务工作，真正成为游客和自己工作单位所喜欢的导游员，必须要当好"八大员"，即：国情讲解员、导游翻译员、旅游协调员、生活服务员、安全保卫员、情况调查员、座谈报告员和经济统计员。

具体来说，导游人员的素质可归纳为以下几个方面。

（一）良好的思想品德

在任何时代、任何国家，人的道德品质总是处于最重要的地位。良好的思想品德是社会主义社会对其成员的共同要求，也是导游人员应具备的基本素质之一。导游人员的思想品德主要表现在以下几个方面。

1. 热爱祖国、热爱社会主义

热爱祖国、热爱社会主义是作为一名合格的中国导游人员的首要条件。这是因为：

第一，导游人员所从事的工作是社会主义祖国整个事业的一部分，社会主义祖国培育了导游人员，为导游人员创造了良好的工作环境和发挥自己智慧与才能的条件。导游人员应该认识到这一点，摆正位置，正确对待个人、集体和祖国的关系，将工作做好。

第二，导游人员的一言一行都与社会主义祖国息息相关。在海外旅游者的心目中，导游人员是国家形象的代表，是"非官方大使"。旅游者正是透过导游人员的思想品德和言行举止

来观察、了解中国。因此，导游人员在向游客提供导游服务时，应把祖国的利益、社会主义事业摆在第一位，要自觉维护国家的利益和民族的尊严。

导游人员要发扬爱国主义精神，首先表现在要热爱祖国的社会主义制度。在导游讲解中，导游人员要通过向游客介绍祖国社会主义建设所取得的辉煌成就，加深游客对中国特色社会主义制度的了解。其次，表现在热爱祖国的悠久历史、灿烂的文化和壮丽的山河。在游览过程中，导游人员要满怀激情，通过生动的讲解，向游客介绍中国五千年的历史文化，并提醒游客在游览过程中爱护景区的一草一木。

2. 践行社会主义核心价值观和旅游行业核心价值观

（1）践行社会主义核心价值观。

党的十八大报告，明确提出"三个倡导"，即"倡导富强、民主、文明、和谐，倡导自由、平等、公正、法治，倡导爱国、敬业、诚信、友善，积极培育社会主义核心价值观"，这是对社会主义核心价值观基本内容的精辟概括，即概括了国家的价值目标、社会的价值取向和公民的价值准则。"富强、民主、文明、和谐"，是我国社会主义现代化国家的建设目标，也是从价值目标层面对社会主义核心价值观基本理念的凝练。在社会主义核心价值观中居于最高层次，对其他层次的价值理念具有统领作用。"自由、平等、公正、法治"，是对美好社会的生动表述，也是从社会层面对社会主义核心价值观基本理念的凝练。它反映了中国特色社会主义的基本属性，是我们党矢志不渝、长期实践的核心价值理念。"爱国、敬业、诚信、友善"，是公民基本道德规范，是从个人行为层面对社会主义核心价值观基本理念的凝练。它覆盖社会道德生活的各个领域，是公民必须恪守的基本道德准则，也是评价公民道德行为选择的基本价值标准。

（2）践行旅游行业核心价值观。

旅游行业核心价值观是"游客为本，服务至诚"。它是社会主义核心价值观在旅游行业中的具体体现。"游客为本"与"服务至诚"二者相辅相成，共同构成旅游行业核心价值观的有机整体。"游客为本"为"服务至诚"指明方向，"服务至诚"为"游客为本"提供支撑。导游人员工作在旅游业的第一线，直接为游客提供各项服务，应以此来引领自己的工作，用实际行动践行旅游行业的核心价值观。

3. 优秀的道德品质

社会主义道德的基本原则是集体主义，是全心全意为人民服务的精神。从接待游客的角度来说，旅行社和各接待单位实际上组成了一个大的接待集体，导游人员则是这个集体的一员。因此，导游人员在工作中应从这个大集体的利益出发，从旅游业的发展出发，依靠集体的力量和支持，关心集体的生存和发展。只有这样，导游人员的工作才能做好。导游人员要发扬全心全意为人民服务的精神，并把这一精神与"宾客至上"的旅游服务宗旨紧密结合起来，热情地为国内外游客服务。

4. 热爱本职工作、尽职敬业

导游工作是一项传播文化、促进友谊的服务性工作，因而是一项很有意义的工作。导游人员在为八方来客提供服务时，不但可以结交众多的朋友，而且能增长见识、开阔视野、丰富知识,导游人员应该为此感到骄傲和自豪。因此,导游人员应树立远大理想,将个人的抱负与事业的成功紧密结合起来,立足本职工作,热爱本职工作,刻苦钻研业务,不断进取,全身心地投入工作之中,热忱地为游客提供优质的导游服务。

5. 高尚的情操

高尚的情操是导游人员的必备修养之一。导游人员要不断学习,提高思想觉悟,努力使个人的功利追求与国家利益结合起来;要提高判断是非、识别善恶、分清荣辱的能力;培养自我控制的能力,自觉抵制形形色色的精神污染,力争做到"财贿不足以动其心,爵禄不足以移其志",始终保持高尚的情操。

6. 遵纪守法

遵纪守法是每个公民的义务,作为旅行社代表的导游人员尤其应树立高度的法纪观念,自觉地遵守国家的法律、法令,遵守旅游行业的规章,严格执行导游服务质量标准,严守国家机密和商业秘密,维护国家和旅行社的利益。提供涉外导游服务的导游人员,还应牢记"内外有别"的原则,在工作中多请示汇报,切忌自作主张,更不能做违法乱纪的事。

(二)文化素质

导游工作的实践表明,导游人员应具备的知识结构既不是"通才"式的,也不是"专才"式的,而是"T"型的。这类人才不仅要有宽博的知识面,而且还应在某一知识领域有较深的造诣。

导游人员的服务对象来自各行各业,虽然他们对导游人员的期望有所不同,然而几乎所有的游客都希望导游人员知识渊博,能够向他们较多地介绍目的地国家或地区的情况,解答他们在参观游览中提出的问题。并且,导游人员在导游讲解中也要涉及经济、政治、法律、文化、历史、地理、民俗、宗教等众多领域的知识。因此,导游人员要具有宽广的知识面。只有以丰富的知识做后盾,导游讲解才能言之有物、言之有理、言之有据,富有感染力和说服力,受到游客的欢迎。所以,导游人员合理的知识结构应是博而专。具体地说,导游人员应掌握以下几方面的知识。

1. 语言知识

语言知识是导游人员最重要的基本功,是导游服务的工具。古人云:"工欲善其事,必先利其器。"导游人员若没有扎实的语言功底,就不可能顺利地进行文化交流,也就不可能高质量地完成导游服务工作。外语导游人员既要熟练掌握外语,又要不断提高运用母语的能力。导游讲解是一项综合性的口语艺术,要求导游人员具有很强的口语表达能力,而导游人员的口语艺术必须建立在丰富的知识、扎实的语言功底的基础之上。

2. 政治、经济和社会知识

在旅游活动中,游客特别是境外游客对旅游目的地国家的政治、经济和社会问题比较感兴趣,常常就这类问题发问,想听听导游人员的意见。如果导游人员对这类问题事先没有知识准备，就不可能给游客以满意的答复。因此，导游人员应了解国情，熟悉国家的政治、经济体制及其改革发展方向，了解国家的人口政策、环境保护政策、少数民族政策、宗教政策等。

3. 历史、文化、民俗等方面的知识

史地文化知识是导游讲解的素材，掌握史地文化知识是做一名合格导游人员的必备条件。史地文化知识包括历史、地理、民族、宗教、风俗民情、风物特产、文学艺术、古建园林等诸方面的知识。导游人员要善于学习和积累这些知识，以便在不同景点的讲解中灵活运用，融会贯通，提高导游讲解水平，使游客从讲解中学到新的知识，得到美的享受，这对做好导游服务工作具有特别重要的意义。

4. 政策法规知识

政策法规知识也是导游人员的必备知识。这是因为：①政策法规是导游人员工作的指针，指导导游人员的导游讲解、回答游客问题及与游客讨论有关问题；②政策法规是处理问题的原则，导游人员要以相关的法律、法规正确处理旅游活动中出现的问题和事故；③导游人员必须遵纪守法，还要让游客尤其是外国游客了解中国的法律、法规，遵守中国的法律、法规。导游人员必须掌握相关的法律、法规知识，以便正确地处理问题，做到有理、有利、有节。导游人员自己也可防范错误的发生。

所以，为了使自己的言行符合国家法律、行业法规和规章的要求，导游人员必须努力学习和掌握有关政策法规知识。

5. 心理学和美学知识

导游人员的服务对象是形形色色的旅游者，而且都是短暂相处，因而掌握心理学知识具有特殊的重要性。导游人员要学会运用心理学知识了解旅游者，有的放矢地做好导游讲解和旅行生活服务；有针对性地提供心理服务，从而使旅游者从心理上得到满足，在精神上获得享受。同时导游人员也要运用心理学知识搞好与各种各样的旅游接待部门工作人员的关系。导游人员还要运用心理学知识随时调整自己的心理状态，使自己始终精神饱满、热情周到地为旅游者服务。如果导游人员能够洞察游客在不同旅游阶段、不同场合下的心理需求，就能较好地提供令客人满意的服务。所以，导游人员需要学习和掌握心理学知识，并能将其成功地运用于导游实践中。

旅游活动是一项综合性的审美活动，要求导游人员懂得什么是美、知道美在何处，并且善于运用生动形象的语言向不同审美情趣的旅游者传递审美信息，帮助他们最大限度地获得美的享受。导游人员还要运用美学知识指导自己的衣着打扮和言行举止，因为导游人员本身就是旅游者的审美对象。

6. 旅行相关业务知识

导游人员作为旅游活动的组织者，除了带领游客参观游览外，还要安排好游客的交通、食宿等旅行生活事宜，并维护游客的安全。为此，导游人员还应该掌握旅游业务知识，熟悉交通知识、海关知识、货币保险知识、邮电通信知识、社会知识、国际知识以及卫生、生活等旅行常识,又如民航票务、出入境手续的办理、航空行李托运、铁路交通运输等方面的知识。导游人员懂得这些方面的知识,不仅有利于旅游活动的顺利进行,而且有助于导游人员在工作中少出差错。

【案例 2-1】 "唱歌"引出的笑话

近些年来,台湾的旅游团队到祖国大陆观光的越来越多。有一次,旅游车正在开往景区的途中,车内后排站起一位台湾老人,他说:"王导,我们距下一站还有多远?我想去唱歌。"小王是个刚刚上团不久的新导游,对游客提出的问题,做出十分热情的回答:"我们今天所有的行程结束之后,我再领大家去 KTV 好吗?"此时,车厢里的台湾客人早已笑成一片。小王被这样的场面弄得不知所措,看看司机,司机也在抿着嘴,似乎还乐出声了。原来,台湾客人习惯把"上洗手间"称为"唱歌"。小王并不理解客人的真正用意,结果闹出了笑话。事后,小王了解到,这种说法在台湾由来已久。据说,当地有一位老奶奶,第二天准备带着小孙子参加婚礼,为了不让小孙子在宴席上出丑,在出门前再三叮嘱,如果要去洗手间,就说:"奶奶,我要去唱歌。"小宝宝很听话,在酒席上没有出什么差错。可是,到了晚上,小孙子要起夜,对奶奶说:"奶奶,我要去唱歌。"这时候,奶奶早把白天的事情忘记了。为了让小孙子早点睡觉,奶奶说:"好孩子,小点声,就在奶奶耳边小声唱。"当然,结果可想而知了。

知道原因后的小王,非常感慨,原来当好一名导游员,不仅要把导游词背熟,还要懂得这么多知识啊!看来自己还需要不断地充实自己,来弥补不足。

【思考】学习了上述案例后有你什么感想。

案例来源:李娌,王哲. 导游服务案例精选解析[M]. 旅游教育出版社,2007

(三)能力素质

语言、知识、技能是导游服务的三要素,它们之间是相辅相成的关系。导游人员只有恰到好处地实现它们的有机结合,才能将导游服务工作做好。除了上述的各种知识外,还应具备导游服务必需的各种能力。导游员的能力,直接关系到导游服务的效果,影响到导游服务的质量。具体来说导游员的能力素质体现在以下几个方面:

1. 独立执行政策和独立进行宣传讲解的能力

导游工作是一项政策性很强的工作。旅游活动具有相当大的社会和政治因素,游客在游览休闲的同时考察和评判旅游目的地的社会状况、经济发展水平、政治局面和民俗民风,这种情况是会经常遇见的。因此,导游人员必须具有高度的政策观念和法制观念,要以国家有关政策和法律、法规指导自己的言行和工作;要严格执行旅行社的接待计划;要积极主动地讲解中国悠久灿烂的历史。

2. 较强的组织与协调能力

导游人员接团后,要根据旅游接待计划合理安排旅游活动,带领全团游览好、生活好。这就要求导游人员具有较强的组织、协调能力;要求导游人员在安排活动时有较强的针对性并留有余地;在组织各项活动时讲究方式、方法并及时掌握变化着的客观情况,灵活地采取相应的有效措施。

3. 与各种人打交道的能力

导游人员的工作对象十分复杂,善于和各种人打交道是导游人员最重要的技能之一。与层次不同、品质各异、性格不同的中外人士交往,要求导游人员必须掌握一定的公共关系学知识并能熟练运用,且具有灵活多变、能适应不断变化着的氛围的能力,随机应变处理问题,搞好各方面的关系。导游人员具有相当的公关能力,在待人接物时会更自然、得体;发挥能动性和自主性的水平必然会较高,有利于提高导游服务的质量。导游工作的性质特殊,这决定了导游人员的人际关系比较复杂。这就要求导游人员应是一个活泼、外向的人,是一个精力充沛、情绪饱满的人,是一个具有爱心、热情地与人交往、待人诚恳、富有幽默感的人,是一个有能力解决问题、可以让人信赖依靠的人。

4. 独立分析、解决问题、处理事故的能力

旅游活动中出现问题和事故在所难免,能否妥善处理问题和事故是对导游人员的考验。临危不惧、处惊不乱、头脑清醒、处事果断、办事利索、随机应变是导游人员处理问题和事故时应有的素质。旅游活动中出现问题和事故的时空条件、问题和事故的性质各不相同,不允许导游人员墨守成规,导游人员应该根据不同情况采取相应措施,合情、合理、合法地予以处理。

5. 导游讲解能力

导游讲解就是通过导游人员的语言表达,向旅游者传达各种信息,使之从中陶冶情操,增长见识。这就要求导游人员的"嘴上功夫"要过硬,专业知识更得过硬。导游讲解时应运用各种讲解技巧,无论是使用外国语、普通话、方言还是少数民族语言,都应做到语言准确、精练、生动、形象、切中要点、引人入胜和富有表达力。

(四)身体素质

导游服务工作是一项脑力劳动和体力劳动高度结合的工作,为了适应这项工作,导游人员不仅要有丰富的知识、较强的语言表达能力和娴熟的服务技能,还必须有健康的身体。导游服务工作要求导游人员能走路、会爬山,能适应各地的气候、水土和饮食;能为旅游者四处奔波,满足他们的正当要求、解决他们的困难;能适应长期在外、连轴转带团、体力消耗大、无法正常休息的工作特点。因此,导游人员必须有一个健康强壮的体魄。

(五)心理素质

导游人员的心理素质主要指导游人员善于掌握和调节旅游者心理情绪的能力和自身良好的意志品质两个方面。要提高导游服务质量,必须向旅游者提供高质量的功能服务,其中非

常重要的是提供有针对性的心理服务。为此导游人员要了解旅游者的心理活动和情绪变化，同时强化自身的心理承受能力。这就要求导游人员具备良好的心理素质。

1. 导游人员应有良好的观察能力和感知能力

导游讲解"贵在灵活、妙在变化"，而灵活变化的依据是导游人员通过观察得到的信息。有位优秀导游员把成功的导游服务总结为 16 个字：注意观察、鉴貌辨色、随机应变、灵活导游。就是说，导游人员要善于通过不同方式自觉观察并发现旅游者的心理变化和需求，及时调整导游讲解的详略、深浅和快慢，使其更具针对性。这样，才能将大部分旅游者吸引在导游人员身边，导游活动才有可能成功。在参观游览现场，导游人员不仅要注意观察旅游者，还要善于观察周围的事物和环境。若发现异常变化，就得当机立断，或改变游览线路，或干脆把旅游团（者）带离现场，以免发生意外，保证旅游活动顺利进行。

导游人员要善于观察旅游者并敏锐地感知其不同的心理反应，及时调整导游讲解和相应服务，采取必要的措施、运用多变的手法，保证旅游活动的顺利进行。

2. 冷静的思维能力和准确的判断能力

导游人员在带团过程中，需要冷静思考各种各样的问题并且准确判断，采取有效措施，正确予以处理。当遇到险情时，更要求导游人员沉着冷静、果断处理，这样往往能化险为夷，避免事故的发生。出现问题后，如果措施果断，处理合情、合理、合法，会减少损失和不利影响。事实证明，导游人员处事沉着果断会提高威信，明智地、合情合理地解决问题，让游客信服，就能使游客、导游双方同心协力，共同争取旅游活动的成功。

3. 较强的自我调节与自控能力

导游员要有较强的心理承受能力。旅游过程中导游看着游客花钱，"游客吃着你看着，游客玩着你干着"这时，导游员心理难免会产生不平衡。导游人员必须时刻牢记自己的职务角色，正确理解导游人员和游客之间服务和被服务的关系。面对各种各样的旅游者，导游人员应加强自身的心理调适能力，尽可能避免情绪大起大落。当遇到各种刺激和压力时，要有一定的心理承受能力，即使是对方不对也不必急于辨明是非，而是以豁达包容的心态对待游客的误解，学会把握调节自己的情绪，使自己处于符合角色的情绪状态之中，绝不能把丝毫不悦的情绪带到导游工作中去。

【案例 2-2】 领队的话妥当吗？

某旅游团即将离开澳门前，一位游客怀着爱国热情购买了 80 元一只的"澳门回归纪念表"，但到珠海的地摊上一看，一模一样的表只卖 30 元一只（还未讨价还价）。此时该游客仿佛受到戏弄，内心受到伤害。于是他指着该团领队的鼻子气愤地说："你们在欺骗游客，看看，相同的表价格却相差 50 元。""你怎么能这样说话呢？"领队不服气地说，"一瓶可乐在超市里卖 1.80 元，在小商店里却卖 2.50 元，在大饭店里则卖到 10 元，在宾馆咖啡室内更要卖到 30 元，你说商家在欺骗消费者吗？"那位游客望着领队的脸久久说不出一句话。旅行结束后，该游客写信给旅行社，要求退还他所购纪念表的钱款，同时还批评领队的话说得不妥，他是在为欺骗游客找借口。

【思考】你认为领队的话妥当吗？

案例来源：李娌，王哲. 导游服务案例精选解析[M].北京：旅游教育出版社，2007

自控能力是导游员必须具备的优良品质之一。导游员的自控能力体现了他的意志、品质、修养、信仰等诸方面的水平，尤其在与游客发生矛盾时，面对着个别游客对你无礼的挑剔和训斥，面对周围各种人的不理解等，能否抑制自己的感情冲动，以大局为重，以游客为重，真正做到"客人至上"，这是对导游人员心理素质优劣的重要的检验。自我控制并不是怯懦，而是大事讲原则，小事讲风格，这是一种品质高尚的表现。

二、导游人员的修养

修养是指人们在政治、思想、道德品质和知识技能等方面，经过长期锻炼和培养所达到的一定水平。一个好的导游要有高度的社会主义觉悟，树立远大理想；面对形形色色的精神污染，需要具有坚强的意志和自控防腐的自觉性；要有广博的知识并随时更新、不断充实，要具有严肃的治学态度和学无止境的精神；需要不断提高自身的文化素养，以在导游服务过程中传播文化和满足游客的精神享受。为了提高导游人员的业务水平，处理好导游服务中各方面的人际关系和各种复杂情况，导游人员应当加强自身的修养。

导游人员应该从以下几个方面来加强自身的修养。

（一）情操修养

情操是由情感和思想综合起来的、不易改变的心理状态或情感倾向。它通常表现为人们对事物的一种执着的信念和追求。导游人员的情操培养应以导游服务为中心，围绕对国家、对集体、对游客和对自己从事的工作的心理态度来进行。

1. 对国家，要树立爱国心，即热爱祖国、热爱社会主义

为此，导游人员在工作中要努力把个人的利益融于国家利益之中，将导游服务同国家旅游业的发展密切结合起来，具有强烈的事业心和社会责任感。

2. 对集体，要树立集体主义精神

导游服务是旅游接待工作的一部分，而旅游接待是由旅行社和其他相关接待单位共同完成的。它们共同组成了一个接待体系，导游人员只是这个接待体系中的一分子。所以，导游人员应将自己融于这个体系之中，依靠集体，通力协作，发挥集体主义精神，才能把工作做好。

3. 对游客，要树立全心全意服务的思想

游客是旅游活动的主体，没有游客就没有旅游接待，也就没有导游服务。游客的满意与否是检验旅游接待工作、检验导游服务好坏的最终标准。所以，导游人员只有全心全意地为游客服务，想游客之所想，急游客之所急，才能赢得游客的信赖、支持和配合，使他们旅途愉快，高兴而来，满意而归。

4. 对自己的工作，要有爱业、敬业精神

导游人员首先要热爱自己的工作，这是做好导游服务工作的前提。只有热爱，才能孜孜不倦地努力工作，才能有把工作做好的决心和信心。其次，要有敬业精神，要有理想和信念，这样，工作才有目标和方向，才能发奋图强，在工作中勇于实践、勇于创造，使自己成为有理想、有道德、有文化、有纪律的人。

（二）学风修养

人的知识需要不断充实、丰富，需要随时更新、扩展，以适应不断发展着的时代。导游工作是一项知识密集型的服务工作。导游人员不能只将导游工作看作是谋生的手段，更应将其看成一种事业。要活到老，学到老，努力提高自己的学识，争取为游客提供更好的导游服务，使他们在精神方面获得一种美的享受。

1. 要勤奋，贵在坚持

"书山有路勤为径，学海无涯苦作舟"，这是古人做学问的经验，它充分说明了治学必须勤奋、刻苦，而且必须长期坚持。只有坚持，才能积累更多的知识；只有坚持，才能使自己不断得到充实。如果在学习的道路上前怕狼，后怕虎；如果三天打鱼两天晒网，就将一事无成。在学习时要做到以下几点：

①要博览群书，要注意观察。②外语要多读、多说；求知识要不耻下问，而且要多问。③要作摘记，写心得，多作总结，写文章。④多跑图书馆，多请教他人，多去实践，多进行调查研究。⑤多思考，多记忆，多回忆，多比较，多问几个为什么。

2. 要博览群书，不耻下问

导游人员要获得更多知识，就得向书本学习，向社会学习，在实践中学习。

古人云："行万里路，破万卷书""读书破万卷，下笔如有神"。这充分说明了书籍是知识的源泉。一个人若想获得各方面的知识，就要博览群书，努力使自己的知识结构合理。一个知识渊博的人会生活充实、情趣高雅，他的人生会更加丰富多彩。

常言道"三人行必有我师"，就是要人们向社会学习，向周围的人学习。要汲取他人的长处，弥补自己的不足，如果对他人的长处视而不见，也就无法发现自己的短处，就不能使自己得到进一步的提高。

只要勇于实践，善于总结，就能积累起丰富的经验，就会熟能生巧，其导游技能、语言技能就会日臻完善。只有用渊博的知识做后盾，才能在导游服务中做得更好，才能成为一个优秀的导游人员。

3. 要严谨，循序渐进

学习时要严格要求自己，脚踏实地去学。要实事求是，做到"知之为知之，不知为不知"，绝不能不懂装懂。"千里之行，始于足下"，学习是没有任何捷径的，只有勤学苦练，一步一步地学起，才能使自己在知识的海洋中任意翱翔。

4. 要精思明理，不图虚名

学习时要集中精力，要有强烈的求知欲，要沉浸在学习之中，切忌"身在曹营心在汉"；要刻苦钻研，要善于消化，辨明是非；要对所学知识加以选择，去伪存真，去粗存精；要对学到的知识进行再加工、再创造，融会贯通，为我所用。

导游工作需要的知识既广又杂，而且在不断丰富、不断更新，所以一名导游人员掌握的知识是永远不会够的。所以导游人员要不断地更新知识，多了解世界的发展状况。

（三）气质修养

气质是一个人相当稳定的个性特点，俗称气度、脾气、秉性或性情。如果说身材外貌是一个人的"硬件"，那么气质则是其"软件"。气质对一个人的工作态度、工作方式和工作作风会产生影响。

导游服务面向的是五湖四海、各行各业的游客，这对导游人员的气质有其特定的职业要求。一方面，导游人员的工作要严格按照旅游接待计划的安排和导游服务质量标准行事，不允许有明显的个性气质表现，不能因个人的性情减少旅游服务项目、降低服务标准，更不能因对游客有看法、有意见，就甩手不管或弃团而去。另一方面，导游人员是旅行社的代表，对外还体现着我们国家的形象，这又要求导游人员不仅要对游客彬彬有礼、落落大方，而且对游客的服务还要主动、热情、勤勉、灵活，不能完全按照自己的性情来行事。可见，要做好导游服务，为游客所认可、所信赖，使自己按照上述要求尽快地进入角色，导游人员就应当加强自己的气质修养，在实践中经受磨炼，主动扬长避短，使自己的气质较快地适应导游服务工作的要求。

（四）知识修养

广博的知识是导游人员立业之基。导游人员的知识修养包括学风修养和文化修养。

1. 学风修养

学风即学习的风气。导游服务工作是一种知识密集型的工作，要把这项工作做好，为游客提供优质的服务，需要博而专的知识，因此，导游人员应该养成良好的学风。首先，导游人员要勤奋好学。一是要向书本学，要博览群书，各种各样的知识都掌握一点，这对作为"杂家"的导游人员来说具有十分重要的意义；二是向他人学，即向其他导游人员学习，向游客学习，向所到之地的当地人员学习，特别是向同行中的优秀导游人员学习，学习他们的奉献精神、带团经验、讲解方法和技能。其次，要讲究学习方法，要善于思考。导游人员在每次带团之后应对带团中发生的情况和问题进行认真的思考和总结，哪些方面做得好，哪些方面还不够，不同的旅游团有哪些不同的特点，有什么不同的要求，应如何面对和处置，工作中有什么经验和教训。每一次这样的思考和总结都是对自己的一次提高。最后,要坚持不懈。古人说,学如逆水行舟,不进则退。无论是学习,还是思考,都贵在坚持。

2. 文化修养

文化修养包含的内容甚为丰富,知识、艺术鉴赏能力、兴趣爱好、审美情趣和礼节礼貌等都属于文化修养的范畴。导游人员要重视自己的文化修养,要"吾日三省吾身",既要在困难面前毫不气馁,又要在成功面前不故步自封,而要不断地进行积累。导游人员除了要不断地丰富和更新知识外,还应该提高自己的艺术鉴赏能力,培养高尚的情趣和美好的情操,能引导游客赏景审美,能适时调动游客的游兴,使旅游活动充满情趣,营造愉快的气氛,使自己成为游客欢迎的导游人员。

总之,在知识修养上,要做到五勤:即勤动眼,要博览群书,要注意观察;勤动嘴,要多讲、多说、多问;勤动手,阅读要做笔记,写心得,多作总结;勤动腿,要多跑图书馆,多请教他人,多参加实践,多作调查研究;勤动脑,要多回忆,多思考,多比较,多问为什么。

第四节 导游员的职业道德和行为规范

职业道德是指从事某种职业的人员在工作或劳动过程中应遵守的与其职业活动紧密联系的道德规范和原则的总和。职业道德是一个社会精神文明发展程度的突出标志,是公民道德建设体系的重要组成部分。它既是对本职业人员在职业活动中行为的要求,同时又是职业对社会所负的道德责任和义务。不同的职业有其不同的职业道德,但各行业的职业道德准则和行为规范都必须与社会公德一致,而不应相悖。

导游人员是旅游业的灵魂,加强导游人员的职业道德素质是旅游业健康稳定发展的重要保障。

一、导游员的职业道德

导游职业道德是指导游在工作的过程中所应遵循的与其职业相适应的道德原则和道德规范的总和。导游人员的职业道德是社会主义道德的基本要求在旅游工作中的具体体现,它不但是每个导游人员在业务工作中必须遵循的行为准则,而且也是人们用以衡量导游人员的职业道德行为和导游服务质量的标准。1996年1月,国家旅游局制定了《加强旅游行业精神文明建设的意见》,该意见第一次完整、系统地提出了主要由导游构成的旅游企业一线职工的道德规范,是第一个由官方制定和实施的旅游从业人员职业道德范本。它的颁布标志着我国社会主义旅游事业进入一个新的历史时期。导游人员应该具有以下职业道德:

(一)爱国爱企、自尊自强

爱国爱企、自尊自强是社会主义各行各业人员一项共同的道德规范和基本要求,它要求导游人员在其业务工作中以主人翁的姿态出现，坚持祖国利益高于一切，时时以国家利益为重，为国家、为企业的发展多作贡献；在工作中，要维护国家和民族的尊严，有自尊心和自信心，要勇于开拓、自强不息。

（二）遵纪守法、敬业爱岗

遵纪守法、敬业爱岗也是社会主义各行各业人员一项共同的道德规范。由于行业不同，从事的职业各异，除要遵守国家的法律法规外，不同行业和职业的人还要遵守本行业的法规和所在单位的纪律。

导游人员应同其他职业的从业人员一样，遵守国家的法律、法规，自觉地执行旅游行业和所在公司、协会组织的各项规章制度，遵守旅游行业的纪律，执行导游服务质量标准，敬业爱岗。

（三）公私分明、诚实善良

旅游业是第三产业中的一个重要产业，导游人员在工作中要不谋私利、公私分明，对无论是来自哪方面的诱惑，都应有较强的自控能力，能自觉地抵制各种精神污染；对待游客要真诚公道，信誉第一，不弄虚作假，不欺骗游客。

（四）克勤克俭、游客至上

克勤克俭、游客至上是旅游服务行业一项基本的道德规范，是旅游服务人员的基本服务标准。导游人员在工作中要兢兢业业、尽心尽责，充分发挥主观能动性、积极性和创造性；要一切为游客着想，主动热情地为游客提供优质的导游服务，把游客是否满意作为衡量自己工作好坏的标准。

（五）热情大度、整洁端庄

热情大度、整洁端庄既是服务人员的待客之道，也是服务人员应具备的基本品德，它体现了服务人员的一种高雅情操。

导游人员要将热情友好贯穿于整个导游服务过程中，不管游客对导游人员有何想法和看法，导游人员都要始终如一地为游客着想，关心他们并为他们排忧解难。导游人员接待游客时要仪表整洁、举止大方，使游客感到满意和开心。

（六）一视同仁、不卑不亢

一视同仁、不卑不亢是爱国主义、国际主义在导游服务中的具体体现，是国际交往、人际关系的一项行为准则。导游人员在态度上、行为上对待任何游客都要一样，决不能厚此薄彼，切忌以地位、钱财或容貌、肤色取人。

导游人员在对外导游服务工作中要维护国格和人格，坚持自己的信念，要谦虚谨慎，但不妄自菲薄；要竭力为游客服务，但不低三下四；要学习先进的技术和经验，但不崇洋媚外。

（七）耐心细致、文明礼貌

耐心细致、文明礼貌是服务人员最重要的业务要求和行为规范之一，是衡量服务人员工作态度和工作责任心的一项重要标准。

导游人员要根据游客的心理和需要提供个性化服务，时刻注意游客的反应，帮助游客解决旅途中的问题；对待游客要虚心、耐心，关照体贴入微；要尊重每一位游客，特别要尊重他们的宗教信仰、民族风俗和生活习惯，对游客要笑脸相迎、彬彬有礼、落落大方。

（八）团结协作、顾全大局

团结协作、顾全大局是正确处理各方面关系的行为准则，是集体主义原则在服务工作中的具体体现。旅游接待服务是由许多环节组成的综合性服务，每一个环节的服务质量如何，都会对整个接待服务产生影响。导游服务虽是旅游接待服务中的一个环节，但该环节必须以旅游接待整体为重，以国家旅游业为重。业务工作中要团结协作、顾全大局；要个人利益服从集体利益，局部利益服从整体利益，眼前利益服从长远利益；要发扬主人翁精神，工作中与有关接待单位和人员密切配合、互相支持。

（九）优质服务、勤学向上

优质服务、勤学向上是衡量服务人员工作优劣、是否有进取心的一项最重要、最基本的标准，也是服务人员职业道德水准的最终体现。导游人员要端正服务态度，树立全心全意为游客服务的思想，在服务中尽心尽力、尽职尽责，对工作精益求精；要勤于学习、善于学习，不断提高自己的业务水平，学先进、赶先进，锲而不舍，不断进取。

【案例 2-3】 最美奋斗者——文花枝

2005 年 8 月 28 日，陕西洛川，一场旅游途中突如其来的车祸，让原本充满欢声笑语的车厢顿时陷入了极度的恐慌之中。旅游大巴车被撞得严重变形，车内血肉模糊，乱作一团。危急时刻，车厢里传来导游文花枝"挺住！加油！"的鼓励声。这个声音虽然微弱，却透着一股沉稳、坚定，像黑暗中的一线光束，让受伤、受惊的游客从死亡的噩梦里看到生的希望。正是这个很有穿透力的声音，给了大家支撑下去的勇气。在这起重大交通事故中，文花枝是伤得最重的一个，但重伤的她一直牢记着自己作为一名导游的职责。当施救人员一次次向她走过来，她总是吃力地摇摇头说："我是导游，我没事，请先救游客！"在长达两个多小时的救援时间里，她多次昏迷，但只要她一醒过来，就不停地为大家鼓劲、加油。文花枝是最后一个被救出来的。她左腿 9 处骨折，右腿大腿骨折，髋骨 3 处骨折，右胸第 4、5、6、7 根肋骨骨折。由于延误了宝贵的救治时间，医生不得不为文花枝做了左腿截肢手术。

文花枝的康复过程漫长而艰辛，左腿截肢处经常被假肢磨得血肉模糊，文花枝咬牙坚持锻炼，从不叫苦喊痛，总是笑着对家人和朋友说："没事，我好着呢！"劫难之后，从前的憧憬和设想都被打乱。"身残志不能丢！"冷静思考后，文花枝决定：告别自己热爱的导游事业，重回校园，提升专业知识和能力，将来更好地为旅游事业服务。"即使少了一条腿，我也会坚强地生活。我会用微笑面对一切。"

2006年8月，文花枝进入湘潭大学旅游管理专业学习。同年，文花枝获得全国三八红旗手、全国五一劳动奖章等荣誉。2007年，文花枝荣获第一届"全国道德模范"，2009年获得"100位新中国成立以来感动中国人物"等荣誉称号，2012年当选为党的十八大代表。

【思考】文花枝的故事体现了导游人员的哪些素质？

二、导游人员的行为规范

为了保护国家利益，维护祖国的尊严和中国导游队伍的荣誉，为了确保导游服务工作的顺利进行，每个导游人员除了要遵守导游人员的职业道德，还要遵守导游人员的行为规范，自觉用几十年来形成的导游人员的纪律和守则约束自己。

（一）严守国家和企业的机密，注意内外有别

导游人员不得有损害国家利益和民族尊严的言行。导游人员要严守国家机密，在接待入境旅游者时要坚持"内外有别"原则。在企业、科研单位参观时，外语导游人员要特别注意避免泄露经济情报，不得向游客泄露旅游团收费细目；在游客面前，不谈论旅行社内部事务；在涉外场合，不携带内部文件；不带旅游者到不对外开放的单位和地区参观游览，未经允许不带旅游者到导游人员的办公室。保护国家财产是导游人员的神圣职责，导游人员要时时处处以国家利益为重。要阻止个别游客破坏文物、景物，若发现有人偷盗、走私文物，必须及时报告有关部门并主动配合、依法处理。

（二）严格按规章制度办事，执行请示汇报制度

导游员应该严格按照旅行社确定的接待计划或者与旅游者事先约定的服务内容，安排旅行及浏览活动，不得擅自增加、减少参观游览项目，不得擅自终止参观游览活动。坚持请示汇报制度，切忌我行我素。对重大问题和来自下面的各种反映要及时汇报，原则问题不得擅自处理，凡是自己没有把握的事情，都应该坚持多请示、勤汇报的原则。

（三）遵纪守法

遵纪守法是每个公民的义务。导游人员作为旅游行业的形象代表，在导游服务工作中应遵守国家旅游行政部门的有关法规。按照《中华人民共和国旅游法》《导游管理办法》等法律法规的规定，导游人员进行导游活动必须携带电子导游证，佩戴导游身份标识，并开启导游

执业相关应用软件。旅游者有权要求导游展示电子导游证和导游身份标识。接待 10 人以上（含 10 人）旅游团时应举本社导游旗（具体的规定见附录 3 和附录 4）。

【案例 2-4】入乡随俗

黄某受旅行社委托，带领一个 12 人的旅游团进行法国、比利时和德国三国游。7 月 17 日下午，该团赴卢浮宫参观游览。下车前，黄某宣布 15：30 准时上车。随后游客们下车，跟随着其他国家游客排队进入卢浮宫内。当其他国家游客平心静气地观赏艺术作品时，突然一声洪亮的中国话在展厅中响起："蒙娜丽莎就在前面那个厅，快走！"于是十多个该团游客蜂拥奔向那里，在蒙娜丽莎画像前围了一圈，然后相互招呼与"蒙娜丽莎"合影，这不仅引起了其他国家游客的惊奇，而且也惊动了宫内的管理人员，管理人员表示："请问你们的导游是谁？你们可以自由欣赏，但不许大声喧哗。"随后黄某在地陪的陪同下赶到馆内，向管理人员表示了歉意，表明责任在于自己。

【思考】中国游客去国外旅游，应在哪些方面做到入乡随俗？

资料来源：春节旅游请身背文明行囊上路，参考消息.2014-1-21.（改写）

（四）自尊自爱，不失人格、国格

（1）不"游而不导"，不擅离职守，不懒散松懈，不搞本位主义，不推诿责任。

（2）不与旅游者过分亲近，不介入他们的内部矛盾和纠纷，更不在他们之间搬弄是非。

（3）关心旅游者，维护旅游者的合法权益。对旅游者的态度不冷漠，工作不敷衍。对旅游者要一视同仁，不厚此薄彼。避免与旅游者正面冲突，严禁与旅游者吵架、打架。

（4）对旅游者提出的侮辱人格尊严或违反导游人员职业道德的不合理要求，应态度鲜明、断然拒绝。

（5）不得迎合个别旅游者的低级趣味而在讲解、聊天时掺杂格调低下的内容，不与旅游者开低级庸俗和政治性的玩笑。

（五）带团期间导游应注意的小节

（1）导游人员不应随便单独去旅游者的房间，更不要单独去异性旅游者的房间。

（2）导游人员不应与入境旅游团的领队同住一室。

（3）导游人员不得私带亲友随团活动。

（4）严禁酗酒。导游人员因工作饮酒，不要超过本人酒量的三分之一。

第五节 导游员的培训、考核与管理

高质量的员工是高质量旅游的前提和基础。要强化导游人员的素质，提高导游服务质量，除了学校所提供的相关教育之外，另一个重要的渠道就是培训。导游人员的培训是旅游业的需要，是旅行社这类企业生存发展的需要，同时也是提高导游服务质量、造就合格导游人员的需要。

一、导游员的培训

导游培训是指按导游工作的要求对导游人员进行的知识、技能或综合素质方面的培训，目的是提高导游人员的业务水平和服务意识，更好地为旅游者提供服务。一个优质的旅游目的地，离不开大批优质导游的支撑和聚合。

（一）导游人员培训的重要性

导游人员的培训，是旅游业的需要，是旅行社这类企业生存发展的需要，同时也是导游人员事业发展的需要，可以从以下几方面去理解其重要性：

1. 适应市场竞争的需要

国内外旅游市场的竞争非常激烈。目前，竞争已不再主要表现为产品价格的竞争，而是集中于产品质量的竞争，即为游客提供服务的竞争。各旅行社和其他旅游接待单位都把提高服务作为竞争的主要手段，因为旅游产品是一种服务性产品，其质量主要表现为服务质量。

导游人员是旅游服务的提供者，而且为游客提供的是旅游全程服务，其服务质量的高低直接关系旅游产品质量的高低，对游客的影响最直接、最深远。优质的导游服务可以提高旅行社声誉，劣质的导游服务则会败坏旅行社的名誉。而优质的导游服务来自高素质的导游人员，所以旅行社要想在激烈的旅游市场竞争中取胜，关键在于不断对包括导游人员在内的旅游从业人员进行有计划、有组织的培训。

2. 导游人员知识更新的需要

为了做好导游服务，导游人员的知识需不断充实、不断更新。这是因为：

（1）目的地国家（地区）的政治、经济、社会和旅游业的情况在不断发展、变化。导游服务，往往是外国游客认识一个国家或地区的窗口，也是外地游客了解当地的桥梁。在我国，随着社会主义市场经济的建立，改革开放的深化，国家的政策、法规在逐步完善。近年来，我国围绕旅行社、导游人员的法规、标准也相继出台，这些都是导游人员需要认真学习和掌握的。所以，一个导游人员应尽量了解有关城市和国家的情况，这样，他才能向游客介绍更多的东西。

（2）客源国（地区）的政治、经济、社会和旅游业情况也在发展、变化。国际形势在不同时期出现的一些热点问题，对导游人员来说，无疑也是需要了解的。

（3）游客的文化层次在提高，对知识的追求更强烈。根据国家旅游局的调研，在国内游客中，游客的学历逐年上升；在海外来华游客中，政府官员、科技人员、医生和律师这些文化层次较高的游客所占的比重不断增大。游客的文化层次在不断提高，他们对知识需求的广度和深度也在加强。

3. 导游队伍建设的需要

我国的旅游业虽然起步较晚，但其发展速度却令世人瞩目，这就对我国导游队伍的建设提出了新的挑战。同其他国家和地区相比，我国的导游队伍是一支很年轻的队伍。自改革开放以来，导游队伍迅猛扩张，至2010年底，我国职业导游（已取得导游证）有22万人。根据文化和旅游部市场管理司提供的数据，截至2018年11月底，全国共有126.38万人取得导游资格证书。外语类资格证书获证人数为12.84万人，在全国取得导游资格证书的导游中的比例仅为10.16%。导游的学历普遍偏低，导游人才稀缺，具有导游资格的人员中初级导游人员占绝大多数，约占90%以上。为了加快导游队伍的建设，提升导游队伍的素质和质量，必须加强导游人员的培训工作。2020年突如其来的新冠肺炎疫情给旅游业带来了沉重的打击，对导游群体产生了严重的影响。一部分导游为了维持生计开始转行，从事其他行业。新冠肺炎疫情一旦结束，旅游业将出现"报复性"反弹，对导游人才的需求急剧增加，恢复导游队伍建设，加强对导游员的培训尤为重要。

（二）导游人员培训的内容

导游培训内容的确定必须结合导游服务工作的范围与特点，结合导游人员类别的特殊性。注重普遍性与特殊性的结合，也就是要注重内容的针对性和现实性，要根据旅游业发展趋势，注重培训内容的超前性。具体来说导游人员的培训内容应主要包括：

1. 职业道德教育培训

职业道德教育培训就是培养导游树立职业道德观念。加强导游员的职业道德培训有利于提高旅游从业人员的素质；有利于改善旅游企业的经营管理；有利于改善服务态度和提高服务质量；有利于推动良好社会风气的形成。

2. 服务理念培训

主要培训导游人员在导游服务过程中，在处理各种关系时应提倡什么，反对什么，容许什么，并进一步引人思考为什么提倡，为什么反对。这就体现了一个行业的理念或一个企业的价值观。价值观决定着一个群体和个体的行为，因此，培植、树立起企业的价值观理念是培训的第一课，也是最重要的培训内容。

3. 服务技能培训

导游能力的高低一方面取决于导游人员所受的教育程度，另一方面取决于他对实践经验的思考与总结。导游人员的能力素质的培训应主要注重以下三个方面：

（1）专业技术能力。

这种技能就是导游接待服务的操作技术，也称导游业务技能，它包括技术技能与心智技能两方面。其中，技术技能是导游人员能按照规范化操作程序操作的技术性工作能力，如办理出入境手续、住宿手续、兑换外币等；心智技能是指工作中没有规范化的操作程序，只能凭经验、知识、才智随机应变、灵活操作的能力。它有一定的规律可循，但灵活性较大。

（2）组织、协调能力。

这是导游人员能力培训中须特别强调的一环。事实上，游客的"一次心情愉快的旅行"或导游人员的"优质导游服务"，无疑是各部门、各环节通力协作的结果，而协作的轴心正是导游人员。

（3）处理人际关系的能力。

一个优秀的导游人员往往具备许多待人接物的技巧，他能理解人，善于领会别人的言语和行为所表示的意思；他能够容忍别人的过失；他善于观察人，并能及时地对自己的个人行为可能产生的后果做出判断；他能影响人，能通过自己的言行并以对方能接受的方式传递自己的观点；他能团结人，能使自己所带领的旅游团队成为一个短时而又团结愉快的集体。

4. 语言技巧培训

语言是人际交流、沟通的基本工具，从事国际旅游业的导游人员必须掌握一至二门外语。国内导游人员则要求过硬的汉语语言能力，同时根据企业目标市场应了解一些地方语言，如粤语、闽南语以及少数民族语言。培训一定要有针对性，缺什么，就补什么。没有过硬的语言表达本领是很难使导游服务生动、形象的。

5. 专业基础知识教育

导游角色的特殊性要求导游人员必须掌握多方面的知识，导游人员可以不是专家，但必须是"杂家"，必须博学多识，在此基础上分清主次。如旅游学概论、旅游心理学、旅游地理、导游业务、汉语语言文学知识、中国历史、中外风俗、美学基础、中国艺术史、宗教、建筑、考古、中国的诗词歌赋欣赏以及法律基础和旅游法规等都是导游人员需掌握的知识。培训内容的确定可结合旅行社的性质、经营范围、导游类别作重点选择。

此外，导游人员能力的培训还要注重导游人员观察力、记忆力、应变能力、自控能力和推销能力等。

（三）培训的方式

培训方式是指导游人员培训中所采用的方式、方法。一般情况下，导游人员的培训方法有课堂讲授、直观教学、专题研讨和实践培训四种。

二、导游员的考核与管理

导游服务质量关系到旅行社乃至整个国家旅游业的声誉，旅行社或旅行管理部门必须加强对在职导游人员的考核与管理，以保证服务质量。

2016年9月之前，导游员的考核与管理制度主要有记分管理制度、年审制度和等级评定制度。2016年9月，国家旅游局决定废止《导游人员管理实施办法》，导游岗前培训考核制度、计分管理制度、年审管理制度等停止实施，建立"投诉+仲裁"与巡回法庭的联合处理机制，以导游与游客平等、责权利对等为原则，依法治旅。

虽然记分管理制度已被废止，但其中的一些规定，在后来的相关法律法规中亦有体现，如2013年10月1日开始实施的《旅游法》第四章第四十一条明确规定："导游和领队应当严格执行旅游行程安排，不得擅自变更旅游行程或者中止服务活动，不得向旅游者索取小费，不得诱导、欺骗、强迫或者变相强迫旅游者购物或者参加另行付费旅游项目。"作为导游员，有必要了解违规行为，警示自身应加强自我修养，提高自身素质和导游服务质量（导游人员扣分的违规行为情况见附录2）。

国家旅游局于1994年发布的《关于对全国导游员实行等级评定的意见》和《导游员职业等级标准》，开始了导游人员等级考核评定工作。这一制度在1999年5月14日发布的《导游人员管理条例》中得以确认，从而成为一项法定制度。

（一）导游人员等级考核的划分及适用范围

导游人员等级分为两个系列、四个等级。所谓两个系列是指等级考核分为外语导游员系列和中文导游员系列；而四个级别则是指通过考核，将导游员划分为特级导游员、高级导游员、中级导游员和初级导游员。

（二）导游人员等级考核评定办法与标准

1. 初级导游员

初级导游员的考核评定，采取考核方式。凡取得导游人员资格证书后工作满一年的人，经考核合格，即可成为初级导游员。其等级标准如下：

（1）知识要求：了解我国的大政方针和与旅游相关的政策法规；掌握当地主要游览点的导游知识，了解我国主要旅游景点和线路的基本知识；了解与业务有关的我国政治、经济、历史、地理、宗教和民俗等方面的基本知识；了解主要客源市场的概况和习俗；掌握导游工作规范；外语导游员基本掌握一门外语，达到外语专业大学三年级水平；中文导游员掌握汉语言文学基础知识，达到高中毕业水平。

（2）技能要求：能独立完成导游接待工作；能与旅游者建立良好的人际关系；起草情况反映、接待简报等有关应用文。

（3）业绩要求：完成企业要求的工作，无服务质量方面的重大投诉，游客反映良好率不低于85%。

（4）学历要求：外语导游员具有外语专业大专或非外语专业本科及其以上学历，中文导游员须具有高中及其以上学历。

（5）资历要求：取得导游员资格证书后工作满一年。

2. 中级导游员

中级导游员的考核评定，采取考试和考核相结合的方式。

考试科目为导游专业知识、现场导游两种。考核方式与高级导游员相同。中级导游员的评定每两年组织一次。考试由国家旅游局组织实施，考核由省（区、市）旅游局组织实施。

（1）知识要求：熟悉我国的大政方针，掌握与旅游相关的政策法规；全面掌握当地主要游览点的导游知识，了解我国主要旅游景点、线路的有关知识；掌握与业务相关的我国政治、经济、历史、地理、社会、宗教、艺术和民俗等方面的基本知识；熟悉主要客源市场的概况和特点；熟练掌握导游工作规范；外语导游员掌握一门外语，达到外语专业本科毕业生水平，中文导游员掌握汉语言文学的有关知识，达到大专毕业水平。

（2）技能要求：能接待不同性质、类型和规模的旅行团，有比较娴熟的导游技能；能独立处理旅行中发生的疑难问题；能正确理解旅游者的服务要求，有针对性地进行导游服务；能与旅游者、有关业务单位和人员密切合作，有较强的公关能力；导游语言流畅、生动，语音、语调比较优美，讲究修辞。外语导游员的外语表达正确，中文导游员能使用标准的普通话，并能基本听懂一种常用方言（粤语、闽南话或客家话）。能培训和指导初级导游员。

（3）业绩要求：工作成绩明显，为企业的业务骨干；无服务质量方面的重大投诉，游客反映良好率不低于90%。

（4）学历要求：外语导游员的学历与初级导游员的学历要求相同，中文导游员具有大专及其以上学历。

（5）资历要求：取得初级导游员资格两年以上。

3. 高级导游员

高级导游员的考核评定，采取考试、考核和评审相结合的方式。

考试科目为导游词创作和口译（中文导游员不考）两科。考核、评审方式和工作步骤与特级导游员相同；对高级导游员的评定每三年进行一次。

（1）知识要求：全面掌握我国的大政方针和与旅游相关的政策法规；全面、深入地掌握当地游览内容；熟悉我国有关的旅游线路和景点知识；有比较宽广的知识面；掌握客源市场的重要知识及其接待服务规律；熟练掌握导游工作规范；外语导游员熟练掌握一门外语，初步掌握一门第二外语，中文导游员熟练掌握汉语言文学的有关知识，初步掌握一种常用方言（粤语、闽南话或客家话）。

（2）技能要求：有娴熟的导游技能，并有所创新，能预见并妥善处理旅行中发生的特殊疑难问题，有一定的业务研究能力，能创作内容健康、语言优美的导游词；外语导游员能用一门外语自如、准确、生动、优美地表达思想内容，并能胜任一般场合的口译工作，中文导游员能用标准的普通话和一种常用方言（粤语、闽南话或客家话）工作，语言准确、生动、形象，能培训和指导中级导游员。

（3）业绩要求：工作成绩突出；无服务质量方面的重大投诉，游客反映良好率不低于95%，在国内外同行和旅行商中有一定影响力，通过优质服务能为所在企业吸引一定数量的客源，有较高水平的导游工作研究成果（论文、研究报告等）。

（4）学历要求：与中级导游员的学历要求相同。

（5）资历要求：取得中级导游员资格四年以上。

4. 特级导游员

特级导游员的考核评定，采取以评审考核为主、考试为辅的方式。

评审采用论文答辩、跟团实查和专家审议三种形式;考核工作表现、导游技能、遵纪守法情况和游客反映;考试第二外语或一种方言。评定工作不定期进行。工作步骤为省(区、市)旅游局初评,国家旅游局评定。其等级标准如下:

(1)知识要求:对有关的方针、政策和法规有全面、深入和准确的理解;对当地游览内容有精到的认识,全面掌握我国旅游线路与景点的有关知识;有宽广的知识面,在与业务有关的某一知识领域有较深的造诣;掌握有关客源市场的知识,全面、准确、具体地了解其特点和接待服务规律;熟练掌握导游工作规范;外语导游员精通一门外语,基本掌握一门第二外语,中文导游员掌握汉语言文学知识,基本掌握一种常用方言(粤语、闽南话或客家话)。

(2)技能要求:导游技能超群,导游艺术精湛,形成个人风格;能预见和妥善解决工作中的突发事件;能通过优质服务吸引客源;有较强的业务研究能力;有很高的语言表达能力,外语导游员能胜任旅游专业会议及其他重要场合的口译工作,中文导游员能胜任某一有关专业(如重点寺庙、古建筑或博物馆)的解说;能创作富有思想性、艺术性和立论确凿的导游词;能培训和指导高级导游员。

(3)业绩要求:职业道德高尚,工作成绩优异,有突出贡献,在国内外同行和旅行商中有较大的影响;无服务质量方面的重大投诉,游客反映良好率不低于98%;有一定数量高水平并正式发表的导游工作研究成果。

(4)学历要求:学历要求与高级导游员相同。

(5)资历要求:取得高级导游员资格五年以上。

(三)导游人员等级考核评定的组织管理

导游人员等级考核评定采取由国家旅游局统一政策、统一领导,地方旅游局分工负责组织实施的办法。各省(区、市)旅游局要完善导游人员资格考试的组织机构,加强对这项工作的组织领导和监督、检查,以保证导游员等级评定工作的质量。为了加强对等级导游员的管理,国家旅游局和省(区、市)旅游局建立导游员等级注册登记制度。各级资格有效期一般为五年。有效期满后,持证者要按有关规定主动到发证机构办理注册登记,并进行相应的培训和考核。逾期不办者,其证件自行作废。

导游员等级证书由国家旅游局统一制作并核发。每次等级考试后,国家旅游局通过新闻媒体向国内外公布特级、高级和中级导游员名单及旅行社、导游公司导游员的等级构成情况。

课后练习

一、判断题(正确的打√,错误的打×)

1.【2017年真题】具有初中、旅游类中专或以上学历,身体健康、具有适应导游需要的基本知识和语言表达能力的中国公民可以参加全国导游人员资格考试。(　　)

2.【2018年真题】导游包含导游服务和导游员两层含义。(　　)

3.【2019年真题】从2002年1月1日起，国家旅游局在全国范围内对导游员进行等级评定工作。（　　）
4.【2019年真题】1989年3月，国家旅游局在全国范围内推行了第一次全国导游人员资格考试。（　　）
5.【2019年真题】导游内容的高知识化要求导游员不仅要成为"杂家"，还要成为某一领域或某些方面的专家。（　　）
6.【2020年真题】导游在工作过程中，不要随便单独去异性游客的房间，也不当众饮酒。（　　）
7. 业余导游人员，亦称兼职导游人员。他们无须经过培训、考核即可上岗。（　　）
8. 热爱社会主义祖国是作为一名合格的中国导游人员的首要条件。（　　）
9. 各类导游人员由于其工作性质、工作对象、工作范围和时空条件各不相同，职责重点也有所区别，基本职责也不同。（　　）
10. 申报高级导游人员，需取得中级导游人员资格满4年。（　　）

二、单选题（每题只有一个正确答案）

1.【2016年真题】在旅游行业核心价值观中，旅游行业赖以生存和发展的根本价值取向是（　　）。
   A.安全第一　　　　B.热爱祖国　　　　C.游客为本　　　　D.服务至诚

2.【2017年真题】导游人员职业道德规范中的（　　）是导游必须遵守的一项基本道德规范，也是社会主义各行各业必须遵守的基本行为准则。
   A.爱国爱企、自尊自强　　　　　　　B.耐心细致、文明礼貌
   C.团结协作、顾全大局　　　　　　　D.克勤克俭、游客至上

3.【2017年真题】按业务范围划分，我国导游人员分为全程陪同导游人员、地方陪同导游人员、景区景点讲解员和（　　）。
   A.业余导游人员　　　　　　　　　　B.出境旅游领队
   C.专职导游人员　　　　　　　　　　D.自由执业导游人员

4.【2017年真题】下列关于高级导游员任职资格的要求中，正确的是（　　）。
   A.具有本科以上学历或旅游类、外语类大专学历
   B.报考前2年内实际带团不少于60个工作日
   C."导游知识专题""导游能力测试"笔试合格
   D.取得中级导游人员资格满2年

5.【2018年真题】在社会主义核心价值观居于最高层次，对其他层次的价值理念具有统领作用的是（　　）。
   A.富强、民主、法制、和谐　　　　　B.富强、民主、爱国、和谐
   C.富强、民主、诚信、和谐　　　　　D.富强、民主、文明、和谐

6.【2018年真题】从主要职责来看，（　　）既要负责实施旅游接待计划，又要做好联络和组织协调工作，还要进行旅游宣传和调研。
   A.景区导游　　　　B.地陪导游　　　　C.全陪导游　　　　D.领队

7.【2018年真题】按照技术等级，可将我国导游分为四种类型。其中，（　　）须经《导游综合知识》和《导游能力测试》笔试，且考试合格。

A.中级导游 B.高级导游 C.初级导游 D.特级导游

8.【2019年真题】全程陪同导游是指（　　）委派，在领队和地方陪同导游的配合下实现计划，为旅游团（者）提供全程服务的工作人员。
　　A.出境旅行社　　　　　　　　　　　B.国内组团旅行社
　　C.海外旅行社　　　　　　　　　　　D.接待旅行社

9.【2020年真题】导游行为中，正确的是（　　）。
　　A.导游可以带亲友随旅游团活动
　　B.导游不得泄露旅游团收费项目
　　C.导游可以用暗示的方式索要小费
　　D.导游可以与同性的外国领队同住一室

10.【2020年真题】一名本科学历的考生报考高级导游，须取中级导游资格满（　　）。
　　A.5年　　　　　B.4年　　　　　C.6年　　　　　D.3年

11.【2020年真题】导游职业道德中的（　　），是集体主义原则在导游工作中的具体体现。
　　A.遵纪守法、敬业爱岗　　　　　　　B.一视同仁、不卑不亢
　　C.耐心细致、文明礼貌　　　　　　　D.团结服从、顾全大局

12.【2020年真题】导游员在导游服务中不参与"黄、赌、毒"活动，也不带领游客到"黄、赌、毒"场所，这充分表达了导游员良好的（　　）
　　A.职业道德　　　B.敬业精神　　　C.爱国主义意识　　　D.服务技能

13.以导游为主要职业，但并不受雇于固定的旅行社，而是签订临时合同为多家旅行社服务的导游人员是（　　）。
　　A.专职导游人员　　　　　　　　　　B.业余导游人员
　　C.特聘导游人员　　　　　　　　　　D.自由执业导游人员

14.下列选项中不属于导游人员素质的是（　　）。
　　A.较强的独立工作能力　　　　　　　B.积极的进取精神
　　C.广博的知识结构　　　　　　　　　D.整洁的外表

15.根据相关法规的规定，导游在进行导游活动时，（　　）人以上团队应打接待社社旗。
　　A.9　　　　　B.10　　　　　C.15　　　　　D.20

三、多选题（每道题至少有2个正确的答案）

1.【2018年真题】根据原国家旅游局《加强旅游行业精神文明建设的意见》的规定，下列关于我国导游职业道德规范的表述，正确的有（　　）。
　　A.遵纪守法、敬业爱岗　　　　　　　B.爱国爱企、自尊自强
　　C.公私分明、诚实善良　　　　　　　D.克勤克俭、服务至上
　　E.耐心细致、文明礼貌

2.【2019年真题】下列我国导游分类中，按照业务范围划分的是（　　）。
　　A.地陪导游　　　　　B.全陪导游　　　　　C.景点导游
　　D.兼职导游　　　　　E.专职导游

3.导游人员的基本职责包括（　　）。
　　A.按照接待计划安排和组织游客参观游览

B.向游客导游讲解

C.注意保护旅游者的人身和财物安全，处理旅游团突发事件

D.反映游客意见要求，协助安排游客会见

E.为旅游者提供旅游行程中的所有服务

4.地方陪同导游人员的主要职责是（　　）。

　　A.安排旅游活动　　　　　　B.做好接待工作　　　　　　C.进行导游讲解

　　D.维护旅游者安全　　　　　E.宣传、调研工作

5.导游人员的情操修养包括（　　）。

　　A.热爱祖国，热爱社会主义

　　B.热情大度，整洁端庄

　　C.对集体要树立集体主义精神

　　D.对自己的工作要有爱业、敬业精神

　　E.耐心细致、文明礼貌

6.导游人员的知识结构主要包括（　　）。

　　A.语言知识　　　　　　　　B.政策法规知识　　　　　　C.心理学知识

　　D.美学知识　　　　　　　　E.服务采购知识

7.导游服务三要素指的是（　　）。

　　A.独立工作能力　　　　　　B.语言　　　　　　　　　　C.知识

　　D.服务技能　　　　　　　　E.进取精神

8.导游人员按劳动就业方式区分，可分为（　　）。

　　A.旅行社专职导游人员　　　B.兼职导游人员　　　　　　C.义务导游人员

　　D.自由职业导游人员　　　　E.实习导游人员

9.导游人员的能力素质培训应主要注重（　　）。

　　A.问题处理能力　　　　　　B.语言运用能力　　　　　　C.人际交往能力

　　D.宣传调研能力　　　　　　E.组织协调能力

10. 中级导游人员获得资格3年以上，业绩突出，业务水平和素质修养较高，经（　　）（　　）笔试合格者可晋升为高级导游人员。

　　A.导游专题知识　　　　　　B.汉语言文学知识　　　　　C.导游能力测试

　　D.导游综合知识　　　　　　E.导游业务

扫码在线答题

业务模块

第三章 团队导游服务程序与规范

第四章 散客导游服务程序与规范

第三章 团队导游服务程序与规范

知识目标

1. 了解导游服务集体的组成。
2. 掌握出境领队导游服务程序与规范。
3. 掌握全陪导游服务程序与规范。
4. 掌握地陪导游服务程序与规范。
5. 掌握景区（点）讲解员的导游服务程序与规范。

能力目标

1. 按照团队导游服务程序提供规范化的导游服务。
2. 根据客人的需求提供个性化、差异化服务。
3. 具备撰写导游词的能力。

教学重点

1. 出境领队、全陪、地陪与景区（点）讲解员的导游服务程序与规范；
2. 导游词的结构和要素构成。

课程导入

　　导游员小颜是个从事导游工作时间不长的小伙子。一次，旅游旺季的时候，他出任全陪，带一个26人的旅游团去黄山。依照计划，该团在黄山住××饭店，客房由黄山地方接待社代订。下了车，进了饭店，小颜把游客安顿在大厅，就随地陪、领队来到总台拿客房钥匙。地陪刚报完团号，总台小姐就不好意思地跟地陪、小颜及领队说："对不起，今晚饭店客房非常紧张，原订13间客房只能给11间客房，有4位游客要睡加床，但明天就可以给13间客房。"山上饭店少，附近没有其他饭店，而此时天色已晚，因索道已停开，也无可能下山找饭店。小颜是个急性子，这种情况又是第一次碰到，当确知饭店已不可能提供客房后，他转过身来对着站在自己后边的地陪脱口说道："你们社怎么搞的，拿客房能力那么差！"地陪也不是个好捏的软柿子，听了这话，起先还一愣，但马上针尖对麦芒地回了一句："有本事，你们社可以自订呀，何必委托我们订房呢？"说完，就离开了总台，赌气地在大厅沙发上坐了下来。领队看到小颜、地陪闹意见，也没多说什么，拿了11间客房的钥匙，把游客召集到一起，把情况和大家摊了牌，然后态度诚恳地说:"各位,情况就是这样,希望大家能相互体谅。有愿睡加床的客人请举手。"说完,领队自己先举起了手,跟着好几位游客都举起了手。就这样,领队轻而易举地解决了一个让小颜恼火、为难,又让地陪赌气的问题。

【思考】当导游遇到案例中的情况应该怎样做?如果你是小颜,你怎么做?

第一节　导游服务集体

一、导游服务集体的组成

旅游团队的导游服务工作繁重复杂,不是一个人能完成的,而是由一个集体共同完成的。这个导游服务集体一般由全程陪同导游人员(简称全陪)、地方陪同导游人员(简称地陪)和旅游团领队(简称领队)组成(国内旅游团的导游服务集体由全陪、地陪组成)。在工作时,他们还需要与旅行社相关部门、司机和其他旅游接待部门的密切合作,才能保证团队旅游活动的顺利进行。

二、导游服务集体的任务

导游服务集体的主要任务是实施旅游接待计划,为旅游者提供导游讲解服务和相关的生活服务。他们还是旅游服务各方面关系的协调者和旅游过程中各种问题的主要处理者(见表 3-1)。

表 3-1　导游工作集体一览表

地陪	全陪	领队
◆ 安排旅游活动	◆ 实施旅游接待计划	◆ 介绍情况,全程陪同
◆ 落实接待工作	◆ 联络协调工作	◆ 监督落实旅游合同
◆ 负责导游讲解	◆ 维护安全、处理问题	◆ 联络沟通工作
◆ 维护安全、处理问题	◆ 宣传、调研	◆ 组织和团结工作

三、导游服务集体成员之间的关系

导游服务集体中,全陪、地陪和领队代表着三个方面,维护着各自代表的旅行社的利益,他们有各自的职责,有明确的分工(见表 3-1);他们的脾性各异,作风不一,工作方式不同,对一些问题的观点往往相左,所以,出现一些矛盾和麻烦是正常现象。

但是,导游服务集体成员之间应该是协作共事关系。导游人员之间的分工协作、相互补充具有十分重要的意义,这是旅游企业的需要,是导游服务工作的需要,也是提高导游服务质量、圆满完成接待任务的根本保证,是旅游活动成功的关键。

四、导游服务集体协作共事的基础

以入境旅游团为例,在旅游团队导游服务集体中,领队、全陪、地陪代表着不同旅行社的利益。尽管他们在工作中有着各自的职责,代表不同方面的利益,但是在陪同和接待旅游团队时,必须合作共事,三者之间的协作十分重要。领队、全陪、地陪三者之间有着协作共事的基础,即"三同":

第一,共同的服务对象,即同一团队的旅游者。

第二,共同的工作任务,即完成同一团队的旅游计划、行程,为旅游者安排落实各项旅游服务。

第三,共同的努力目标,即组织好旅游活动,向旅游者提供优质服务,圆满完成接待计划,让旅游者获得心理上、物质上、精神上的最大享受,从而提高旅游企业的声誉,为旅游业的发展作出贡献。

领队、全陪和地陪之间的合作共事实际上就是境外组团社、国内组团社和地方接待社之间的合作共事。旅游企业之间的良好合作共事关系的前提是平等互利、互守信用和为旅游者提供优质服务,这种关系也是由全陪、地陪和领队友好合作、共同高质量地接待旅游团来具体体现的。因此,导游服务集体三成员之间没有任何理由势不两立、相互拆台。全陪和地陪之间更有共同的国家利益,有维护中国旅游业声誉的共同目标,有必须执行的国家方针政策,因此更没有理由不协作共事。

五、协作共事的方法

全陪、地陪和领队之间建立起良好的协作关系,是保证旅游活动顺利进行的关键,这需要三者共同的努力。导游服务集体协作共事的主要方法有以下几点。

(一)主动争取各方配合

在执行任务时,全陪、地陪和领队各方都应该主动争取其他两方的配合,形成合力,共同努力完成旅游接待任务。争取各方配合的主要途径是及时交流信息,沟通各自的想法,统一步调,协同行动。

(二)尊重各方的权限和利益

在导游服务工作中,领队、全陪和地陪三者之间的关系是平等的,三者间应互相尊重各方的工作权限,切忌干预对方的工作,侵害他方利益。

(三)建立友情关系

在导游服务工作中,领队、全陪和地陪三者应把工作关系和情感关系统一起来,创造愉快的工作氛围。和谐友好的共事关系,能使工作事半功倍、顺利开展。同时,要注意把握尺度和距离,互相尊重,不涉及各自的隐私和商业秘密。

（四）彼此尊重，互相学习，勇于承担责任。

导游服务集体成员之间存在互补关系。互相学习、取长补短，不仅增长了能力与知识，而且谦虚的工作作风也是促进良好关系的有效方法。因此，三者在工作中应相互协作、相互尊重、求同存异、同舟共济。工作中若发生问题或事故，各方都应从做好旅游团队服务工作的大局出发，认真分析原因，划分责任，勇于承担属于自己的责任，切忌相互指责和推诿。

全陪、地陪和领队虽然各有各的工作任务，但只有"协作共事"，才能摆脱困难，完成共同的任务。

第二节　出境旅游领队服务程序与规范

随着我国旅游业以前所未有的开放姿态走向世界，目前已有150多个国家和地区成为我国公民出境旅游目的地。由于受到签证、语言、交通服务、公共设施、风俗习惯、宗教信仰等因素影响，我国公民出国旅游主要选择跟团形式。中国旅游研究院的年度出境旅游报告显示，2018年通过团队形式进行出境旅游的旅游者比例达55.24%。团队的旅游活动必须在领队的带领下进行。

领队全权代表组团社，带领旅游团出境旅游，督促境外接待旅行社和导游人员等方面执行旅游计划，并为旅游者提供出入境等相关服务的活动。出境旅游领队既是旅游团的领导和代言人，又是旅游团的服务人员、游客合法权益的维护者和文明旅游的引导者，在派出方旅行社（组团社，即经国务院旅游行政管理部门批准，依法取得出境旅游经营资格的旅行社）和旅游目的地国家（地区）接待方旅行社之间以及旅游者与导游人员之间起桥梁作用。根据《中国公民出国旅游管理办法》和《旅行社出境旅游服务规范》，其工作程序流程主要有以下7个方面的内容。

一、服务准备

接到带领出境旅游团任务后，领队要做好有关出境带团准备工作，并对计调人员移交的该团资料进行认真核对查验（通常包括团队名单表、出入境登记卡、海关申报单、旅游证件、旅游签证/签注、交通票据、借贷计划书、联络通讯录等）。

（一）听取出境旅游团队计调人员关于该团情况的介绍并接受其移交的有关资料

领队要认真听取所带出境旅游团的情况介绍，对不明白的地方要问清楚。介绍内容包括：①该团构成情况；②团内重点成员情况；③该团旅游行程；④该团特殊安排与特殊要求；⑤该团行前说明会的安排。

出境旅游团计调人员向领队移交该团的有关资料，如"出境旅游行程表""中国公民出国旅游团队名单表"以及团队名单表、出入境登记卡、海关申报单、旅游证件、旅游签证/签注、交通票据、接待计划书和联络通讯录等。

其中，"出境旅游行程表"由领队在说明会上发给旅游者。"出境旅游行程表"应列明的内容有：①旅游线路、时间、景点；②交通工具的安排；③食宿标准/档次；④购物、娱乐安排及自费项目；⑤组团社和接团社的联系人和联络方式；⑥遇到紧急情况的应急联络方式。

"中国公民出国旅游团队名单表"一式四联，即出境边防检查专用联、入境边防检查专用联、旅游行政部门审验专用联和旅行社自留专用联。

（二）熟悉旅游接待计划

（1）了解和熟悉旅游团的基本情况，如团员名单、性别、职业、年龄段、特殊成员、需特殊照顾的对象和旅游团的特殊要求等情况。

（2）熟悉旅游行程、所乘交通工具、下榻饭店和旅游团报价。

（3）了解出游的国家或地区、入境口岸和旅游线路等信息。

（4）掌握旅游目的地国家或地区接待社的社名、联系人、联系电话和传真。

（三）核对票据和旅行证件

（1）核对旅游目的地国家或地区接待社的日程安排是否与组团社旅游计划一致。

（2）票据与证件"四核对"：

①护照与机票核对，包括中英文姓名、前往国家；

②机票与行程核对，包括国际段和国内段行程、日期、航班、间隔时间等；

③护照与名单核对，核对实际出境旅游人数是否与团队名单表一致；

④护照内容核对，包括正文页与出境卡是否与前往国相符，签证的有效期、签证水印及签字等。如发现名单不符，应及时报告组团社。

【案例 3-1】 何女士被泰国移民局拒绝入境

2006年5月，何女士在某出国旅游公司的门市部报名参加新马泰十日游，并按组团社要求交付了本人的护照和其他办理签证的有关材料。过了几天，何女士接到电话，对方自称是该公司东南亚部计调人员，并通知何女士："签证没有问题，您报名参加的旅游团将按时出发，请您到我公司缴纳团款并签订出境旅游合同。"不久，又接到一位自称是该团领队——王小姐的电话，通知何女士该团集合的时间、地点、航班和应带物品等。但直到该团上飞机时，领队王小姐才告诉何女士该团办理的是"落地签证"，即抵达泰国下飞机后，再办理签证手续。何女士听了此话，不置可否地登上了飞机。

该团抵达泰国曼谷机场，领队收齐全团护照，连同填好的"落地签证"表格及签证费送进了机场移民局。等待入境时，一位签证官告知，何女士的护照有效期只有4个月了，拒绝其入境。何女士无奈，在机场逗留了一夜，第二天乘早班机回国。

回国后,何女士向当地旅游质量监督管理部门投诉,并要求赔偿。她认为旅行社没有按合同规定的标准提供服务,是违约行为。工作人员严重失职、欺骗、敷衍,致使自己的旅游行程无法顺利进行,给自己的精神造成了极大损失。同时,在泰国曼谷机场入境受阻,领队没能及时采取有效的应急措施,只是说:"回去再说吧。"亦是严重的失职行为。为此,何女士要求旅行社退还团费,并对她进行赔偿。

【思考】1.本案例中,旅行社工作人员在出国前的准备工作中存在哪些漏洞?今后应如何避免?

案例来源:黄恢月,仇向明. 出境旅游领队工作案例解析[M]. 北京:旅游教育出版社,2008.

(四)物质准备

(1)领队证、已核对好的票据、证件和各种表格。
(2)必要的团款或支票、汇票等。
(3)社旗、社牌、胸牌、行李标签及发放给旅游者的纪念品等。
(4)国内外相关单位的联系电话,包括紧急联系电话。
(5)领队日志、分房表、游客意见反馈。
(6)各国出入境卡、海关申报单。
(7)多份境外住店分配名单。
(8)个人生活用品、常用药物和应急用品。

(五)知识准备

(1)了解和熟悉旅游目的地国家或地区的基本情况,如当地的政治、历史、文化、经济、地理、宗教、气候、相关法律法规、主要景点景观和风俗习惯以及接待设施、交通状况等。
(2)了解出入境及通关手续办理程序。
(3)做好外语和专业方面的知识准备。

【案例3-2】 塞班的警察为什么要上旅游车抓人

某旅游团赴塞班旅游,团内有一位李姓男士带着一名9岁的男孩。该团抵达塞班后,在入境大厅排队等待办理过关手续。时间稍长,小男孩有些不耐烦了,自己离队跑来跑去地玩。他的父亲大声地冲着男孩喊:"你回来,再不听话我就不管你啦!"边喊边用力地把男孩拉了回来。过了一会儿,小男孩又要挣脱父亲,这时,他的父亲大声、严厉地训斥孩子:"再不听话我就把你扔下。"同时,用手指狠狠地点了一下小男孩的额头。旅游团过关后，与地陪见面，上了旅游巴士。

司机刚要开车，突然上来两名警察，其中一名低声但很严肃地问："刚才是谁对自己的孩子如此粗暴？请跟我们到警察局去！"地陪M小姐见势马上很有礼貌地说："我可以把情况说明一下吗？"警察点头示意允许。她说："这个旅游团来自中国，中国的家庭都是独生子女，这位父亲很爱他的儿子，他告诉自己的孩子到国外要遵守规定，大厅里不能跑来跑去打扰别人，否则他的父亲会丢面子（Lose face）。"警察听了之后又说了一句："请告诉这位先生，他应该向自己的孩子道歉！"说完，二人下了旅游车。刚刚抵达旅游目的地，此事让全团一场虚惊。

事后，李先生不太高兴地对领队说："你未尽到领队的责任，刚才的事真是给中国人丢脸！出发前关于塞班的情况你讲得很少，我记得你只说了塞班是太平洋上的一个小岛、旅游胜地，有自费项目，你有责任告诉我们一些注意事项。"

领队H小姐愧疚地向李先生以及全团道歉："我当了好几年的领队，今天这件事我第一次碰到，做领队这行要学习的东西太多了，我承认自己失职，出发前没有很好地学习塞班的有关文化、历史和习俗。"

【思考】警察上车抓人事故发生的原因是什么？该案例给你什么启示？

案例来源：黄恢月，仉向明. 出境旅游领队工作案例解析[M]. 北京：旅游教育出版社，2008.

（六）开好出国前的说明会

根据出国通知书约定的时间，领队应召集本团队参游人员，举行一次"出境旅游行前说明会"。在会上把有关事项告知每一位客人，与客人认识并让客人之间相互认识和接触，这样便于以后的团队组织工作。说明会的内容包含以下几个方面：

（1）代表旅行社向旅游者致简短的欢迎辞，感谢大家对本旅行社的信任，选择参加此团。

（2）向旅游者发放出境旅游行程表、团队标识、旅游服务质量评价表和根据《旅游产品计划说明书》细化的《行程须知》。

（3）介绍有关法律法规知识以及旅游目的地国家（地区）基本情况、旅游者不适宜参加的活动、当地气候特点、饮食特点、居民风俗习惯和禁忌。

（4）提出要求，讲清出/入境手续、外汇兑换方式与注意事项。

（5）向旅游者详细说明各种由于不可抗力/不可控制因素导致组团社不能完全履行约定的情况，以取得理解。

（6）落实分房、交款、特殊要求等事项。

在说明时，要强调旅游团出发时间和集合地点；要对旅游者提示，出游期间大家应团结互助和支持领队的工作，要注意在外旅游活动时的文明礼貌；要将自己的手机号码告诉旅游者，并记下旅游者的手机号码，以便联系。

【案例 3-3】 风俗禁忌

泰国在东南亚国家中可以说是最富特色的旅游胜地。不论景物、文化或风俗，均别具一格，而且带有非常浓厚的佛教色彩。陈先生是位旅游爱好者，他在某国际旅行社报了名，并参加了新马泰三国 7 日游。由于该旅行社组团人数不足，在征得陈先生和其他游客同意的前提下，组织者将其他两家旅行社的 10 名游客也凑集在了同一个旅游团，直到出发前一天，领队是哪一位还不清楚，直至到达飞机场时，领队宋某才出现。

宋某和大家简单认识了一下后，就帮着大家办理登机手续，一路上行程安排得比较合理，陈先生非常满意。在第 5 天，旅游团到达了陈先生最向往的美丽城市曼谷。地接导游按照接团计划，第一站就带游客去了泰国最有名的"护国寺"——玉佛寺参观。当所有的游客正准备进寺参观时，陈先生被地接导游挡在了门外。一问才知道，原来在泰国参观寺院时必须要穿着整齐，而陈先生只穿了休闲短裤和露肩背心。情急之下，陈先生只能去寺院旁的服装店花高价买一身新衣服。在试穿时，店家的小儿子正在摇篮里玩耍，陈先生本能地用手摸了一下小宝宝的头，却惊怒了店主。店主将陈先生赶出了商店，并用泰语说了一大串的话，陈先生感觉这些话一定是在诅咒自己。丈二和尚摸不着头脑的陈先生衣服没买成，自然也就无法进入寺院参观。

在门口等待的时候，陈先生和司机师傅聊天，想了解一下自己到底犯了泰国人什么的忌讳。司机用不太流利的汉语告诉陈先生："在泰国人的观念中，头部是全身的精灵之地，不可以随便触摸。家长们认为自己家里孩子的头上是有佛光的，如果被别人摸了，佛光也就不见了。只有国王、父母和僧侣才能摸小孩子的头，即使在理发的时候，也要先说一声：'对不起。'"听完了司机的解释，陈先生对自己刚才的无知感到非常抱歉。陈先生越想越生气，拿起电话打到了国内。

【思考】领队在哪些服务方面做得不妥？

案例来源：李娌，王哲. 导游服务案例精选解析[M]. 北京：旅游教育出版社，2007.

二、出境服务

旅游团出境时，领队应告知并向旅游者发放通关时应向口岸的边检/移民机关出示/提交的旅游证件和通关资料，引导团队旅游者依次通关。

由于旅游者往往在充满兴奋、好奇的同时，也存在着紧张、担心甚至恐惧的心理，领队作为组团社的代表，要理解旅游者的这种心情，在客人高兴得得意忘形时，要适当地提醒其应注意的事项，而当客人紧张得不知所措或忧心忡忡时，应耐心细致地予以关心和体贴，切忌出现急躁情绪。与此同时，要注意察言观色，做好协助配合工作，使旅游团充满团结友好的气氛。

（一）办理中国出境手续

1. 集合团员

提前10分钟左右到达集合地点，了解当日航班情况，在约定的地点召集旅游团成员并清点旅游团人数。

2. 核对证件，宣讲注意事项

出境前再次仔细核对旅游者的证件和签证，向其宣讲出境注意事项，提醒他们要严格遵守我国和旅游目的地国家或地区的法律法规。

3. 告知我国海关有关规定

我国海关有关规定第九章有介绍。了解旅游团成员是否有需要向海关申报的物品，如有需要申报的物品，领队须协助旅游者填写《中华人民共和国海关进出境旅客行李物品申报单》。收齐包括领队在内的全团人员的海关申报单、集体签证和护照、交通票。

4. 向出境口岸的边检/移民机关提交必要的团队资料

向出境口岸的边检提供必要的团队资料，如团队名单、团队签证、出入境登记卡等。

5. 带领旅游者办理海关申报

（1）请无须向海关申报物品的游客从绿色通道通过海关柜台后等候。

（2）带领须向海关申报物品的游客从红色通道走到海关柜台前办理手续，交验本人护照，由海关人员对申报物品查验后盖章，并告知旅游者保存好申报单，以便回国入境时海关查验。

6. 协助旅游者办理乘机手续和行李托运手续

（1）告知旅游者航空公司关于旅客行李的规定，如水果刀、小剪刀等不能放在手提行李中，而贵重物品则应随身携带。

（2）将旅游团全部旅游者护照、机票交所乘航空公司值机柜台办理乘机手续。

（3）办理托运手续，领取登机牌。

在办理行李托运前，领队应对全团托运行李件数进行清点，在航空公司柜台人员将托运行李系上行李牌后要再次清点。如旅游团中途需乘坐转机航班，应将行李直接托运到最终目的地。

办完乘机手续后，领队要认真清点航空公司值机人员交回的所有物品，包括护照、机票、登机牌以及全部托运行李票据。

将通过边检、登机所需护照、机票、登机牌分别发给每一位游客，提前分配好旅游者的飞机座位，领队则保管好行李托运票据。

7. 通过卫生检疫

带领游客到卫生检疫柜台前，接受卫生检疫人员对黄皮书的查验。如有游客未办黄皮书，应在现场补办手续。

8. 通过边防检查

（1）指导游客填写《边防检查出境登记卡》。

（2）告知游客出示本人护照（含有效签证）、国际机票、登机牌和《边防检查出境登记卡》，排队按顺序接受检查。检查完毕后，边防人员将《边防检查出境登记卡》留下，并在游客护照上盖上出入境验讫章，连同机票、登机牌交还游客。注意旅游者有无物品遗忘在边防检查处。

（3）如旅游团办理的是团体签证，或到免签国家旅游，领队应出示《中国公民出国旅游团队名单表》及领队证和团体签证，让旅游者按名单表上的顺序排队，领队站在最前面，逐一通过边防检查。告知旅游者应该到几号候机厅候机。

9. 通过登机前的安全检查

过安检之前，领队应提前及时告知旅游者准备好登机牌、机票、有效护照，并交安全检查员查验。

> 办理中国出境的流程为：
> 集合→核对证件→海关申报→行李托运→卫生检疫→边防检查→过安检

（二）飞行途中服务

出境游的空中飞行少则1至2个小时，多则10多个小时，甚至更长时间。在这段时间里，领队除了要熟悉机上救生设备和继续熟悉旅游团情况外，还应协助空乘人员向旅游者提供必要的帮助。其主要工作有：

（1）由于航空公司通常按旅客姓氏字母顺序发放登机牌，旅游者一家人往往坐不到一起，因此，领队应在旅游团成员之间或在团员与其他乘客之间帮助调整座位，尽可能使团中家庭成员坐在一起。

（2）根据出发前所掌握的旅游者特殊要求，领队应在空乘人员送上餐食之前，将旅游者中的特殊餐饮要求转告她们。有的旅游者在空乘人员送上饮料时，不知道点什么为好，这时领队也需提供必要的帮助。

（3）回答旅游者的问询，如本次航班飞行多长时间才能到达目的地，目的地这时的气候怎样，有哪些最值得看的景观等。

（4）在飞机上帮助旅游者填写目的地国家或地区的入境卡和海关申报单。

三、目的地国（地区）入境服务

旅游团抵达目的地国家或地区机场后，须办理一系列的入境手续，其顺序大致与我国出境时的检查顺序相反。在带领全团办理入境手续之前，领队要清点一下旅游团人数，叮嘱他们集中等待，不要走散。

（一）通过卫生检疫

请游客拿出黄皮书，接受检查。有的国家还要求入境者填写一份健康申报单，此时领队应给予旅游者必要的帮助。

（二）办理入境手续

带领旅游者在移民局入境检查柜台前排队等候，告诫旅游者不要对检查人员拍照，不要大声喧哗。接受检查时，向入境检查人员交上护照、签证、机票和入境卡（有的入境官还要求出示当地国家的旅行社的接待计划或行程表），入境官审验无误后，在护照上盖上入境章，并将护照、机票退还。这时，应向入境官道一声"谢谢"。

如果旅游团持的是另纸团体签证，则需到指定的柜台办理入境手续。此时，领队应走在旅游团的最前面，以便将另纸团体签证交上，并准备回答入境官的提问。领队应如实回答提问。

（三）认领托运行李

入境手续办完后，领队应带头并引领旅游者到航空公司托运行李领取处（传送带上）认领各自的行李。如果有的旅游者发现自己托运的行李被摔坏或被遗失，领队要协助其持行李牌与机场行李部门交涉。如确认遗失了，须填写行李报失单，交由航空公司解决。领队应记下机场服务人员的姓名与电话，以便日后查询。如果行李被摔坏，领队要协助旅游者请机场行李部门或航空公司代表开具书面证明，证明损坏或遗失是航空公司的原因，以便日后向保险公司索赔。行李领出后，领队应清点行李件数无误后，再带领游客前往海关处通关。

（四）办理入境海关手续

由于世界各国的海关对入境旅客所携物品及货币、烟酒的限量有不同的规定，领队在带团出境前需从有关国家驻华使馆网页上查询清楚，并告知旅游者，以免入境时出现麻烦。在带领旅游者通关之前，领队应告知他们逐一通关。在海关那边等候，不要走散。因为国外机场很复杂，一旦迷失难以寻找。领队协助他们填写好海关申报单，然后持申报单接受海关检查。一般情况下，海关只口头询问旅客带了什么东西，但有时海关人员要对行李进行开箱检查，甚至搜身。领队要告诫旅游者应立即配合检查，不要与之争执。当海关人员示意通过时，应立即带着自己的行李离开检查柜台。

当所有旅游者通关后，领队应立即收取他们的护照，由自己统一保管。

（五）与接待方旅行社的导游人员接洽

在办完上述手续后，领队应举起社旗，带领游客到候机楼出口与前来迎接的境外接待社导游人员接洽。在带领旅游团离开机场、上车之前，领队要清点旅游团人数和行李件数，并请旅游者带好托运行李和随身行李，然后率全团成员跟随目的地接待社导游上车。

四、境外陪同服务

游客初次踏入异国他乡的土地，一切都感到非常新鲜，具有强烈的好奇心和求知欲，期望旅游活动丰富多彩，出游的目标能够圆满实现。领队作为客源国组团社的代表和旅游团的代言人，要切实维护游客的合法权益，协助和监督目的地接待社履行旅游计划。与此同时，领队还应积极协助当地导游，为旅游者提供必要的帮助和服务。

（一）商定旅游日程

入住饭店时，领队应向当地导游员提供旅游团游客住房分配方案，并协助其办好入店手续。将旅游团客人安排好后，领队要尽快与当地导游人员商量计划的行程。商讨时首先要把组团社的意图与特别需注意的问题，如团中老年人多、个别游客用餐要求等告知当地导游人员，以方便其提前做好安排。在商讨活动日程时，领队要仔细核对双方手中计划行程的内容。活动项目安排上的前后顺序有出入属正常情况，如果发现除此之外的其他内容有较大出入，尤其是减少了某一项目时，领队应请其立即与接待社联系，及时调整。如有争议得不到解决，应与国内组团社联系。当目的地的旅游日程安排商定后，领队应通知全团成员，并提醒他们记住下榻饭店的名称、特征等，以防走失。

与当地导游人员商定日程时要注意以下两点：

（1）遇有当地导游人员修改日程时，应坚持"调整顺序可以，减少项目不行"的原则，必要时报告国内组团社。

（2）当地导游人员推荐自费项目时，要征求全体旅游团成员的意见。

（二）督促接待社履行旅游合同

在目的地旅游期间，领队应按照组团社与旅游者所签的旅游合同约定的内容和标准提供服务。在注意保持与接待社导游人员良好关系的同时，有责任和义务协助和督促接待社及其导游人员履行旅游合同，并转达游客的意见、要求和建议。若发现接待社或当地导游人员存在不履行合同的情况，要代表旅游团进行交涉，维护游客的合法权益。

（三）维护旅游团内部团结，协调游客之间以及他们同当地接待人员之间的关系，妥善处理各种矛盾

如果有的司机刁难旅游者，领队要向当地导游人员反映；如果旅游团成员同当地导游人员发生了矛盾，领队应出面斡旋，努力消除矛盾；若全陪和地陪之间产生了矛盾，不利于旅游活动的顺利进行，领队可做适当的调解工作，切忌厚此薄彼，更不应联合一方反对另一方；若有导游人员不合作，私自增加自费项目或减少计划中的旅游项目，领队首先要进行劝说，若劝说无效，可直接向当地接待社经理反映，必要时还可直接向国内组团社反映；若旅游团成员之间出现了矛盾，领队要做好双方的工作，使发生的问题能得到及时的处理。不能视而不见，更不得在团员中间搬弄是非。

（四）维护旅游者生命和财物安全

在目的地旅游期间，领队要经常提醒全团成员注意自身及财物安全，做好有关防备工作，预防事故的发生。

（五）对严重突发事件的处理

（1）发生旅游者在境外滞留不归的事件时，领队应当及时向组团社和我国驻所在国使领馆报告，寻求帮助。

（2）发生旅游者在境外伤亡、病故事件时，领队必须及时报告我国驻所在国使领馆和组团社，并通知死者家属前来处理。在处理（抢救经过报告、死亡诊断证明书、死亡公证、遗物和遗嘱的处理、遗体火化等）时，必须有死者亲属、我国驻所在国使领馆人员、领队、接待社人员、当地导游人员、当地有关部门代表在场。

（六）做好以下具体事项

（1）协助接待方导游人员清点旅游团行李，分配住房、火车铺位、登机牌等。

（2）在境外旅游期间，对旅游者入住饭店、用餐、观看演出、购物等提供的服务应遵照《导游服务规范》的要求。

（3）保管好旅游团集体签证、团员护照、机票、行李卡、各国入境卡、海关申报单。

（4）尊重旅游团成员的人格尊严、宗教信仰、民族风俗和生活习惯。

（5）在带领旅游者在境外旅行、游览过程中，领队应当就可能危及旅游者人身安全的情况，向旅游者做出真实说明和明确警示，并按照组团社的要求采取有效措施，防止危害的发生。

（6）领队不得与境外接待社、导游及为旅游者提供商品或者服务的其他经营者串通欺骗、胁迫旅游者消费，不得向境外接待社、导游及其他为旅游者提供商品或服务的经营者索要回扣、提成或者收受其财物。

（7）领队应当要求境外接待社不得组织旅游者参与涉及色情、赌博、毒品内容的活动或者危险性活动。

（8）领队要将每天接触和经历的接待社、导游员、入住的饭店、用餐的餐馆（厅）、游览的景点等进行简要记录并做出扼要评价。

（9）在一地旅游结束时，领队要以组团社的代表和旅游团代言人的双重身份向当地导游、司机表示感谢，并当着全体游客的面将小费分别递送给导游和司机。

五、目的地国（地区）离境服务

领队的服务要有始有终，在旅游团结束境外旅游活动后离开目的地国家时应做好如下工作：

（一）离店前的工作

（1）按照国际航空惯例，往返和联程机票须提前至少72小时对机位进行再确认。如旅游团离境的机票是这类机票，要在旅游团离开目的地国家前亲自或请当地导游或接待社打电话至航空公司确认。在离境前一天，甚至前两天要与当地导游人员逐项核对离境机票的内容，如旅游团名称、团号、前往的目的地、航班等。

（2）如旅游团乘早班飞机离境，领队要同当地导游人员商定叫早时间、出行李时间以及早餐安排，商量时要考虑到旅游团成员中的老年人、小孩和妇女行动迟缓的情况，在时间上要留有余地。离店前，要提醒全团旅游者结清饭店账目；告知旅游者叫早时间、出行李时间和早餐时间，提前整理好自己的行李物品，并协助他们捆扎好行李；提醒旅游者将护照、身份证、机票、钱包等物品随身携带，不要放在托运行李中；对托运行李进行集中清点，与当地导游人员及接待社行李员一起办好交接手续；帮助旅游者办理离店手续，提醒他们将房间钥匙交送饭店前台。

（3）离店上车后，领队要再次提示旅游者检查自己的随身物品是否都带齐了，房间钥匙有没有交到前台。离开目的地国家（地区）前，领队应代表组团社和旅游团向接待社的导游人员表示感谢。

（二）办理离境乘机手续

在旅游车往机场行驶途中，领队要将全团护照和机票收齐，以备到机场时办理乘机手续，或根据旅行社的协议交目的地国导游人员办理。

1. 进行行李托运

领队带领旅游者将托运行李放在传送带上进行检查，在安检人员贴上"已安检"封口贴纸后，再带领他们及其行李到航空公司柜台前办理乘机手续，并对行李件数进行清点，待机场行李员将托运行李系上行李牌后，要再次清点并与行李员核实，随即将小费付给行李员。

2. 领取登机牌

在航空公司柜台工作人员前，领队应主动报告乘机人数，并将全团护照和机票送上，领取登机牌。拿回航空公司工作人员递交的护照、机票和登机牌后，领队要一一点清，然后带领旅游者离开柜台。

3. 分发护照、机票和登机牌

在分发之前，领队要向全团旅游者介绍离境手续的办理流程，讲清所乘航班、登机时间和登机门，以避免旅游者在办完出境手续进行自由购物时忘了时间而误机，提醒旅游者不要让不认识的人帮助携带其物品。讲完这些事项后，再将护照、机票和登机牌分发给他们。

4. 购买出境机场税

通常机场税包含在所购机票中，但是有些国家的国际机场税不包含在机票中，此时，领队需要代旅游者购买机场税，购好后再将机场税凭据发给客人。

（三）办理移民局离境手续

1. 补填出境卡

许多国家的入境卡与出境卡是一张纸，入境时，移民局官员把入境卡撕下，而把出境卡订在或夹在护照里交给旅客，出境时若旅客遗失了出境卡，就需补填一份。持另纸团体签证的旅游团，则无须填写出境卡。

2. 与目的地国导游人员告别

在进入离境区域前,领队应率领全团旅游者向目的地国家导游人员告别,对其工作表示感谢。

3. 办理离境手续

领队带领全团旅游者到出境检查柜台前排队,依次递上护照、机票和登机牌,接受检查。如查验无误,移民官员将在护照上盖上离境印章或在签证处盖上"已使用"字样,然后将所有物品交还旅客,离境手续即告办完。

4. 办理海关手续

（1）由于各国对旅客出境时所携物品有不同的限制,在旅游团离境前领队应在目的地国家驻华使馆网站查询或询问当地导游人员,了解该国旅客出境所携物品的规定,并告知旅游者,以便出境时申报。

（2）接受海关检查。如旅游者携带了目的地国海关规定限制的物品离境,领队应协助其填写海关申报单,并同海关官员交涉。

无申报物品的旅游者则走过海关柜台即可。

5. 办理购物退税手续

欧洲、澳洲的许多国家,都对旅游者购物有退税规定,但是不同国家的机场在办理退税手续的程序上不全相同,有的是先办理乘机手续,有的是先办理海关退税。对此,领队必须先向机场查询,弄清楚后再转告旅游者。

带领购物退税的旅游者到海关退税处出示申请退税的商品和发票,待海关人员在免税购物支票上盖章后,再持该支票到离境处的退税柜台取回退还的美元。

6. 引领旅游者登机

（1）领队要收听机场广播,或向机场咨询台询问,或从电脑屏幕上查询所乘航班的登机闸口是否改变,然后告知旅游者,带领他们到登机闸口等候。

（2）对于要在机场商店购物的旅游者要叮嘱他们收听机场广播中提示的登机时间,尽早赶至登机闸口,以免误机。

（3）登机前,领队应赶到登机闸口,清点人数,对未到旅游者要及早联系,使之赶上登机时间。

六、办理回中国入境手续

（一）接受检验检疫

领队应组织旅游者上交《入境健康检疫申明卡》,配合检察人员进行体温检。

（二）接受边防检查

组织旅游者排队在边检柜台交验护照、登机牌,接受边防检查,核准盖章后退还给旅游者。

（三）领取行李

领队带领游团到行李转盘处领取各自行李。若有遗失或损坏，及时与工作人员联系处理。

（四）接受海关检查

旅游者如有需申报的物品，需填写海关申报单交海关交验。出境时携带自用摄像机、照相机、收录机、电脑等物品的，应出示出境时所填写的申报单，当游客发现自己的行李遗失后，领队应协助旅游者到机场行李值班室登记。通常在查找21天后还无下落，就应由航空公司负责赔偿。

（五）将旅游者送至指定地点，通过《旅游服务质量评价表》和其他方式认真了解旅游者的合理建议和意见；致欢送词并与旅游者道别

七、后续工作

（1）处理旅游者委托、投诉等遗留问题。
（2）与有关方面结清账目，归还物品。
（3）填写《领队日志》，整理反馈意见。

第三节 全程导游服务程序与规范

全程导游服务亦称全陪服务，是指组团旅行社（简称组团社）委派的导游人员（称为全程导游员、全程陪同，简称全陪）为旅游团在旅游目的地的整个旅游过程中提供的陪同导游服务。其中，旅游客源地组团社为国内旅游团所委派的全程导游员还兼任旅游团领队的职责。作为组团社的代表，全程导游员应自始至终参与旅游团整个旅程的活动，监督接待计划的实施，监督和检查各地的地接社及其所派出的地方导游员的旅游接待服务工作，联络旅游团移动中的各个接待环节，协调领队、地方导游员、司机等旅游接待人员之间的关系，以保证旅游团的各项旅游活动按计划得到顺利、安全的实施。

全程导游服务的工作流程基本上可以划分为接团前工作准备、首站（入境站）服务、入店服务、核对商定行程、各站服务、途中服务、末站（离境站）服务及后续工作几个部分。

一、接团前的准备工作

由于全程导游服务的时间较长，涉及面广，加上可能出现的各种不可预测因素，所以，负责全程导游服务的导游员在接团前必须做好周密细致的准备，为圆满完成旅游团的全程陪同和接待任务奠定基础。全程导游员在接团前准备阶段的工作主要包括熟悉接待计划、相关知识准备、相关物品准备、首站接待联系四项内容。

（一）熟悉接待计划

全程导游员在服务准备阶段应认真查阅接待计划及相关资料，了解所接旅游团的全面情况，注意掌握该团重点旅游者情况和该团的特点，以便对于日后的全程陪同工作做到心中有数，得心应手。全程导游员应通过对接待计划的熟悉，了解和掌握旅游团的基本情况和行程计划。

1. 熟悉旅游团的基本情况

这些基本情况主要包括：

（1）旅游团的名称（或团号）、人数，入境旅游团的旅游者国别和领队姓名。

（2）旅游团成员的姓名、职业、性别、年龄、民族、宗教信仰等。

（3）了解团内有身份或较有影响的成员、特殊旅游者的情况。

2. 熟悉旅游团的行程计划

全程导游员应熟悉旅游团的行程计划，以便更好地把握旅游活动的节奏，保证旅游团的旅游行程能够安全、顺利地完成。在熟悉旅游团的行程计划方面，全程导游员应做到以下几点。

（1）记住旅游团所到各地接待社名称、地址、联系人、联系电话和传真号码。

（2）了解沿线各地的基本情况，如历史、地理、风土人情、主要旅游景点和特色等。

（3）了解旅游团抵离旅游线路上各站的时间、所乘交通工具，以及交通票据是否订妥或是否需要确认、有无变更等情况。

（4）了解旅游团在各地下榻饭店的名称、位置和特色等。

（5）了解行程中各站的主要参观游览项目，根据旅游团的特点和要求，准备好讲解和咨询时要解答的问题。

（6）了解全程各站安排的文娱节目、风味餐食、计划外项目及是否收费等。

（7）了解重点团是否有特殊安排，如会见、座谈、宴请等。

（8）了解收费情况及付款方式，如团费、风味餐费等。

（二）知识准备

由于全程导游员同旅游者相处时间较长，交谈时间较多，特别是在途中，除了要做好生活服务外，还要解答旅游者的各种问题，甚至可能要做一些专题讲解，因此做好相关知识的准备十分必要。因此，全程导游员应根据旅游行程的活动安排、旅游团的特点与特殊要求，阅读和准备相关资料，充实相应的知识。准备的知识内容包括：

（1）根据旅游团的不同类型和实际需要准备相关知识。了解各旅游目的地的政治、经济、历史、文化、民俗风情和旅游点的大概情况，以应对游客的咨询；查阅旅游线路所经各地的历史、地理、人口、经济、风土人情等基本情况与参观游览点的景观知识。

（2）客源地相关的知识，如旅游者所在国或地区的历史、地理、政治、经济、文化、礼俗等知识，以及有关知识的专题讲解和问询解答。

（3）熟悉当前的热门话题。

（三）物品准备

全程导游员应做好必要的物质准备，携带必备的证件和有关资料，主要包括：

（1）身份证件和旅行证件：本人身份证、导游证、社徽、胸卡、导游旗、接站牌、边防通行证等。

（2）相关票证：结算单据、支票和旅途备用现金，如旅游团在火车上的用餐费用、饮料费的单据等。

（3）接团资料和物品：如接待计划、日程表、抄有各地旅行社地址和电话号码的通讯录、旅游团名单、《征求意见表》、讲解资料和"全陪日志"、行李卡等。

（4）个人生活所需物品：如衣物、手机充电器、备用药品等。

（四）与地接社的联系

在接到旅游团并带领旅游团开始旅游活动的前一天，全程导游员应设法与旅游目的地首站（入境站）的地接社联系，互通信息，妥善安排接团事宜。

二、首站接团服务

首站（入境站）接团服务是全程导游员与旅游团之间建立良好关系的开端。全程导游员应主动争取地方导游员的配合，使旅游者有宾至如归的感觉。首站（入境站）接团服务包括等候迎客、致欢迎词、介绍情况几项内容。

（一）迎接旅游团

1. 等候入境旅游者

在接待入境旅游团（者）时，全程导游员应提前30分钟到达接站地点，与首站接待的地方导游员一起迎接旅游团。全程导游员应主动帮助地方导游员认找旅游团，以防错接。全程导游员应向该团的领队做自我介绍并介绍地方导游员。然后，全程导游员应立即与领队核实旅游者的实到人数、行李件数与住房数及餐饮等特殊要求。如果发现实际情况与接待计划有出入，全程导游员应及时报告旅游目的地的组团社，由该组团社通知各地的地接社。全程导游员还应与领队、地方导游员一起清点旅游者的行李后交给行李员，由其送到旅游者下榻的饭店。全程导游员还应向全团介绍地方导游员。

2. 等候本地首发的国内旅游者

在陪同国内旅游团时，全程导游员应提前30分钟到达组团社事先与旅游者约定的集合地点，等候他们的到来。

（二）致欢迎词

全程导游员应重视与旅游者首次见面的介绍。全程导游员在介绍中既要热情饱满，又要言简意赅，以便建立与旅游者的信任关系。全程导游员的介绍通常与欢迎词结合在一起，主要内容包括：

——向全团自我介绍；

——代表组团社和个人对旅游者表示欢迎；

——真诚表示愿为他们提供服务；

——概略介绍旅游行程；

——预祝旅游顺利愉快等。

尊敬的女生们、先生们：

大家好！首先请允许我代表旅行社欢迎大家从大洋彼岸不远万里来到具有五千年文明史的中国旅游！我姓孙，是旅行社的专职导游，很荣幸能做大家此次中国之行的全陪导游员，和大家一起游览中国的大好河山。

大家在中国停留期间，我将陪同大家一起游览中国最大的城市上海、亲近世界最美丽的杭州西湖、欣赏壮观的秦始皇兵马俑、登上雄伟的万里长城……朋友们，中国像本书，您没有来时，您可能只感受到只读了一页，而现在您来到这里旅行，我们就可以共同读好中国这一本书！希望大家能在中国这本书里，获得最美的感受。下面我隆重向大家介绍这位英俊的先生，他是我们此次中国之行的首站——上海站的地接导游邓先生。邓先生带团经验非常丰富，经常接待贵国访华的重要团队，让我们以热烈的掌声欢迎邓先生为我们进行导游讲解。

（三）介绍情况

全陪陪同的都是外省市或者入境旅游团，所以应该重视情况介绍。情况介绍一般都在旅游车驶向下榻饭店的途中进行，主要内容包括以下几点。

（1）概述旅游行程，包括旅游线路、途经旅游城市的基本情况及要参观的主要景区和景点、各地的气候及气温的变化、自然的情况。

（2）介绍沿途住宿的城市及下榻的酒店、酒店的等级及服务设施。

（3）介绍全程各站之间交通工具的选择及离境的大体时间。

（4）介绍行程中需要注意的事项，尤其要提醒旅游者注意人身及财产安全。

（5）将自己的联系方式告知旅游者，以备不时之需。

三、入住酒店服务

（一）入境旅游团

当入境旅游团抵达下榻饭店后，全程导游员提供的入店服务包括以下五项内容：

（1）协助领队办理旅游团住店手续：全陪和领队、地陪一起向总服务台提供团名、团队名单、团队签证、团队的住房要求等，协助领队办理入住登记手续。

（2）请领队分配住房，掌握住房分配名单，与领队互通各自房号以便联系。

（3）引导旅游者和行李进房：巡视客人的住房状态，询问客人是否拿到自己的行李，是否对房间满意。

（4）处理问题：如遇卫生问题、房间内设施问题，及时通知饭店有关部门，如拿错行李或行李未到，协同地陪和领队一起处理。

（5）如果地方导游员不住饭店，要掌握与其紧急联系的办法，并照顾好全团的旅游者。

（6）记下饭店总服务台电话。

（二）本地首发的旅游团

当本地首发的旅游团抵达下榻饭店后，全程导游员应在地方导游员的协助下，及时办理旅游团的入住手续，根据旅游者的要求和旅游协议的约定分配住房，并掌握住房分配名单。全程导游员在地方导游员的帮助下引导旅游者进入客房，协助地方导游员处理旅游者进房后遇到的问题。

四、核对商定日程

（一）入境旅游团

如果全陪陪同的是入境旅游团，全陪应该在旅游团入住酒店后尽早与领队核对商定全程活动日程。全程活动日程是对旅游团在各地旅游活动的总体安排，包括旅游团要参观游览的城市，抵离时间、航班，入住酒店，地方接待社的名称和各地参观游览的主要景区和景点等。在核定日程时要遵循服务第一、宾客至上、主随客便、合理而可能、平等协商的原则。

以组团社与客源地旅行社事先预定的旅游计划为基础，避免大的变动，要明确在一定的范围内灵活调整，即日程不变，顺序可调。

若与事先预定的旅游计划有较大出入，出现全陪难以解决的问题时，全陪应该请示组团社定夺并及时给予游客答复。无法满足对方的要求时，全陪一定要详细解释清楚原因。

活动日程商定后，请领队向全团宣布，让旅游团全体成员做到心中有数，便于配合。

（二）本地首发的旅游团

如果是本地首发的旅游团，全程导游员应与地方导游员核对和商定旅游日程安排。在核定日程时同样要坚持上述基本原则。在核对商定中应以接待计划为依据，尽量避免较大修改。对于地方导游员提出的计划变更建议，全程导游员应要求其做出合理解释。如发现地方接待社对活动日程做了较大变动，全程导游员应及时向组团社报告。

五、各站服务

旅游团在各站的行、游、住、食、购、娱应以各地地方导游员的安排为主。全程导游员的服务主要集中在以下几方面：承担各站之间的有机衔接，使各站提供的各项服务适时、到位；按照接待计划的安排对各站服务进行协助、检查和督促，使接待计划得以全面顺利地实施；做好旅游者的人身和财物安全工作，使可能发生的突发事件得到及时、有效的处理。全程导游员向旅游团提供的各站服务包括抵站服务、停留服务和离站服务。

（一）抵站服务

抵站服务包括旅游团抵达某地前后，全程导游员所应提供的各项服务工作，主要包括联络通报和接洽转递两项内容。

1. 联络通报

全程导游员应在离开上一站之前向下一站通报旅游团的情况，内容包括旅游团离开上一站和抵达下一站的确切时间、所乘的航班号（车次、船次）、有无人员变动、旅游者的要求、全程导游员的意见与建议等。

2. 接洽转递

全程导游员在旅游团抵达某地时，应做好同当地地方导游员的接洽和转递工作。这些工作包括：

（1）当旅游团乘坐的飞机（火车、轮船）抵达某地的机场（车站、码头）时，全程导游员应手举组团社社旗，带领旅游者到指定的出口出站。如果旅游团乘坐大型旅游汽车抵达某地，全程导游员应在汽车停靠在约定地点后，手持组团社社旗，组织旅游者下车。

（2）全程导游员应迅速认找地方导游员，并向其问好。如有行李托运，全程导游员应将旅游团行李托运单交给地方导游员。全程导游员应尽快将地方导游员介绍给领队和旅游者，并向地方导游员介绍旅游团成员的情况，转达他们的建议和要求。

（二）停留服务

旅游团在各站停留期间，全程导游员的工作主要包括协助地方导游员的各项工作、保障旅游者安全和检查各站的服务质量。

1. 协助地方导游员工作

由于全程导游员自始至终参与旅游团的全部活动，能够比较深入地了解旅游团的情况，因此有责任向地方导游员通告旅游团的有关情况，主动与地方导游员合作，协助其做好地方导游服务工作。具体地讲，全程导游员应在以下两个方面协助地方导游员的工作：

（1）住店服务。当入境旅游团进入所下榻的饭店后，全程导游员应在地方导游员的配合下，协助领队办理入住登记手续；当国内旅游团进入所下榻的饭店后，全程导游员应在地方导游员的配合下，为旅游团办理入住登记手续；入住手续办妥后，全程导游员应掌握旅游团的住房名单。如果饭店压缩预订房，而订房单位是组团社，全程导游员应负责处理；如果地方导游员不住饭店，全程导游员应负起照顾好旅游团的责任。

（2）景点服务。旅游团在景点游览时，全程导游员提供的服务主要包括：

①督促旅游者跟团。地方导游员带团前行，全程导游员应走在旅游团的后面，招呼滞后的旅游者，并不时清点人数，以防走失。

②寻找走失的旅游者。如果发现有旅游者走失，一般情况下应由全程导游员和领队分头寻找，而地方导游员则带领其他旅游者继续游览。

③陪同零散旅游者。如果游览中需要登山，而少数老年旅游者或体弱旅游者不愿爬山，全程导游员应留下来照顾他们，地方导游员则带领其他旅游者登山。

④照顾生病的旅游者。如果某位旅游者在旅游活动中突然生病，通常情况下应由全程导游员及患者亲友将其送往医院，地方导游员则带团继续游览。

2. 保障旅游者的安全

旅游过程中，旅游者的人身和财物安全不仅关系到旅游者的安危及其切身利益，而且关系到旅游目的地和旅游企业的形象以及旅游活动的顺利进行。因此，保护旅游者的安全是全程导游员的一项重要工作。为此，全程导游员应采取以下五个方面的安全防范措施。

（1）全程导游员在带领旅游团入住饭店时，应提示和建议旅游者将贵重物品存放在前台保险柜中；入睡前，将门窗关好；不要躺在床上抽烟。

（2）全程导游员在旅游团上车和集合时，应清点人数；下车时，提醒旅游者带好随身物品。

（3）景点游览中，全程导游员应随时留意旅游者的动向，尤其要关注团中那些因爱好拍照而滞后的旅游者和那些"好动的人物"，并注意周围环境有何异常。如果发现在旅游团周围出现形迹可疑者，全程导游员应提醒旅游者照看好自己的随身物品。旅游者在景区崎岖不平的道路上行走时，全程导游员应提醒他们注意脚下，建议他们放缓脚步，并对老年旅游者和体弱旅游者适当施以援手。

（4）天气异常时，全程导游员应提醒旅游者适当增减衣服。

（5）旅游团抵离各站时，全程导游员应与地方导游员共同清点旅游团的行李。

3. 检查各站服务质量

检查各站的服务质量和监督接待计划的落实，是全程导游员的一项重要任务。全程导游员应通过以下途径对各站的接待服务质量和接待计划落实情况进行检查和监督：

（1）服务质量。全程导游员应以国家和行业的质量规范为主要依据，检查各站地接社及其委派的地方导游员在交通、住宿、餐饮和地方导游服务等方面的服务质量是否达到了国家和行业的相关质量标准。

（2）计划实施。全程导游员应以组团社发出的旅游团计划为主要依据，监督和检查地接社在接待旅游团的过程中执行旅游接待计划和落实接待计划中的各项安排的情况。

（3）计划调整。抵达下一站时，全陪导游员应向地方导游员了解旅游团在当地的旅游活动安排，如果发现与上一站的安排出现明显重复，应提出调整安排的建议。

（4）督促改进。全程导游员如果发现地方接待社提供的旅游产品或服务低于旅游计划上约定的质量标准，或低于国家相关的质量标准，应及时向地方导游员或地接社提出改进和弥补的要求，并在"全陪日志"中予以注明。

（5）在地方导游员缺位或失职的情况下，全程导游员应主动担负起地方导游员的职责。

（三）离站服务

旅游团结束在一地的旅游活动，准备前往下一站前，全程导游员应做好以下几项工作：

1. 提醒工作

全程导游员应主动提醒地方导游员再次核实旅游团离开本地的交通票据以及离开的准确时间。如果旅游团预定乘坐的航班（车次、船次）离开当地的时间发生变化，全程导游员应在得到确切信息后,迅速通知下一站的地接社。如果因时间紧迫,来不及通知下一站,全程导游员应请本站的地方导游员代为通知。

2. 照管行李

离开饭店前往机场(车站、码头)之前,全程导游员应向旅游者讲清航空(铁路、水路)有关行李托运和手提行李的规定,并帮助有困难的旅游者捆扎行李,请旅游者将行李上锁。另外,全程导游员应协助领队和地方导游员清点行李,与行李员办理交接手续。到达机场(车站、码头)后,全程导游员应与地方导游员交接交通票据和行李托运单,点清、核实后妥善保存。

3. 致谢

离开当地前,全程导游员应与地方导游员、旅游车司机告别,对他们的热情工作表示感谢。

4. 航班延误或取消的处理

如果旅游团计划乘坐飞机离开当地前往下一站,并经过安全检查,与地方导游员告别进入候机厅后,得到旅游团所乘航班延误或取消的消息,全程导游员应立即向机场有关方面进行确认。当航班延误或取消的消息得到民航部门的证实后,全程导游员应主动与相关航空公司联系,协助其安排好旅游者的餐饮或住宿。

六、途中服务

途中服务是指全程导游员在陪同旅游团离开一地前往下一站的路途上为旅游者提供的服务。如果陪同国内旅游团,全程导游员需要独自承担起整个旅游团的服务工作;如果陪同入境旅游团,全程导游员应在领队的协助下,承担起主要的服务任务。途中服务始于旅游团通过机场(车站、码头)的安全检查,进入候机厅(候车室、候船室),结束于飞机(火车、轮船)抵达下一站,旅游团走出机场(车站、码头)。途中服务的主要内容是生活照料和信息沟通。

(一)生活照料

在旅游团乘坐交通工具前往下一站的途中,全程导游员应根据具体情况向旅游者提供生活照料服务。

1. 乘坐飞机时的服务

当旅游团乘坐飞机前往下一站时,全程导游员应协助旅游者办妥登机、安检和行李托运等相关手续,并适时引导旅游者从正确的登机口依次登机。

2. 乘坐火车(轮船)时的服务

如果陪同入境旅游团,全程导游员应事先请领队分配好包房、卧铺铺位;如果陪同国内旅游团,全程导游员负责这项工作。

3. 订餐服务

旅游团上车（船）后，全程导游员在安排旅游者入座后，应立即找列车（轮船）的餐厅负责人订餐，告知旅游者人数、餐饮标准和旅游者的口味等。

4. 照料患病旅游者

如果旅游团中有旅游者出现晕机（车、船）症状，全程导游员应给予重点照顾。如果旅游者突患重病，全程导游员应在飞机（列车、轮船）乘务员的帮助下，通过飞机（列车、轮船）上的广播系统在乘客中寻找医生对其进行初步急救，并设法通知下站有关方面尽早落实车辆，以便到站后争取时间送患者到就近医院救治。

5. 保管票据

全程导游员应保管好机（车、船）票和行李托运单，抵达下站时将其交与负责接待该旅游团的地方导游员。

6. 安全提示

全程导游员应在途中经常提醒旅游者注意人身和财物的安全，积极争取交通营运部门工作人员的支持和配合，安排好旅游者的途中生活，努力使他们感到旅途舒适、愉快。

（二）信息沟通

全程导游员应在旅行途中加强与旅游者之间的信息沟通，了解旅游者的最新需求动态，回答旅游者的各种问题，征求他们对旅游服务质量的评价并组织一些活动活跃气氛。

1. 了解旅游者

全程导游员应利用陪同旅游团的机会，进一步了解旅游者的需要、个性与爱好以及客源地、目的地的有关情况，以便能够及时把握旅游者的最新动态，并将其传递给地接社，适当调整接待服务策略，使各站的旅游接待更有针对性。

2. 解答问题

旅游者在旅游过程中往往会产生各种各样的问题和疑惑。全程导游员应该充分利用途中与旅游者密切接触的机会，适时回答他们的问题，为他们解惑。

3. 征求意见

全程导游员应通过与旅游者在途中的交谈，了解他们对前一阶段旅游接待服务质量的评价，以便为改进其后各站的旅游服务质量提供建议。

4. 活跃气氛

全程导游员在途中可根据旅游者的特点和旅途中的具体情况，或组织娱乐活动，或组织专题讲解，以活跃旅游团内的气氛。

七、末站服务

末站（离境站）服务是指全程导游员在旅游活动即将结束期间为游客提供的各项服务。全程导游员应做好末站服务工作，给旅游者留下美好的印象。

（一）入境旅游团离境前的工作

全程导游员应在入境旅游团离开末站之前，提醒和协助领队或旅游者落实交通票确认、行李托运等事项。全程导游员在旅游团离开末站的前一天晚上，应与旅游者话别或致欢送辞，内容主要包括：

（1）感谢领队和旅游者一路的友好合作。
（2）表示与旅游者共同度过了一段美好而愉快的旅行生活。
（3）欢迎旅游者今后来游，并愿再次同他们合作。
（4）请旅游者谅解导游员在工作中的不足之处。
（5）欢迎旅游者留下宝贵的意见和建议。
（6）提醒旅游者带好证件和物品。

全程导游员还应向领队和旅游者介绍如何办理离境手续，并将他们送至安全检查口，欢迎他们再度光临。

（二）国内旅游团在末站的工作

全程导游员应在国内旅游团结束旅游目的地的游程，准备返回出发地的前一天，提醒和协助地方导游员落实旅游团的返程交通票、行李托运、财务结算等事宜。在旅游团前往机场（车站、码头）的途中，全程导游员应致欢送辞。欢送辞的主要内容包括：

（1）代表旅游团向地方导游员和旅游车司机表示感谢。
（2）简要回顾与旅游者共同度过的美好而愉快的旅程，并代表组团社对他们的合作与谅解表示感谢，欢迎他们再次选择该组团社出游。
（3）代表组团社对旅游接待服务中存在的不足之处表示歉意，并请旅游者予以谅解。
（4）在旅游团抵达原出发地后，全程导游员应向旅游者一一告别，并提醒他们带好自己的行李和物品。

八、后续工作

旅游团离去后，全程导游员应认真总结带团的经验与体会，将其作为提高自己导游服务水平的重要途径。

全程导游员返程后，应认真处理好旅游团遗留的问题。如旅游者在临行前委托的事情，必要时报告组团社领导；认真按时填写"全陪日志"，内容包括旅游团基本情况，旅游安排及乘坐飞机、火车、轮船的情况，各地接待服务质量，旅游者对各项旅游服务的满意程度，发生的问题与处理经过，旅游者的意见和建议；尽快向财务报账，归还所借物品；报送组团社或旅行社管理部门所需要的其他资料。

第四节　地方导游服务程序与规范

地方导游服务亦称地陪服务，是指地方接待社（简称地接社）委派的导游员（地方导游员、地方陪同，简称地陪）在当地接待旅游团时所提供的导游服务及其他旅游接待服务，其服务对象分为旅游团队和散客两大类型。

《导游服务质量标准》中指出"地陪服务是确保旅游团（者）在当地参观游览活动的顺利，并充分了解和感受参观游览对象的重要因素之一"，并要求"地陪应按时做好旅游团（者）在本站的迎送工作；严格按照接待计划，做好旅游团（者）参观游览过程中的导游讲解工作和计划内的食宿、购物、文娱等活动的安排；妥善处理各方面的关系和出现的问题"。地方导游员应该遵照特定的规范和标准向旅游团队或散客提供导游服务。

一、准备工作

做好准备工作，是地陪提供良好服务的重要前提。地陪的准备工作应在接到旅行社分配的任务、领取了盖有旅行社印章的接待计划后立即开始。地陪须在上团前三天领取接待计划。地陪工作可谓千头万绪，复杂多变，因此，地陪的准备工作应细致、周密、事必躬亲。应在事前做好充分准备，以避免临阵出错或手忙脚乱。地方导游服务的准备工作主要包括熟悉接待计划、核实与落实接待事宜、物质准备、知识准备、形象准备、心理准备六个方面。

（一）熟悉接待计划

接待计划是组团旅行社委托各地方接待社组织落实旅游团活动的契约性文件，是导游人员了解该团基本情况和安排活动日程的主要依据。

地陪在接受任务后，通过阅读分析，应重点了解和掌握旅游团的以下情况：

（1）计划签发的组团旅行社名称、联络人姓名与电话号码。

（2）旅游团（者）的基本情况，如人数、性别、国籍、年龄、职业、宗教信仰以及领队和全程导游员的姓名；旅游团的基本情况还包括旅游团的团名、代号，旅游团种类（全包价、半包价、小包价），旅游团等级（豪华、标准、经济等）和费用结算方式。

（3）该旅游团（者）抵离当地的时间、所乘的交通工具和使用的交通港（机场、车站、码头）；旅游团交通票据情况，包括：①该团赴下一站的交通票是否订妥，有无变更和更改后的情况，有无返程票；②入境旅游团有无国内段的国际机票，出境机票是 OK 票还是 OPEN 票。

（4）该旅游团（者）的服务项目、接待要求、接待标准、费用结算方式。

（5）该团的特殊情况和注意事项，如有无老弱病残旅游者，有无需要办理通行证地区的参观游览项目，有无住房、用车、游览、餐食等方面的特殊要求等。

（二）核实与落实接待事宜

1. 核对日程安排表

地方导游员应根据组团社的接待计划中有关旅游团在当地旅游活动的要求，结合旅游团

的特点以及全程导游员的建议，认真核对地方接待社编制的旅游团在当地活动日程表中所列日期、出发时间、游览项目、就餐地点、风味餐品尝、购物、晚间活动、自由活动和会见等项目。如果发现日程安排与接待计划之间存在差异，地方导游员应立即与地接社的计调部门人员联系，弄清事情原委，以免在接待旅游团时发生麻烦。

2．落实旅游车辆

地方导游员应主动与提供车辆服务的车队或汽车公司联系，问清和落实该团的用车以及车牌号、司机姓名、联系电话，并与司机商定接头的时间和地点。接待大型旅游团时，地陪导游应在车上贴上醒目的编号和标记，以便旅游者识别。

3．落实住房与用餐

地方导游员应在接团前与计调部门或相关人员核实旅游团在当地旅游期间的住房及用餐安排准备情况。具体来说，地方导游员应：

（1）熟悉旅游团所住饭店的位置、概况、服务设施和服务项目。

（2）核实该团旅游者所住房间的数目、类别、用房时间是否与旅游接待计划相符，核实房费内是否含早餐等。

（3）向饭店提供旅游团抵达饭店的时间及旅游车牌号。

（4）地陪应提前与各有关餐厅联系，确认该团日程表上安排的每一次用餐的情况，其中包括：日期、团号、用餐人数、餐饮标准、特殊要求等。

4．落实行李运送

各旅行社是否配备行李车是根据旅游团的人数多少而定的，地陪应了解本社的具体规定。如该团是配有行李车的旅游团，地陪应了解落实为该团提供行李服务的车辆和人员，提前与之联络，使其了解该团抵达的时间、地点、住哪一家饭店。

5．落实其他计划内项目的安排情况

如果组团社发来的接待计划中包括该旅游团（者）的会见、宴请、品尝风味餐、赠送礼品等活动，地方导游员应在接团前与计调部门联系，请其落实相关的会见、宴请、风味餐的单位、人员、礼品等事宜。

6．了解不熟悉的景点的情况

对新的旅游景点或不熟悉的参观游览点，地陪应事先了解其概况：开放时间、最佳游览路线、厕所位置等，以便游览活动顺利进行。

7．掌握联系电话

为了便利接团工作，地方导游员应设法掌握相关人员或部门的联系电话，这些人员和部门包括旅行社各部门、行李员、全陪导游员、车队、就餐餐厅、旅游团下榻的饭店、参观游览的景区或景点、参观单位、机场（车站、码头）、下一站的地接社等的联系电话。

8．与全陪联系

地陪应提前与全陪取得联系，了解该团有何变化情况，对在当地的安排有何要求；与全陪约定接团的时间和地点，防止漏接或空接事故的发生；告知全陪行程中景点对游客的优惠政策及需要携带的相关证件。

【案例 3-4】 落实接待计划的重要性

小王是一家旅行社的老导游了，凭借多年的带团经验，不论是哪种类型的旅游者，他都能够提供很好的服务。这次，小王接待的是一个来自外地的 VIP 旅游团。接团计划书上客人下榻的饭店是本市的五星级大饭店。当游客下飞机后，小王便直接带着游客来到此饭店入住。可是，当她到前台取房卡时，工作人员称，小王所在的旅行社并没有在这里订房。小王马上把电话打到旅行社计调，经证实，由于变更了计划，酒店改到了另一家五星级饭店。小王此时只能满脸堆笑，向游客们求情，请大家再登上旅游车，前往另一家饭店入住。可是，当客人进入这家酒店大堂时，几乎所有人都拒绝入住。因为，虽然同为五星级，可这里的环境和地理位置等诸多因素与刚刚去过的大饭店相差甚远。无奈，小王向旅行社经理求助，经理来后，亲自向领队解释，还为每位客人买了水果并且道歉。最后，客人才勉强同意入住。

【思考】落实接待计划靠经验可行吗？

案例来源：李娅，王哲. 导游服务案例精选解析[M]，北京：旅游教育出版社，2007.

（三）物质准备

1. 领取必要的票证和表格

地陪在做准备工作时，一项十分重要的工作就是按照该旅游团中游客的人数和活动日程表中活动安排的实际需要，到本社有关人员处领取门票结算单和旅游团餐饮结算单等结算凭证及与该团有关的表格（如游客意见反馈表等）。地陪一定要注意：在填写各种结算凭证时，具体数目一定要与该团的实到人数相符，人数、金额要用中文大写。

2. 备齐上团必备的证件和物品

带好接待计划、导游证、胸卡、导游旗、扩音器、接站牌、旅行车标志等必备物品以及名片、记事本、手机充电器、常备药物与工作包等个人物品。

（四）知识准备

1. 专业知识准备

根据计划上确定的参观游览项目，做好相关知识和资料的准备，尤其是计划中所列的新开放景点知识的准备。准备的过程中应注意知识的更新，及时掌握最新信息。接待有专业要求的团队,更要做好相关专业知识和术语、词汇的准备。做好当前热门话题、国内外重大新闻以及旅游者可能感兴趣的话题的准备。做好客源国家(地区)有关知识的准备。

2. 语言准备

若接待的是入境旅游团,地陪还要做好语言翻译和外语词汇的准备。在语音、语调、语法和用词等表达技巧方面,注意表达清楚、生动和流畅。

(五)形象准备

导游人员自身美不仅是个人行为,而且在宣传旅游目的地、传播中华文明方面起着重要作用,也有助于在游客心目中树立导游人员的良好形象。因此,地陪在上团前要做好仪容、仪表方面(即服饰、发型和化妆等)的准备。尤其是炎炎夏日,更要打扮得体。

1. 着装规范

导游人员的着装要符合导游人员的身份,要方便导游服务工作。

2. 衣着妆容

衣着要整洁、整齐、大方、自然,不能显得太落伍,也不能太前卫。佩戴首饰要适度,不浓妆艳抹。如果接待计划中安排有会见、宴会、舞会等,地方导游员应准备好适合这些场合的正装(男性如西装、中山装,女性如套装、晚礼服、旗袍等)或民族服装。

一般而言,导游人员接机或带团在市内旅行时,男士可穿西服,女士可穿职业套装;郊外旅行时,男女均可着干净整洁的休闲服。男士忌穿短裤、无袖衫,不穿无袜凉鞋;女士忌穿前卫而暴露的服装,如吊带裙、露脐衫,更不能浓妆艳抹。

3. 头发

头发应保持清洁、整齐。留有长发的女性导游人员应将头发束起,男性导游人员应前发不覆额,鬓角不近耳,后发不及领。

(六)心理准备

导游人员在接团前的心理准备主要有以下两个方面:

1. 准备面临艰苦复杂的工作

在做准备工作时,导游人员不仅要考虑到正规的程序要求中要提供给游客的热情服务,还要有充分的思想准备考虑对特殊游客如何提供服务以及在接待工作中发生问题和事故时如何去面对、去处理。

2. 准备承受抱怨和投诉

由于导游人员接待对象的复杂性,有时可能遇到下述情况:导游人员已尽其所能热情周到地为旅游团服务,但还会有一些游客挑剔、抱怨、指责导游人员的工作,甚至提出投诉。对于这种情况,导游人员也要有足够的心理准备,冷静、沉着地面对。只有对导游工作有着执着的爱,才会无怨无悔地为游客服务。

二、迎接服务

迎接服务是指地陪去机场、车站、码头迎接旅游团。接站服务在地陪服务程序中至关重要，是地方导游员在旅游团（者）面前的初次亮相，应为旅游者留下热情、干练的良好的第一印象，这一环节的工作直接影响着以后接待工作的质量。因此，地方导游员应彬彬有礼、热情稳重地在迎接地点迎接旅游团（者）的到来。

（一）旅游团抵达前的准备工作

为了迎接旅游者，地方导游员应在迎接前做好有关准备，在迎接旅游者时，既要热情友好，又要沉着冷静，不要出现错接。接团当天，地方导游员在出发迎接旅游团（者）之前，应做好以下六项服务准备工作。

（1）确认旅游团所乘交通工具抵达的准确时间。向机场（车站、码头）的问讯处问清飞机（火车、轮船）到达的准确时间（问讯一般在飞机预定抵达前2小时，轮船预定抵达前1小时）。

（2）通知旅行车司机出发时间，商定接头地点，并告知活动日程和具体时间。

（3）提前30分钟抵达迎接旅游者的机场（车站、码头），与司机商定旅行车停放位置。

（4）在机场（车站、码头）再次确认旅游团（者）到达的准确时间。

（5）地陪应在旅游团出站前与行李员取得联系，告知其该团行李送往的地点。

（6）迎候旅游团。旅游团所乘交通工具抵达后，地陪应在旅游团出站前，持本社导游旗或接站牌站立在出站口醒目的位置热情迎接旅游团。接站牌上应写清团名、团号、领队或全陪姓名；接小型旅游团或无领队、无全陪的旅游团时，要写上游客的姓名、单位或客源地。

（二）旅游团抵达后的服务

1. 认找旅游团

旅游者出站时，地方导游员站在明显的位置上举起接站牌，以便领队、全陪（或旅游者）前来联系。与此同时，地方导游员应主动根据旅游者的外貌特征、衣着、组团社的徽记等分析判断或上前委婉询问，认找自己应接的旅游团队。

2. 核实人数

找到旅游团后，地陪应认真核实。为防止错接，地陪应及时与领队、全陪接洽，核实该团的客源地、组团社的名称、领队及全陪姓名、旅游团实际人数等。如该团无领队和全陪，应与该团成员逐一核对团员、客源地及团员姓名等，无任何出入才能确定是自己应接的旅游团。如因故出现人数增加或减少等与计划不符的情况，要及时通知旅行社有关部门。

3. 集中清点交行李

在接待入境旅游团时，如果当地是旅游团在旅游目的地的首站，地方导游员应协助旅游者将行李放在指定的位置，提醒旅游者检查自己的行李有无丢失、是否完整无损，并与领队、全陪、地接社的行李员（简称行李员）等人一起核对行李件数无误后，再移交给行李员，并办好交接手续。如果接待国内旅游团，或当地是入境旅游团在旅游目的地旅游活动的中间站，则无论在机场、火车站还是码头，地方导游员都应向全程导游员或领队索要行李托运单，点清后交行李员。

如果发现行李丢失或破损，地方导游员应协助当事人到机场登记处或其他有关部门办理行李丢失或破损赔偿申报手续。

4. 集合登车

地陪应提醒游客带齐手提行李和随身物品，引导游客前往登车处。游客上车时，地陪应恭候在车门旁，协助或搀扶游客上车就座。待游客坐稳后，地陪再检查一下游客放在行李架上的物品是否放稳，用目测的方法礼貌地清点人数（清点人数时，要默数、用心算，切忌用手指着人数）。人到齐坐稳后请司机开车。地陪在旅游车上开始工作前，要将移动电话、寻呼机等调至静音、振动功能，无紧急事情不要在旅游车上打电话。

> 地陪接站的服务流程：
> 　　提前到站 → 确认交通工具到站时间 → 认找旅游团 → 核实实到人数 → 集中清点行李 → 集合登车

（三）途中导游

途中导游是指地方导游员在旅游车离开接站的机场（车站、码头），前往旅游团下榻的饭店的途中所提供的导游服务。途中导游是地方导游员首次向旅游者提供的导游服务。除了热情友好的态度之外，地方导游员还应在气质、学识和语言方面展现自己的职业素养，以赢得旅游者的信赖，给他们留下可信、可靠的良好印象。途中导游主要包括致欢迎词、调整时间、介绍本地概况、介绍沿途风光、介绍下榻的饭店、宣布集合的时间地点等内容。

1. 致欢迎词

欢迎词内容应视旅游团的性质及其成员的文化水平、职业、年龄及居住地区等情况而有所不同。一般应在游客放好物品、各自归位、静等片刻后，再开始讲。因为游客新到一地，对周围环境有新奇感，左顾右盼，精神不易集中，讲解效果不好。因此地陪要掌握时机，等大家情绪稳定下来后再讲解。一般情况下，旅行车启动后，地方导游员应站在旅行车的前部位置，面向旅游者致欢迎辞。致欢迎辞时，地方导游员的态度要热情，感情要真挚，欢迎词内容力求朴实有趣、有新意、有吸引力，一定要把游客的注意力吸引到你身上来，给游客留下深刻印象。

欢迎辞的内容应简洁，一般应控制在5分钟左右，其内容主要包括：

——问候语：各位来宾、各位朋友，大家好/早上好/下午好；
——欢迎语：代表所在旅行社、本人及司机欢迎游客光临本地；
——介绍语：介绍自己的姓名及所属单位；介绍司机和车牌号码；简要介绍行程安排；
——希望语：表示提供服务的诚挚愿望；
——祝愿语：预祝旅游愉快顺利。

为了防止欢迎辞过于单调、枯燥，地方导游员应结合所接旅游者的特点和心理，适当增加些内容，使其欢迎辞具有一定的独特性，以取得良好的导游效果。

各位来宾、各位朋友：

大家好！大家辛苦了！首先让我代表××旅行社，尤其是我们武汉人民欢迎各位来我们武汉观光游览。我姓周，是××旅行社的导游，大家叫我"周导"好了，我希望能像我的名字一样能为大家提供"周到"的服务。这位是我们的司机刘师傅，今明两天就由刘师傅和我为大家提供服务，我们感到非常荣幸！大家在武汉可以把两颗心交给我们，一颗心——"放心"，交给刘师傅，他的车技相当娴熟，大家尽可以放心坐他的车；一颗心——"开心"，就交给"周导"我好了！一路上大家有什么问题、有什么要求就尽量提出，我们将尽力满足；最后希望大家在武汉能玩得开心！吃得满意！住得舒适！谢谢各位！

2. 调整时间

如果接待的是入境团，地陪在致完欢迎词后要介绍两国的时差，请游客将自己的表调到北京时间。

3. 首次沿途导游

游客初来一地，感到好奇、新鲜，什么都想问，什么都想知道，地陪应把握时机，选择游客最感兴趣、最急于了解的事物进行介绍，以满足游客的好奇心和求知欲，所以地陪必须做好首次沿途导游。首次沿途导游是显示导游人员知识、导游技能和工作能力的大好机会，精彩成功的首次沿途导游会使游客产生信任感和满足感，从而在他们的心目中留下导游人员的良好第一印象。

（1）介绍旅游地概况，如地理位置、历史沿革、人口状况、行政区划、市政建设等情况。

（2）风光风情介绍。地陪在介绍风光风情时，讲解的内容要简明扼要，语言节奏明快、清晰；景物取舍得当，随机应变，见人说人，见景说景，与游客的观赏同步，如可以谈谈旅游地的饮食习惯、旅游地的气候及旅游地的土特产品等。

总之，沿途导游贵在灵活，地陪应把握时机、反应敏锐。

4. 介绍下榻的饭店

在旅游车快到下榻的饭店时，地陪应向游客介绍该团所住饭店的基本情况：饭店的名称、位置、距机场（车站、码头）的距离、星级、规模、主要设施设备及其使用方法、入住手续及注意事项（如赠品和非赠品的区别）等。

5. 宣布集合时间和地点

旅游车驶进下榻饭店后，地方导游员应在旅游者下车前向其讲清集合的时间、地点和停车地点，让其记住停车的车牌号，并提醒他们将手提行李和随身物品带下车。

三、抵达饭店后的入住服务

游客进入饭店后,地陪应安排游客在大堂指定的位置休息。尽快向饭店前台讲明团队名称、订房单位。

(一)协助办理入店手续

游客抵达饭店后,地陪要协助领队和全陪办理入住登记手续,请领队或全陪收齐游客证件,与游客名单表一起交给饭店前台。拿到客房号和住房卡(钥匙)后,请领队分发住房卡。如旅游团无领队,可请团长分房。如旅游团既无领队又无团长,则请全陪分房。地陪要掌握领队、全陪和团员的房间号。地陪若留宿饭店,应将自己的房号告知领队和全陪;若不留宿饭店,在离开饭店前应将自己的电话号码告知全陪和领队,以便联系。

(二)介绍饭店设施

进入饭店后,地陪应向全团介绍饭店内的外币兑换处、中西餐厅、娱乐场所、商品部、公共洗手间等设施的位置,并讲清住店注意事项,向游客指明电梯和楼梯的位置。提醒旅游者将贵重物品交前台保管,告知客房内收费项目(如小酒吧、长途电话)、饭店安全通道位置以及房间安全注意事项(如睡觉前关好门窗、不躺在床上吸烟等)。

(三)带领旅游团用好第一餐

游客进入房间之前,地陪要向游客介绍饭店内的就餐形式、地点、时间及餐饮的有关规定。游客到餐厅用第一餐时,地陪必须带他们去餐厅,帮助他们找到桌次,要将领队和全陪介绍给餐厅领班、主管等有关人员,告知旅游团的特殊要求,向游客介绍有关餐饮规定,祝愿游客胃口好。

(四)宣布当日或次日的活动安排

在首次沿途导游后,地陪应尽快与领队、全陪商量当日或次日活动安排,包括叫早时间、早餐时间和地点、集合时间和地点、旅行线路等。商定后地陪应在游客进入房间之前向全团宣布当天或第二天活动的安排、集合的时间地点,并提醒游客做好必要的参观游览准备。如该团中有提前入住的游客,必须通知他们相关出发时间及活动安排。另外,地方导游员应在饭店前台处领取印有饭店名称、地址和电话的饭店卡片分发给旅游者。

(五)照顾行李进房

旅游团(者)的行李抵达饭店后,地方导游员应会同地接社的行李员及饭店的行李员核对旅游团(者)的行李件数,并督促和协助行李员将行李尽快送至旅游者的房间。在核对时,若发现行李丢失,地方导游员应分析可能丢失的环节,尽快通知地接社的行李员帮助寻找;若核对无误,而有的旅游者仍未收到行李,地方导游员应通知饭店的行李员在饭店内寻找。

（六）协助处理各类问题

旅游团（者）进入房间后，地陪应在本团游客居住区内停留一段时间，处理临时发生的问题，如打不开房门、房间不符合标准、房间卫生差、房间设施不全或损坏、卫生设备无法使用、行李错投等。有时还可能出现游客有调换房间的要求等，地陪要协助饭店有关部门处理此类问题。

（七）确定叫早时间

地陪在结束当天活动离开饭店之前，应与领队商定第二天的叫早时间，并请领队通知全团，地陪则应通知饭店总服务台或楼层服务台。

> 入住酒店的服务流程：
> 协助办理入店手续 → 介绍饭店设施 → 带领旅游团用好第一餐 → 宣布当日或次日活动安排 → 照顾行李进房 → 协助处理各类问题 → 确定叫早时间

四、核对、商定日程

核对和商定旅游团在当地的日程安排是地方导游员在旅游者抵达当地并入住饭店后的一项重要工作，标志着两国（或两地）导游人员合作共事的开始。

（一）核对、商定日程的必要性

旅游团的整个活动日程已在旅游合同或协议上明确规定，组团社根据合同或协议制订了旅游团的接待计划，对该团在各地的活动事先进行了安排。即便如此，地陪也必须与领队、全陪进行核对、商定日程的工作（若无领队和全陪，地陪应与全体游客进行这项工作）。旅游者作为旅游产品的购买者和消费者，有权审核活动计划，也有权提出修改意见。所以，地方导游员与旅游者核对、商定活动日程是对购买者和消费者的尊重，也是一种礼遇。领队或全程导游员作为旅游团的代言人，也希望得到地方导游员的尊重和合作，使核对、商定和宣布活动日程成为其行使职权的表现。

至于特殊旅游团，由于除一般的参观游览外，还负有特定任务，核对、商定活动日程对旅游者来说则更为需要。因此，地方导游员不仅要认真同领队或全程导游员核对、商定活动日程，而且要做好出现不同意见时的应对准备。

如果在核对、商定日程安排时，双方之间出现了不同意见，地方导游员应根据实际情况采取相应的对策。

（二）核对、商定日程的时间、地点

在旅游团抵达后，地陪应抓紧时间尽早进行核对、商定日程的工作，这是与领队、全陪合作的开始，此项工作也能使本团游客心中有数。如果团队抵达后是直接去游览点的，核对商定团队行程的时间、地点一般可选择在机场或行车途中；如果团队是先前往饭店的，一般

可选择在饭店入住手续安排好后的一个时间点，地点宜在公共场所，如饭店大厅等。

（三）核对、商定日程时，可能出现的几种情况及处理措施

1. 提出小的修改意见或增加新的游览项目

（1）及时向旅行社有关部门反映，对"合理又可能"满足的项目，应尽力予以安排。
（2）需要加收费用的项目，地陪要事先向领队或游客讲明，按有关规定收取费用。
（3）对确有困难无法满足的要求，地陪要详细解释、耐心说服。

2. 提出的要求与原日程不符且又涉及接待规格时

（1）一般应予婉言拒绝，并说明我方不便单方面不执行合同。
（2）如确有特殊理由，并且由领队提出时，地陪必须请示旅行社有关部门，视情况而定。

3. 领队（或全陪）手中的旅行计划与地陪的接待计划有部分出入时

（1）要及时报告旅行社，查明原因，分清责任。
（2）若是接待方的责任，地陪应实事求是地说明情况，并向领队和全体游客赔礼道歉。

【案例3-5】 不能说"不"

某年秋季的一天，北京的导游员郭先生陪同一个十多人的美国旅游团去八达岭长城游览。大家在长城玩得很开心。下午参观完定陵后，有些客人提出要继续参观长陵。郭先生告诉他们旅游计划上没有安排，况且时间也不够用，所以不能满足他们的要求。那些客人听后，不以为然，仍坚持要去长陵，并说明自己另付门票也愿意去。经与司机商议后，郭先生同意了客人的要求。由于去长陵游览了，晚饭很晚才吃上，但那些客人没有怨言，仍要求在适当的时候再去慕田峪长城游览。这回郭先生没有像上一次那样直接拒绝他们的要求，而是对他们说，可以去与旅行社联系一下，尽量满足大家的要求。第二天，他对客人讲，已经与旅行社联系过了，由于旅游日程安排得太紧，无法抽出时间去慕田峪长城游览，希望大家谅解。客人见他确实为此事尽了心，便没有坚持去慕田峪长城。

【思考】 你从案例中学到了什么？

案例来源：李娌，王哲. 导游服务案例精选解析[M]. 北京：旅游教育出版社，2007.

五、参观游览服务

从参加团体旅游的旅游者角度来看，参观游览通常是其出游的主要目的，也是其消费的旅游产品的主要组成部分。从接待旅游团的地方导游员的角度来看，参观游览服务是地方导游服务的中心环节。因此，参观游览的成功与否往往成为评判地方导游服务质量的一个重要

因素。因此，地方导游员应认真准备，精心策划，热情服务，生动讲解，使旅游者详细了解景点或参观点的历史背景、内容和特色，获得美的享受。

地陪在参观游览服务中应做的工作有以下几个方面：

(一) 出发前的准备

地方导游员在带领旅游团(者)出发前往旅游景点(参观点)之前，应做好当日参观游览活动的各项准备工作，以保证旅游活动能够有条不紊地进行。

1. 提前到达出发地点

出发之前地陪应准备好导游旗、电子导游证、导游身份标识和必要的票证；与司机联系，督促其做好出车的各项准备工作。地陪应提前10分钟到达集合地点。提前到达有以下作用：

第一，这是导游人员工作负责任的表现，会给游客留下很好的印象；

第二，地陪可利用这段时间礼貌地招呼早到的游客，询问游客的意见和要求；

第三，在时间上留有余地，以身作则遵守时间，应付紧急突发事件，提前做好出发前的各项准备工作。

【案例3-6】 地陪导游迟到后

小徐从××外语学院德语专业毕业后，到旅行社从事导游工作。这天，他作为地陪接了一个德国团。早上7：30，他跨上自行车去游客下榻的饭店，因为旅游团8：00在饭店大厅集合。小徐想："从家里到饭店骑车20分钟就到了，应该不会迟到。"然而，当经过铁路道口时，开来一列火车，把他挡住了。待列车开过去时，整个道口已挤得密密麻麻，因为大家都急着赶时间去上班，自行车、汽车全然没有了秩序，场面越来越混乱，待交通警察赶来把道口疏通时，已过8：00。10分钟后，小徐才到饭店。这时，离原定游客出发时间已晚了十多分钟，只见等候在大厅里的那些德国游客个个脸露不悦，领队更是怒气冲冲，走到小徐面前伸出左手，意思是说："现在几点了？"

【思考】导游员迟到后会带来什么影响？导游员应该怎么做？

2. 核实清点人数

旅游团成员陆续到达后，地陪应清点人数。若发现有游客未到，地陪应向全陪、领队或其他游客问明原因，并设法及时找到；若有的游客愿意留在饭店或不随团活动，地陪要问清情况并妥善安排，必要时报告饭店有关部门。

3. 落实旅游团的当天用餐

地陪要提前落实本团当天的用餐，对午、晚餐的用餐地点、时间、人数、标准、特殊要求逐一核实并确认。

4. 提醒注意事项

出发前,地陪应向游客预报当日的天气,游览景点的地形特点、行走路线的长短等情况,必要时提醒游客带好衣服、雨具,换上舒适方便的鞋。这些看起来是小事,但会使游客感到地陪服务很周到、细致,也可以减少或避免游客生病、扭伤、摔伤等问题的发生。

5. 准时集合登车

早餐时向游客问候,提醒集合时间和地点;游客陆续到达后,清点实到人数并请游客及时上车。地陪应站在车门一侧,一面招呼大家上车,一面扶助老弱者登车;待游客全部上车坐好后,地陪要再次清点人数,并检查游客的随身物品是否放置妥当,待所有游客坐稳后,请司机开车出发。

(二)途中导游

1. 重申当日活动安排

开车后,地陪要向游客重申当日活动安排,包括午、晚餐的时间地点;向游客报告到达游览点所需时间;视情况介绍当日国内外重要新闻。

2. 沿途风光导游

在前往景点的途中,地陪应介绍沿途的主要景物,并相机向游客介绍当地的风土人情、历史典故等,以加深游客对目的地的了解,并回答游客提出的问题。讲解中要注意所见景物与介绍"同步",并留意游客的反应,以便对涉及的景物做更为深入的讲解。

3. 介绍游览景点

抵达景点前,地陪应向游客介绍该景点的简要概况,尤其是景点的形成原因、历史价值和特色。讲解要简明扼要,目的是满足游客想事先了解有关知识的心理,激起其游览景点的欲望,同时也为即将开始的参观游览活动做一个铺垫。

4. 活跃气氛

如前往景点的路途较长,地陪可同游客讨论一些他们感兴趣的热点问题,或组织适当的娱乐活动,如猜谜语、讲故事等,以活跃途中气氛。

(三)抵达景点后的导游服务

1. 交代注意事项

(1)抵达景点,下车前,地陪要讲清并提醒游客记住游览车的车型、颜色、标志、车号和停车地点、开车的时间;尤其是下车和上车不在同一地点时,地陪更应提醒游客注意。

(2)在景点示意图前,地陪应讲明游览线路、所需时间、集合时间、地点等。

(3)地陪还应向游客讲明游览参观过程中的注意事项,如禁止吸烟、不能拍照等。

在景点的示意图前,地方导游员应讲明游览路线,并对景点做概括性介绍,如景点的历史背景或自然成因、景点的规模和主要特色、各景观的名称与含义等,使旅游者对景点有一个大致的印象。讲解的方式可用陈述式，也可用问答式。

2. 导游讲解

抵达景点后，地陪的主要工作是带领本团游客沿着游览线路对所见景物进行精彩的导游讲解。景点的导游讲解是地方导游服务的主要环节，也是传播当地文化和丰富游客知识的主要途径。因此，地方导游员一方面要在对景点透彻了解和对旅游者细心体察的基础上，运用所掌握的知识和朴实无华、亲切自然的语言，进行深入浅出的讲解；另一方面又要将繁简适度的讲解同引导游览、观赏结合起来。讲解的内容要因人而异、繁简适度，包括该景点的历史背景、特色、地位、价值等方面的内容。讲解时，地陪使用的语言不仅应使游客听得清楚，而且要生动、优美、富有表达力；不仅使游客增长知识，而且得到美的享受。地方导游员应把景点讲解与引导游览结合起来，在讲解后，给旅游者留有自由游览的时间。

3. 合理安排

在景点、景区内的游览过程中，地陪应严格执行旅游合同，保证在计划的时间与费用内，使游客充分地游览、观赏。擅自缩短时间或克扣门票费用的做法都是错误的。注意做好导游与讲解的结合，适当集中与分散相结合，劳逸结合，对老弱病残游客要特别关照。

4. 留意游客的动向

在游览过程中，地陪应眼观八方、耳听六路，自始至终与游客在一起活动，时刻留意游客的动向；在景点的每一次移动都要和全陪、领队密切配合并随时清点人数，防止游客走失和意外事件的发生。为防止游客发生意外事故，地陪还应注意和提醒游客在游览中提高警惕，注意人身、财产安全。

（四）参观点的陪同与翻译服务

旅游团的参观活动一般由旅行社的计调人员事先联络，并安排和落实好主人的接待。地方导游员的主要服务是陪同旅游团前往参观单位。必要时，地方导游员需要向旅游团提供翻译服务。

1. 参观点的陪同服务

地方导游员带领旅游者到达参观点后，应主动向参观单位的接待人员和旅游者介绍对方。然后，在参观单位接待人员的引导下进行参观访问。地方导游员应走在旅游团的后面，注意他们的动向，避免他们在参观过程中掉队。

2. 参观点的翻译服务

地方导游员陪同境外旅游者、少数民族旅游者在参观点进行参观访问时，有时需要担任翻译。在参观时，一般是先由主人作情况介绍，然后是引导参观。地方导游员在参观点担任翻译时，应正确表达主人讲话的含义，使用的语言应通俗易懂。如果主人的表达中有不妥之处，地方导游员在翻译前应予以提醒，请其纠正。如果来不及提醒，地方导游员可改译或不译。如果参观单位的主人介绍中涉及政治或经济情报，地方导游员应在翻译时注意把关，但事后应向主人说明。

（五）返程服务

游览或参观结束后，导游人员在规定的时间集合游客，清点人数后，引导游客回到旅游车停车的位置。从景点、参观点返回饭店的途中，地陪的主要服务有：

1. 协助上车，清点人数，一切无误后请司机开车

2. 回顾当天活动

回顾当天参观、游览的内容，用画龙点睛的方法做简要小结，必要时可做补充讲解，并回答游客的相关问题，以加深游客对当日活动的印象。

3. 风光导游

如不从原路返回饭店，地陪应该对沿途风光进行导游讲解。如果游客经过一天的参观游览活动显露出疲惫之态，地陪可在做完一天旅游活动的简要回顾之后让游客休息。

4. 宣布次日活动日程

返回饭店下车前，地陪要预报晚上或次日的活动日程、出发时间、集合地点等。

5. 提醒注意事项

如当天回到饭店较早或晚上无集体活动安排，地陪应考虑到游客会外出自由活动，所以要在下车前提醒游客注意：如要外出，最好要结伴同行，带上饭店的地址和电话号码，尽量乘出租车前往。提醒游客下车时带好随身物品，并率先下车，站在车门一侧照顾游客下车，随后将游客送回饭店，向他们告别。

6. 安排叫早服务

如该团需要叫早服务，地陪应安排妥当。与全陪、领队确认当日工作完成后方可离开饭店。

> 参观游览服务的流程：
> 　　出发前的准备→途中导游→抵达景点后导游服务→参观点的陪同与翻译服务→返程服务

六、其他服务

品尝风味餐、观看文娱节目、购物等也是旅游活动中不可缺少的组成部分，这些活动是参观游览活动的延续和补充，可以丰富旅游活动。因此，地陪应尽心尽力做好这方面的服务工作。

(一)餐饮服务

1. 计划内的团餐服务

地陪要提前按照接待社的安排落实本团当天的用餐,对午、晚餐的用餐地点、时间、人数、标准、特殊要求等与供餐单位逐一核实并确认。用餐时,地陪应引领游客进入餐厅,然后清点人数,介绍餐厅的有关设施、菜肴特色、酒水类别和洗手间位置,告知餐饮标准所含范围与自费项目。

向领队讲清司陪人员的用餐地点及用餐后全团的出发时间。

用餐过程中,地陪要巡视旅游团用餐情况一两次,解答游客在用餐时提出的问题,监督、检查餐厅是否按标准提供服务并解决出现的问题。

用餐后,地陪应严格按实际用餐人数、标准、饮用酒水数量,填写《餐饮费结算单》与餐厅结账。

2. 自助餐的服务

自助餐是旅游团队用餐常见的一种形式,是指餐厅把事先准备好的食物饮料陈列在食品台上,游客进入餐厅后,即可自己动手选择符合自己口味的菜点,然后到餐桌上用餐的一种就餐形式。自助餐方便、灵活,游客可以根据自己口味各取所需,因此深受游客欢迎。在用自助餐时,导游员要强调自助餐的用餐要求,告诫游客以吃饱为标准,注意节约、卫生,不可以打包带走。

3. 风味餐的服务

风味餐是广受游客欢迎的一种用餐形式,以品尝具有地方特色的风味佳肴为主,形式自由、不排座次。旅游团队的风味餐有计划内和计划外两种。计划内风味餐是指包括在团队计划内的,其费用团款中已包括的;计划外风味餐则是指未包含在计划内的,是游客临时决定且需现收费用的。

对于计划内的风味餐,地方导游员应确认用餐的人数、标准和时间,并予以落实。对于计划外风味餐,地方导游员应协助旅游者同有关餐馆联系。风味餐订好后,如果旅游者反悔,要求退餐,地方导游员应劝旅游者在约定的时间前往餐馆就餐,说明不去用餐须赔偿餐馆的相应损失。如果旅游者邀请地方导游员共赴餐馆品尝风味餐,地方导游员可视情况予以允诺或婉拒。如果接受旅游者的邀请前往就餐,地方导游员应注意在用餐时不能反客为主。

4. 宴会服务

旅游团队在行程结束时,常会举行告别宴会。告别宴会上,游客都比较放松,宴会的气氛往往比较热烈。作为地陪,越是在这样的时刻越要提醒自己不能放松服务这根"弦"。要正确处理好自己与游客的关系,既要与游客共乐而又不能完全放松自己,举止礼仪不可失常,并且要做好宴会结束后的游客送别工作。

(二)购物服务

购物是旅游消费的一个重要组成部分。游客总是喜欢购买一些当地名特产品、旅游商品送给自己的亲朋好友。游客购物的一个重要特点是随机性较大,因此,作为地陪要把握好游客的购物心理,做到恰到好处地宣传、推销本地的旅游商品,既符合游客的购买意愿,也符合导游工作的要求,而且对旅游目的地具有重要的经济意义。

地陪应严格按照《中华人民共和国旅游法》的规定来操作,根据接待计划规定的购物次数、购物场所和停留时间带领旅游者到旅游定点商店购物,避免安排次数过多、强迫游客购物等问题出现。

购物前,地陪应向全团讲清停留时间及有关购物的注意事项。如果境外旅游者打算购买古玩和中草(成)药,地方导游员应告知我国海关的有关规定,介绍商品托运手续等。旅游者购物时,要实事求是地介绍商品及特色,必要时承担翻译工作。

在旅游者购物过程中,如果商店向他们销售假冒伪劣商品或不按质论价,地方导游员应同商店负责人进行交涉,以维护旅游者的合法权益。在景点(参观点)游览参观时,如果遇到小贩强拉强卖,地方导游员应提醒旅游者不要上当。

(三)娱乐服务

文娱活动是旅游活动的一部分,旅行社通常在旅游接待计划中都有安排。一方面,组织和安排文娱活动可以向旅游者传播当地文化,另一方面,文娱活动能够丰富旅游者的旅行生活。

旅游团观看文娱演出,也有两种情况:计划内和计划外。

计划内的文娱活动是指旅游计划上明确要求地方接待社安排的文娱活动。

(1)地方导游员应按照旅游计划的要求和安排陪同前往,与司机商定好出发的时间和停车位置,主动陪同旅游者前往娱乐场所观赏。

(2)引导游客入座,介绍剧场的设施和位置,回答他们提出的问题。

(3)要自始至终和游客在一起。在观看节目时,地方导游员可适当指点,但不宜逐一解说。剧间休息时,地方导游员提醒旅游者注意安全,不要走散。

(4)演出结束后,要提醒游客带好随身物品。

(5)在大型的娱乐场所,地陪应主动和领队、全陪配合,注意本团游客的动向和周围的环境,并提醒游客注意安全,不要分散活动。

(6)值得注意的是,导游员绝不可以带领旅游团涉足一些格调低下甚至色情的表演场所。

计划外的文娱活动是指旅游计划上没有安排,由旅游者自己提出并自费观赏或参加的文娱活动。在当地旅游期间,如果旅游者提出自费观赏或参加某项文娱活动的要求,地方导游员一般应予以协助,如帮助购票、租车等。在此情况下,地方导游员应提醒旅游者注意安全,但通常不必陪同前往。如果旅游者要求去不健康的娱乐场所,地方导游员应有礼貌地进行劝阻。

参加社交性舞会时,地陪一般应该陪同前往,但无陪舞的义务;游客自发组织参加娱乐性舞会,地陪可代为购票;如果游客邀请导游人员,是否参加可由导游人员自行决定;如果不愿参加可婉言谢绝;如果参加,应注意适度,但无陪舞的义务。

(四）会见活动服务

外国旅游者在华旅游期间，会见活动时有发生，如会见同行、会见某方面负责人、会见亲友等。在这些会见活动中，地方导游员应提供相应的服务：如果外国旅游者提出会见的要求，地方导游员还应提供翻译服务；在会见前，地方导游员应设法了解双方是否互赠礼品、礼品中有无应税物品。如果外国旅游者赠送的礼物系应税物品，地方导游员应提醒其办妥必要的手续；如果外国旅游者要求会见其在华亲友，地方导游员应协助联系，但一般不参加会见；如果外国旅游者要求会见该国驻华使、领馆人员，地方导游员应协助联系，但一般不宜陪同前往。

（五）市容游览服务

市容游览，俗称"逛街"，是游客认识和了解一个城市的风貌和民情，进而融入当地生活的一种重要方式，也是游客修身养性的一种休闲方式。市容游览的方式有两种：一种是徒步，另一种是乘交通工具。

当地陪带领游客徒步进行市容游览时，要注意：

（1）所去的游览地应是最能代表当地特色的、最能吸引游客视线的。如到武汉的游客安排他们游览江汉路步行街、闻名遐迩的汉正街、武昌的解放路等。

（2）提高警惕，注意游客周围的环境变化，当好游客的安全保卫员。

如果是乘游览车进行市容游览，则要提醒司机车速适中，地陪的导游讲解内容应与车速基本同步。

七、送站服务

送站服务是导游工作的尾声，地陪应善始善终，对接待过程中曾发生的不愉快的事情，应尽量做好弥补工作；要想方设法把自己的服务工作推向高潮，使整个旅游过程在游客心目中留下深刻印象。

（一）送站前的业务准备

1. 核实、确认离站交通票据

旅游团离开本地的前一天，地陪应核实旅游团离开的机（车、船）票，要核对团名、代号、人数、去向、航班（车次、船次）、起飞（开车、启航）时间（做到计划时间、时刻表时间、票面时间、问询时间四核实）、送站机场（车站、码头）等事项。如果航班（车次、船次）和时间有变更，应当问清内勤是否已通知下一站，以免造成下一站漏接。

若系乘飞机离境的旅游团，地陪应提醒或协助领队提前72小时确认机票。

2. 商定出行李时间

如旅游团有大件行李托运，地陪应在该团离开本地前一天与全陪或领队商量好出行李时间，并通知游客及饭店行李房，同时要向游客讲清托运行李的具体规定和注意事项；提醒游客不要将护照或身份证及贵重物品放在托运行李内；提醒游客托运的行李必须包装完好、锁扣固定、捆扎牢固，并能承受一定的压力；告知游客禁止托运的物品等。出行李时，地陪应与全陪、领队、行李员一起清点，最后在饭店行李交接单上签字。如果普通旅游团不安排行李车，客人行李随车运送，则地陪通知客人出发时间时一并提醒客人带上行李即可。

3. 商定叫早、早餐和出发时间

由于司机对路况比较熟悉，所以出发时间一般由地陪首先与司机商定，为了安排得更合理，地陪还应与领队、全陪商议，商定后应及时通知游客。

如果该团乘早班机（火车或轮船），出发的时间很早，地陪应与领队、全陪商定叫早和用早餐的时间，并通知游客；如果该团需要将早餐时间提前（早于餐厅的正常服务时间），地陪应通知餐厅订餐处提前安排。

4. 协助饭店结清与游客有关的账目

地陪应及时提醒、督促游客尽早与饭店结清与其有关的各种账目（如洗衣费、长途电话费、房间酒水饮料费等）；若游客损坏了客房设备，地陪应协助饭店妥善处理赔偿事宜。同时，地陪应及时通知饭店有关部门旅游团的离店时间，提醒其及时与游客结清账目。

5. 及时归还证件

一般情况下，地陪不应保管旅游团的旅行证件，用完后应立即归还游客或领队。在离站前一天，地陪应检查自己的物品，看是否保留有游客的证件、票据等，若有应立即归还，当面点清。

（二）离店服务

1. 集中交运行李

如旅游团配备行李车，地陪应先将本团游客要托运的行李收齐、集中，然后按商定好的时间与领队、全陪和饭店行李员共同确认托运的行李件数，并检查行李箱、包是否上锁，捆扎是否牢固、是否破损等，最后与饭店行李员办好行李签字交接手续。

2. 办退房手续

在团队将离开所下榻的饭店时，地陪要到总服务台办理退房手续。地陪可将游客的房卡（钥匙）收齐，交到总服务台（也可由游客自交），并及时办理退房手续（或通知有关人员办理）。在办理退房手续时，地陪要认真核对旅游团的用房数，无误后按规定结账签字。同时，要提醒游客带好个人物品及旅游证件，询问游客是否已与饭店结清账目。若无特殊情况，应在中午十二点以前退房。

3. 集合上车

所有离店手续办好后，地陪要照顾游客上车入座，然后仔细清点人数。全体到齐后，地陪要再一次请游客清点一下随身携带物品，并询问是否将证件随身携带，此时，最需强调的是提醒游客勿将物品忘在饭店里。如无遗漏则请司机开车离开饭店赴机场（车站、码头）。

（三）送行服务

1. 致欢送词

如果说转移途中讲解是地陪首次亮相的话，那么送站的讲解则是地陪的最后一次"表演"。同演戏一样，这最后一次的"表演"应是一场压轴戏。通过这最后的讲解，地陪要让游客对自己所在的地区或城市产生一种留恋之情，加深游客不虚此行的感受。快到机场（车站、码头）时，地陪要致欢送词，以加深与游客的感情。致欢送词的语气应真挚，富有感染力。

欢送词的内容主要包括以下六个方面：

（1）回顾语：地陪应对旅游团在本地的行程包括食、住、行、游、购、娱等各方面做一个概要的回顾，目的是加深游客对这次旅游经历的体验。讲解方式可用归纳式、提问式两种，讲解内容则可视路途远近而定。

（2）感谢语：对领队、全陪、游客及司机的合作分别表示谢意。

（3）惜别语：表达友谊和惜别之情。

（4）征求意见语：向游客诚恳地征询意见和建议。

（5）致歉语：对行程中有不尽如人意之处，祈求原谅，并向游客赔礼道歉。

（6）祝愿语：期望再次相逢，表达美好的祝愿。

> 各位游客朋友，我们的行程到这就基本结束了。在与大家在一起相处的日子里我非常开心。我希望我给各位带来的开心和欢乐以后会让你们想起这还有一位朋友——小导游。我想用4个"yuan"字来表达我的心情：第一个是缘分的缘。我们能够相识就是缘，人说百年修得同船渡，我们也修得同车行。现在我们就要分开了，缘却未尽，还只是一个开始。再一个就是源头的源。我相信这次旅程是我和各位朋友友谊的开始。第三个是原谅的原。在这次七天的旅程中，我可能还有许多做得不好、不够的地方，都是多亏了大家对我的理解和帮助才能顺利完成这次旅程，我在这里真诚地希望大家能原谅小导游。最后是圆满的圆，朋友们，我们的旅程到这里就圆满地结束了。预祝大家在以后的工作中更上一层楼。

致完欢送词后，地陪可将《旅游服务质量意见反馈表》发给游客，请其填写，如需寄出，应先向游客讲明邮资已付；如需导游员带回，则应在游客填写完毕后如数收回、妥善保留。

2. 提前到达机场（车站、码头）

地陪带旅游团前往机场（车站、码头）必须留出充裕的时间给游客登机（车、船）。具体要求是：乘出境航班通常提前3小时到达机场（或按航空公司规定的时间）；乘国内航班应提前2小时到达机场；乘火车、轮船应提前1小时。

旅游车到达机场（车站、码头），地陪要提醒游客带齐随身的行李物品，照顾游客下车。待全团游客下车后，地陪要再次检查车内有无遗漏的物品。

3. 办理离站手续

（1）地陪导游送行国内航班的离开手续。

送国内航班时，地陪应协助办理离站手续。

如旅游团有行李车运送行李，到达后地陪应迅速与旅行社行李员取得联系，将其交来的交通票据和行李托运单或行李卡逐一点清、核实后，交给全陪或领队，并请其当面清点核实。

当旅游者进入安检区时，地陪应热情地与他们告别，并祝一路平安。旅游团进入安检区后，地陪方可离开。

（2）地陪导游送国内火车、轮船的离开手续。

提前1小时抵达车站、码头，使游客有足够的时间上火车、轮船（地陪必须帮助全陪或领队划舱位），应提前30分钟将游客送上车厢或轮船落座；带领游客找到车厢或客舱；将交通票据或卧具牌、行李票据交给全陪（或领队）；送别；车、船启动后方可离开。

（3）地陪导游送行国际航班（车次、船次）的出境手续。

送国际航班（火车、轮船）时，地陪应在核实行李后，将行李交给每位旅游者，由旅游者自己办理行李托运手续，必要时可协助旅游者办理购物退税手续，并向领队或旅游者介绍办理出境手续的程序，将旅游团送往安检区。

如旅游团有行李车运送行李，到达后地陪应迅速与旅行社行李员取得联系，将其交来的交通票据和行李托运单或行李卡逐一点清、核实后，交给全陪或领队，并请其当面清点核实。

当旅游者进入安检区时，地陪应热情地与他们告别，并祝一路平安。旅游团进入安检区后，地陪方可离开。

4. 与司机结账

送走旅游团后，地陪应与旅游车司机结账，在用车单据上签字，并保留好单据。

八、善后工作

旅游团结束在本地的游程离开后，地陪还应做好总结、善后工作。

（一）处理遗留问题

下团后，地陪应妥善、认真处理好旅游团的遗留问题：如果旅游团离开后，发现游客遗忘了某些物品，应及时交回旅行社，设法尽快交还失主；如果游客曾委托地陪办理一些事情，必要时请示领导后尽快帮游客处理完毕。

（二）结账

地陪应按旅行社的具体要求并在规定的时间内，填写清楚有关接待和财务结算表格，连同保留的各种单据、接待计划、活动日程表等按规定上交有关人员并到财务部门结清账目。

地陪下团后应将向旅行社借的某些物品，经检查无损后及时归还，办清手续。

（三）总结工作

认真做好陪团小结，实事求是地汇报接团情况。涉及游客的意见和建议，力求引用原话，并注明游客的身份。

地陪应及时将《旅游服务质量意见反馈表》交到旅行社有关部门。此表对旅游活动中旅游服务的各方面都有一个比较客观的反映。旅行社各部门在接到此表时，会认真对待游客的评议。凡是针对地陪的表扬或意见，地陪应主动说明原因，反映客观情况，必要时写出书面材料。如果属于针对餐厅、饭店、车队等方面的意见，地陪也应主动说明真实情况，由旅行社有关部门向这些单位转达游客的意见或谢意。如果反映的意见比较严重、意见较大时，地陪应写出书面材料，内容要翔实，尽量引用原话，以便旅行社有关部门和相关单位进行交涉。

旅游接待中，若发生重大事故，要整理成文字材料向接待社和交团社或组团社汇报。

第五节　景区（点）导游服务程序与规范

景区（点）导游员亦称讲解员（以下简称讲解员），是指由景区（点）委派或安排，为旅游团或旅游者提供导游讲解服务的专职人员和兼职人员。景区（点）的导游服务是导游服务的一个重要组成部分。相对于地方导游服务和全程导游服务，景区（点）导游服务的规范比较简单，主要包括服务准备、导游讲解和送别服务三个环节。

一、服务准备

服务准备是指讲解员为了接待来访的旅游者，做好景区（点）的导游讲解工作，在旅游者到来之前所做的各种相关准备工作。讲解员的服务准备包括熟悉情况、知识准备、物质准备等内容。

（一）熟悉情况

为了向旅游者提供优质的导游讲解服务，给旅游者留下良好的印象，讲解员应设法在接待旅游者之前熟悉他们的情况，以便在接待过程中能够有的放矢地进行导游讲解。

1. 熟悉提前预订旅游团（或游客）的情况

接待前，讲解员要认真查阅核实所接待团队或贵宾的接待计划及相关资料，熟悉该群体或个体的总体情况，如停留时间、游程安排、有无特殊要求等，以使自己的讲解更有针对性。

2. 了解临时来访的旅游团或散客的情况

讲解员应注意了解临时来访的旅游团或散客的有关情况，包括旅游团的人员构成、散客的来源、所从事的职业、文化程度及其停留时间、游程安排、有无特殊要求等，以便使自己的导游讲解更能符合他们的需要。

3. 提前了解服务当天的天气和景区景点道路情况

(二)知识准备

讲解员应在平时注意储备各种相关知识,在接待旅游团(者)之前,还应有针对性地加强相关方面知识的准备。虽然讲解员需要准备的知识涉及的范围较广,但是,在接待前应主要从以下四个方面的知识准备入手。

1. 景区(点)知识

讲解员应熟悉并掌握本景区(点)的情况和讲解所需的知识。根据本景区(点)的具体情况,讲解员应侧重准备相关方面的知识。这些知识分别属于自然科学知识、历史和文化遗产知识、建筑与园林艺术知识、宗教知识以及文学、美术、音乐、戏曲、舞蹈知识等。必要时,讲解员还应准备能够与国内外同类景区(点)内容形成对比的文化知识。

2. 讲解方案准备

讲解员应根据旅游者对讲解的时间长度、认知深度的不同要求,准备好两种或两种以上讲解方案,以适应不同旅游团队或个体游客的不同需要。

3. 旅游者信息准备

讲解员应设法事先了解旅游者所在地区或国家的宗教信仰、风俗习惯,了解客人忌讳,以便能够礼貌待客。

4. 掌握必要的环境保护、文物保护以及安全知识

5. 熟悉本景区的有关管理规定

(三)语言准备

讲解员应在以普通话为讲解语言的基础上,根据旅游者的文化层次做好有关专业术语的解释,在民族地区的景区(点),讲解员还应根据旅游者使用语言的情况提供民族语言和普通话的双语讲解服务;对于外籍旅游者,外语讲解员应准备相应语言词汇,以提供导游讲解服务。

(四)物质准备

景区(点)讲解员在接待旅游团(者)之前,还应做好相应的物质方面的准备。讲解员应佩戴好本景区讲解员的上岗标志;事先准备好需要发放的相关资料,如景区(点)导游图、景区(点)介绍、接待团队时所需的票证等。如有需要,讲解员还应准备好无线传输讲解用品。

(五)形象准备

讲解员的着装整洁、得体;有着装要求的景区,也可以根据景区的要求穿着工作服或指定服装;饰物佩戴及发型,以景区的要求为准;女讲解员一般以淡妆为宜;言谈举止应文明稳重,自然而不做作;讲解活动中可适度使用肢体语言,力避无关的小动作;接待游客应热情诚恳,符合礼仪规范;工作中应始终情绪饱满,不抽烟或吃零食;注意个人卫生。

二、导游讲解服务

导游讲解是景区（点）导游服务的核心工作，讲解员应按照景区（点）导游讲解服务规范，为旅游团（者）提供高质量的导游讲解服务。

（一）参观游览前的导游讲解服务

迎接旅游团（者）是景区（点）讲解员与旅游团（者）的初步接触，也是向旅游团（者）提供导游服务的第一项工作。当旅游团（者）抵达景区（点）后，讲解员应主动上前迎接，向他们表示欢迎。讲解员在带领旅游团（者）参观游览前的导游讲解服务主要包括致欢迎词和提供游览前服务两项内容。

1. 致欢迎词

讲解员应在景区（点）的入口处迎接旅游团（者），并主动向他们致欢迎词。欢迎词的内容主要包括：（1）代表本景区（点）对游客表示欢迎；（2）介绍本人姓名及所属单位；（3）表达景区（点）提供服务的诚挚意愿；（4）表达希望游客对讲解工作给予支持配合的意愿；（5）预祝旅游者在景区（点）旅游愉快。

2. 提供游览前服务

在旅游团（者）开始游览前，讲解员应向他们提供以下服务：

（1）概况介绍。讲解员应首先向旅游团（者）简要介绍本景区（点）的基本情况，主要包括：①本景区（点）的开设背景（包括历史沿革）；②本景区（点）的规模与布局；③本景区（点）的游览价值与特色；④本景区（点）所在旅游地的位置以及周边的自然、人文景观和风土人情。

（2）提醒服务。讲解员应在导游讲解开始前提醒旅游团成员注意自己团队原定的游览计划安排，包括：①在景区（点）停留的时间；②主要游览路线；③参观游览结束后集合的时间和地点；④游览过程中的注意事项。另外，讲解员还应提醒旅游者保管好自己的贵重物品。景区游览过程中如需讲解员陪同游客乘车或乘船游览，讲解员应协助游客联系有关车辆或船只。

（二）参观游览过程中的导游讲解服务

讲解员应根据景区的规模和布局带领游客按照游览线路分段讲解，繁简适度，要视游客的类型、兴趣、爱好的不同有所侧重，因人施讲，内容的取舍应遵循一定的原则或规律。

1. 导游讲解内容的选取

讲解员在景区（点）内带领旅游团游览参观时，应根据旅游者的具体情况和本景区（点）的特点，选取相关的导游讲解内容。一般来说，景区（点）导游讲解内容的选取原则有以下八点：

（1）有关景区（点）内容的讲解，应符合景区（点）的总体要求。
（2）应按照科学性和真实性的原则对导游讲解内容做适当的取舍。

（3）讲解中涉及的民间传说应有故事来源或历史传承，讲解员不得随意编造。

（4）有关景区（点）的导游讲解内容应力避同音异义词语造成的歧义。

（5）如果需要在讲解中使用文言文，需注意游客对象，需要使用时，宜以大众化语言给予补充解释。

（6）如果讲解内容涉及某些历史人物或事件，应充分尊重历史的原貌；如遇尚存争议的科学原理或人物、事件，则宜选用中性词语给予表达。

（7）讲解内容如系引用他人此前研究成果，应在解说中适度予以说明，以利于旅游者今后的使用和知识产权的保护。

（8）宣传科普/文保知识。讲解员应结合景区（点）的景物或展品，相机向旅游者宣传环境、生态系统或文物保护知识。

2. 导游讲解的方式

游程安排应与导游讲解相结合。讲解员在导游讲解中应努力做到讲解安排活跃生动，做好讲解与引导游览的有机结合，并应安排和控制好讲解时间。

在时间允许和个人能力所及的情况下，宜与游客有适度的问答互动，耐心、诚恳地解答问题。讲解员应使用文明语言回答旅游者提出的各种问题，同时要虚心地听取游客的不同意见和表述。

如在讲解过程中发生意外情况，讲解员应及时联络景区有关部门，以尽快妥善处理或解决问题。

在讲解过程中，讲解员应随时关照旅游者的安全，做到：①自始至终与游客在一起活动；②随时清点人数，以防游客走失；③对旅游团（者）中的老幼病残孕和其他弱势群体给予合理关照；④时刻注意游客的安全，随时做好安全提示，以防意外事故发生。

3. 乘车（乘船）游览的导游讲解服务

如果在游程中旅游团（者）请求讲解员陪同他们乘车或乘船游览，讲解员应协助游客联系有关车辆或船只。当旅游团（者）乘车（船）在景区（点）中游览时，讲解员应做到：

（1）协助司机（或船员）安排旅游者入座。

（2）在旅游者上车（船）、乘车（船）、下车（船）时，提醒他们有关安全事项和注意清点自己的行李物品。

（3）注意保持讲解内容与行车（行船）节奏的一致，讲解声音应设法让更多的旅游者听到。

（4）努力做好与司机在行车安全（行船安全）方面的配合。

（三）在景区（点）观看节目及购物的导游讲解服务

1. 观看景区演出的导游讲解服务

如果旅游团（者）的游程中包含在景区内观看节目演出，讲解员的服务应包括：

（1）如实向旅游者介绍本景区（点）演出的节目内容与特色。

（2）按时组织旅游者入场，倡导文明观看节目。

（3）在旅游者观看节目过程中，讲解员应自始至终坚守岗位。

(4）如果个别旅游者因特殊原因需要中途退场，讲解员应设法妥善安排。
(5）不强迫或变相强迫旅游者增加需要另行付费的演出项目。

2. 旅游者在景区（点）购物时的导游讲解服务

旅游者在景区（点）内的购物场所购物时，讲解员应做到：
(1）如实向旅游者介绍本地区、本景区（点）的商品内容与特色。
(2）如实向旅游者介绍本景区（点）合法经营的购物场所。
(3）不强迫或变相强迫旅游者购物。

三、送别服务

参观游览结束后，讲解员应向旅游者致简短的欢送词，内容包括对旅游者参观游览中给予的合作表示感谢、征询他们对导游讲解以及景区（点）建设与保护的意见和建议、欢迎他们再次光临等。如果讲解员备有景区（点）有关资料或小纪念品，可以赠送给游客以作留念，并热情地向他们道别。

在旅游者离开景区（点）后或当天工作结束前，讲解员应按照景区（点）的规定，及时认真地填写工作日志或本单位规定的有关工作记录；如有特殊情况，要及时向景区（点）有关方面如实反映。

第六节　导游词的撰写

导游服务工作要求导游人员要成为一本小型的"百科全书"，要具有渊博的知识、扎实的语言功底，将丰富的知识用正确、优美的口语表达出来，并与旅游者交流思想、沟通信息，取得更好的服务效果。优秀的导游员，绝不是照搬现成的导游词，要创作出优秀的个性化的导游词，就要学会写作导游词。对于地陪和景区（点）讲解员来说，掌握导游词的写作要领尤其重要，导游词的质量，关系到其旅游服务的质量。

一、导游词概述

（一）导游词的概念

导游词是导游人员在引导游客游览时对景观、风土人情、文物等进行解说的应用文字，是导游员同游客交流思想、向游客传播文化知识的工具。导游词是为口头表达而写的，也是应用写作研究的文体之一，因此要求语言生动形象、准确精练，富有感染力。

（二）导游词的特点

1. 临场性

书面导游词一般是模拟现场导游场景而创作，导游词遵循游览线路层层展开，以第一人称来写作，增加现场感。导游词也可采用设问、反问等修辞手法，增加强烈的临场效果。

2. 实用性

导游词具有实用性，一是作为导游员实际讲解的参考内容，二是作为游客了解某一景点或某一旅游目的地的详细资料。因此，导游词具有很强的实用性。

3. 综合性

导游词不仅具有说明性特点，也具有欣赏性特点，因此，导游词具有综合性。导游词涉猎知识广泛，不仅有自然科学知识，如地质成因、动植物知识、力学原理等；还有社会科学知识，如宗教常识、哲学美学知识、诗词歌赋、中外文学等；此外，导游词还可能涵盖建筑、园林、书法、绘画等知识。一篇优秀的导游词往往综合了各个学科专业门类，从多角度、多层面对景点加以叙述，为阅读者提供全方位资讯。

二、导游词的结构

导游词由标题、前言、总述、分述和结束语五部分组成。

（一）标题

导游词的标题有三种：第一种是直接以被介绍的地点、景物或古迹为标题，如"南京市""故宫博物院"。第二种是以被介绍的地点、景物或古迹加"简介""介绍"为标题，如"桂林市简介""苏州园林介绍"。第三种是文章标题法，如"中华文化瑰宝——莫高窟"。

（二）前言

前言部分实质上是一个开场白。好的开场白，好比一出大戏的序幕、一部乐章的序曲、一部作品的序言。游客都讲究"第一印象"。而前言是给游客留下"第一印象"的极佳机会。前言一般是景区导游在陪同旅游者参观、游览前表示问候、欢迎、自我介绍，对游客的希望等，类似于前面讲的欢迎词。

1. 欢迎词的含义

欢迎词是导游员表示欢迎的简短用语，包括表示欢迎、介绍自己、预告节目、预祝成功等几个要素。

2. 欢迎词的类型

第一种规范式欢迎词：要点全面，简单直接，没有华丽的辞藻，也没有幽默表现。适用于规格较高、身份特殊的旅游者。对普通旅游者而言略显单调乏味，甚至会引起反感。

尊敬的各位领导，大家辛苦了！首先我代表四川××国际旅行社有限公司欢迎各位领导来到成都。我是本团成都之行的导游员李×，大家可以叫我小李或李导。

我们的司机叫刘×，刘师傅的经验非常丰富，大家完全可以放心。在接下来的几天里，我和刘师傅将努力为大家提供满意的服务。大家有什么意见和建议，请向我提出，我们会尽力满足。衷心祝愿大家在成都玩得开心。

第二种聊天式欢迎词：这种是感情真挚，亲切自然，声音高低适中，语气快慢恰当，像拉家常一样娓娓道来的闲谈式欢迎词。这种方式切入自然，游客易于接受，在不知不觉中导游与游客已经像老朋友一样熟悉了，尤其适用于以休闲消遣为主要目的的游客。

来自北京的朋友，大家好！我先了解一下，咱们都是一个单位的吗？（回答：是）噢，这就好，那么大家互相都认识了。（答：是）好，我们也来认识一下，我姓赵，叫赵×，是××旅行社派出的这次专门接待大家的导游。再了解一下，我们这个旅行团里有没有领导？（这位是我们的科长）噢，科长，请问贵姓？（姓陈）噢，陈科长！这次你就是老大，可以好好享受一下当老大的乐趣。这几天，大家无论有什么事，都得听老大的，知道吧！不过老大也得听我的！开玩笑，我只是为大家尽力服务而已。其实这车上真正的老大还是我们这位司机师傅！他掌管着我们全团人的方向呀！我们这位老大姓刘，开了十几年的旅游车，在我们省旅游的圈子里可谓德高望重，很有威信的！有我们刘师傅，大家尽管放心，保证让大家玩得开心、愉快！

第三种调侃式欢迎词：这类欢迎词风趣幽默，亦庄亦谐，玩笑无伤大雅，自嘲不失小节，言者妙语连珠，听者心领神会。这种形式的欢迎词，可以使旅游气氛活跃融洽，使游客感到轻松愉悦，情绪高昂，能有效地消除游客的陌生感及紧张感。但不适用于身份较高的游客。

各位朋友，大家好！有一首歌曲叫《常回家看看》，有一种渴望叫常出去转转，说白了就是旅游。在城里待久了，天天听噪声、吸尾气、忙家务、搞工作，真可以说操碎了心，磨破了嘴，身板差点没累毁呀！（众人笑）所以我们应该经常出去旅游，到青山绿水中陶冶情操，到历史名城去开阔眼界，人生最重要的是什么，不是金钱，不是权力，我个人认为是健康快乐！大家同意吗？（众人会意）

第四种抒情式欢迎词：这种欢迎词语言凝练、感情饱满，既有哲理的启示，又有激情的感染，引用名言警句自如，使用修辞方式得当。这类欢迎词能够激发游客的兴趣，烘托现场的气氛，使游客尽快产生游览的欲望与冲动。这种方式不适用于文化水平较低的游客。

各位游客：欢迎您到山西来！在山西这片土地上，您可以嗅到中华大地五千年的芬芳。穿越山西南北，粗犷的黄土高坡向我们展示出一幅尘封的历史画卷。太行山的傲岸、吕梁山的淳朴、恒山和五台山的豪放以及中条山的坦荡，一样是梦寐以求的地方，一样给您满眼的绿和满腹的情。这是一个充满浓郁乡情的地方，这是一个饱含历史沧桑的地方，独特的文化气息将令您度过一个远离喧嚣和烦躁的阳光假期。

第五种安慰式欢迎词：这种方式，是在游客情绪低落、游兴锐减的情况下，有针对性地使用的欢迎词，目的是使游客尽快地消除心中不快，变消极为积极，为今后的导游行程奠定良好基础。

各位团友，大家好！咦，怎么没有回应呀！以往向大家问好，大家都有回答，这次怎么把我掉在地上了？我想，各位还是为这次飞机晚点在恼火吧！事情已经过去，我们就不要再去想它了，我们不是已经平安地到达了吗？大家再看一下面对你们的这张笑脸多么灿烂，应该高兴呀！我们中国有句老话，叫"好事多磨"嘛，还有一句话"天要下雨，娘要嫁人"，只能顺其自然，谁也管不了！大家这次正好赶上"晴间多云偶阵雨"的天气了。好了，我们不去管它了，在这几天的游览中，由我来给大家做导游，我会尽量做到最好。行程上今天应游览的两个景点，我会安排给大家补上的。刚才和领队商量了，明天吃过早饭后，早点出发，先抓紧时间把这两个景点游完，再去下一站，怎么样？不过，我们的司机师傅要辛苦一些了。师傅说了，只要大家满意，他辛苦一些也愿意。给师傅鼓掌！

（三）总述

总述是对游览的景观进行概括的介绍，介绍它的特色、价值、来源等，其目的是使游客对游览有个总体印象，引起游客浓厚的游览兴趣。总述部分的内容主要是向旅游者讲述景区（点）的导向性知识和说明性知识。导向性知识主要是向游客交代清楚景区的地理位置、游览注意事项、游览线路、游览时间等知识。例如："杜甫草堂位于成都西郊风景如画的浣花溪畔，青华路38号。游览时请大家注意安全，注意保护文物，不要乱丢垃圾。我们的游览线路为：正门——大廨——诗史堂——水槛与柴门——工部祠——碑亭——茅屋——唐代遗址——大雅堂——南门出。"

说明性知识主要应该向游客说明景区的历史沿革、文化特色、重要地位、旅游价值、名人评价等，使游客对该景区有一个基本的了解，而且深切感受到参观游览的重要意义。

介绍文化特色，例如："武侯祠是我国纪念三国蜀汉丞相诸葛亮的祠堂；融刘备庙、武侯祠及刘备惠陵为一体，形成祠庙合一、君臣合祀的祭祀风格。"又如介绍都江堰水利工程的特点："自动分水、自动排沙、自动灌溉、无坝引水。"

介绍景点地位，例如：乐山大佛是唐朝开凿的世界上最大的一尊石刻弥勒佛，号称"山是一尊佛，佛是一座山"。

介绍名人评价，例如："美国国家公园高级官员欧博特曾这样评价黄龙风景区：'这是有似加拿大的大雪山、怀俄明州的峡谷、科罗拉多的原始森林、黄石公园的钙化彩池，多类景观，集中一地，世所罕见。黄龙风景区不仅是中国人民的财富，也是全人类的宝贵财富。'"

故宫是世界上现存规模最大的古代皇家宫殿建筑群,故宫又叫紫禁城。"紫微宫"是天上君王居住的宫殿，那么人间的帝王当然要与"紫"字沾边。"禁"是指当时那里守卫森严。不要说是普通老百姓，即使是高官大员，没有皇帝的召见，也不能私自入城，否则就会引来杀身之祸，是皇家"禁"地，所以又称紫禁城。整座城池建成于公元 1420 年，位于天安门广场北侧。故宫平面呈长方形，南北长 961 米，东西宽 753 米，面积达 72 万平方米。整座紫禁城被宽 52 米的护城河所环绕，城墙高 10 米，可谓是"城高池宽"。在故宫城楼的四周，各有一座被称为九梁十八柱七十二条脊的精美角楼。故宫开四门，坐北朝南南门为午门，即正门；北门为神武门，东为东华门，西为西华门。

（四）分述

分述是导游词的核心，是导游词最重要、最精彩的部分。在这部分中，要对各景点逐一详细地说明讲解，把景点最具魅力、最为传神的文化内涵挖掘出来，引导游客去欣赏、去品味。分述部分的内容一般以游踪为线索，以观赏的景物先后为顺序，即从景区（点）大门开始沿游览线路边游边讲。一个景观为一个相对独立的片段，片段与片段之间以常用口语承上启下，自然地进行过渡。目的在于给游客一个具体、形象、真切、深刻、美好的感受，激发游客的游兴。如参观游览成都杜甫草堂，导游词的分述可分别对草堂博物馆的大廨、诗史堂、水槛与柴门、工部祠、碑亭、茅屋、唐代遗址、大雅堂等景点进行详细介绍。

（五）结束语

结束语是简单的送别词。如果说欢迎词给游客留下了美好的第一印象，那么好的欢送词则给游客留下了深刻的、持久的，甚至是永生难忘的最后印象。

结束语包含表示惜别、感谢合作、小结旅游、征求意见、期盼重逢等，如有未到之处可做一简要说明。如七星岩导游词的结束语："七星岩就要游览完了，让我们借这一景物向贵宾表示良好的祝愿，祝大家身体健康，旅途愉快。欢迎大家有机会再来参观。"几句话虽然简短，但很暖人心。如果虎头蛇尾，草草收场，结果就会前功尽弃，大煞风景。

三、优秀导游词应具备的要素

导游词不仅能引导旅游者观光游览，更是宣传旅游景点的材料。一篇优秀的导游词，不仅能反映出导游人员的语言水平，更能反映出一个地方的导游服务水平。一篇优秀的导游词除了要求结构严谨、层次清晰、主次分明、文字流畅外，还需具备以下几个要素。

（一）内容的层次感

一篇完整的导游词包含的信息量是非常多的，涉及多方面的内容，要求导游员按一定的规律和顺序依次介绍景点概况，做到结构层次清楚，逻辑性强，条理清晰，容易理解。比如讲解一座古建筑，应按照始建时间、历史沿革、坐落位置、地位与品位、宏观布局和具体景点这样一条主线来讲解，才能给旅游者系统、完整的景点知识，加深其对景点的了解。有层次感的导游词能向游客传播完整的、系统的、条理清晰的景点知识，使旅游者加深对景点的了解。

（二）选好切入点

景区可供讲解的内容很多，导游不能见山说山，面面俱到，必须选择讲解重点，即导游词的主题和中心思想。选准了主题，导游词就成功了一半。但要讲好主题，必须有较好的切入点，善于将景区每个景点的特色与主题串联起来，围绕主题展开讲解。

（三）讲解要有方位感

在景区（点）游览时，导游员因职能不同，应分别处于不同的位置。地陪应在团队的最前面，引导游客行进、游览或给游客讲解。全陪在队伍的末尾，照顾游客，防止游客走失；领队要在团队的中间，照顾游客，避免游客走失或发生意外事件等。

导游在讲解中是站在一个特定的位置为游客讲解，传递信息的。因此，导游员在讲解时要选择好自己的最佳站位，说话时面对所有的游客，同时便于为游客指示景物，又不能遮挡游客的视线。在沿途旅游中，导游是站在旅游车内或旅游船上为游客讲解的。因此，导游在讲解的过程中会使用大量的方位指示词，来向游客指明景观的方位，特别是在沿途导游或邮轮旅行过程中，方位词就显得尤为重要；不使用恰当的方位词对游客进行引导，游客会对导游的景点讲解一头雾水。等游客看见后，导游才能进行后面的讲解。如"请大家看我们正前方的这个……""请大家看左前方的……""请大家顺着我的手看过去，是不是可以看到……""大家请看 1 点钟方向……""在我们的左前方，有……""请大家注意上面这个……"。

（四）讲解语言的口语化

导游词是一种具有丰富表达力，生动形象的口头语言，这些要求导游在导游词的口语化上下功夫，导游在撰写导游词时，要避免使用晦涩难懂、拗口的书面语，也不需要用华丽的辞藻，而是应该将书面语言用口语形式表达出来。书面语多用长句，口语用短句；书面语修饰较多，而口语较少在主语前加较长的修饰语。导游员要多用口语词汇、短句和通俗易懂的词语，以便说起来利索顺口，听起来轻松易懂。例如《蓬莱仙洞解说词》："是仙人送子，你看她，左手抱一个，背上驮一个，前面跪一个，身后还跟着一大群，哭哭啼啼，一片凄惨景象，真是儿多母苦啊！"有位游客看了说："还是计划生育好哇！"游客们开怀大笑。这一段话全用口语词、短句子，显得生动活泼，便于讲解，听起来效果很好。

再看一个例子："这件距今三千多年的青铜面具是 1986 年 8 月三星堆农民在取土烧砖时发现的两个祭祀坑中的二号坑出土的五十多件精美青铜面具中最大的一幅。"这样的书面长句不仅不适合导游讲解，更不利于游客抓住重点信息，也不利于游客理解和记忆。可以将其改为："这是三星堆出土的五十多件精美青铜面具中最大的一幅面具，在 1986 年 8 月被取土烧砖的三星堆农民发现，当时发现了两个坑，它是埋葬在二号坑中，距今已有三千多年的历史了。"经过这些短小的口语化的句子，导游可以很清楚地向游客传递信息，游客也容易理解和记忆。

强调导游词的口语化并不意味着就可以信口开河，不要语言的规范化了，撰写导游词时导游员必须注意语言的品位。

（五）要有针对性

导游词不能千篇一律，必须从实际出发，根据不同的游客以及当时的情绪和周围的环境随机而动。比如，同样是游览溶洞，对青少年的讲解肯定与成年人不同，对青少年应重点讲述溶洞有趣的造型，对成年人则要讲它的构造、成因等科学知识。

（六）突出讲解的趣味性

许多景观都有一些历史传说或民间故事，写导游词时，可以巧妙地引用这些资料，以增强文章的趣味性。不过，引用时，一定要自然，不可牵强附会，更不能胡编乱造。增强讲解的趣味性还可以通过生动的语言、丰富的词汇、恰当地使用修辞手法，幽默风趣等方法实现。例如下面的幽默导游词，导游员在自我介绍时把自己的长相巧妙地与兵马俑联系起来，既为即将参观的景区（点）做铺垫，也拉进了游客与西安、与兵马俑的心理距离，有助于活跃旅游气氛。

> 朋友们，早上好！当太阳升起的时候，我们踏上了陕西这片沃土，也就是过去的三秦大地。我代表关中人民真诚地欢迎大家。我是国旅西安分社的导游×××。为了让大家对我印象深一些，我先自我分析一下。
>
> 大家看到我鼻梁两侧的深沟了吧，我一般喜欢朝南站着讲解，所以左鼻沟颜色深一些，这两条沟可以算是泾河和渭河吧。我的众多的抬头纹好像是关中的条条田垄，而我的眼睛长得比较横，嘴唇又很厚，是典型的陕西人。我想2000多年前的秦代工匠们就是依照我的祖先雕塑兵马俑的吧！就是说，你们看到了我，就像看到了活的世界第八大奇迹——兵马俑。由活动的兵马俑来给大家导游，不仅幸运，而且安全。谢谢大家！

（七）提高导游词的思想和文学品位

导游词必须提高品位，包括思想品位和文学品位。

一是要提高思想品位，即能弘扬爱国主义精神。导游讲解可以向国内外旅游者介绍中国壮丽的大好河山、勤劳的中国人民及其伟大创造；宣传古老的中华文明，介绍各地民族风情；宣传社会主义建设取得的伟大成就，帮助外国旅游者更多地了解中国，帮助国内旅游者更好地认识祖国，增进民族之间的了解和融合。因此，弘扬爱国主义精神和增强民族自豪感是导游员义不容辞的责任。

二是讲究文学品位。运用规范的语言撰写，表达流畅，结构严谨，层次清楚，这是导游词的基本要求。如果在讲解的重点内容或关键地方适当引经据典，就会使导游词的文学品位更为提高。下例是一份关于泸定桥的优秀的导游词。

> 旅客朋友们：
>
> 现在呢我们将游览泸定桥。随后，我们会驱车前往"情歌之城"——康定，继续今天的旅程。小王在这儿提醒大家在游览时，留意脚下，注意安全，切勿随意摇晃桥身。与人方便，便是与己方便，对吧！
>
> 天下桥梁何其多，为何定要到此一游？论长度，别说这桥不能与上海的浦东大

桥一较高下，就是在川内，长度有过之而无不及的也不下百座；论历史，四川羌区竹索桥的历史远比泸定桥长千年；论负荷能力，成都一座普通立交桥的负荷能力也远在它之上。然而，泸定桥却比任何一座交通繁忙的桥梁都要伟大！因为，它曾经亲眼见证了"太平天国"的覆灭；同时，也承托了一个崭新共和国的崛起。

话说，这桥为何叫"泸定桥"呢？据说，大家眼前这大渡河，古时候叫"泸水"。诸葛亮所说"五月渡泸，深入不毛"中的"泸"指的就是这条河。清朝年间，由于此处汉藏交界，各族混处，民族事务极为棘手。以此地为圆心的300公里范围内，常有盗匪出没，叛乱不断。康熙年间，朝廷对少数民族地区，尤其是藏区，用兵果决。泸水地区的安定，一直是康熙帝心头的大事。因此，日理万机的康熙特地为此桥题名：泸定桥。这天下桥梁取名题名，恐怕极少有这样的殊荣吧？

泸定桥在建造上最为别出心裁之处，在于采用铁索筑桥。修的时候难，过的时候也险。76年前，红军强渡大渡河，泸定桥成为生死桥。过不了桥，就会重蹈100多年前，太平天国运动领袖石达开的命运。但当时桥上的木板，已被川军刘文辉部队给抽了，只剩下几根摇摇晃晃的铁索，肆意咆哮的大渡河水从铁索下奔泻而过。放在今天这个年代，除了挑战吉尼斯纪录的勇士，断然不会有人以身试走，摆明了就是不要命。然而，76年前的难度系数还要大得多！因为对岸还有一支守军，不断用手枪、步枪、机枪向过桥人射击。老天爷！这桥怎么过？红军22名勇士，是用手脚夹住铁索，一边前行，一边作战，硬是冒着枪林弹雨，征服了这几根铁索。难怪后来刘伯承站在桥上连跺三脚，这位新中国的元帅，显然十分自豪——大渡河被红军征服了。

泸定桥这九根铁索，每根都有100余米长，由890个铁环构成。大家看这扁环状的铁环，是不是有点儿像奥运五环的变形？每根铁索，净重都有2500公斤。按公元1705年的建桥水平，要把13根净重5000斤的铁索拉到对岸固牢，该用多少人力？又该采用什么方法？考考大家，待会再揭示正确答案。

现在，就请大家随我走上这铁索桥，去感受当年红军勇士们强渡大渡河的英勇无畏吧！

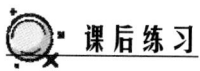

一、判断题（正确的打√，错误的打×）

1.【2018年真题】全陪在旅游过程中应保管好旅游者的证件、旅游团的行李托运单以及交通票据。（　　）

2.【2018年真题】导游员在帮助外国旅游者联系会见亲友或同行时，可以承担翻译的义务。（　　）

3.【2018年真题】景点游览完，旅游者上车后，导游员等客人坐稳，就可以示意司机开车了。（　　）

4.【2018年真题】旅游团进行参观活动时，导游员有时要进行翻译，翻译要力求准确、传神，不得对主人的言语进行改译或不译。（　　）

5.【2018年真题】导游员要有强烈的证件意识,全陪、地陪都可以保管旅游者的证件。(   )

6.【2018年真题】旅游者上下车时,导游员应恭候在车门旁,热情地搀扶和协助每一位游客。(   )

7.【2019年真题】地陪接团应确保提前20分钟到达机场、车站。(   )

8.【2019年真题】地陪在车上清点人数时应用手指数人,并向游客点头示意,以免出错。(   )

9.旅游团抵达酒店,由地陪来分配住房,全陪、领队配合。(   )

10.地陪带团在餐厅用餐期间,不轻易去客人包厢打扰客人,以便给客人留一个好的用餐环境。(   )

二、单选题(每题只有一个正确答案)

1.【2016年真题】云南旅行社派遣小王作为全陪导游带团去北京、内蒙古旅游,小王在陪同该团旅游过程中的重点工作首先是(   )。
  A.协助地陪解决随时可能发生的旅游事件
  B.监督各站接待计划的执行
  C.三个地方的衔接和联络工作
  D.掌握相关专业知识

2.【2017年真题】一个德国旅游团结束了在上海的游览,准备乘坐16:20的飞机飞往广州,地陪导游员最迟应该在(   )将游客送至机场。
  A.13:20   B.14:20   C.14:50   D.15:20

3.【2017年真题】旅游团抵达海南三亚时,地陪导游员带领游客登上车后首先应该(   )。
  A.致欢迎辞   B.整理行李架上的行李
  C.清点人数   D.提醒游客系好安全带

4.【2017年真题】领队小李带团赴马来西亚游览时,团中一位女游客见当地的小孩十分可爱,便走过去抚摸了一下他的头部,这引起其父母的强烈反应。此时,小李应该(   )。
  A.尽力为游客的行为辩解   B.不介入,让双方自行解决
  C.立即对游客进行批评教育   D.协助游客向对方赔礼道歉

5.【2017年真题】讲解员在讲述景区的有关民间传说时,其内容应有(   )。
  A.资料可考   B.社会共识   C.历史传承   D.事实依据

6.【2018年真题】旅游团办理饭店入住手续时,游客证件应由(   )收取。
  A.游客代表   B.前厅服务员   C.地陪导游   D.领队

7.【2018年真题】在接团前的服务准备阶段,地陪导游首先应做好的工作是(   )。
  A.接站服务   B.形象准备   C.熟悉接待计划   D.落实接待事宜

8.【2018年真题】地陪导游与领队、全陪导游发现全陪导游接待计划上的"游览雷峰塔",在地陪导游的接待计划上是"远眺雷峰塔"。对此,地陪导游首先应做的是(   )。
  A.按地陪导游的接待计划实施   B.按全陪导游的接待计划实施
  C.向地接社汇报   D.向组团社汇报

9.【2018年真题】一旅游团20位游客从国内飞往俄罗斯观看2018年世界杯足球赛,领队在俄罗斯航班上需提供的服务是(   )。

A.组织游客探讨足球赛事　　　　　　　　B.监督游客全程系好安全带

C.游客取餐时做好必要的翻译　　　　　　D.请空乘人员帮助游客填写入境卡

10.【2018 年真题】一个既无领队又无团长的旅游团,从上海抵达海南,在入住饭店时,全陪导游应具体负责的工作是(　　　)。

A.提供叫醒服务　　　　　　　　　　　　B.为游客分发房卡

C.介绍饭店设施设备　　　　　　　　　　D.带领游客用好第一餐

11.【2019 年真题】某旅游团乘坐17:00出发的火车从沈阳赴大连旅游,地陪导游应在(　　　)前将游客送到火车站。

A.15:00　　　　　　B.15:30　　　　　　C.16:00　　　　　　D.16:30

12.【2019 年真题】以下内容中,(　　　)不属于导游员致欢迎词时必讲的内容。

A.向游客问候

B.自我介绍,并介绍司机

C.代表被委派旅行社,本人及司机欢迎游客

D.介绍下榻饭店及餐厅

13.【2021 年真题】旅游者上车后导游员应该有礼貌地清点人数,可采用(　　　)的方式进行。

A.点报客人姓名　　　　　　　　　　　　B.请领队清点

C.用手指指着客人清点　　　　　　　　　D.默数

14.【2021 年真题】在核对商定日程时,领队提出与中外旅行社达成一致的日程不符的要求时,全陪应(　　　)

A.与地陪协商解决

B.向领队解释说明日程已定不能改动

C.请领队征求全团旅游者的意见后合理处理

D.及时报告国内组团社。

15.旅行团商定好次日早上的集合时间后,应由(　　　)通知饭店总台。

A.地陪　　　　　　　B.全陪　　　　　　C.领队　　　　　　D.行李员

三、多选题(每道题至少有 2 个正确的答案)

1.【2016 年真题】一个来自俄罗斯的旅游团结束了在杭州的游览,地陪导游在送站前应做的工作主要有(　　　)。

A.核实旅游团离开的交通票据　　　　　　B.与全陪、领队商定出行李时间

C.与司机商定集合出发时间　　　　　　　D.协助游客办理好离店手续

E.提醒游客与饭店结清有关费用

2.【2017 年真题】旅游团结束当天的游览返回饭店的途中,地陪导游员应做的主要工作是(　　　)。

A.宣布次日活动日程　　　　　　　　　　B.推销其他旅游项目

C.提醒相关注意事项　　　　　　　　　　D.对沿途风光进行介绍

E.回顾当天活动内容

3.【2017 年真题】旅游团抵达下榻的饭店后,地陪导游员应做好的入店服务主要有(　　　)。

A.根据住房名单迅速分发房卡　　　　　B.介绍饭店设施和安全注意事项
C.处理游客进房的有关问题　　　　　　D.宣布当日或次日的活动安排
E.确定叫早时间并通知前台办理

4.【2017年真题】导游员带领旅游团观看计划内的文艺演出时,应该做好的工作有（　　）。
A.解答游客提出的问题　　　　　　　　B.引领游客入场就座
C.劝阻游客中途退场　　　　　　　　　D.介绍演出地点及设施
E.介绍节目内容和特点

5.【2017年真题】接待入境旅游团时,全陪导游员首站接团服务的主要工作有（　　）。
A.协助领队带领旅游团入境　　　　　　B.提前半小时到达接站地点
C.与领队核实团队实到人数　　　　　　D.集中清点游客的行李
E.向游客介绍全程安排

6.【2018年真题】下列关于地陪导游致欢送词的内容,正确的是（　　）。
A.征求意见语　　B.惜别语　　C.感谢语
D.回顾语　　　　E.介绍语

7.【2018年真题】一个德国旅游团飞抵北京,在乘车前往饭店的途中,地陪导游应做的工作有（　　）。
A.提醒注意事项　　B.介绍下榻饭店　　C.清点交接行李
D.介绍北京概况　　E.调整时差

8.【2019年真题】地陪导游带领旅游团从饭店赴景区游览,出发前应做好的工作有（　　）。
A.召集游客登车　　B.提醒注意事项　　C.联系游览事宜
D.核实实到人数　　E.提前抵达饭店

9.【2019年真题】导游人员带团到达机场后得知该团所乘航班取消,他应该（　　）。
A.立即将航班取消情况报告旅行社　　　B.向机场取得航班取消证明
C.安排好旅游者的食宿和游览项目　　　D.请行李员将托运行李取出
E.请旅行社及时将航班取消情况通知下一站

10.【2020年真题】地陪导游在送行阶段,正确的做法有（　　）。
A.旅游团乘坐出境航班时,地陪必要时可以协助游客办理退税手续
B.旅游团乘坐出境航班时,由地陪办理游客的行李托运手续
C.在旅游者离境时,请旅游者填写《旅游服务质量评价意见表》
D.旅游者乘坐国内航班时,地陪应协助办理离站手续
E.旅游团乘坐出境航班时,旅游团一般应提前3小时到达机场

四、案例分析

1.由格林女士任领队的美国GB旅游团与全陪、地陪一起,于某日19时到达饭店,地陪为游客办理了住店登记手续并分发了房卡,游客便陆续进入各自的房间。稍后,当地陪正准备离开饭店时,一位游客匆匆赶到大堂,请地陪为其在华的中国亲属办理随团活动手续。地陪思考片刻后说:"今天时间晚了,有什么事明天再说吧!"
请根据地方导游员的工作规范,分析该团地陪哪些方面做得不妥?

2.某旅游协会旅游团按计划将于5月12日9点半乘K22次车由A市至B市,A市地陪

小王约定8点离开饭店。可是，当全体游客在8点都已在旅游车上就座后，小王还未到。大家等了一会儿，小王才匆忙地从饭店外赶来。上车后清点人数，又向全陪了解了全团的行李情况，随即讲了以下一段话："女士们，先生们，早上好。我们全团15个人都已到齐。好，现在我们去火车站，将乘9点半的K22次车赴B市。两天来大家一定过得很愉快吧。我十分感谢大家对我工作的理解和合作。中国有句古话：相逢何必曾相识。短短两天，我们增进了相互之间的了解，成了朋友。在即将分别的时候，我希望各位女士、先生今后有机会再来我市旅游。人们常说，世界变得越来越小，我们肯定会有重逢的机会。现在，我为大家唱一支歌，祝大家一路顺风，旅途愉快！（唱歌）女士们、先生们！火车站到了，请大家带好随身物品下车。"随即陪同游客进站。

请运用导游工作规范程序知识，分析小王在这一段工作中的不足之处。

扫码在线答题

第四章 散客导游服务程序与规范

知识目标

1. 了解散客旅游的基本概念。
2. 熟悉散客旅游的类型。
3. 掌握散客旅游的特点与服务规范。

能力目标

1. 能区分散客旅游与团队旅游的特点。
2. 熟悉散客的各项委托代办业务。
3. 掌握并能运用散客导游服务程序。

教学重点

1. 散客旅游产品的形式。
2. 散客导游服务程序。

课程导入

散客旅游团的接待

四川某旅行社导游小雅接待了一个由 A、B、C 三地旅行社零星组织的散客旅游团。其中有 13 位客人来自 A 地的 3 家旅行社，5 位客人来自 B 地的 2 家旅行社，2 位客人来自 C 地某旅行社。团队主要游览九寨沟、黄龙两处景区。但从第一天早晨出发起，团队矛盾就十分尖锐。

首先是 C 地客人抱怨不停，因为上车晚，他们的座位被安排在车厢后部，一路颠簸难忍，而他们的接待标准却是团队中最高的豪华等；途中用餐时，C 地客人餐标高，导游安排他们单独用餐，B 地和 A 地客人都是标准等，18 人安排了 2 桌。但 B 地客人纷纷挤在一桌，留下 A 地 5 人享用一桌，结果出现了 B 地人不够吃，A 地人吃不了的怪现象。

住宿时必须有一位 B 地人与 A 地人住一间客房，但 B 地人宁可要了间三人房，也不愿与不认识的 A 地人住。

游览时，A、B、C 地客人分别行动，导游很难整队。而且一旦 A 地人迟到，B 地人就吵个不停，而 B 地人迟到，A 地人也不服气；客人之间还因为争抢前排座位发生抓扯，让小雅十分头疼。

更重要的是，由于各地旅行社与客人签订的合同有所不同，如 C 地客人行程中包括了都江堰水利工程，A 地客人的费用中包含了烤羊晚会。结果安排 C 地客人游览都江堰水利工程时，B 地、A 地客人无事可做，又不愿自费游览，苦苦等候了 3 个小时，见了导游就叫苦不迭；而当小雅安排 A 地客人的烤羊晚会时，C 地、B 地客人都表示不愿参加，小雅无奈只好为客人退费（正常情况下一次烤羊晚会至少得有 10 人参加才保本），导致 A 地客人大骂导游违背合同，吵着要投诉。

小雅一路都在处理矛盾，一路都被客人埋怨，感觉烦死了。

【思考】如果你是这个散客旅游团的导游，你会怎么做？

第一节 散客旅游服务概述

自 20 世纪 80 年代以来，世界旅游市场出现了"散客化"的旅游潮，欧美各主要旅游接待国的散客市场份额达到 70%~80%，有的甚至高达 90%。经营接待散客旅游的能力已成为衡量一个国家或地区旅游业成熟度的重要标志。随着我国旅游业快速发展，旅游产业规模不断扩大，大众的旅游需求急速增长，旅游从少数高收入人群的生活消费方式转变为大众的消费热点，旅游活动参与方式从以团队游为主向大众游、散客游和自驾游等以目的地散客自主游为主转变。我国散客旅游的比例虽然低于旅游发达国家，但近年来发展十分迅速，已占我国旅游客源市场的半壁江山。进入 21 世纪后，散客旅游已成为旅游市场的主角。

一、散客旅游的概念

散客旅游（Full Independent Tour，简称 F.I.T.），又称自助旅游或半自助旅游，是指由游客自行安排旅游行程，以零星现付的方式购买各项旅游服务的旅游形式。

散客旅游分为散客自助游和散客团旅游。

（一）自助游与半自助游的概念

自助游是指个人、家庭或亲朋好友一起不使用旅行社的服务而自定行程、自主安排各项旅游事宜的旅游活动。这种游客在西方被称为"个体旅游者"。

半自助旅游是指个人、家庭或亲朋好友一起自行安排旅游行程，但部分使用旅行社服务（如订房、订购交通工具等）的旅游活动；也可以是旅行社根据散客所提具体要求所设计的完整的定制旅游产品。

（二）散客团旅游的概念

散客团旅游，是指旅游者以个人身份参加旅行社组织的各项服务，以单价为基础计算的团体游形式。散客团旅游分为小包价旅游和组合旅游。

1. 小包价旅游

小包价旅游通常是指房费与早餐、交通集散地接送服务费、城市间交通费和旅行社手续费采用包价而其他服务由游客自选、费用现付的旅游形式。旅游者自选的服务项目包括午、晚餐，景点游览，文娱节目观赏，风味餐品尝等。

2. 组合旅游

组合旅游是旅行社将参观游览相同景点或赴同一地点、同一线路的旅游者临时组织成团的旅游形式。它分为两种情况，一是到本市近郊或邻近城市旅游景点的"半日游""一日游"或"多日游"；二是到其他地区或旅游线路的旅游。

二、散客旅游兴起的原因

与团队旅游线比较，散客旅游因其形式灵活、选择性强、自由尺度大，近年来在国内得到迅速发展，成为人们乐意选择的一种旅游方式。与团队旅游相比，散客旅游越来越受到游客的青睐主要有以下几个方面的因素。

（一）游客自主意识增强

随着我国国内旅游业的发展，游客的旅游经验得到积累，他们的自主意识、消费者权益保护意识不断增强，更愿意根据个人喜好自主出游或结伴出游。

（二）游客内在结构改变

随着我国经济的发展，社会阶层产生了变化，一部分人先富裕起来，中产阶级逐渐形成，改变了游客的经济结构；大量的青年游客增多，他们往往性格大胆，富有冒险精神，旅游过程中带有明显的个人爱好，不愿受团队旅游的束缚和限制。

（三）交通和通信的发展

现代交通和通信工具迅速发展，为散客旅游提供了便利的技术条件。随着我国汽车进入家庭的步伐加快，人们驾驶自己的汽车或租车出游的现象十分盛行。现代通信、网络技术的发展，也使得游客无须通过旅行社来安排自己的旅行，他们越来越多地借助于网上预订和电话预订的方式来安排旅行。

（四）散客接待条件改善

各旅游目的地为发展散客旅游都在努力调整其接待机制，增加或改善散客接待设施。他们通过旅游咨询电话、网络平台等为散客提供服务。我国不少旅行社已经在着手建立完善的散客服务网络,并运用网络等现代化促销手段,为散客旅游提供详尽、迅捷的信息服务,还有的旅行社设立专门的散客接待部门,以适应这种发展的趋势。

三、散客旅游服务的主要类型

(一)旅游咨询服务

旅游咨询服务是旅行社散客部人员向客人提供的各种与旅游有关的信息和服务。这些信息包括的范围很广,主要有旅游交通、饭店住宿、餐饮设施、旅游景点、旅行社产品种类以及各种旅游产品的价格等。旅游建议则是旅行社散客部人员根据客人的初步想法向其提供若干种旅游方案,供其考虑与选择。

旅游咨询服务分为电话咨询服务、信函咨询服务和人员咨询服务。

(二)单项委托服务

单项委托服务是指旅行社为散客提供的各种按单项计价的可供选择的服务。

旅行社为散客提供的单项委托服务主要有:抵离接送、行李提取和托运、代订饭店、代租汽车、代订(购、确认)交通票据、代办入(出、过)境、临时居住和旅游签证、代办国内旅游委托、提供导游服务、代向海关办理申报检验手续等。

单项委托服务分为受理散客来本地旅游的委托、办理散客赴外地旅游的委托和受理散客在本地的各种单项服务委托。

(三)选择性旅游服务

选择性旅游是将有着同一旅行线路(去同一地区或相同旅游景点)的、来自不同地方的游客组织起来,分别按单项价格计算的旅游形式。

选择性旅游的具体形式多样,主要有小包价旅游中的可选部分,如散客的市内游览晚间娱乐活动、风味餐品尝,到近郊或邻近城市旅游景点的短期游览参观活动("半日游""一日游")等。

四、散客旅游的特点

散客通常具有一些特殊的心理特征,散客旅游与团队旅游相比具有一些显著的特点。

(一)散客旅游的通常特点

1. 游客要求多

散客中有大量的公务和商务旅客,由于他们的旅行费用多由公司承担,所以他们在旅游中的应酬及商务、公务活动,不仅对硬件设施的要求高,且对服务的要求也较多、较高。

2. 行程变化多

散客在出游前对其旅游计划缺乏周密安排,会出现很多临时变化的情况。

3．批量小

由于散客旅游多为旅游者本人外出或与其家人、朋友结伴而行，因此与团体旅游相比，其人数规模小得多。对旅行社而言，接待散客旅游的批量比接待团队旅游的批量小很多。

4．批次多

散客要求旅行社提供的服务不是一次性的，有时同一散客会多次要求旅行社为其提供服务，增加了旅行社的工作量。

5．预定期短

由于散客旅游要求旅行社提供的不是全套旅游服务，因此要求旅行社能够在较短的时间内为其提供相关的旅游服务。

（二）不同类型散客旅游的特点

1．散客自助游的特点

①人数少，规模小；②自主性强，自主安排旅游行程；③旅游中所需要的各项服务皆靠自助或半自助，旅游者常常为交通票和住房劳碌奔波；④自由度大，变化也大。

2．散客团旅游的特点

（1）小包价旅游的特点。

与全包价旅游相同，其旅游行程均为旅行社预先代为安排，不同的是：

①人数少，均为9人以下。②旅行社一般不派全陪，由旅游者所到各地的地陪接待。③旅游者有一定的自由度，除了已选择的部分服务项目外，对可选择部分可自行决定是否购买，以及是自行购买还是委托旅行社代为购买。④小包价旅游所需的服务项目一般无优惠，即使个别服务项目有，但优惠的幅度也比全包价小。所以，相比全包价旅游产品来说，小包价旅游产品要贵一些。

（2）组合旅游的特点。

①因为组合旅游团的旅游者是零星招徕的，他们之间互不相识，因而，此种旅游团不配备领队。②因为组合旅游团旅游时间较短，游览的景点位于城郊和邻近城市，因而也不配备全程导游员。③旅游团人数可多可少。有时，特别是在旅游旺季，常常为大团。④此种旅游团除游览的景点是事先确定以外，其旅游行程安排、游览方式与包价旅游团相比，具有一定的随意性，即导游员可更多地听取旅游者的意见。⑤因为此种旅游团无全程导游员和领队的管理和监督，对游览景点的情况又不了解，游客被骗、被"宰"的隐患高于其他类旅游团。

第二节　散客旅游与团队旅游

一、散客旅游与团队旅游的区别

散客旅游与团队旅游的目的是相同的，即外出参观游览，但在旅游方式、人员组合、活动内容及付款方式等方面还是存在一定的差别。散客旅游与团队旅游的区别主要包括以下几个方面。

（一）旅游方式不同

在旅游方式上，旅游团队的食、住、行、游、购、娱一般都是由旅行社或旅游服务中介机构提前安排的，而散客旅游则不同，散客的旅游计划和旅游行程是由旅游者自行安排的。定制游客则是旅行社根据游客要求为其定制安排行程。

（二）人数多少不同

从人数上说，旅游团队一般是由10人及以上组成的团队，而散客旅游的人数以少为特点，一般为10人以下（不包括10人），即一个人或几个人。

（三）服务内容不同

在服务内容上，旅游团队是有组织按预订的行程、计划进行旅游，而散客旅游的随意性很强，变化多，服务项目不固定，自由度较大。

（四）付款方式和价格不同

从付款方式和价格上看，旅游团队是通过旅行社或旅游服务中介机构，采取支付综合包价的形式，即全部或部分旅游服务费用由旅游者在出游前一次性支付，而散客旅游的支付方式有时是零星现付，即购买什么、购买多少，按零售价当场现付。团队旅游由于人数多，购买量大，在价格上有一定的优惠，而散客旅游则是零星购买，相对而言，数量较少，因此散客旅游的服务项目价格比团队旅游服务项目的价格相对高一些。

（五）服务难度程度不同

散客旅游常常没有出境旅游领队和全陪，有些散客服务是预先委托的，但大部分是临时到旅行社委托为其安排旅游活动的，游客之间也互不相识，而且往往时间紧迫，导游没有时间做准备。因此，与团队旅游相比，散客导游服务的难度要大得多、复杂得多、琐碎得多。

二、散客旅游服务的要求

（一）接待服务效率高

散客旅游由于游客自主意识强，往往要求导游人员有较强的时间观念，能够在较短的时间内为其提供快速高效的服务。

在接站、送站时，散客不仅要求导游人员要准时抵达接、送现场，而且还要求导游人员能迅速办理好各种有关手续，因为游客急于了解行程的距离和所需的时间，希望能够尽快抵达目的地。

（二）导游服务质量高

一般选择散客旅游的，往往旅游经验较为丰富，希望导游人员的讲解更能突出文化内涵和地方特色，能圆满回答他们提出的各种问题，以满足其个性化、多样化的需求。因此，导游人员在为散客服务时，要有充分的思想准备和知识准备，以便为游客提供高质量的导游服务。

（三）独立工作能力强

散客旅游没有领队和全陪，导游服务的各项工作均由导游人员一人承担，出现问题时，无论是哪方面的原因，导游人员都需要独自处理。所以，散客导游服务要求导游人员的独立工作能力强，能够独自处理导游活动中发生的一切问题。

（四）语言运用能力强

由于散客的情况比较复杂，他们可能来自不同国家或地区、有着不同文化层次或不同信仰。在带领散客旅游，导游人员进行讲解时，语言运用上需综合考虑各种情况，使所有的游客均能从中有所收获，切忌偏重某一方。

三、散客旅游的接待方法

在接待散客旅游者时应坚持以客为主、因人而异的原则。

在陪同散客参观游览前导游员应做好换位思考的准备，站在旅游者角度思考问题，根据旅游者的性别、年龄、职业、兴趣爱好、要求等进行针对性的导游讲解，并随时回答他们所提出的一些问题。与客人进行交流沟通时不能自以为是。除此以外还要根据不同客人的个体差异或不同情况提供相应的个性化服务。

【案例4-1】 接待散客旅游团

一天，北京的导游员齐先生接待了一个40多人的散客团。这些客人都是前一天在各家饭店购买旅行社一日游旅游产品的人。出发后，齐先生发现，车上有港澳台游客，也有外国游客。他便用中文和英文把当天的旅游日程向大家讲清楚，并叮嘱他们记住车号、座位和在旅游地停留的时间。为了避免听不懂中文和英文的客人耽误正常游览，又为避免在这些客人身上花时间太多而招致其他客人不满，他在给大多数客人讲解后，再用手势、笔谈和请其他客人临时翻译等形式，为他们讲解。在为一个来自法国的聋哑人讲解时，齐先生颇费了一些周折。好在客人略懂一些英文，终于明白了齐先生的意思。齐先生一直在车上努力讲解，直到所有客人都明白了他的安排后才坐下来休息了一会。紧接着，他又组织大家自我介绍、唱歌和表演节目，车上的气氛很活跃。

到达旅游景点后，齐先生又将回程的时间告诉大家，并用笔将时间写在纸上让大家看。接着带客人进门参观。

由于齐先生的认真和细致,这些语言不通的游客没有迷路和误时。大家在回饭店的路上回想着一天的旅游经历,显得轻松愉快。

【思考】导游员在接待散客旅游团时应注意哪些问题?

第三节 散客导游服务程序

散客旅游与团队旅游在接待工作和接待程序上有许多相似的地方,但也有不同之处。地陪不能全盘照搬团队旅游的导游服务程序,而应掌握散客服务的特点。

散客部导游人员随时都在办理接待散客的业务,按散客的具体要求提供单项委托服务。一般情况下,柜台工作人员先用电话通知散客部计调人员,请其按要求配备地陪和车辆,并填写《旅游委托书》。地陪按委托书(即接待计划)的内容进行准备。散客导游服务程序主要有三个环节:接站服务、导游服务和送站服务。

一、接站服务

(一)服务准备

导游接受旅行社派发的迎接散客的任务后,应认真做好迎接的准备工作,它是接待好游客的前提。

1. 认真阅读接待计划

导游应明确迎接的日期,航班或车次抵达的时间,散客姓名、人数和下榻的饭店,有无航班或车次及人数的变更,提供哪些服务项目,是否与其他游客合乘一辆车至下榻的饭店等。

2. 做好出发前的准备

导游要准备好迎接散客的欢迎标志(接站牌)、地图、随身携带的电子导游证、导游身份标识、旗子;检查所需票证,如餐单、游览券等。

3. 联系交通工具

导游要与计调部门确认司机姓名并与司机联系,约定出发时间、地点,了解车型、车号。

4. 与游客联系

导游应在接站前与游客联系,确认接站地点和时间。

(二)接站服务现场

接站时要使散客受到热情友好的接待,有宾至如归之感。

1. 提前到机场（车站、码头）等候

导游若迎接的是乘飞机来的散客，应随时通过航班动态查询软件查询航班动态，确保在航班抵达前30分钟到达机场，在国际或国内进港安检区门外等候；若是迎接乘火车而来的散客，应提前30分钟在出站口等候。

2. 迎接散客

由于散客人数少，出港旅客很多，往往稍有疏忽，就会出现漏接（客人自行乘车去了饭店或被他人接走），因此在航班（列车）抵达时刻，导游应通过电话、短信或其他社交软件联系客人，并与司机站在不同的、易于被接散客发现的进出口位置举牌等候，以便其前来联系，导游也可根据游客的特征上前询问。确认迎接到该接的散客后应主动问候，并介绍所代表的旅行社和自己的姓名，对其表示欢迎。询问所接散客在机场或车站还要办理的事情，并给予必要的协助。询问其行李件数并进行清点，帮助其提取行李和引导客人上车。

如果没有接到应接的散客，导游应该立刻拨打应接散客的手机号码。如果客人没有接听电话，导游应马上询问机场（车站、码头）的工作人员，确认本次航班（列车）的游客确已全部进港，在安检区内已没有出港的游客。导游要与司机配合，在尽可能的范围内寻找至少20分钟。若确实找不到应接的散客，导游应通过电话同计调部或散客部联系，报告迎接的情况，核实该散客抵达的日期或航班（车次、船次）有无变化。当证实迎接无望时，经计调部或散客部同意方可离开机场（车站、码头）。导游回到市区后，应到所接散客下榻的饭店前台，询问该散客是否已入住饭店。如果已入住，必须主动与其联系，并表示歉意。

（三）沿途导游服务

在从机场（车站、码头）至下榻饭店途中，导游对散客应像全包价旅游团一样进行沿途导游，介绍所在城市的概况、下榻饭店的地理位置和设施以及沿途景物和有关注意事项等。沿途导游服务可采取对话的形式进行。

（四）入住饭店服务

应帮助所接散客进入饭店后尽快完成入住登记手续，导游应热情介绍饭店的服务项目及住宿的有关注意事项，与其确认日程安排与离店的有关事宜。

1. 帮助办理住店手续

散客抵达饭店后，导游应帮助其办理饭店入住手续，向其介绍饭店的主要服务项目及住店注意事项。按接待计划向其明确饭店将为其提供的服务项目，并告知其离店时要现付的费用和项目。记下该散客的房间号码。督促饭店行李员将行李运送到游客的房间。

2. 确认日程安排

导游在帮助游客办理入住手续后，要与游客确认日程安排。当游客确认后，要将填好的安排表、游览券及赴下一站的飞机（火车）票据确认订妥的凭证交予游客，并让其确认。如散客参加旅行社组织的"一日游"游览，应将游览券、游览徽章交给他（她），并详细说明各种票据的使用场合，集合时间、地点，以及"一日游"旅游车上的导游召集散客的方式，在何处等车等相关事宜。如果该散客还有送机（车、船）服务，导游要与其商定离店时间与送站安排。

3. 提前订购机票

若散客将乘飞机赴下一站，而又不需要旅行社为其代购机票时，导游应叮嘱其提前订购机票，并在航空公司规定的时间内通过电话或网络方式选择座位。当散客确定了乘机时间并告知导游后，导游应当及时向散客部或计调部门报告，以便提前派人、派车为其提供送机服务。

4. 推销旅游服务项目

导游在迎接散客的过程中，应相机询问该散客在本地停留期间还需要旅行社为其提供何种服务，并表示愿竭诚为其提供服务。

（五）后续工作

迎接散客完毕后，导游应及时将同接待计划有出入的信息与特殊要求反馈给散客部或计调部。

二、导游服务

参加散客旅游的游客一般文化水平比较高，旅游经验也比较丰富，在旅游中更加注重文化内涵，对旅游服务的要求也高。因此，要求导游有较高的素质，有高度的工作责任心，能多倾听他们的意见，并在此基础上做好组织协调工作。

（一）出发前的准备

出发前，导游应做好相关的准备工作，如携带游览券、导游小旗、宣传材料、游览图册、电子导游证、导游身份标识、名片等，并与司机联系集合的时间、地点，督促司机做好有关准备工作。

导游应提前15分钟抵达集合地点引导散客上车。如果客人分住不同的饭店，导游应协同司机驱车按时到各饭店接运散客。将他们接齐后，再驶往游览景点。根据接待计划的安排，导游必须按照规定的线路和景点带领客人游览。

（二）沿途导游服务

散客的沿途导游服务与全包价旅游团大同小异。初次与游客见面时，应代表旅行社、司机向游客致以热烈的欢迎，表示愿竭诚为大家服务，希望大家予以合作，多提宝贵意见和建议，并祝大家游览愉快、顺利。导游除做好沿途导游之外，应特别向游客强调在游览中注意安全。

（三）现场导游讲解

抵达游览景点后，导游应对景点的历史背景、特色等进行讲解，语言要生动，富有感染力。对于散客，导游可采取对话的形式进行讲解，这样显得更加亲切自然。

游览前，导游应向其提供游览线路的合理建议，由其自行选择，但需要提醒其记住上车时间、地点和车型、车号。游览时，导游应注意观察散客的动向和周围的情况，以防游客走失或发生意外事故。游览结束后，导游要随车将游客一一送回各自下榻的饭店。

（四）其他服务

由于散客自由活动时间较多，导游应当好他们的参谋和顾问。向他们介绍当地的文艺演出、体育比赛或饭店开展的活动，请其自由选择，并表示愿意协助进行安排。如果散客要外出购物或参加晚间娱乐活动，导游应提醒其外出时注意安全，并引导他们去健康的娱乐场所。

若是全程私人定制旅游，要根据游客的需求，即游客的喜好和需求定制旅游行程，给游客提供个性化的服务。因此导游在设计行程时，应全方位根据游客需求，在食、住、行、游、购、娱各方面灵活设计，精心安排。在陪同游客过程中，真正为游客考虑，服务周到全面，让游客真正省心又开心。

（五）后续工作

若接待任务书或委托书中注明参观游览需收现金，导游应向散客收取现款，并及时将收取的现金交旅行社财务部。接待任务完成后，导游还应及时将接待中的有关情况反馈给散客部或计调部，或填写《零散游客登记表》。

【案例 4-2】两种语言交替讲解

一次，欧美部的英语导游员小方作为地陪负责接待一个由 7 位散客组成的散客旅游。其中 5 人讲英语，2 人讲中文。在旅游车上，小方用两种语言交替为游客讲解。到了游览点时，小方考虑到游客中讲英语的占多数，便先用英语进行了讲解，没想到他用英语讲解完毕，想用中文作再次讲解时，讲中文的游客已全部走开了，因而他就没用中文再次讲解。事后，小方所在旅行社接到两位讲中文的游客的投诉，他们认为地陪小方崇洋媚外，对待游客不平等。

【思考】1.分析小方被投诉的原因。2.讨论避免被投诉的方法。

三、送站服务

当散客结束在本地的活动后，导游应根据接受的送站任务为他们提供送站服务，使他们安全、顺利地离开当地。

（一）服务准备

1. 详细阅读送站计划

导游接受送站任务后，应详细阅读送站计划，明确所送游客的姓名、离开本地的日期、所乘航班（车次、船次）以及游客下榻的饭店，有无航班或车次与人数的变更，是否与其他游客合乘一辆车去机场（车站、码头）。

2. 做好送站准备

导游必须在送站前24小时与游客确认送站时间和地点。要备好游客的机（车、船）票或网络订票凭证。同散客部或计调部确认与司机会合的时间、地点及车型、车号。

导游必须为需送站的散客到达机场（车站、码头）留出充裕的时间。按照要求，出境航班提前3小时或按航空公司规定的时间；乘国内航班提前2小时；乘火车、轮船提前1小时。

（二）到饭店接运游客

按照与散客约定的时间，导游必须提前20分钟到达散客下榻的饭店，协助其办理离店手续，交还房卡，付清账款，清点行李，提醒散客带齐随身物品，然后照顾客人上车离店。

若导游到达散客下榻的饭店后，未找到应送的游客，导游应到饭店前台了解该客人是否已离店，并通过微信、QQ、短信或电话联系客人，视情况决定是继续等待还是返回或者前去接送下一批客人。

若需送站的散客与住在其他饭店的散客合乘一辆车去机场（车站、码头），导游要严格按约定的时间顺序抵达各个饭店。途中如果遭遇严重交通堵塞或其他极特殊情况，需调整原来约定的时间顺序和行车线路，导游应及时打电话将时间上的变化情况通知下一个饭店等候的客人，必要时可以请示计调部门，请客人采取其他措施前往机场（车站、码头）。

（三）到站送客

在送散客赴机场（车站、码头）途中，导游应向其征询在本地停留期间的感受及对服务的意见和建议，并代表旅行社向游客表示感谢。

到达机场（车站、码头）后，导游应提醒和帮助散客带好行李与物品，协助其办理离站手续（如取网络订票、领取登机牌、办理行李托运等）。

导游在同散客告别前，应向机场人员确认航班是否准时起飞。若航班延时起飞，应主动为客人提供力所能及的帮助。若确认航班准时起飞，导游应将散客送至安检区入口处同其告别，热情欢迎下次再来。若散客将再次返回本地，要同客人约好返回等候的时间和地点。

送别散客后，导游应及时结清所有账目，将有关情况反馈给散客部或计调部。

课后练习

一、判断题（正确的打√，错误的打×）

1. 【2017年真题】小包价旅游通常是指房费与早餐、交通集散地接送服务费、城市间交通费和旅行社手续费采用包价而其他服务由游客自选、费用现付的旅游形式。（   ）
2. 【2018年真题】散客旅游在旅游方式、游客人数、服务内容、付款方式和服务难度等方面与团队旅游存在差异。（   ）
3. 【2019年真题】与散客游客相比，普通团队导游服务的难度要大得多，也复杂得多，零碎得多。（   ）
4. 【2019年真题】散客是相对于预约客户而言的，没有预约、没有规律的零散游客，他们消费自主性比较高。（   ）
5. 【2019年真题】如果接待的是个体散客，沿途导游可采取分段讲解的方式进行讲解。（   ）
6. 【2019年真题】散客导游要在送站的前一天与游客联系，确定送站地点及时间。（   ）
7. 【2019年真题】散客若是乘火车来，导游应提前30分钟到达接站地点，在出站口明显位置迎接。（   ）
8. 【2019年真题】自助旅游的各项活动内容均由旅游者自行安排，包括食宿、餐饮、交通、娱乐等各项安排。（   ）
9. 【2019年真题】散客包价旅游人数一般在9人以下，旅游者在出发后会将全部或部分旅费一次性交给旅行社。（   ）
10. 【2020年真题】散客旅游有自助游和定制游两种方式。定制游本质上就是一种散客旅游。（   ）

二、单选题（每题只有一个正确答案）

1. 【2017年真题】无领队、无全陪，游客人数可多可少，旅游旺季时常为大团，旅游行程安排具有一定的随意性，这样的散客旅游指（   ）
   A.散客自助游　　　　B.组合旅游　　　　C.小包价旅游　　　　D.散客包价游
2. 【2018年真题】导游按计划到机场迎候散客，航班到港却没有接到客人。此时，导游首先应该（   ）。
   A.向旅行社汇报　　　　　　　　B.打电话联系客人
   C.通知司机分头寻找　　　　　　D.返回预订饭店寻找
3. 【2019年真题】导游没有接到应接的散客，导游要与司机配合，尽可能在周围寻找至少（   ）。
   A.15分钟　　　　B.20分钟　　　　C.10分钟　　　　D.30分钟
4. 【2019年真题】下列关于散客导游服务的表述中，正确的是（   ）。
   A.用独白式讲解的方式介绍景点的特色
   B.当天出发时提前10分钟抵达集合地点
   C.送站时按约定的时间提前15分钟到达饭店
   D.迎接散客时适时推销旅游服务项目

5.【2020年真题】散客乘火车来北京旅游,地陪导游一般应提前(　　)分钟在出站口等候。
　　A.40分钟　　　　　　B.30分钟　　　　　　C.20分钟　　　　　　D.10分钟

6.【2019年真题】导游为乘坐出境航班的散客提供送站服务,应提前(　　)或按航空公司规定的时间抵达机场。
　　A.3小时　　　　　　B.2小时　　　　　　C.1小时　　　　　　D.半小时

7.【2020年真题】导游向散客提供送机服务,原则上送至机场(　　)即可离开。
　　A.登机口　　　　　　B.安检口　　　　　　C.出发大厅入口　　　　　　D.停车场

8.【2020年真题】近年来散客旅游迅速发展,其重要的原因是(　　)。
　　A.旅游者自主意识的弱化　　　　　　B.旅游者的老龄化
　　C.交通和通信业的发展　　　　　　D.综合包价业务的广泛推广

9.【2020年真题】散客旅游与团队旅游的相同点是(　　)。
　　A.旅游的目的相同　　　　　　B.旅游方式相同
　　C.旅游者人数相同　　　　　　D.服务价格相同

10.【2021年真题】散客张先生在机场等候多时未见导游员,便打车到了酒店;当导游员赶到酒店在大堂见到张先生时,导游员第一时间应当(　　)。
　　A.具体讲明自己漏接的缘由
　　B.询问客人为什么不等导游
　　C.先致歉,尽快办理好客人入住手续
　　D.拿出迟到的"证据"说明是旅行社将时间通知错了

11.【2021年真题】以下关于散客旅行者的描述中,不正确的选项是(　　)。
　　A.他们通常文化层次较高　　　　　　B.他们有较丰富的旅行体会
　　C.他们对服务的要求不高　　　　　　D.他们自主旅行能力较强

12.【2021年真题】挑选性旅行主要由非挑选部分和可挑选部分构成,又称为(　　)。
　　A.散客拼团旅行　　　　B.小包价旅行　　　　C.团体包价旅行　　　　D.组合旅行

13.【2021年真题】以下关于组合旅行的说法中,正确选项为(　　)。
　　A.组合旅行又称小包价旅行
　　B.组合旅行与团队包价旅行的最大差别是参团人数的多少
　　C.组合旅行的旅行团人数一般在9名以下(含9名)
　　D.组合旅行的费用是按零售价格运算的

14.【2021年真题】接待散客的导游员必须在送站前(　　)小时与旅行者(团)确认送站时间和地点(　　)。
　　A.24　　　　　　B.36　　　　　　C.48　　　　　　D.72

15.【2021年真题】为向散客组合旅行团供应良好的服务,导游员第一应做好的工作是(　　)。
　　A.安排好散客组合旅行团游客的住宿
　　B.明白散客组合旅行团游客的不同需求
　　C.做好散客组合旅行团游客的提示工作
　　D.驱车到不同饭店接运散客组合旅行团的游客

三、多选题（每道题至少有 2 个正确的答案）

1. 【2017 年真题】下列关于散客旅游服务的说法中，正确的有（　　）。
   A.导游员应在送站前 12 小时与散客确认送站时间和地点
   B.每天出发前，导游员应提前半个小时抵达集合地点
   C.对个体散客，导游员可采用对话的形式进行讲解
   D.导游员可适时向散客推销服务项目
   E.导游员应帮助散客办理住店手续

2. 【2020 年真题】下列关于导游接待散客的做法中，正确的有（　　）。
   A.办理入住手续后，须请旅行社计调及时与旅游者核对行程
   B.赴饭店途中的讲解可采用对话形式进行
   C.接多位散客时，可请司机站在其他出口等候旅游者
   D.商定行程时，应适机推销当地的旅游服务项目
   E.宜提前与旅游者联系，告知目的地天气和气温，确认接站时间地点

3. 【2021 年真题】在机场未能接到方案中的国内散客旅游者时，导游员应当（　　）。
   A.与旅行社联系，听从指挥
   B.与机场联系，询问本航班乘客是否出港
   C.设法与客人联系，询问具体情形
   D.在车上等候客人前来联系
   E.直接离开机场

4. 【2021 年真题】导游员在接受散客接待任务后，应阅读接待方案，明确（　　）。
   A.旅行车的价格
   B.抵达本地的日期（时间）、航班（车次）
   C.下榻的饭店
   D.所接游客姓名、人数
   E.所要提供的服务项目

5. 散客旅游具有规模小和（　　）等特点。
   A.变化小　　　　　B.预定周期短　　　　　C.要求少
   D.自由度大　　　　E.批次多

6. 散客团旅游与团体包价旅游的区别主要表现在（　　）等方面。
   A.旅游计划制订　　B.旅游付费方式　　　　C.旅游活动内容
   D.旅游价格高低　　E.旅游活动范围

7. 导游员送个别散客出境时应在游客到达机场后协助其（　　）。
   A.带好行李物品　　B.办理离站手续　　　　C.办理机场税
   D.办理机场建设费　E.至安检区入口处同其道别

8. 游客参加小包价旅游团时可由游客自选的服务项目主要有（　　）。
   A.房费与早餐　　　B.景点游览　　　　　　C.午晚餐
   D.文娱节目观赏　　E.交通集散地接送

9. 由于商务旅游者的时间观念强，消费水平高，所以接待这类散客要求导游员要具有（　　）。

A.较多的商贸知识　　　　　　　B.较好的语言表达能力
C.娴熟的服务技能　　　　　　　D.较高的服务效率
E.较强的旅游事件处理能力

10.散客旅游与团队旅游的区别为（　　）。

A.旅游景点　　　B.旅游方式　　　C.服务内容和服务难度
D.旅游者人数　　E.付款方式和价格

四、案例分析

地陪王小姐在陪同一对老年夫妇游览故宫时工作认真负责，在两个半小时内向老年夫妇详细讲解了午门、三大殿、乾清宫和珍宝馆。游览过程中，老年夫妇提出了一些有关故宫的问题，王小姐说："时间很紧，现在先游览，回饭店后我一定详细回答你们的问题。"老年夫妇建议她休息一会儿，她都谢绝了。虽然很累，但她很高兴，认为自己出色地完成了导游讲解任务。然而，出乎她意料的是，那对老年夫妇不仅不表扬她，反而给旅行社领导写信批评了她，她很委屈，但领导了解情况后说老年夫妇批评得对。

问题：1.领导为什么说老年夫妇批评得对？2.按工作规程，导游员应怎样接待老年散客？

扫码在线答题

技能与应变能力模块

第五章　导游人员的带团组织技能

第六章　导游人员的语言技能

第七章　旅游者个别要求的处理

第八章　常见事故的预防与处理

第五章 导游人员的带团组织技能

知识目标

1. 理解导游员的吸引力与形象塑造。
2. 了解导游员带团的特点与原则。
3. 熟悉景点游览的组织技巧。

能力目标

1. 掌握塑造良好导游形象的技巧。
2. 掌握与游客交往的技巧。
3. 掌握与其他相关服务单位协作的技巧。

教学重点

1. 导游带团的原则
2. 与游客交往及与其他相关服务单位协作的技巧
3. 特殊游客的接待

课程导入

> 一个 30 人的老年旅游团到杭州游玩，担任地陪任务的小王是初次带团，为了给游客留下良好的印象，她特地买了一套名牌服装，戴上贵重的饰品去迎接旅游团。与游客一见面，小王就谦虚地说："我是新导游，我什么都不懂，请大家多包涵。"在游览过程中，小王感觉到讲解完导游词就没什么话可和游客聊的，因此小王就经常一个人走在旅游团的前面。谁知，全陪和领队当着游客的面向小王提意见："走路太快；讲话太快；不强调集合时间、地点；不友好"等。小王很伤心，认为导游工作得不到尊重和理解，自己不适合导游职业。
>
> 【思考】地陪小王有哪些不妥之处？如果你是小王应该如何做？

导游的带团技能是导游根据旅游团的整体需要和不同游客的个别需要，熟练运用能提高旅游产品使用价值的方式、方法和技巧的能力。旅游团是由不同年龄、职业、文化水平、性格和爱好，甚至不同地域的游客组成的临时性团体。虽然旅游团有领队或团长，但因为是临时组合起来的，彼此互不相识，缺乏严密的组织性和凝聚力；其次，旅游团的旅游日程涉及行、游、住、食、购、娱等方面，它们均属于不同的旅游服务供应商；最后，旅游团旅游活动的组织和运行还涉及领队、全陪、地陪和司机，他们分别来自不同的单位，代表着不同的利益。所以，导游人员要带好旅游团，使旅游活动按照计划顺利地实施，除了充分发挥导游人员的主观能动性之外，还需要有多种带团技能，如服务技能、沟通技能、组织技能、协调技能等。

导游人员对带团技能的掌握除了靠学习书本知识外，需要通过反复的导游实践，在实践中不断摸索、不断总结而逐步形成和丰富起来。因此，导游人员应在工作中勤学苦练，不断积累，以提高自己的导游服务技能。

第一节 导游人员的吸引力和形象塑造

一、导游员的吸引力

（一）导游员在旅游者心目中扮演的角色

在旅游者的心目中，导游员应该扮演以下几种角色。

1. 游客之友

导游员同旅游者朝夕相处，一直陪同他们旅行、游览，为他们安排各项旅游活动，关心他们的安全、健康和心理感受。因此，在旅游者心目中，导游员不仅是为他们提供服务的人员，而且更是懂礼貌、讲礼节，尊重人、理解人、热心帮助人的朋友，是可以信赖、能与之交流思想感情、共同欣赏美妙景致的伙伴。

2. 游人之师

许多旅游者喜欢更多地了解他们所游览的地区，而不满足于宣传小册子上的那点简单介绍。旅游团的导游员就是旅行社给旅游者提供的一位"流动专家"，他们向旅游者讲解旅游地的人文和自然情况，介绍风土人情和习俗，解答旅游者提出的各种问题。在相关的地点讲述历史或传说，有助于旅游者更好地了解和记住历史事件。所以，在旅游者心目中，导游员不仅是他们进行旅游活动的组织者、协调人，而且是通晓旅游目的地各方面情况的"老师"，从其身上可以学到很多知识，获取很多教益。难怪有的外国旅游者称我们的导游员为"中国历史文化教员""中华文明展览的讲解员"。

3. 国家（地区）形象的代表

导游员虽然受旅行社所委派，代表旅行社接待旅游者并为他们安排参观游览活动，但是在外国（外地）旅游者心目中，不管导游员代表的是哪一家旅行社，都是中国人（当地人）的代表，代表国家（地区）形象。因此，外国（外地）旅游者往往从导游员的言谈举止、服饰仪表来衡量中国人（当地人）的道德水准和价值观念，从导游员的讲解和对问题的处理方式来看待中国（当地）导游员的水平和旅游服务质量。

（二）导游员的个人魅力

1. 博古通今的万事通

具备丰富的知识是导游员增添个人魅力的重要途径之一。因为导游员接触的面既广又杂，中外历史、地理、政治、经济、文化、建筑、艺术、宗教、民俗、美学、心理学、法律等各方面内容，都得懂一些，同时导游员的接待对象不是单一的：他们中有退休总统、议长，也有在职行李搬运员；既有商业精英，也有家庭妇女，他们的身份、阶层、职业、年龄、性格、志趣、爱好、生活习惯存在很大差异，没有丰富的知识，是很难做好接待工作的。所以，一名优秀的导游员就是一位"学富五车"、博学多才的"杂家"。

【案例 5-1】 走上百家讲坛的女导游

赵英健，现任清东陵文物管理处副处长、高级导游员，中国紫禁城学会、中国清宫史学会、河北省博物馆学会会员。她没有过深的学历，导游出身，却走上了央视名牌栏目《百家讲坛》。她终日囿于清东陵方圆百里之地，却让联合国世界遗产委员会专家回国后念念不忘，专门写信表示赞赏。她只有36岁，却让曾任全国人大常委会副委员长、全国政协副主席的雷洁琼女士发出"你是咱妇女的骄傲"的赞誉。

"要给游客一碗水，导游自己必须有一桶水。"赵英健自己回忆，刚上班时，一般的导游人员每人每天带两到三个团，而她的最高纪录却是半天就带4个团。她以"特有成就感"来形容自己的工作热情。正是凭着对本职工作和东陵丰富的历史文化的深深热爱，赵英健多年来学习和研究了大量旅游专业知识，探索了不同层次的游客心理，写下了几万字的读书笔记和心得体会，为做好导游服务打下了坚实的基础。她为了将正史与野史巧妙结合起来，使自己的讲解更有知识性和趣味性，在学习了大量清史资料的同时，还遍访了本地守陵人的后裔，丰富了自己的知识积累。1995年，国家旅游局首次举办全国国内导游员大赛，赵英健凭着深厚的知识功底和机敏善辩的才华脱颖而出，跻身全国二十佳优秀导游员行列。

2000年1月，清东陵申报世界文化遗产项目进入关键时刻。可就在联合国专家即将前来现场考察之际，负责古代建筑介绍的工程师突遇车祸住院，遵化市委、市政府临时决定把古建筑介绍和清史介绍这两项任务一并交给赵英健。当时，离专家组来东陵仅剩下20天。20天的时间要准备好对清东陵古建筑的全面汇报，要准确地介绍清东陵包含的清史资料，而且汇报工作的好坏直接影响着申报的成功，这让临危受命的赵英健感到空前的压力。但她没有退缩，勇敢地挑起了这副重担。20天的时间里，她夜以继日地工作。当时她患着重感冒，白天，她和领导们研究接待工作，晚上回到家，找个小诊所输液，而且边输液边翻书，有时累得不想睁开眼睛，就让医护人员念。

艰辛的努力终有回报。联合国世界遗产委员会专家、国际古迹遗址理事联合国世界遗产委员会专家、国际古迹遗址理事会秘书长让·路易·卢逊在清东陵考察期间，赵英健将清东陵源远流长的历史和精美的古建筑有机结合在一起，准确到位地将历史信息传达给贵宾。

让·路易·卢逊先生对清东陵的文物保护和管理工作非常满意，对赵英健的讲解汇报给予了高度评价，回国后专门写信来称赞"在清东陵给我留下了深刻印象的儒雅导游赵女士……"。

2000年11月30日，经联合国世界遗产委员会批准，清东陵等被正式列入世界文化遗产名录。

【思考】赵英健的故事给了我们哪些启示？

案例来源：李娌，王哲. 导游服务案例精选解析[M]. 北京：旅游教育出版社，2007.

2. 风趣诙谐的幽默大师

列宁曾经说，幽默是一种优美的、健康的品质。幽默是智慧、机灵、学识、风趣的综合表现，幽默体现着一个人的处世哲学和机智聪敏度。幽默具有强大的感染力和影响力，能够创造一种轻松自由的环境气氛，能够成为人际交往的润滑剂。

导游员与旅游者大都是初次接触，互相比较生疏，幽默风趣的个性有助于导游员赢得客人的信赖感。另外，在旅游活动中，旅游者很容易受导游员情绪的影响。当旅途不顺、客人情绪不佳时，如果导游员也跟着怨天尤人或闷闷不乐，那么旅游者的情绪就会更糟。而富有幽默感的导游员能使客人在困难中看到希望，看到有趣的一面。幽默使人发笑，能使人变换一种有益的方式对待问题。一旦人们对各种困难都抱有乐观的态度，那么解决困难的信心也就产生了。讲话幽默风趣是导游语言艺术性的重要体现。它使导游讲解锦上添花，活跃气氛，提高游客的游兴。

【案例5-2】 幽默的回答

孟小权老师，是我国较为知名的高级导游之一。他以幽默、生动的讲解见长，获得了游客很高的评价。

一次，孟老师带着一个日本团去颐和园参观，路经郊外的一条河渠，一群鸭子正在河中嬉戏。这时一位客人突然问道，请问："鸭子在河里干什么呢？"这句话把孟老师给问住了。他心想，你难道不知道鸭子在水里干什么吗？又一想，这客人提出这么"简单"的问题，不回答是不行的。正在犹豫之中，他发现，不仅是这位客人在等待答案，几乎全部客人都在盯着他，等待着回答。孟老师灵机一动说:"鸭子们正在开追悼会呢!"话语一落,全体游客都"噢"了一声,连一些没太在意的游客也来了精神,走上前来听他如何自圆其说。孟老师笑着说:"今天晚上大家的晚餐不就是北京烤鸭吗?这里的几只鸭兄弟要成为你们的盘中餐啦,所以他们正提前为伙伴们开追悼会,你们听,那嘎嘎的声音不正是悼词吗?"轰然一片笑声,接着又是一片掌声和赞许声。

【思考】孟老师幽默的回答给你什么启示?

案例来源:李娌,王哲. 导游服务案例精选解析[M]. 北京:旅游教育出版社,2007.

幽默的讲解可以贯穿于导游的整个服务当中,比如欢迎词里、沿途导游讲解里、与游客的问答交流中都可以使用幽默的语言。

……查了一下家谱,我正经也是孟子的第74代子孙呢,惭愧的是,我没有孟子那么多的学问、提供给大家,但我觉得我还是比孟子更伟大。您问为什么?那还不是明摆着,孟子他不会说外语呀!他顶多就会说两句地方外语!而他的第74代子孙不但会说"你哄狗",还能白话几句"鹦哥屎"呢。能跟大家一齐交流,难道不比孟子更伟大点吗?受孟子DNA的影响,我也算是个"当铺的脑袋,杂货铺的肚",不谦虚地告诉各位,本人除了不懂的——全懂!除了不会的——全会。

幽默的导游语言运用得好,自然妙趣横生,但是运用得不妥,就会降低艺术的功效,甚至产生副作用。在运用幽默导游语言时,必须注意以下几个问题:

第一,幽默不能取笑他人。第二,幽默要注意场合是否合适。俗话说"出门观天色,进门看脸色",就是这个道理。第三,幽默不要反复。第四,幽默不要预先交底,不能自己先笑。第五,不要当喜剧演员或小丑。导游讲解中的幽默要真实、自然,不搞耸人听闻,也不哗众取宠。第六,不要一"幽"到底。第七,杜绝不健康的幽默,提高幽默品位。

旅游途中,外国客人问得最多的话题还是爱,中国人怎么恋爱结婚呀、什么标准呀,等等。我告诉他们,当然有标准啦,而且分南、北两派。北派以身高作为第一标准,有报纸载文《北方的姑娘拿着尺子选丈夫》,1米8好,1米75还凑合,最低标准1米70,低于1米70的,坚决不见。我今年30多岁了还没找到对象,原因就是我身高1米69。而南派的条件更为苛刻,提出了选丈夫的五项基本原则:第一要像鸡一样早起;第二要像牛一样勤劳;第三要像羊一样温驯;第四要像狗一样忠诚;第五要像猪一样什么都能吃。你们看,在中国做丈夫多难呀。

3. 真诚友善的微笑大使

当导游员对自己的工作充满热爱之情时,就会始终微笑着对客服务。微笑是没有国界的,不管是对哪个国家、哪个地区的客人微笑,他都知道,这是一种热情、友好、真诚的表现。旅游活动中遇到不高兴的事情总会让客人非常恼火,但看到导游员礼貌、真挚的微笑,火气就会小一些。俗话说："伸手不打笑脸人"，笑具有补台的作用，法国作家阿诺·葛拉索说："笑是没有副作用的镇静剂。"

4. 果断干练的指挥员

坚定的意志和行事果断的工作作风，是导游员成功地带领旅游者完成旅游活动的重要因素。无论是领队、全陪还是地陪，只要在旅游者面前表现出充分的自信心和抗干扰能力，坚定不移地维护旅游者和旅行社的正当利益，就能得到旅游者的赞誉。

二、导游员良好形象的塑造

导游人员的形象是指导游人员在导游服务中所呈现出来的与其从事的职业相匹配的外部表征，即导游人员的仪容、仪表、仪态和礼节、礼貌。导游人员的素质是隐性的，而导游人员的形象则是外在的。一名合格的导游人员应是优良的素质和良好的职业形象的完美结合。这是因为，导游人员是游客在旅游目的地最先接触的人员。游客，尤其是外国游客，由于初次接触导游人员，对导游人员不了解，因而习惯从导游人员的穿着打扮、言谈举止来衡量。所以，导游人员的形象一开始便会给游客留下深刻印象，并对随后的旅游活动产生影响。

树立良好形象是指导游人员要在游客心目中树立可信赖、可以帮助他们和有能力带领他们安全、顺利地在旅游目的地进行旅游活动的形象。导游员树立良好的形象有助于增强旅游者对导游人员的信任感，缩短导游人员与旅游者间的心理距离。导游人员在游客心目中树立良好的导游形象，主要还是要靠自己的主观努力和实际行动，必须重视"第一印象"。

（一）重视"第一印象"

在人际交往中，给人留下的第一印象是至关重要的。一个人在初次见面时能否给人留下了良好的印象，会影响人们对他以后一系列行为的评判和解释。

导游员要重视树立良好的第一印象，特别要重视第一次"亮相"。第一次亮相的关键在于导游员的仪表、仪容和使用的语言。导游人员真正的第一次"亮相"是在致欢迎词的时候，只有在这时，游客才会静下心来，"掂一掂导游员的分量"。他们会用审视的目光观察导游员的衣着装束和举止风度；用耳倾听导游员的讲话声音、语调，用词是否得体，态度是否真诚。

1. 导游员的仪容仪表

导游员与游客的接触是短暂的，游客虽然会全方位地品评导游员，然而短暂的接触给游客留下印象的往往是以外在形象为主导。因此，导游员的衣着要整洁、得体，化妆和发型要适合个人的身体特征和身份，衣着打扮不能太光艳，以免抢了游客的风采，引起他人的不快；也不能太随便，导致游客的不满。如果导游人员太注重修饰自己，游客可能会想："光顾修饰自己的人怎么会想着别人、照顾别人？"但是，如果导游人员衣冠不整，游客又可能会想："连自己都照顾不好的人又怎能照顾好客人？"在日常生活中养成讲卫生、爱清洁的习惯，不仅是导游员个人文明的表现，也是导游职业礼仪的基本要求。上岗时，导游员更应保持良好的仪容仪表。

（1）导游的衣着打扮。首先要整齐清洁；第二，衣服要妥帖合身；第三，凡穿大衣、风衣、戴帽子进入室内，应及时脱下；第四，任何时候不能在宾客面前整理衣裤、脱鞋、脱袜；第五，导游着装坚持"TOP"原则（"TOP"是英语 Time、Occasion、Place 三个词的首字母），意思是导游的穿着因时间、地点和场合的不同而做出相应的调整。除此以外，导游应懂得衣着的配色原则。一般来说，黑、白、灰是服装搭配时最常用的三种颜色。它们最容易与其他颜色的服装搭配并取得很好的效果。因此，这三种颜色也被称作"安全色"。服装色彩的搭配要遵循上深下浅或上浅下深的原则。可采取同类型配色或衬托配色的方式。

（2）导游员的发型。拥有整洁干净的头发是社交礼仪中最基本的要求。女士的发型要符合美观、大方、整洁、实用的原则，要与脸型、体形、年龄相协调。从事旅游行业的女士发型应该是活泼开朗、朝气蓬勃、干净利落、持重端庄的。切不可把头发染成太鲜艳的颜色，并佩戴色泽鲜艳的发饰。男性导游人员的鬓发不能盖过耳部，头发不能触及后衣领，也不允许烫发和染发。

（3）面部化妆。对于导游人员来讲，化妆要少而精，要强调和突出本身所具有的自然美部分，一般以浅妆、淡妆为佳，以修整统一、和谐自然为准则，不能浓妆艳抹，不当众化妆或补妆。

（4）口腔清洁。保持个人口腔清洁是讲究礼仪的先决条件。导游员应坚持早晚刷牙，饭后漱口。带团前忌吃葱、蒜、韭菜等易留异味的食物，必要时可用口香糖或茶叶来减少口腔异味。导游人员在上班前不要喝酒，不要吃有刺激性的食物。

（5）保持手部清洁。导游人员要随时清理双手，要经常修剪和洗刷指甲。导游人员不应留有长指甲，也不能涂用色彩鲜艳的指甲油。

除此之外，导游员的表情、神态、风度在第一次亮相时也起着十分重要的作用。一个精神饱满、乐观自信、端庄诚恳、风度潇洒的导游员必定会给第一次见面的游客留下深刻印象。

2. 导游员的谈吐礼仪

导游人员为了博得旅游者的好感，在初次见面时尤其要注重使用的语言、讲话时的声调和音色。初次见到游客时，语言要文明礼貌，表达对旅游者的关心和尊重；内容要有趣，词汇生动，要高雅脱俗；语速快慢相宜、亲切自然；音量适中、悦耳，很容易获得游客的好感。

3. 导游员的举止礼仪

导游员的举止主要表现在动作、姿态方面。待人自然大方，办事果断利索，站、会、行有度，与人相处直率而不鲁莽，活泼而不轻佻，自尊而不狂傲，工作紧张而不失措，服务热情而不巴结，礼让三分但不低三下四，这样的导游员比较容易获得游客的信任。

（1）站姿。导游员的站姿应稳重、自然。站立时，身体直立，挺胸收腹，双肩后展，两臂自然下垂（除手持话筒外），两脚或同肩等宽，或呈"V"字形，身体重心可轮流置于左右两脚之上。

（2）坐姿。端稳是导游员坐姿的基本要求。即便是在行进的汽车上，导游员也应注意保持规范的坐姿，双手可搭放在座位的扶手上，或交叉于腹部前，或左右手分放于左右腿之上。双腿自然弯曲，两膝相距，男士以一拳为宜；女士双膝应并拢，切忌分腿而坐。此外，无论男女，坐姿均不可前倾后仰，东倒西歪，不高跷二郎腿，以脚底示众，不随意抖动腿脚。

（3）步态。步态是导游员最主要的一种工作姿态，前行引导，登山涉水，导游员无不靠行走来完成其导游工作。带团时，导游员的步态应从容、轻快，即上体挺直，抬头含颌，收腹挺胸，身体重心略向前倾；双肩放松，两臂前后自然摆动；步幅适中、均匀，步位平直。行进中，避免弓背、哈腰、斜肩、左右晃动，双手插袋，步伐滞重，更不得随意慌张奔跑。

（二）保持良好的形象

导游给游客留下了良好的第一印象并不代表一劳永逸，万事大吉。旅游者希望导游员能一直保持良好形象，善始善终地为他们提供优质服务。形象塑造是一个动态的、连续的过程，贯穿于旅游活动的始终，而良好的第一印象仅仅体现在导游员接团这一环节上，因此，维护形象比树立形象更重要、更艰巨。如果导游员在带团过程中注意保持自己的形象，可以加深和巩固良好的第一印象，更进一步获得游客的信任；相反，如果导游人员只注意接团时的形象，而在以后的交往中放松了对自己的要求，例如说话不注意、经常迟到等，就会逐渐失去游客对导游员的信任。导游人员在游客面前要始终表现出豁达自信、坦诚乐观、沉着果断、办理利落、知识渊博、技能娴熟等特质，用使游客满意的行为来加深、巩固良好的形象。

为了维护良好的印象，导游员应做到以下几点：①导游员要始终坚持主动热情地对待每一位旅游者；②善于与旅游者沟通情感，与他们建立友情；③多向旅游者提供微笑服务、细致服务，使旅游者对导游员产生亲切感；④要多干实事，少说空话，做到言必行，行必果；⑤做到处事不惊、果断、利索，给旅游者以安全感；⑥要善于弥补服务缺陷，一丝不苟地做好送行工作。

总之，导游人员在带团过程中，不仅要树立良好的第一印象，而且要自始至终用自己的行为来维持、加深和巩固这一印象。

（三）留下美好的最终印象

心理学中有一种"近因效应"，它是指在人的知觉中，最后给人留下的印象对人有强烈的影响。美国一些旅游专家有这样的共识：旅游业最关心的是其最终的产品——旅游者的美好回忆。导游人员留给游客的最终印象也是非常重要的。若导游人员留给游客的最终印象不好，就可能导致前功尽弃。

一个游程下来，尽管导游人员已感到很疲惫，但其外表上依然要保持精神饱满而且热情不减，这一点会令游客对整个游程抱肯定和欣赏的态度。同时导游人员要针对游客此时开始想家的心理特点，提供周到的服务，不厌其烦地帮助他们，如选购商品、捆扎行李等。致欢送词时，要对服务中的不尽如人意之处诚恳道歉，广泛征求意见和改进建议，代表旅行社祝他们一路平安，真诚地请他们代为问候亲人。导游人员此时以诚相待是博取游客好感的最佳策略。

第二节　导游带团的特点、原则和模式

导游员在带团时，要遵循带团的特点来开展服务，做到事半功倍，达到最佳带团效果。

一、导游人员带团的特点

（一）环境的流动性

导游人员的工作环境不是静止和固定的，要随着游客和业务的需要不断改变工作场地，全国各地的风景名胜、文物古迹、宾馆饭店、机场码头、购物场所、娱乐场馆都是导游人员工作的地方。

（二）接触的短暂性

导游人员与旅游团的游客之间通常互不熟悉，仅仅是通过短期的旅游活动才相互有了接触。旅游活动的时间往往不长久，导游人员和游客的接触也多是一种浅层次的泛泛之交。

（三）服务的主动性

导游人员的职责决定了他是旅游团队的焦点，是团队的中心人物。在带团过程中，导游人员负有组织游客、联络协调、传播文化的职能。无论是哪个环节的工作，都需要导游人员动脑筋、想办法，积极主动地为游客做好服务。

（四）需求与个性的差异

需求与个性的差异性是指不同旅游团以及同一旅游团内游客在旅游需求和个性上存在不同的特点。它要求导游在带团时应深入了解旅游团中不同游客的不同需求和不同个性，以便有针对性地提供个性化服务。

二、导游人员带团的原则

导游人员带团时，一般应遵循以下原则。

（一）游客至上原则

导游人员在带团过程中，要有强烈的责任感和使命感，工作中要明辨是非曲直，任何情况下都要严格遵守职业道德，遇事多从游客的角度去思考，将维护游客的合法利益摆在首位，真正做好"游客至上"。游客至上，要求导游人员真心实意地为游客服务，在为游客服务时必须符合国家和旅游行业的有关规定，服务质量必须达到国家和行业制定的标准，并努力将规范化服务与个性化服务、细微化服务有机地结合起来，从而向旅游者提供高质量的导游服务。

（二）履行合同原则

导游人员带团要以旅游合同为基础，是否履行旅游合同的内容，是评价导游人员是否尽职的基本尺度。一方面，导游人员要设身处地为游客考虑；另一方面，导游人员也应考虑到本企业的利益。力争使游客在合同约定的范围内获得优质的服务，使旅行社获取应得的利益。

（三）公平对待原则

尊重他人是人际交往中的一项基本准则。不管游客是来自境外或境内，也不管游客的肤色、语言、信仰、消费水平如何，导游人员都应一视同仁，公平对待。特别是不应对一些游客表现出偏爱或对某些游客不理不问，从而造成旅游团队内部关系的紧张，影响到导游服务的正常进行。

该原则要求导游人员平等待客、礼貌待客，热情地为每一位游客服务，对每一位游客都一视同仁、等距离交往。这不仅是导游人员的职业素养，也是职业成熟度的具体体现。

（四）服务至上原则

"服务至上"既是导游的一条服务准则，也是导游职业道德中一项最基本的道德规范，还是导游在工作中处理问题的出发点。"服务至上"的关键在于关心他人，导游要始终将游客放在心上，时时刻刻关心游客。这个原则要求导游人员处处考虑旅游者的利益，而不是过度强调自己的困难和旅行社的得失，更不能以任何借口拒绝旅游者的合理要求。

（五）合理而可能原则

满足旅游者的正当要求，使他们愉快地度过旅游生活是导游人员的主要任务。旅游者提出合理要求，如是能够办到的，即使很困难，会给导游人员增添不少麻烦，导游人员也要尽力予以满足。如果旅游者提出的要求是合理的，但实在无法满足，导游人员也要实事求是地说明原委，必要时还需赔礼道歉。游客提出不合理要求，导游人员要婉拒，但要讲清道理。"合理而可能"原则既是导游服务原则，也是导游人员处理问题、满足游客要求的依据和准则。

三、导游人员带团模式

导游人员带团模式是指导游人员在带领旅游团队开展旅游活动过程中所表现出来的一种行为特征。应该强调的是，不同的导游人员具有不同的带团模式和带团风格；同一个导游面对不同的团队和不同的场所，带团模式和风格也应不断变化，以适应游客的需要和工作的开展。

日常工作中，有的导游人员以活泼热情而受游客欢迎；有的以严谨细心而博得游客赞赏；有的以任劳任怨而获游客支持。一般受旅游计划和游客需要两方面的影响，导游人员带团的模式可大体分为自我中心型和游客中心型两种。

（一）自我中心型

自我中心型的带团模式是指导游人员带团的主要目标是为了完成旅游活动的既定计划。在这种模式下，导游人员的所有工作都以旅行社与游客预定的旅游计划为核心，尽量不作调整，对有可能影响或破坏计划实施的因素予以坚决排除。这种导游往往很少答应游客计划外的要求，除非万不得已。

虽然此种做法可能让部分游客感到旅游的愿望没有全部满足，但由于导游人员注重计划内的服务质量和水平，往往超出游客对服务质量的预期，会使游客的情绪和注意力被高度调整起来，从而冲淡了不悦之感，并且大大降低了意外事故发生的可能性。

（二）游客中心型

游客中心型的带团模式是指导游人员带团的主要目标是尽量满足游客的需要。在这种模式下，导游人员的工作重点是游客而非旅游计划，他们非常关心游客的感受，尽一切可能满足游客各方面的旅游愿望。他们往往根据游客的特点灵活调整自己的导游服务，注重与游客的情感交流，使游客体会到导游人员对自己的关怀，从而获得在精神层面的旅游满足。但由于这种模式容易使游客滋生松懈和依赖心理，往往会提出许多难度过大的要求，从而导致旅游意外事故的发生。

自我中心型和游客中心型并不是对立的，自我中心型的带团模式并不排斥对游客的关怀；游客中心型的带团模式也要求恪守一定的原则。导游人员可根据自己的个性特点和能力水平，融合以上两种带团模式，针对不同的团队进行不同的导游服务。

第三节　参观游览活动的组织技巧

导游是组织游览活动的核心，带领游客参观游览时也需要很强的组织技能。旅游活动在内容和节奏上是否安排得当，会直接影响游客的情绪和心理。一般来讲，参观游览线路都是由导游员来确定的，导游员应根据团队的性质、特点、成员情况来选择最佳的游览线路，尽量避免走回头路，把握好游览的节奏，选择恰当的内容进行讲解，以使旅游者获得最佳感受。总的来说，导游在组织游客参观游览时应注意以下几个方面。

一、灵活安排旅游活动内容

一般来说，游客参加旅游活动时既是兴趣浓厚的，又是好奇的。这为导游工作提供了良好的前提，问题是如何使这种兴趣和好奇进一步得到发展和满足，使游客高兴而来，满意而归。因此，安排旅游团本地的旅游活动时应使内容多姿多彩，避免雷同；景区景点应体现本地特色，点面结合。

（一）坚持"有张有弛""先远后近""先高后低"的原则

导游员对景点（区）的考虑应首先遵循旅速游缓、有张有弛，劳逸结合的原则，这也符合游客的心理需求。导游员组织游客参观游览时一定要注意使活动节奏与旅游者的生理与心理活动节奏合拍，这样才能收到良好的效果。行进速度要有急有缓。导游带团游览参观过程中，既不能因为时间紧而匆忙赶路，也不能因时间宽裕而过于缓慢，把人拖得感到无聊，而应急缓有度。一般情况下，走路时可以快一些，观赏时则放慢速度。总之，导游员应根据游览点的具体环境而采取不同的行走节奏。

游览活动的安排采取先一般后精彩、"渐入佳境"的方法，高潮放在最后。例如导游员带领游客游览南京时，先游玩中华门、雨花台、玄武湖等景点，然后再安排东郊三个景点，即中山陵、明孝陵和灵谷寺。在游览景点时，导游员应顺线路行走，避免走重复路线和回头路线。

安排旅游活动时导游员要兼顾先远后近和先高后低的原则。所谓先远后近是指在游览活动中，先到离游客住宿点最远的景点游玩，然后逐渐地向游客住宿点靠近，这样做的目的是给游客安全感，等到一天游览结束，旅游团也离住宿点近了。所谓先高后低是指导游员可以先安排登山项目，这是因为游客休息了一晚后，其精神状态最好，体力最为充沛。反之，一天游玩结束前再安排登山活动，也许相当一部分游客因体力关系，只能望山却步了。

（二）讲解内容要有取有舍

不管是在沿途导游中还是游览参观景区时，导游员在为游客做讲解服务时，一定要预先考虑接受对象的特点和爱好兴趣，要事先分析讲解后可能产生的效果，不要把提前准备的内容，机械地或一股脑地全盘端给客人。只有经过选择、加工后的讲解素材，才能激发客人的兴趣。所以导游员应该像导演一样善于剪辑素材，善于抓住有灵感的一瞬间，这样的导游讲解才能使大多数游客满意。

导游员在讲解任何一处景观时，都不能面面俱到，应有所取舍，如果对任何旅游者都背诵放之四海而皆准的导游词，就会显得机械僵硬。

（三）把握好讲解时机与地点

导游员在讲解游览点的历史、规模、传说等时要选择合适的时机和地点，而且要根据季节、气候的变化灵活掌握。在冬季或夏季进行讲解时，注意不要站在露天长篇大论，让旅游者忍受寒冷或酷暑，否则会引起旅游者的反感。在夏季，要在一个阴凉通风的地方进行讲解；在冬季，要找个避风有阳光的地方讲解，而且时间不宜太长。

【案例 5-3】 导游讲解不顾游客感受

一个炎热的夏天，导游员在上海带领着一群兴致勃勃的游客参观游览龙华古寺。在宝塔下，他滔滔不绝地讲解着，开始时，游客们津津有味地听着，10 分钟后，游客走掉三分之一，15 分钟后，游客又走掉一半，当他讲解 20 分钟后，身旁的游客寥寥无几。这时有几位游客在一旁的遮阳处大声叫喊起来："导游，差不多了，有人要中暑了。"……

【思考】如果你是该导游，应该选择在哪进行讲解？

二、旅途生活的组织技巧

在长途旅行时，由于路途遥远，又比较枯燥，适当地组织活动能使枯燥漫长的旅途生活得到调剂。所以，导游员要有调节氛围、丰富和活跃旅游生活的知识和技能。一方面，导游员自己应尽可能是多才多艺的多面手：导游最好能在唱歌、讲故事、猜谜语、讲笑话、教外国人中国话或教地方方言等方面都会一点；另一方面，导游员要善于调动游客的积极性，把游客组织起来，共同参与旅途中的活动。比如坐火车可以组织打扑克、下棋、唱歌等；坐汽车长途旅行可以组织游客唱歌、做游戏、讲笑话、讨论一些话题，或者适用性比较广的成语接龙等，团队里的游客基本上都能参与进来。

第四节 导游人员与游客的交往技能

导游员的工作性质决定了他们必须善于同旅游者交往,尽可能地建立起良好的人际关系,这样才能营造一个和谐、愉快的合作氛围,保证旅游活动顺利进行。导游人员同游客交往的直接目的是更好地为游客服务,使游客满意,防止旅游事故的发生,维护旅游者的合法权益,保证旅游活动的顺利进行,同时间接地树立旅行社、旅游接待国家或地区的旅游形象,促进旅游业的发展。

一、导游员与游客的交往要领

在旅游活动中，旅游者是客人，是消费者，导游员是主人，是服务员，正确处理、协调好主客关系是带好旅游团队的重要保证。在主客这对关系中，起关键作用的是导游员，因此，导游在带团过程中应注意以下几点。

（一）尊重游客

尊重人是人际关系中的一项基本准则。不管游客来自境外还是来自境内；是来自东方国家还是来自西方国家；也不管游客的肤色、宗教信仰、消费水平如何，他们都是客人，导游人员都应一视同仁地尊重他们。

尊重游客，就是要尊重游客的人格和愿望。游客对于能否在旅游目的地受到尊重非常敏感。他们希望在同旅游目的地的人们的交往中，人格得到尊重，意见和建议得到尊重；希望能在精神上得到在本国、本地区得不到的满足；希望要求得到重视，生活得到关心和帮助。游客希望得到尊重是正常的、合理的，也是起码的要求。导游人员必须明白，只有当游客生活在热情友好的气氛中，自我尊重的需求得到满足时，为他提供的各种服务才有可能发挥作用。

"扬他人之长，隐其之短"是尊重人的一种重要做法，在旅游活动时，导游人员要妥善安排，让游客进行"参与性"活动，使其获得自我成就感，增强自豪感，从而在心理上获得最大的满足。

（二）自信谦恭，热情诚恳

为适应旅游者在心理上对导游员的期望，导游员首先要表现出自信，始终精神饱满，遇事沉着果断，办事干脆利落，说话不模棱两可，不推诿责任；其次，要谦虚谨慎，忌狂妄自大、夸夸其谈，更忌不懂装懂、目中无人，要赢得旅游者的尊敬与信赖。遇到旅游者的质疑或投诉时，导游员不能意气用事，要始终主动、热情、诚恳、礼貌地为旅游者服务。

（三）微笑服务

微笑是自信的象征，是友谊的表示，是和睦相处、合作愉快的反映；微笑还是一种无声的语言，有强化有声语言、沟通情感的功能，有助于增强交际效果。

在旅游服务中，微笑具有特别的魅力。20世纪30年代，西方国家旅馆业受经济危机影响，呈现出大萧条的局面。希尔顿饭店集团的创始人康纳·希尔顿却告诉他的员工："我请各位切记，万万不可把我们心理上的愁云摆在脸上，无论遇到多大的困难，希尔顿饭店员工脸上的微笑永远是属于顾客的阳光。"微笑服务正是希尔顿饭店成功的秘诀之一。

导游人员若想向游客提供优质的心理服务，就得学会提供微笑服务，要笑口常开，"笑迎天下客"。只有养成逢人就亲切微笑的好习惯，才会广结良缘，事事顺利成功。

（四）使用柔性语言

"一句话能把人说笑，也能把人说跳。"有时导游人员一句话说好了会使游客感到高兴；有时一不当心，甚至是无意中的一句话，就有可能伤害游客的自尊心。因此，导游人员在与游客交往时必须注意自己的语言表达方式，与游客说话要语气亲切、语调柔和、措辞委婉、说理自然，常用商讨的口吻与游客说话。这样的"柔性语言"既使人愉悦，又有较强的说服力，往往能达到以柔克刚的效果。

（五）与游客建立"伙伴关系"

旅游活动中，游客不仅是导游人员的服务对象，也是合作伙伴，只有与游客通力合作，旅游活动才能顺利进行，导游服务才能取得良好的效果。要想获得游客的合作，导游人员应设法与游客建立"伙伴关系"。一方面，导游人员可通过诚恳的态度、热情周到的服务、谦虚谨慎的作风、让游客获得自我成就感等方式与游客建立合乎道德的、正常理性的情感关系。当然，这种情感关系应是面对每一位游客的，决不能厚此薄彼；另一方面，导游人员在与游客交往时还应把握正确的心理状态，尊重游客，与游客保持平行型交往，力戒交锋型交往。

（六）提供个性化服务

导游人员应该明白，每位游客既希望导游人员一视同仁、公平相待，又希望能给予自己一些特别的关照。因此，导游人员既要通过规范化的服务去满足游客的一般要求，又要根据每位游客的具体情况提供个性化服务，满足游客的特殊要求。这样做游客会感觉到"导游员心中有我"，可以拉近游客与导游人员之间的感情距离。游客会因此产生满足感。个性化服务虽然不是全团游客的共同要求，只是个别游客的个别需求，有时甚至只是旅游过程中的一些琐碎小事，但是，做好这类小事往往会起到事半功倍的效果，尤其是对注意细节的游客而言，可使他们感受到导游人员求真务实的作风和为游客分忧解难的精神，从而产生对导游人员的信任。"细微之处见真情"，讲的就是这个道理。

提供个性化服务做起来并不容易，关键在于导游人员是要将游客"放在心中"，眼中"有活儿"，把握时机主动服务。个性化服务要求导游人员要了解游客，用热情主动的服务尽力满足其合理要求。此外，个性化服务只有与规范化服务完美地结合才是优质的导游服务。

二、导游员的协调能力

除此之外，导游员要善于协调好不同旅游者之间的意见，采取各种有效的手段和方法，尽可能把游客中的不同意见巧妙地统一起来，使旅游团的活动得以顺利进行。如果纯属旅游者间的矛盾。导游员一般不宜介入，可让领队出面调解。因导游人员工作失误而引起旅游者间的矛盾时，导游员应根据个人不同情况加以合理分配，或事先做必要的说明，或将较理想的位置分给需要照顾的旅游者。导游员可事先与领队协商，比如常见的客人"三争"问题，即争座位、争餐位、争床位。

第五节 导游人员的协作技能

导游工作是联系各项旅游服务的纽带和桥梁。导游人员在带团时离不开其他相关旅游服务部门和工作人员的协作，同时也能够帮助其他相关旅游服务部门和人员工作。导游工作与其他旅游服务工作的相辅相成关系决定了导游人员必须掌握一定的协作技能。

一、导游人员与领队的协作

领队是受旅行社委派，全权代表该旅行社带领旅游团从事旅游活动的人员。在旅游团中，领队既是海外旅行社的代表，又是游客的代言人，还是导游服务集体中的一员，是中方旅行社长期合作的海外客户代表，也是旅游团中的"重点客人"，在海外社、组团社和接待社之间以及游客和导游人员之间起着桥梁作用。导游人员能够圆满完成任务，在很大程度上要靠领队的合作和支持，因此，一定要尊重领队，遇事要与他们多商量，尽可能与领队搞好关系。

（一）尊重领队，遇事与领队多磋商

带团到中国来旅游的领队，多数是职业领队，在海外旅行社任职多年并受过专业训练，对我国的情况尤其是我国旅游业的业内情况相当熟悉。他们服务周到细致，十分注意维护组团社的信誉和游客的权益，深受游客的信赖。此类领队是中方旅行社长期合作的海外客户代表，也是旅游团中的"重点客人"，对他们一定要尊重。尊重领队就是遇事要与他们多商量。旅游团抵达后，地陪要尽快与领队商定日程，如无原则问题应尽量考虑采纳领队的建议和要求。在遇到问题、处理故障时，全陪、地陪更要与领队商量，争取领队理解和支持。

（二）关心领队，支持领队的工作

职业领队常年在异国他乡履行自己的使命，进行着重复性的工作，十分辛苦。由于他的

"特殊的身份",游客只要求他关心自己,而很少去主动关心领队。因此,导游人员如果在生活上对领队表示关心、在工作上给予领队支持,他会很感动。当领队的工作不顺利或游客不理解时,导游人员应主动助其一臂之力,能办到的事情尽量给予帮助,办不到的向游客多作解释,为领队解围。但要注意,支持领队的工作并不是取代领队,导游人员应把握好尺度。此外,作为旅游团中的"重点人物",导游人员要适当给领队以照顾或提供方便,但应掌握分寸,不要引起游客的误会和心理上的不平衡。

【案例5-4】被地陪感动的领队

初春的哈尔滨街头上,爱美的女孩早已换上了漂亮的春装。可是,冷空气的突然降临,让到此旅游的南方游客冷得不得了。导游员虽然是北方人,并且长袖T恤外配一件单服,看上去比车里的客人暖和了许多,但是对于突然而至的"寒冷"也有些不太适应。领队吴女士坐在车子的前排。冷得快说不出话的她,示意司机师傅将车内的暖风打开。看到领队吴女士双手抱在胸前,导游员将自己身上的单衣脱下来,披在了她的身上。这件衣服犹如"雪中送炭",来得非常及时。领队看到导游的身上也非常单薄,马上又将衣服还了回去。可是小导游笑着说:"我们北方女孩子习惯冬天了,穿得少一点也不会很冷,这也叫'美丽冻人'嘛!"接着一路上对于精彩景点的介绍和自费景点的推荐,领队的态度都非常的积极,还主动帮助导游员做游客的工作,希望大家都去看看这里的风景。在吴女士的大力配合下,全团游客都参加了自费项目。

自费项目结束后,领队在游客意见单上写下9个字:很好!相当好!非常满意!

【思考】如果你是地陪,你会这么照顾领队吗?

案例来源:李娌,王哲. 导游服务案例精选解析[M]. 北京:旅游教育出版社,2007.

(三)多给领队荣誉,调动领队的积极性

要想搞好与领队的关系,导游人员还要随时注意给领队面子,遇到一些显示权威的场合,应多让领队尤其是职业领队出头露面,使其博得游客们的好评。如游览日程商定后,地陪应请领队向全团游客宣布。只要导游人员真诚地对待领队,多给领队方便,领队一般也会领悟到导游人员的良苦用心,从而采取合作的态度。

(四)灵活应变,掌握工作主动权

由于旅游团成员对领队工作的评价会直接影响到领队的得失进退,所以有的领队为讨好游客而对导游工作指手画脚,当着全团游客的面"抢话筒",一再提"新主意",给导游人员出难题，使地陪的工作比较被动。遇到类似情况，地陪应采取措施变被动为主动，对于"抢话筒"的领队，地陪既不能马上反抢话筒，也不能听之任之，而应灵活应变，选择适当的时机给予纠正。让游客感到"还是地陪讲得好"。这样，导游人员既表明了自己的态度又不失风范，工作上也更为主动了。

（五）争取游客支持，避免与领队正面冲突

在导游服务中，接待方导游人员与领队在某些问题上有分歧是正常现象。一旦出现此类情况，接待方导游人员要主动与领队沟通，力求尽早消除误解，避免分歧扩大发展。一般情况下，接待社导游人员要尽量避免与领队发生正面冲突。

在入境旅游团中也不乏工作不熟练、个性突出且难以合作的领队。对此，导游人员要沉着冷静，坚持原则，分清是非，对违反合同内容、不合理的要求不能迁就；对于某些带侮辱性的或"过火"的言辞不能置之不理，要根据"有理、有利、有节"的原则讲清道理，使其主动道歉，但要注意避免与领队发生正面冲突。

有时领队提出的做法行不通，导游人员无论怎样解释说明，领队仍固执地坚持己见。这时导游人员就要向全团游客讲明情况，争取大多数游客的理解和支持。但要注意，即使领队的意见被证明不对也不能把领队"逼到绝路"，要设法给领队台阶下，以维护领队的自尊和威信，争取他以后的合作。

【案例 5-5】 领队的要求不能置之不理

小王受旅行社委接待新加坡客人，该团队的领队是一个来自新加坡的职业领队。团队抵达后，领队就把小王叫到房间里，吩咐说本次行程不能安排进店购物，尽量多安排参观游览，最后一天还应安排吃火锅。小王以行程计划中早已安排好了为由，当即跟领队争执起来，弄得不欢而散。在接下来的行程中，小王仍然按照计划安排行程，根本就不理会领队的要求，领队觉得很没面子，恼羞成怒之下向接待社打电话要求换导游。

【思考】 *如果你是小王，你会怎么做？*

二、全陪与地陪之间的协作

全陪与地陪之间的协作，成功的关键便是各自应把握好自身的角色或位置，要有准确的个人定位。二者都要认识到虽受不同的旅行社委派，但都是旅游服务的提供者，都在执行同一个协议。导游人员与全陪或地陪的关系是平等的。

首先，二者要互相尊重，努力建立起良好的人际关系；其次，要善于向对方学习，有事

多请教；此外，要坚持原则，平等协商。如果全陪或地陪"打个人小算盘"，提出改变活动日程、减少参观游览时间、增加购物等不正确的做法，另一方应向其讲清道理，尽量说服并按计划执行，如对方仍坚持己见、一意孤行，应采取必要的措施并及时向接待社反映。

三、导游人员与司机的协作

旅游车司机的人生阅历和经验非常丰富，有人曾经这样比喻：好司机就如一本旅游百科全书。许多当过导游的人都有同感，如果把导游比为"游人之师"，那么旅游车司机就是"导游之师"。有些司机和导游相处融洽后，会将自己对旅游服务和带团的技巧告诉导游，以使导游人员从他们多年总结出来的经验中获益。

旅游车司机在旅游活动中扮演非常重要的角色，司机一般熟悉旅游线路和路况，经验丰富，导游人员与司机配合得好与坏，是导游服务工作能否顺利进行的重要因素之一。

（一）及时通报信息

（1）旅游线路有变化时，导游人员应提前告诉司机。
（2）如果接待的是外国游客，在旅游车到达景点时，导游人员用外语向游客宣布集合时间、地点后，要记住用中文告诉司机。

（二）协助司机做好安全行车工作

大部分旅游车的司机具有丰富的驾驶经验，可以胜任旅游团的安全驾驶任务。但有些时候，导游人员适当给予协助能够减轻司机的工作压力，便于工作更好开展。导游可经常为司机做一些小的事情：
（1）帮助司机更换轮胎，安装或卸下防滑链，或帮助司机进行小修理。
（2）保持旅游车挡风玻璃、后视镜和车窗的清洁。
（3）不要与司机在行车途中闲聊，影响驾驶安全。
（4）遇到险情，由司机保护车辆和游客，导游人员去求援。
（5）不要过多干涉司机的驾驶工作，尤其不应对其指手画脚，以免司机感到被轻视。

（三）与司机研究日程安排，征求司机对日程的意见

导游人员应注意倾听司机的意见，从而使司机产生团队观和被信任感，积极参与导游服务工作，帮助导游人员顺利完成带团的工作任务。

【案例5-6】多嘴的司机

成都导游员华××所在的旅行社接待了一组会议团。客人是来自全国各地的

优秀教师代表。因团队比较特殊,对导游员的素质要求较高。华××被领导安排在头一辆旅游车上,其他三辆车都跟在后面。开车的师傅是个四十五岁左右的大叔。华××按程序在旅游车上刚致完欢迎词,被恭维的司机师傅为了表示热情,扬起脖子,高声对后面的游客喊:"我开车快30年了,没出过什么事,安全得很。"华××觉得这位师傅是个性格外向型的人,并没有多想。一路行走,美景尽收眼底。小华正在讲解,忽听司机师傅一边拍着大腿,一边骂着旁边超车的车辆。小华好心劝了两句无果,客人哄堂大笑起来。

游客的笑声一下子打开了司机师傅的话匣子。他从女儿讲到老伴,从旅行社的话题讲到社会上的话题,就像一个专题片。小华非常着急,举起话筒打算把话题扯回来,可是,司机师傅却越讲越起劲。有的客人还说听不清,让导游将话筒递给司机。场面好不热闹,弄得小华一时真是没有了主意。眼看要下高速了,小华提醒司机注意路口,但没想到大叔一脚油门冲了过去,还回头问小华:"你们去北出口还是南出口?"小华当时就"无语"了,上车时特意和他核对过行程的。这会儿司机所有的兴头都放在了聊天上,连去哪都不知道了。后面4辆车也全部跟着走错。大叔好像也知道自己有些过火了,不过他担心的是旅游车上的GPS定位系统具有监控功能,目的是核算汽车所行驶的公里数,这一南一北两个出口相距15公里,而且4辆旅游车的油耗损失,恐怕都要由这个司机来承担了。

【思考】 遇到这样的旅游车司机,你会怎么做?

案例来源:李娌,王哲. 导游服务案例精选解析[M]. 北京:旅游教育出版社,2007.

四、导游人员与旅游接待单位的协作

旅游产品是一种组合性的整体产品,不仅包括沿线的旅游景点,还包括沿线的交通、食宿、购物、娱乐等各种旅游设施和服务,需要旅行社、饭店、景点和交通、购物、娱乐部门等旅游接待单位的高度协作。作为旅行社的代表,导游人员应搞好与旅游接待单位的协作。

(一)及时协调,衔接好各环节的工作

导游人员在服务过程中,要与饭店、车队、机场(车站、码头)、景点、商店等许多部门和单位打交道,其中任何一个接待单位或服务工作中的某一环节出现失误和差错,都可能导致"一招不慎,满盘皆输"的不良后果。导游人员在服务工作中要善于发现或预见各项旅游服务中可能出现的差错和失误,通过各种手段及时予以协调,使各个接待单位的供给正常有序。譬如,旅游团活动日程变更涉及用餐、用房、用车时,地陪要及时通知相关的旅游接待单位并进行协调,以保证旅游团的食、住、行能有序地衔接。

(二)主动配合,争取协作单位的帮助

导游服务工作的特点之一是独立性强,导游人员一人在外独立带团,常常会有意外、紧

急情况发生,仅靠导游人员一己之力,往往问题难以解决,因此导游人员要善于利用与各地旅游接待单位的协作关系,主动与协助单位有关人员配合,争取得到他们的帮助。譬如,迎接散客时,为避免漏接,地陪可请司机站在另一个出口处举牌帮助迎接;又如,旅游团离站时,个别游客到达机场后发现自己的贵重物品遗忘在饭店客房内,导游人员可请求饭店协助查找,找到后将物品立即送到机场。

【案例 5-7】旅游团内有数个小团体

全陪小沈带的是由 25 位游客组成的大团,行程时间长达 13 天。第三天的行程下来后,小沈发觉有点不对劲。晚餐去品尝风味餐的时候,坐在后面的一拨游客突然提出要去另外一家知名度较大的酒楼。再想想这几天的游览过程中,25 位游客好像是三个旅游团似的:在旅行车上,三拨游客分别占据前、中、后的位置,绝不含糊;下了车也是你一团、我一堆、他一伙,旅游团拉得很长;用餐时,你坐你的,我坐我的,他有他的位置。总之,这一拨游客与那一拨游客绝少交谈,形同陌路人。面对这种情况,小沈心里想:"旅游团行程已好几天了,仍然这样三三两两,长此以往,后面这样那样的事一定不会少,得想办法解决这种状况。"但是这种情况小沈以前又没有碰到过,小沈虽然心里有想法,可又不知从何处着手去解决。

【思考】 遇到旅游团内有数个小团体,导游应该怎么办?

第六节　特殊游客的接待

游客来自不同的国家和地区,他们在年龄、职业、宗教信仰、社会地位等方面存在较大的差异,有些游客甚至非同一般、特点尤为突出,导游人员必须给予其特别重视和关照。这就是特殊游客或重点游客。虽然他们都是以普通游客的身份而来,但接待方法有别于一般的游客。

一、对儿童的接待

出于增长见识、健身益智的目的,越来越多的游客喜欢携带自己的子女一同到目的地旅游,其中不乏一些少年儿童。导游人员应在做好旅游团中成年游客旅游工作的同时,根据儿童的生理和心理特点,做好专门的接待工作。

（一）注意儿童的安全

儿童游客,尤其是 2~6 岁的儿童,天生活泼好动,因此要特别注意他们的安全。地陪可以酌情讲些有趣的童话和小故事吸引他们,既活跃了气氛,又使他们不到处乱跑,保证其安全。

(二)掌握"四不宜"原则

对有儿童的旅游团,导游人员应掌握"四不宜"的原则。
(1)不宜为讨好儿童而给其买食物、玩具。
(2)不宜在旅游活动中突出儿童而冷落其他游客。
(3)即使家长同意也不宜单独把儿童带出活动。
(4)儿童生病,应及时建议家长请医生诊治,而不宜建议其给孩子服药,更不能提供药品给儿童服用。

(三)对儿童多给予关照

导游人员对儿童的饮食起居要特别关心,多给一些关照。天气变化时,要及时提醒家长给孩子增减衣服,如果天气干燥,还要提醒家长多给孩子喝水等;用餐前,考虑到儿童的个子小,且外国儿童不会使用中餐用具,地陪应先给餐厅打电话,请餐厅准备好儿童用椅和刀、叉、勺等一些儿童必备餐具,以减少用餐时的不便。

(四)注意儿童的接待价格标准

对儿童的收费,根据不同的年龄有不同的收费标准和规定,如机票,车、船票,住房,用餐等,导游人员应特别注意。

二、对高龄游客的接待

在我国入境旅游和国内旅游市场,老年游客均占有较大的比例。而在这些老年游客中还有年龄在80岁以上的高龄游客。尊敬老人是我们中华民族的传统美德,因此,导游人员应用谦恭尊敬的态度、体贴入微的关怀以及不辞辛苦的服务做好高龄游客的接待工作。

(一)妥善安排日程

导游人员应根据高龄游客的生理特点和身体情况,妥善安排好日程。首先,日程安排不要太紧,活动量不宜过大,项目不宜过多,在不减少项目的情况下,尽量选择便捷路线和有代表性的景观,少而精,以细看、慢讲为宜。应适当增加休息时间。参观游览时可在上、下午各安排一次中间休息,在晚餐和看节目之前,应安排回饭店休息一会儿,晚间活动不要回饭店太晚。此外,带高龄游客团不能用激将法和诱导法,以免消耗体力,发生危险。

(二)做好提醒工作

高龄游客由于年龄大,记忆力减退,导游人员应每天重复讲解第二天的活动日程并提醒注意事项,如预报天气情况,提醒增减衣服,带好雨具,穿上旅游鞋等。进入游人多的景点时,要反复提醒他们提高警惕,带好自己的随身物品。外国游客对人民币不熟悉,加上年纪大,视力差,使用起来较困难。为了使用方便或不被人蒙骗,地陪应提醒其准备适量的小面值人民币。此外,由于饮食习惯和生理上的原因,带高龄游客团队,地陪还应适当增加去厕所的次数，并提前提醒他们准备好零钱（收费厕所）。

（三）注意放慢速度

高龄游客大多数腿脚不太灵活，有时甚至力不从心。地陪在带团游览时，一定要注意放慢行走速度，照顾走得慢或落在后面的高龄游客，选台阶少、较平坦的地方走，以防摔倒碰伤。在向高龄游客讲解时，导游人员也应适当放慢速度、加大音量，吐字要清楚，必要时还要多重复。

（四）耐心解答问题

老年游客在旅游过程中喜欢提问题，好刨根问底，再加上年纪大，记忆力不好，一个问题经常重复问几遍，遇到这种情况，导游人员不应表示反感，要耐心、不厌其烦地给予解答。

（五）预防游客走失

每到一个景点，地陪要不怕麻烦、反复多次地告诉高龄游客旅游路线及旅游车停车的地点，尤其是上下车地点不同的景点，一定要提醒高龄游客记住停车地点。另外，还要提前嘱咐高龄游客，一旦发现找不到团队，千万不要着急，不要到处乱走，要在原地等待导游人员的到来。

（六）尊重西方传统

许多老年西方游客，在旅游活动中不愿受到导游人员的特别照顾，认为那是对他们的侮辱，说明他们是无用之人。因此，对此类游客应尊重西方传统，注意照顾方式。

三、对残疾游客的接待

在外国旅游团队中，有时会有聋哑、截瘫、视力障碍（盲人）等残疾游客，他们克服了许多常人难以想象的困难来到中国旅游，这既表明他们有着比常人更加强烈的对旅游的渴望，也说明他们对中国有着特殊的感情，对中国悠久的历史文化有着浓厚的兴趣。他们之所以在众多的旅游目的地中选择了中国，就是相信在中国不会受到歧视。因此，在任何时候、任何场合都不应讥笑和歧视他们，而应表示尊重和友好。残疾游客的自尊心和独立性特别强，虽然他们需要关照，但又不愿给别人增添麻烦。因此，在接待残疾游客时，导游人员要特别注意方式方法，既要热情周到，尽可能地为他们提供方便，又要不给他们带来压力或伤害他们的自尊心，真正做到让其乘兴而来、满意而归。

（一）适时、恰当的关心照顾

接到残疾游客后，导游人员首先应适时地询问他们需要什么帮助，但不宜问候过多，如果过多关心照顾，反而会使他们反感。其次，如果残疾游客不主动介绍，不要打听其残疾的原因，以免引起不快。此外，在工作中要时刻关注残疾游客，注意他们的行踪，并给予恰当的照顾。尤其是在安排活动时，要多考虑残疾游客的生理条件和特殊需要，譬如选择路线时尽量不走或少走台阶、提前告诉他们洗手间的位置、通知餐厅安排本团在一层餐厅就餐等。

（二）具体、周到的导游服务

对不同类型的残疾游客，导游服务应具有针对性。接待聋哑游客要安排他们在车上前排就座，因为他们需要通过导游人员讲解时的口形来了解讲解的内容。为了让他们获得更多的信息，导游人员还应有意面向他们，放慢讲解的速度。对截瘫游客，导游人员应根据接待计划分析游客是否需要轮椅。如需要应提前做好准备。接团时，要与计调或有关部门联系，最好派有行李箱的车，以便放轮椅或其他物品。对有视力障碍的游客，导游人员应安排他们在前排就座，能用手触的地方、物品可以尽量让他们触摸。在导游讲解时可主动站在他们身边，讲解内容要力求细致生动，口语表达更加准确、清晰，讲解速度也应适当放慢。

四、对宗教界人士的接待

来中国旅游的外国游客中，常常会有一些宗教界人士，他们以游客的身份来华旅游，同时进行宗教交流活动，导游人员要根据他们身份特殊、要求较多的特点，做好接待工作。

（一）注意掌握宗教政策

导游人员平时应加强对宗教知识和我国宗教政策的学习，接待宗教旅游团时，既要注意把握政策界线，又要注意宗教游客的特点。譬如，不要不合时宜地向宗教游客宣传"无神论"，尽量避免有关宗教问题的争论，更不要把宗教、政治、国家之间的问题混为一谈，随意评论。

（二）提前做好准备工作

导游人员在接到接待宗教团的计划后，要认真分析接待计划，了解接待对象的宗教信仰及其职位，对接待对象的宗教教义、教规等情况要有所了解和准备，以免在接待中发生差错。如果该团在本地旅游期间包括有星期日，要征求领队或游客的意见，是否需要安排去教堂，如需要，要了解所去教堂的位置及开放时间。

（三）尊重游客信仰习惯

在接待过程中，要特别注意宗教游客的宗教习惯和戒律，尊重他们的宗教信仰和习惯。譬如，由天主教人士组成的旅游团，每天早晨开车前，他们会在车上讲经、作祈祷。这时，导游人员和司机应主动下车，等他们祈祷完毕后再上车。

（四）满足游客特殊要求

宗教界人士在生活上一般都有些特殊的要求和禁忌，导游人员应按旅游协议书中的规定，不折不扣地兑现，尽量予以满足。譬如，对宗教游客在饮食方面的禁忌和特殊要求，导游人员一定要提前通知餐厅做好准备；又如，有些伊斯兰教人士用餐时，一定要去有穆斯林标志牌的餐厅用餐，导游人员要认真落实，以免引起误会。

课后练习

一、判断题（对的打√，错误的打×）

1. 【2017年真题】在旅游团赴景点的高速公路上，为了保证安全，导游员可以不做沿途导游讲解，也无须组织娱乐活动。（　　）
2. 【2017年真题】地陪带团中应多关注旅游团中的儿童，并针对其心理和生理特点，给他们买些玩具和零食，或给他们讲一些有趣的故事，以活跃气氛。（　　）
3. 【2017年真题】导游员遇事多从游客的角度去思考，将维护游客的合法利益摆在首位，这体现了导游带团的服务至上原则。（　　）
4. 【2018年真题】导游可以把境外领队作为旅游团中的"重点客人"去尊重，遇事与其多磋商。（　　）
5. 【2018年真题】导游员要提醒司机不能酒后驾车，否则可向旅行社汇报，请求更换司机或换车。（　　）
6. 【2018年真题】导游员在带团过程中会出现各种矛盾和问题，只要不是导游员主观失误造成的问题，都无须道歉，也不应把责任揽到自己身上。（　　）
7. 【2019年真题】维护良好的导游形象贯穿于导游服务的全过程，比树立形象往往更艰巨、更重要。（　　）
8. 【2019年真题】在游客心目中，导游员是当地人民的典型代表和"友好使者"，关系到国家和地区旅游业的声誉。（　　）
9. 【2020年真题】按照国际惯例，导游带团乘坐任何交通工具时，要第一个上，最后一个下。（　　）
10. 【2020年真题】导游对忧郁型旅游者不能过分表示亲热，不要与之高声说笑，更不要与他们开玩笑。（　　）

二、单选题（每题只有一个正确答案）

1. 【2017年真题】旅游团长途旅游时为了预防交通事故，导游员正确的做法是（　　）。
   A.与司机聊天，防止司机疲劳、打瞌睡
   B.提醒司机注意安全，必要时替司机开车
   C.安排日程时在时间上留有余地，不催促司机开快车
   D.在道路不安全的情况下，建议司机快速开车
2. 【2017年真题】领队小李带团赴马来西亚旅游时，团队一女游客见当地小孩非常可爱便走过去摸了下小孩的头，引起其父母强烈不满，此时小李应（　　）。
   A.立即对游客进行批评教育　　　　　B.尽力为游客的行为辩解
   C.不介入，让双方自行解决　　　　　D.协调游客向对方赔礼道歉
3. 【2017年真题】导游员在与入境旅游团领队合作时，正确的做法是（　　）。
   A.搞好关系，听从领队的指挥　　　　B.满足领队提出的各项要求
   C.与领队建立亲密无间的关系　　　　D.尊重领队，遇事与其多协商

4.【2018年真题】某旅游团因游客没有看到泰山日出而气氛沉闷,导游小孙见此在车上即兴说了一段山东快书,赢得了游客的阵阵掌声。这种调节游客情绪的方法是(　　)。
　　A.触景生情法　　　　B.转移注意法　　　　C.分析法　　　　D.补偿法

5.【2018年真题】具有易冲动、易遗忘、情绪不稳定、喜欢离群活动等个性特征的游客属于(　　)游客。
　　A.稳重型　　　　B.活泼型　　　　C.忧郁型　　　　D.急躁型

6.【2018年真题】清明踏青、重阳登高、春看兰花、夏眺莲荷、秋赏红叶、冬观蜡梅——这些传统的旅游活动说明观景赏美要注意(　　)。
　　A.观赏距离　　　　B.观赏时机　　　　C.观赏节奏　　　　D.观赏角度

7.【2019年真题】在黄山半山寺眺望天都峰山腰,可看到"金鸡叫天门"的美景,但到龙蟠坡,观看同一桥时,却又是"五老上天都"的景象,这是(　　)造成的不同。
　　A.观赏角度　　　　B.观赏时机　　　　C.观赏距离　　　　D.观赏节奏

8.【2019年真题】不主动与人交往,游览时喜欢细细欣赏,购物时爱挑选、比较,这些都是(　　)游客的个性特征。
　　A.稳重型　　　　B.急躁型　　　　C.活泼型　　　　D.忧郁型

9.【2019年真题】下列关于导游礼仪的表述中,正确的是(　　)。
　　A.穿戴西服时应遵循"扣上不扣下"的原则
　　B.涂抹香水的最佳部位是光线能照射到的手臂
　　C.可以及时当众补妆,但不要借用别人的化妆品
　　D.可以询问游客的详细履历,但不要询问工资收入

10.【2020年真题】导游带团原则中,评价导游是否尽职的基本尺度是(　　)。
　　A.公平对待原则　　　　B.履行合同原则
　　C.服务至上原则　　　　D.游客至上原则

11.【2020年真题】导游在服装搭配时可以选取(　　)这三种安全颜色,它们最容易与其他颜色的服装搭配并取得好的效果。
　　A.灰、白、黑　　　　B.红、绿、蓝
　　C.白、红、灰　　　　D.黑、黄、蓝

12.【2021年真题】为了保持良好的形象,导游员在礼仪上应做好的准备是(　　)。
　　A.男导游员穿圆领汗衫　　　　B.女导游员使用香水
　　C.不要吃葱、蒜等有气味的食物　　　　D.戴美丽珍贵的饰品

13.【2021年真题】以下关于导游员和司机合作的说法中,错误选项为(　　)。
　　A.线路变化时准时告知司机　　　　B.告知司机不要干预旅行活动
　　C.与司机共同讨论日程安排　　　　D.尽量为司机争取舒服的食宿

14.【2021年真题】旅行过程中,领队常常为讨好游客而"抢话筒",表现自己知多识广,使地陪的工作甚为被动;假如你是地陪,较合适的做法是(　　)。
　　A.对领队的行为表示抗议
　　B.任凭领队表现自己
　　C.心里反感,但表面上笑脸相对
　　D.有礼有节指出其行为不当,不让领队牵着鼻子走

15.【2021年真题】现在各大旅行社纷纷组织夕阳红旅行团队,接待这样的老年团队,导游员的以下做法中错误的是(　　)。

　　A.在带夕阳红团队的讲解过程中应放慢语速

　　B.讲解时声音要洪亮,服务态度要亲切,热忱和周到

　　C.做到走路不观景,观景不走路

　　D.旅程安排要和其他团一样,按方案进行

三、多选题(每题至少有2个正确答案)

1.【2016年真题】下列关于导游相关礼仪规范的说法中,正确的有(　　)。

　　A.化妆应与工作环境相适应,以自然修饰为佳

　　B.服装应时尚前卫,突出行业的前沿性

　　C.为了拉近与游客之间的关系,可以主动多跟游客聊一些个人情况的话题

　　D.在迎接游客时,导游应该主动先伸手表示友好

　　E.导游清点人数时,不宜用手指点

2.【2016年真题】游客在旅游不同阶段的心理活动会有变化,其中在旅游中期阶段主要表现出的心理或行为有(　　)。

　　A.求新　　　B.懒散　　　C.求发泄　　　D.求全　　　E.求安全

3.【2016年真题】下列关于导游相关礼仪规范的说法中,正确的有(　　)。

　　A.女导游可以佩戴耳环、手镯等饰物

　　B.带团时最好不要吃葱、蒜、韭菜等有异味的食物

　　C.坐下时不应高跷二郎腿

　　D.始终以微笑来面对游客,为游客提供微笑服务

　　E.不得随意进入游客房间,但有事需要进入时,应事先电话约定并准时抵达

4.【2016年真题】调节游客情绪的主要方法有(　　)。

　　A.转移注意法　　　B.分析法　　　C.情趣法

　　D.精神补偿法　　　E.物质补偿法

5.【2017年真题】导游员在接待高龄游客时正确的做法有(　　)。

　　A.反复提醒游客带好随身物品　　　B.耐心解答游客提出的问题

　　C.日程不要太紧,项目不宜过多　　　D.适当采用激将法和诱导法

　　E.适当增加游客去厕所的次数

6.【2018年真题】下列关于导游接待残障游客的做法中,正确的是(　　)。

　　A.时刻关注残障游客的动向　　　B.设法弄清游客残障的原因

　　C.提前告知洗手间的位置　　　D.选择线路时尽量不走或少走台阶

　　E.反复询问残障游客是否需要帮助

7.【2018年真题】导游员要照顾好旅游团中的儿童,但要注意(　　)。

　　A.不给患病儿童服用自备药品

　　B.不单独带孩子外出活动

　　C.孩子冷暖由父母照顾,不要进行干预

　　D.不要给孩子买玩具、食品

8.【2019年真题】对于残障游客,导游正确的做法有(　　)。

　　A.尽量安排其在一层餐厅就餐　　B.提前告知洗手间位置

　　C.尽量不走或少走台阶　　D.时刻关注并恰当地给予照顾

　　E.详细了解其残障的原因

9.【2021年真题】地陪小黄在少林寺带领一欧洲旅行团参观游玩。导游讲解结束后,小黄让客人自由活动,商定30分钟后在少林寺山门前集合,但是小黄突然发觉该团的一位游客在山门口拿出很多宗教宣传品预备向现场的群众分发,此时小黄应当实行的措施是(　　)

　　A.敬重旅行者帮其分发

　　B.告知需要与少林寺商议

　　C.上前劝阻

　　D.告知未经我国宗教团体允许,不得擅自在我国境内进行上述活动

10.【2021年真题】要做好与旅行车司机的协作,导游员应当(　　)

　　A.准时向司机通报旅行活动信息

　　B 帮助司机做好安全行车工作

　　C.结合日程安排,征求司机对行车路线的看法

　　D.在行车途中多与司机闲聊

扫码在线答题

第六章 导游人员的语言技能

知识目标

1. 了解导游员语言的表达形式。
2. 熟悉导游讲解应遵守的原则及基本要求。
3. 熟悉常见的导游讲解方法。

能力目标

1. 学会运用导游交际时的语言艺术。
2. 学会判断导游讲解是否遵守了原则及具体要求。
3. 学会运用常见的导游讲解方法和技巧进行讲解。

教学重点

1. 导游语言运用的基本原则和要求。
2. 常见的导游讲解的方法和技巧。

课程导入

> 为什么我的讲解差？
>
> 一新导游在带团归来后向师傅抱怨道:"从出发地到目的地一共十几个小时的车程中,我很认真很努力地为客人们一路讲解,刚开始听我讲的客人还很多,可后来听我讲的人越来越少,甚至有人到后来还听睡着了。我觉得很郁闷,甚至感觉很受伤。这是为什么呢?"

对导游人员而言,语言是必不可少的基本功,导游服务效果的好坏在很大程度上取决于导游人员掌握和运用语言的能力。通过导游的语言表达,祖国的大好河山会更加生动形象,祖国各地绚丽多姿的民俗风,沉睡了千百年的文物古迹,令人费解的自然奇观,造型奇巧的传统工艺品都在游客的眼中更加有趣、生动,风味独特的名点佳肴也变得内涵丰富,从而使游客感到旅游生活妙趣横生,留下经久难忘的深刻印象。出色的导游讲解能力需要导游员具备扎实的语言功底,包括对语言的掌握、表达和运用技巧,正确、优美、生动的语言表达能力对提高导游服务质量至关重要。

第一节　导游语言概述

导游语言从狭义的角度上看,是导游与游客交流思想感情、指导游览、进行讲解、传播文化时使用的一种具有丰富表达力、生动形象的口头语言。从广义上讲导游语言是导游员在导游服务过程中必须熟练掌握和运用的,所有具有一定意义并能实现沟通目的的一种符号,是导游员用以做好导游服务工作的重要手段和工具。导游员掌握的语言知识越丰富,驾驭语言的能力越强,导游语言运用得越好,信息传递的障碍就越小,游客就越容易领悟,导游讲解和沟通的效果就越好。

一、导游语言的表达形式

从语言的表现形式分,导游语言可分为口头语言、态势语言、书面语言。在导游服务中,口头语言、态势语言使用得最多,是导游员用以实现导游服务目的的主要手段。

口头语言是导游员使用频率最高的一种语言形式。美学家朱光潜曾说:"话说得好就会如实地达意,使听者感到舒服,发生美感。这样的说话就成了艺术。"由此可见,导游人员要提高自己的口头语言表达技巧,必须在"达意"和"舒服"上下功夫。口头语言的表达形式分独白式和对话式两种。

(一) 独白式

独白式是导游人员讲、游客倾听的语言传递方式,如导游人员致欢迎词、欢送词或进行独白式的导游讲解等。独白式具有目的性强、对象明确和表述充分等特点,能使导游员的观点、态度、想传达的信息内容得到充分表述。

> 成都杜甫草堂,是我国唐代大诗人杜甫流寓成都时的居所。公元759年冬天,杜甫为避"安史之乱",携家由陇右(今甘肃省南部)入蜀。靠亲友的帮助,在成都西郊风景如画的浣花溪畔修建茅屋居住。第二年春天,茅屋落成,称"成都草堂"。
>
> 在这里,诗人先后居住了将近四年,其创作的诗歌流传到现在的有240多首。由于成都远离战乱的中原,而草堂又地处郊野,因此诗人的生活比较安定,心绪也较为宁静,这就使他在草堂的诗歌创作许多都具有田园风味,如《堂成》《江村》《春夜喜雨》等篇章都是如此。然而杜甫毕竟是一位有远大政治抱负的诗人,对国家前途和人民命运的关心与忧虑,使他始终不能忘怀现实。因此忧国忧民的诗歌作品,仍然是他创作的重要组成部分。这一时期写成的《茅屋为秋风所破歌》《恨别》《病橘》《枯棕》等著名诗篇都是感人至深的现实主义不朽之作。正因为杜甫在成都的诗歌创作给我们留下了宝贵的文学财富,所以,后世把成都杜甫草堂誉为中国文学史上的一块圣地。

从上面的例子可以看出独白式口头语言的特点:第一,目的性强。介绍杜甫草堂的概况,第二,对象明确。面对旅游团的全体游客说话,因而能够产生良好的语言效果;第三,表述充分。首先讲杜甫草堂的由来，接着讲述杜甫在成都作诗的情况。

（二）对话式

对话式是导游人员与一个或一个以上游客进行的交谈。如问答、商讨等。在散客导游中，导游人员常采用这种形式进行讲解。譬如：

> 导游人员："你们知道武汉最有名的风味小吃是什么吗？"
> 游客："好像是热干面吧。"
> 导游人员："那你们知道哪里的热干面好吃呢？"
> 游客："听说是汉口蔡林记的热干面最鲜美可口。"
> 导游人员："那你们知道热干面的来历吗？"
> 游客："不太清楚，你能给我们讲讲吗？"
> 导游人员："说起热干面，这里还有个有趣的故事呢。30 年代初期，汉口长堤街有一个名叫李包的人，在关帝庙一带卖凉粉和汤面。一个夏天的晚上，李包还剩下许多面没卖完……"

由上例可看出对话式口头语言的特点：第一，依赖性强，即对语言环境有较强的依赖性。对话双方共处同一语境，有些话不展开来说，只言片语也能表达一个完整的或双方都能理解的意思。第二，反馈及时。对话式属于双向语言传递形式，其信息反馈既及时又明确。导游员可根据反馈情况调整说话时间的长短、内容的深浅以及话题等，对话有利于双方互相沟通和交流。

二、口头语言表达的要领

（一）音量大小适度

音量是指一个人讲话时声音的强弱程度。导游人员在进行导游讲解时要注意控制自己的音量，力求做到音量大小适度。一般说来，导游人员音量的大小应以每位游客都能听清为宜，但在游览过程中，音量大小往往受到游客人数、讲解内容和所处环境的影响，导游人员应根据具体情况适当进行调节。譬如，当游客人数较多时，导游人员应适当调高音量，反之则应把音量调低一点；在室外嘈杂的环境中讲解，导游人员的音量应适当提高，而在室内宁静的环境中则应适当降低一些；对于导游讲解中的一些重要内容、关键性词语或要特别强调的信息，导游人员要加大音量，以提醒游客注意，加深游客的印象。如"我们将于八点三十分出发"就是强调出发的时间，以提醒游客注意。

（二）语调高低有序

语调是指一个人讲话的腔调，即讲话时语音的高低起伏和升降变化。语调一般分为升调、降调和直调三种，高低不同的语调往往表达了人们不同的感情状态。

1. 升调

多用于表示兴奋、激动、惊叹、疑问等感情状态。譬如："大家快看，前面就是三峡工程建设工地！"（表示兴奋、激动）"你也知道我们湖北咸宁有个神秘的'131'地下工程？"（表示惊叹、疑问）

2. 降调

多用于表示肯定、赞许、期待、同情等感情状态。譬如："我们明天早晨八点准时出发。"（表示肯定）"希望大家有机会再来当阳，再来玉泉寺。"（表示期待）

3. 直调

多用于表示庄严、稳重、平静、冷漠等感情状态。譬如："这儿的人们都很友好"。（表示平静状态）"武汉红楼是中华民族推翻帝制、建立共和的历史里程碑。"（表示庄严、稳重）

（三）语速快慢相宜

语速是指一个人讲话的快慢程度。导游人员在导游讲解或同游客谈话时，要力求做到徐疾有致、快慢相宜。如果语速过快，会使游客感到听起来很吃力，甚至跟不上导游人员的节奏，对讲解内容印象不深甚至遗忘；如果语速过慢，会使游客感到厌烦，注意力容易分散，导游讲解亦不流畅。当然，导游人员如果一直用同一种语速往下讲，像背书一样，不仅缺乏感情色彩，而且使人乏味，令人昏昏欲睡。在导游讲解中，较为理想的语速应控制在每分钟200字左右。当然，具体情况不同，语速也应适当调整。

（四）停顿长短合理

停顿是一个人讲话时语音的间歇或语流的暂时中断。这里所说的停顿不是讲话时的自然换气，而是语句之间、层次之间、段落之间的有意间歇。其目的是集中游客的注意力，增强导游语言的节奏感。导游讲解停顿的类型很多，常用的有以下几种：语义停顿；暗示省略停顿；等待反应停顿；强调语气停顿，这里就不一一阐述了。

【案例6-1】 导游在讲解，游客却在聊天

小徐是位刚跨出旅游学校校门的导游员，这次他带的是来自T地区的旅游团。上车后，与前几次带团一样，小徐语调不变、语言平淡地讲解了起来。他讲这个城市的历史、地理、政治、经济，他讲这个城市的一些独特的风俗习惯。然而，一些游客对他认真的讲解似乎并无多大兴趣，不但没有报以掌声，坐在车子最后两排的几个游客反而津津乐道于自己的话题，相互间谈得非常起劲。虽然也有个别的游客回过头去朝那几位讲话的看一眼以表暗示，但那几个游客好像压根儿没有意识到似的，依然我行我素。看着后面聊天的几个游客，再看看一些在认真听自己讲解的游客，小徐竭力保持自己的情绪不受后面几位聊天者的影响。但是他不知道怎样做才能阻止那几位游客的聊天。

【思考】1.发觉旅游团中有游客不爱听自己的讲解时，首先应该怎么做？
2.导游在语言上都无懈可击了，但有个别游客依然我行我素，该怎么办？

三、克服不良的口语习惯

（一）含糊

导游人员在讲解时，首先必须对讲解的内容胸有成竹，讲解时才能有条不紊，词语贴切。相反，如果对事物理解得不准确，望文生义，说起来就含糊不清，使人产生误解。有的导游人员说话含糊，主要是对讲解的内容不熟悉，缺乏自信心。

讲解时，常用一些"大概""可能""好像"的模糊语言，游客对此不会满足，因为他们要求得到肯定的回答、确切的知识，不愿听到含糊不清、模棱两可的话。有句名言道："言语的暧昧是由于思想的朦胧。"只有在了解讲解对象的基础上，注意使用准确、肯定的言辞，才能赢得游客的信任。

有位德语导游员把"水鱼汤"这一菜肴中的"水鱼"译成"水中的（Wasser fisch）鱼"，德国客人以为是淡水中的一般的鱼。当这一菜肴上桌后，客人才发现是"鳖鱼"，便连连摇头不吃，鳖在他们那里属于保护动物。由于导游员把"水鱼"译得含糊不清，游客便误解，如果把"水鱼"译成"水中的龟（Wasser Schildkröte）"，其意思就明确些。

（二）啰唆重复

导游人员的讲解应该内容紧凑，简洁明快。有的导游讲解时，生怕游客不理解，反反复复、颠来倒去地解释、说明。美国口才学家卡耐基说，英文"啰唆"是盎格鲁撒克逊语"反复咬啮"的意思，"反复咬啮"则使人想到松鼠关在木笼里咬啮的情形。游客不喜欢那种寡言少语、金口难开的导游员，同时也讨厌那种啰啰唆唆的导游员。

（三）晦涩难懂

口语与书面语不尽相同，口语讲求简洁，而书面语则讲求辞藻。

第一，书面语是无声的，不能表达每个语句语音上的灵活变化，表情达意的功能自然打了折扣。口头语的声音有轻有重、有高有低、有快有慢、抑扬顿挫、丰富多变，声音能起到很好的表情达意的作用。

第二，口头语除语音、语气之外，还有面部表情、手势、姿态等态势语言做辅助，帮助表情达意。口头语说得不连贯、不周密，对方一般能听懂，无须像书面语那样周全而规范。

第三，语言环境可以使口头语大量简略，每个句子不必主谓宾都齐全。加长了定语等修饰语，反而容易造成听觉上的困难，也不便于语义表达。

如果导游人员在讲解时，机械地背诵导游词，特意地用修饰语、倒装句、专用术语，或用晦涩冷僻的词语，游客不仅听不进去，而且无法消化。还有的导游员为了卖弄知识，故意引用一些古文诗词，引用之后又不解释，故作高深。造成口语晦涩难懂的原因，除了导游人员的工作态度之外，不懂得口语的特性也是其重要因素之一。

（四）口头禅

导游人员的口语应尽量避免晦涩难懂的书面化倾向，但也要防止另外一种倾向，即惯用口头禅。讲解时使用平时的口头禅，最妨碍整个内容的连贯性，游客听起来也很不舒服。常见的"这个这个"的讲解，听起来会让人焦躁不安，而且很难听懂讲解的真实内容。如下例：

> 这个，这个普济寺最早的名字叫、叫这个这个……不肯去，不肯去庵，呃，这个为什么叫这个、这个名字呢？这里有个传说，嗯……这个这个传说是，五代后梁贞明年间，有个和尚，叫这个……慧锷的，对，这个这个和尚是日本来的，到中国山西的这个这个五台山……

（五）其他不良口语习惯

除了上面提的四种不良口语习惯外，还有其他一些常见的不良口语习惯，主要是赘言惯用语、满口时髦词汇和言过其实等。

赘言惯用语指人讲话时，总喜欢添上"自然是这样""果真如此""老实说""坦率地讲""如果你明白我的意思""明白了吗"等此类言辞，有时毫无必要，应免开尊口。惯用时髦词汇指谈话时满口新词句，试图用一些精心雕琢的辞藻表现一下自己的时髦，有时反而令人感到做作。言过其实指言语浮夸，超过实际。常说：要想不出丑，最好别吹牛。随意滥用"绝无仅有""毫无价值"之类的词汇，过分使用大量形容词，试图取得先声夺人的效果，殊不知这种无视游客自身评判能力的夸张手法，有时在效果上会适得其反。因此，话不可说绝了。

四、态势语言

态势语言亦称体态语言、人体语言或动作语言，它是通过人的表情、动作、姿态等来表达语义和传递信息的一种无声语言。同口头语言一样，它也是导游服务中重要的语言艺术形式之一，常常在导游讲解时对口头语言起着辅助作用，有时甚至还能起到口头语言难以企及的作用。态势语言种类很多，不同类型的态势语言具有不同的语义，其运用技巧亦不相同。下面介绍一些导游服务中常用的态势语言。

（一）表情语

表情语是指通过人的眉、眼、耳、鼻、口及面部肌肉运动来表达情感和传递信息的一种态势语言。导游人员的面部表情要给游客一种平滑、松弛、自然的感觉，要尽量使自己的目光显得自然、诚挚，额头平滑不起皱纹，面部两侧笑肌略有收缩，下唇方肌和口轮肌处于自然放松的状态，嘴唇微闭。这样，才能使游客产生亲切感。表情语主要有目光语和微笑语。

1. 目光语

目光语是通过人与人之间的视线接触来传递信息的一种态势语言。艺术大师达·芬奇说："眼睛是心灵的窗户"，意思是透过人的眼睛，可以看到他的心理情感。目光主要由瞳孔变化、目光接触的长度及向度三个方面组成的。瞳孔变化，是指目光接触瞳孔的放大或缩小，一般来说，当一个人处在愉悦状态时，瞳孔就自然放大，目光有神；反之，当一个人处在沮丧状态时，则瞳孔自然缩小，目光暗淡。目光接触的长度，是指目光接触时间的长短。导游人员一般连续注视游客的时间应在 3 秒钟以内，以免引起游客的厌恶和误解。

导游讲解是导游人员与游客之间的一种面对面的交流。游客往往可以通过视觉交往从导游人员的一个微笑、一种眼神、一个动作、一种手势中加强对讲解内容的认识和理解。在导游讲解时，运用目光的方法很多，常用的主要有：

（1）目光的联结。

导游人员在讲解时，应用热情而又诚挚的目光看着游客。正如德国导游专家哈拉尔德·巴特尔所说的：导游人员的目光应该是开诚布公的、对人表示关切的，是一种可以看出谅解和诚意的目光。那种一直低头或望着毫不相干处，翻着眼睛只顾自己口若悬河的导游人员是无法与游客产生沟通的。因此，导游人员应注意与游客目光的联结，切忌目光呆滞，无表情；眼帘低垂，心不在焉；目光向上，给人傲慢的感觉；视而不见等不正确的目光联结方式。

（2）目光的移动。

导游人员在讲解某一景物时，首先要用目光把游客的目光牵引过去，然后再及时收回目光，并继续投向游客。这种方法可使游客集中注意力，并使讲解内容与具体景物和谐统一，给游客留下深刻的印象。

（3）目光的分配。

导游人员在讲解时，应注意自己的目光要统摄全部听讲解的游客，既可把视线落点放在最后边两端游客的头部，也可不时环顾周围的游客，但切忌只用目光注视面前的部分游客，使其他的游客感到自己被冷落，产生遗弃感。

（4）目光与讲解的统一。

导游人员在讲解传说故事和逸闻趣事时，讲解内容中常常会出现甲、乙两人对话的场景，需要加以区别，导游人员应在说甲的话时，把视线略微移向一方，在说乙的话时，把视线略微移向另一方，这样可使游客产生一种逼真的临场感，犹如身临其境一般。

2. 微笑语

微笑是一种富有特殊魅力的面部表情，导游人员的微笑要给游客一种明朗、甜美的感觉，微笑时要使自己的眼轮肌放松，面部两侧笑肌收缩，口轮肌放松，嘴角含笑，嘴唇似闭非闭，以露出半牙为宜。这样才能使游客感到和蔼亲切。

（二）姿态语

姿态语是通过端坐、站立的姿态来传递信息的一种态势语言，主要涉及站姿语、坐姿语和界域语。

1. 坐姿语

导游人员的坐姿要给游客一种温文尔雅的感觉。其基本要领是：上体自然挺直，两腿自然弯曲，双脚平落地上，臀部坐在椅子中央，男导游人员一般可张开双腿，以显其自信、豁达；女导游人员一般两膝并拢，以显示其庄重、矜持。坐态切忌前俯后仰、摇腿跷脚或跷起二郎腿。

2. 站姿语

导游人员的立姿要给游客一种谦恭有礼的感觉。其基本要领是：头正目平，面带微笑，肩平挺胸，立腰收腹，两臂自然下垂，两膝并拢或分开与肩平。不要两手叉腰或把手插在裤兜里，更不要有怪异的动作，如抽肩、缩胸、乱摇头、擤鼻子、掐胡子、舔嘴唇、拧领带、不停地摆手等。

导游人员在讲解时多采用站立的姿态。若在旅游车内讲解，应注意面对游客，可适当倚靠司机身后的护栏杆，也可用一只手扶着椅背或护栏杆；若在景点站立讲解，应双脚稍微分开（两脚距离不超过肩宽），将身体重心放在双脚上，上身挺直，双臂自然下垂，双手相握置于身前以示"谦恭"或双手置于身后以示"轻松"。如果站立时躬背、缩胸，就会给游客留下猥琐和病态的印象。

3. 界域语

界域语是交际者之间以空间距离所传递的信息，是导游语言中一个很重要的语言符号。在导游活动中，界域语可分为亲热界域语（如拥抱、亲吻、挽手等）、个人界域语（界域距离一般为75厘米左右，如促膝攀谈、握手等）、社交界域语（在社交、谈判等场合，人们一般在122~317厘米这一社交空间之内觉得较为自在）。

在社交场合，要注意保持交谈的最佳距离和角度。不同的国家对此有不同的习惯。西欧一些国家认为，两个人交谈的最佳距离为1米，但意大利人经常保持30~40厘米。从卫生角度考虑，交谈的最佳距离为1.3米，这样就不至于因交谈而感染由飞沫传染的疾病。在平时与人交往时，不妨根据双方关系的亲疏来决定与人交谈的距离。此外，交谈时最好有一定的角度，两人可在对方的侧面斜站，形成30°角为最佳，避免面对面。这个距离和角度，既无疏远之感，又文明卫生。

讲解时导游员与旅游者之间最佳的距离是2~3.5米，因为游客对亲密距离十分敏感：如果导游随便进入亲密距离会招来强烈反感。导游员与游客毕竟是短暂相处，在情感上很难达到太深的程度，因此，不要轻易进入游客的亲密距离，尤其在接待外国游客时，更不要随便拍、拉客人身体。

（三）动作语

1. 首语

首语是通过人的头部活动来表达语义和传递信息的一种态势语言，它包括点头和摇头。一般说来，世界上大多数国家和地区都以点头表示肯定，以摇头表示否定。实际上，首语有更多的具体含义，如点头可以表示肯定、同意、承认、认可、满意、理解、顺从、感谢、应允、赞同、致意等。另外，因民族习惯的差异，首语在有些国家和地区还有不同的含义，如印度、泰国等地某些少数民族奉行的是点头不算摇头算的原则，即同意对方意见用摇头来表示，不同意则用点头表示。

2．手势语

手势语是通过手的挥动及手指动作来传递信息的一种态势语言，它包括握手、招手、手指动作等。在导游讲解中，手势不仅能强调或解释讲解的内容，而且还能生动地表达口头语言所无法表达的内容，使导游讲解生动形象。导游讲解中的手势有以下五种。

（1）情意手势。

常用来表达或强调说话人的某种思想感情、意象或态度，带有强烈的感情色彩。如高兴时手舞足蹈，焦急时搓手顿脚，激动时挽手挥拳……这些手势是说话人内在情感和态度的自然流露，往往给对方以鲜明深刻的印象。譬如，在讲到"我们湖北的社会主义现代化建设一定会取得成功"时，导游人员用握拳的手有力地挥动一下，既可渲染气氛，也有助于情感的表达。

（2）指示手势。

指示手势是用来指示具体对象和方向的一种手势。比如用手指指着自己的胸口表示谈论的是我自己或与自己有关的事情；伸出一只手指向某一座位，是示意对方在该处就座。指示性手势还可以用来指点人、事物或表示数目等，它可以增强谈话内容的明确性和真切性。导游人员讲到武侯祠的楹联时，可用指示手势来一字一字地加以说明。

（3）象形手势。

象形手势是用来模拟物体或景物形状的一种手势。譬如，当讲到"有这么大的鱼"时，可用两手食指比一比；当讲到"五公斤重的西瓜"时，可用手比一个球形状的动作来形容。

（4）抽象意念手势。

如伸出右手的食指和中指构成 V 字形状，象征胜利；用大拇指和食指构成圆圈，其他三指伸直张开的 OK 形式，表示良好、赞赏、顺利的意思，这种手势能引起对方的思考和联想。不过中西方的这种手势语所表示的意思有时不同，要注意区别。

（5）礼仪性手势。

在人际交往中用来表示尊敬友好的手势动作。如拱手抱拳表示拜会、祝贺；握手言欢，表示礼貌、热情、友善与诚恳；挥手目送表示依依惜别；鼓掌表示欢迎、赞扬与支持；双手合十表示问好、祝安等。

3．导游服务常见手势语

导游服务中常见的手势语包括握手语、招手语和手指语。

（1）握手语。

握手是交际双方互伸右手彼此相握以传递信息的手势语，它包含在初次见面时表示欢迎，告别时表示欢送，对成功者表示祝贺，对失败者表示理解，对信心不足者表示鼓励，对支持者表示感谢等多种语义。

握手要领：与人握手时，上身应稍微前倾，立正，面带微笑，目视对方；握手时要摘帽和脱手套，女士和身份高者可例外；握手时不要将自己的左手插在裤袋里，不要边握手边拍人家肩头,不要眼看着别人或与他人打招呼,更不要低头哈腰;无特殊原因不要用左手握手;多人在一起时要避免交叉握手。

握手顺序:男女之间,男方要等女方先伸手后才能握手,如女方不伸手且无握手之意,男士可点头或鞠躬致意;宾主之间主人应先向客人伸手,以表示欢迎;长辈与晚辈之间,晚辈要等长辈先伸手;上下级之间,下级要等上级先伸手以示尊重。

握手时间:握手时间的长短可根据握手双方的亲密程度灵活掌握。初次见面一般不应超过3秒钟,老朋友或关系亲近的人则可以边握手边问候。

握手力度:握手力度以不握疼对方的手为限度。在一般情况下,握手不必用力,握一下即可。

导游人员在与游客初次见面时,可以握手表示欢迎,但只握一下即可不必用力。对年龄或身份较高的游客应身体稍微前倾或向前跨出一小步,双手握住对方的手以示尊重和欢迎。在机场或车站送行与游客告别时,导游人员和游客之间已建立起较深厚的友谊,握手时可适当紧握对方的手并微笑着说些祝愿的话语。对于给予过导游人员大力支持和充分理解的海外游客及友好人士等更可加大些力度,延长握手时间,或双手紧握并说些祝福感谢的话语,以表示相互之间的深厚情谊。

(2)招手语。

招手语表示的意思是招呼、致意、理解、再见。招手一般用在朋友、同事或熟悉的人之间。导游人员在同游客熟悉之后,当游客向导游人员问好时,导游员既可口头回答,也可招手致意,但招手时应面带微笑。此外,在人多的场合或者双方距离较远时,目光结束后也可招手示意。

(3)手指语。

手指语是一种较为复杂的伴随语言,是通过手指的各种动作来传递不同信息的手势语。由于文化传统和生活习俗的差异,在不同的国家、不同的民族中手指动作的语义也有较大区别(见表6-1),导游人员在接待工作中要根据游客所在国和民族的特点选用恰当的手指语,以免引起误会和尴尬。

表 6-1 常见的手势语在不同国家的不同含义

手指语	特殊含义
(竖大拇指图)	在世界上许多国家包括中国都表示"好",用来称赞对方高明、了不起、干得好; 在韩国表示首领、"部长""队长"或"自己的父亲"; 在日本表示"男人"或"您的父亲"; 在美国、墨西哥、澳大利亚等国表示"祈祷幸运"; 在希腊表示叫对方"滚开"; 在法国、英国、新西兰等国表示请求"搭车"
(竖食指图)	在新加坡表示"最重要"; 在缅甸表示"拜托""请求"; 在美国表示"让对方稍等"; 在澳大利亚则是"请再来一杯啤酒"

续表

手指语	特殊含义
	在墨西哥表示"不满"； 在法国表示"下流的行为"； 在澳大利亚表示"侮辱"； 在美国和新加坡则是"被激怒和极度的不愉快"
	在韩国表示"女朋友""妻子"； 在菲律宾表示"小个子"； 在日本表示"恋人""女人"； 在印度和缅甸表示"要去厕所"； 在美国和尼日利亚则是"打赌"
	在中国表示数字"九"； 在墨西哥表示"钱"； 在日本表示"偷窃"； 在东南亚一带则是"死亡"
	这是美国人爱用的"OK"手势； 在中国表示数字"零"； 在日本则表示"金钱"； 而希腊人、巴西人和阿拉伯人用这个手势表示"诅咒"
	西方人常用此手势来预祝或庆贺胜利，但应注意把手心对着观众。如把手背对着观众做这一手势，则被视为下流的动作

导游讲解时，在什么情况下用何手势，都应视讲解的内容而定。在手势的运用上必须注意：一要简洁易懂；二要协调合拍；三要富有变化；四要节制使用；五要避免使用游客忌讳的手势。

总之，导游员如果能充分运用好态势语言，配合好专业的口头语言，做到准确适度、整体协调、简明自然，将极大提高带团的质量，减轻工作的压力，最终获得游客的好评。

第二节 导游交际语言艺术

交际，是人与人之间的往来接触。在导游服务中，导游人员主要是同游客和相关接待单位的有关人员进行接触，而接触过程中，语言是最基本、最重要的工具，语言表达方式、方法和技巧对接触效果都会产生影响。因此，为了同游客（主要接触对象）及相关接待单位友好相处，导游人员应不断提高自己的导游交际语言技能。

导游交际语言包含的内容很多，如见面时的语言、交谈时的语言、致辞（欢迎词、欢送词）的语言以及导游人员同游客交往中导游人员对游客进行劝服、提醒、拒绝、道歉的语言等。下面主要介绍几种交际技巧。

一、见面的语言艺术

初次见面的第一印象往往成为游客评价导游员的重要依据。所以导游员在与游客初次见面时无论是"言"还是"行",都要给对方以良好的印象,为进一步交往铺平道路。见面时的语言主要有两种,一是打招呼,二是自我介绍。

(一)打招呼的语言艺术

打招呼是一种基本的礼节。遇到面熟的人,即便只有一面之交,也要主动打招呼、点头示意或相视一笑,不要在不经意之间冷淡任何一位朋友。毫无表情、漫不经心的习惯在无意间会被人视为无礼。打招呼时可使用招呼语,有时只需一个眼神、一个手势或一个头部动作,有时可同时采用。打招呼的含义是向对方表示问候和致意。

1. 问候

问候语一般不强调具体内容,只表示一种礼貌。在使用上通常简洁、明了,不受场合的约束。无论在任何场合,与人见面都不应省略问候语。同时无论何人以何种方式向你表示问候,都应给予相应的回复,不可置之不理。与人交往常用的问候语主要有:"您好",或者根据早晚时间说"早上好""下午好""晚上好"等。与外国人见面问候招呼时,最好使用国际比较通用的问候语。例如,英语应用 How do you do?(您好)等。如果是熟人,可按平时的称谓招呼一下,如"老王""小李"等。问候时距离不应太远,音量应以对方能听清为宜,眼睛应注视对方。

2. 致意

致意包括招手、微笑、点头示意等。导游员与游客初次见面要使用问候语,再次见面时,一般常用微笑或点头示意即可。

导游员在同游客及相关单位人员打招呼时,一要注意称呼得当,二要注意寒暄时热情有礼。

一般情况下,导游人员对游客的称谓有以下三种类型。

(1)交际关系型。交际关系型的称谓主要是强调导游人员与游客在导游交际中的角色关系。如"各位游客""诸位游客""各位团友""各位嘉宾"等,这类称谓角色定位准确,宾主关系明确,既公事公办,又大方平和,特别是其中的"游客"称谓是导游语言中使用频率最高的一种。

(2)套用尊称型。套用尊称是在各种场合都比较适用,对各个阶层、各种身份也比较合适的社交通称。如"女士们、先生们""各位女士、各位先生"等,这类称谓尊称意味浓厚,适用范围广泛,回旋余地较大。但一般对涉外团较好,对国内团有点太正规。

(3)亲密关系型。多用于比较密切的人际关系之间的称谓。如"各位朋友""朋友们"等,这类称谓热情友好,亲和力强,注重强调平等、亲密的交际关系,易于消除游客的陌生感,建议在和游客熟悉了后再用此称谓。

在旅游活动中，对游客的称谓总的原则应把握三点，一要得体，二要尊重，三要通用。

打招呼时寒暄语也很重要。寒暄是指谈话没有进入正题前，就某些话题所进行的轻松交谈。对此，导游人员要注意中、西方游客的不同习惯。一般来说，西方人的寒暄多以天气、季节、自然环境等内容作为话题，而中国人喜欢聊与自己生活有关的内容。导游员在同外国游客寒暄聊天时，应回避涉及个人隐私的任何话题，做到5不问：不问年龄；不问婚否；不问去向；不问收入；不问地址。寒暄的方式常见的有问候式、询问式、夸赞式。

（二）自我介绍的语言艺术

介绍是社交和接待活动中普遍使用的礼节，是见面相识和发展关系的最初方式。巧妙得体的自我介绍，可以为双方进一步交往奠定基础，也可以显示良好的交际风度。导游人员在做自我介绍时，首先，要面对游客，面带微笑，语言清晰，语调亲切自然，目光环视游客；用词得体，言语简洁适度。其次，自我介绍的方式可灵活一些，主要以活跃气氛、引起游客注意为宗旨。第三，自我评价要恰如其分。恰如其分的自我评价是缩短与游客之间距离、迅速赢得游客信任的有效途径。恰如其分就是要把握好分寸。具体说，首先要把握自谦的分寸。自谦的方式固然可用于来自东方的游客，自谦的分量大了，也会给人以"缺乏自信"的感觉。至于西方的游客，就完全不必用自谦。因为"自我观念"的文化差异会使他们对你产生很大的怀疑和不满；其次，还要把握自信、自得的分寸，为取得游客信任而夸夸其谈、自吹自擂，效果也将适得其反。

二、交谈的语言艺术

在旅游的各种场合和闲暇时间，导游人员与游客交谈可以增进彼此间的了解和友谊。交谈时应注意以下几点：

（一）轻松自然地进入话题

有了交谈的愿望和时机，还要有双方共同感兴趣的话题。切入话题最常用的方法是先适度寒暄。寒暄的主要作用是可打破陌生人双方的界限，缩短相互之间的感情距离，创造和谐的气氛，导出交谈的话题。寒暄常用的方法是"就地取材"，就是结合交谈双方所处的环境就地取材，引出话题。导游人员与游客聊天时也可以从对方感兴趣的话题切入。如对旅游目的地的提前了解，女性游客对时装、美容、小孩的关注，老年游客对身体健康、怀旧的兴趣等。

（二）态度坦诚，亲切有礼

坦诚是心与心之间最好的桥梁，直抒胸臆，能使人感到亲切自然；言不由衷，就会出现"话不投机半句多"的尴尬局面。与游客交谈时，要做到以下几点：

首先，要尊重对方，不能以自我为中心，尽量少用"我"字，少谈"我"事。其次，要谦虚礼让，多给对方说话的机会，自己要少说多听。再次，要平等交谈。切忌给人以居高临下、自以为是的印象，即使对下级、晚辈也要以平等、平易近人的姿态讲话。不论双方地位有何不同，都不能因高傲或自卑在双方之间筑起一堵高墙。最后，应注意要克制、宽容。在交谈中如果发生争执，千万不能针锋相对、恶语相加，也不可指责、讽刺对方。

(三）把握进程，有始有终

交谈不仅要有好的开端，也应在良好的气氛中结束。如果想要结束交谈，导游员要留意对方的表现，切不可在对方谈兴正浓、毫无准备的情况下终止谈话，使对方难以下台。要学会逐渐把话题引向结束，即使有急事需要打断，也要先致歉，约定下次再谈，然后再离开。如果发现对方心不在焉、游目四望、频繁看表，甚至如坐针毡，这些都是着急结束话题的暗示，导游员应及早结束话题，切不可无话找话，继续交谈。

结束交谈，要尽量给对方留下一个好印象。比如说一些令对方感到愉快的结束语，诸如"跟您聊天，心情特别愉快""与您交谈，真是受益匪浅"等。既显得有修养，也为下次交往打下良好的基础。谈话时要与对方保持适当的距离，礼貌地注视对方，耐心倾听，避免迫使人重复讲过的话，善于把握谈话过程。

三、劝服的语言艺术

在导游服务过程中，导游人员常常会面临各种问题，需要对游客进行劝服，如旅游活动日程被迫改变，需要劝服游客接受；对游客的某些越轨行为需要进行劝说等。劝服一要以事实为基础，即根据事实讲明道理；二要讲究方式、方法，使游客易于接受。

（一）诱导式劝服

诱导式劝服即循循善诱，通过有意识、有步骤的引导，澄清事实，讲清利弊得失，使游客逐渐信服。譬如：

> 某旅游团原计划自武汉飞往深圳，因未订上机票只能改乘火车，游客对此意见很大。这时导游人员首先要十分诚恳地向游客致歉，然后耐心地向游客说明原委并分析利弊。导游人员说："没有买上机票延误了大家的旅游行程，我很抱歉，对于大家急于赴深圳的心情我很理解。但是如果乘飞机去深圳还得等两天以后，这样你们在深圳只能停留一天，甚至一天还不到；如果现在乘火车，大家可在深圳停留两天，可以游览深圳的一些主要景点。另外，大家一路旅途都非常辛苦，乘火车一方面可以观赏沿途的自然风光，一方面也可以得到较好的休息。"
>
> 导游人员的这席话使游客激动的情绪开始平静了下来，一些游客表示愿意乘火车，另一些游客在他们的影响下也表示认可。

对上述示例中的这类问题的劝服，导游人员一是要态度诚恳，使游客感到导游人员是站在游客的立场上帮助他们考虑问题的；二是要善于引导，巧妙地使用语言分析其利弊得失，使游客感到上策不行取其次也是最好的选择。

（二）迂回式劝服

迂回式劝服是指不对游客进行正面、直接地说服，而采用间接或旁敲侧击的方式进行劝说，即通常所说的"兜圈子"。这种劝服方式的好处是不伤害游客的自尊心，而又使游客较易接受。如：

某旅游团有一位游客常常在游览中，喜欢离团独自活动，出于安全和旅游团活动的整体性的考虑，导游人员走过去对他说："××先生，大家现在游览休息一会儿，很希望您过来给大家讲讲您在这个景点游览中的新发现，作为我导游讲解的补充。"这位游客听了会心一笑，自动地走了过来。

在这里，导游人员没有直接把该游客喊过来，因为那样多少带有命令的口气。而是采用间接的、含蓄的方式，用巧妙的语言使游客领悟到导游人员话中的含意，游客的自尊心也没有受到伤害。

（三）暗示式劝服

暗示式劝服是指导游人员不明确表示自己的意思，而采用含蓄的语言或示意的举动使人领悟的劝说。如：

有一位游客在旅游车内抽烟，使得车内空气混浊。导游人员不便当着其他游客的面，伤了这位游客的自尊。在其面向导游人员又欲抽烟时，导游人员向他摇了摇头（或捂着鼻子轻轻咳嗽两声），使游客熄灭了香烟。

这里导游人员运用了副语言——摇头、捂鼻子、咳嗽，暗示在车内"请勿吸烟"，使游客产生了自觉的反应。

总之，劝服的方式要因人而异、因事而异，要根据游客的不同性格、不同心理或事情的性质和程度，分别采用不同的方法。

四、提醒的语言艺术

在导游服务中，导游人员经常会碰到少数游客由于个性或生活习惯的原因表现出群体意识较差或丢三落四的行为，如迟到、离团独自活动、走失、遗忘物品等。对这类游客，导游人员应从关心游客安全和旅游团集体活动的要求出发给予特别关照，在语言上要适时地予以提醒。

提醒的语言方式很多，除了直截了当的命令式（这种方式切忌使用）之外，还有其他的委婉方式。由于导游人员处在为游客服务的位置，导游人员对游客首先应予尊重，其次要有服务意识，对游客的安全负责，对游客中某些行为需要提醒时，应使用委婉的语言。导游人员提醒的语言应富有情感，要体现对游客的关心，使提醒能在愉悦的气氛中被游客接受。提醒的语言方式具体有以下几种。

（一）敬语式提醒

敬语式提醒是导游人员使用恭敬口吻的词语，对游客直接进行的提醒方式，如"请""对不起"等。导游人员在对游客的某些行为进行提醒时应多使用敬语，这样会使游客易于接受，如"请大家安静一下""对不起，您又迟到了"。这样的提醒比"喂，你们安静一下""以后不能再迟到了"等命令式语言要好得多。

（二）协商式提醒

协商式提醒是导游人员以商量的口气间接地对游客进行的提醒方式，以取得游客的认同。协商将导游人员与游客置于平等的位置上，导游人员主动同游客进行协商，是尊重游客的表现。一般说来，在协商的情况下，游客是会主动配合的。如某游客常常迟到，导游人员和蔼地说："您看，大家已在车上等您一会儿了，以后是不是可以提前做好出发的准备。"又如，某游客在游览中经常离团独自活动，导游人员很关切地询问他："××先生，我不知道在游览中您对哪些方面比较感兴趣，您能否告诉我，我好在以后的导游讲解中予以结合。"

（三）幽默式提醒

幽默式提醒是导游人员用有趣、可笑而意味深长的词语对游客进行的提醒方式。导游人员运用幽默的语言进行提醒，既可使游客获得精神上的快感，又可使游客在欢愉的气氛中受到启示或警觉。如导游人员在带领游客游览长城时，提醒游客注意安全并按时返回时说："长城地势陡峭，大家注意防止摔倒。另外，也不要头也不回一股脑儿地往前走，一直走下去就是丝绸之路了，有人走了两年才走到，特别辛苦。"又如，几位年轻游客在浏览时，纷纷爬到一尊大石象的背上照相，导游人员见了连忙上前提醒他们："希望大家不要欺负这头忠厚老实的大象！"这比一脸严肃地说："你们这样做是损坏文物，是要罚款的。"效果好得多。

五、回绝的语言技巧

回绝即对别人的意见、要求予以拒绝。在导游服务中，导游人员常常会碰到游客提出的各种各样的问题和要求，除了一些通常的问题和一些合理的且经过努力可以办到的要求可予以解释或满足外，也有一些问题和要求是不合理的或不可能办到的，对这类问题或要求导游人员需要回绝。但是，由于导游人员同游客之间主客关系的束缚，导游人员不便于直接回答"不"，这时导游人员必须运用回绝的语言表达方式和技巧。

（一）柔和式回绝

柔和式回绝是导游人员采用温和的语言进行推托的回绝方式。采取这种方式回绝游客的要求，不会使游客感到太失望，避免了导游人员与游客之间的对立状态。

> 如某领队向导游人员提出是否可把日程安排得紧一些，以便增加一两个旅游项目。导游人员明知道这是计划外的要求，不可能予以满足，于采取了委婉的拒绝方式，比如游客提出增加旅游活动项目时，导游可采用柔和式回绝。"您的意见很好，大家希望在有限的时间内多看看的心情我也理解，如果有时间能安排的话我会尽力的。"

这位导游人员没有明确回绝领队的要求，而是借助客观原因（时间），采用模糊的语言暗示了拒绝之意。

又如，一位美国游客邀请某导游人员到其公司里去工作，这位导游人员回答说："谢谢您的一片好意，我还没有这种思想准备，也许我的根扎在中国的土地上太深了，一时拔不出来啊！"这位导游人员未明确表示同意与否，然而却委婉地谢绝了游客的提议。

上述这类回绝在方式上是柔和的、谦恭的，采用的是拖延策略，取得了较好的效果。

（二）迂回式回绝

迂回式回绝是指导游人员对游客的发问或要求不正面表示意见，而是绕过问题从侧面予以回应或回绝。

对一些政治性很强的问题，西方游客长期受资本主义宣传的影响，一时难以和他们讲清楚，采取这种迂回式的反问方式予以回绝也是一种选择。

（三）引申式回绝

引申式回绝是导游人员根据游客话语中的某些词语加以引申而产生新意的回绝方式，如：

某游客在离别之前把吃剩的半瓶药送给导游人员并说："这种药很贵重，对治疗我的病很管用，现送给你作个纪念。"导游人员谢绝地说："既然这种药贵重，又对您很管用，送给我这没病的人太可惜了，还是您自己带回去慢慢用更好。"这里导游人员用客人的话语进行的引申十分自然，既维护了自己的尊严，又达到了拒绝的目的。

（四）诱导式回绝

诱导式回绝是指导游人员针对游客提出的问题进行逐层剖析，引导游客对自己的问题进行自我否定的回应方式。

总之，导游人员无论用哪种回绝方式，其关键都在于尽量减少游客的不快。导游人员应根据游客的情况、问题的性质、要求的合理与否，分别采用不同的回绝方式和语言表达技巧。

六、道歉的语言艺术

在导游服务中，导游人员说话的不慎、工作中的某些过失或相关接待单位服务上的欠缺，会引起游客的不快和不满，造成游客同导游人员之间关系的紧张。不管造成游客不愉快的原因是主观的还是客观的，也不论责任在导游人员自身还是在旅行社方面或相关接待单位，导游人员都应妥善处置，需要采用恰当的语言表达方式向游客致歉或认错，以消除游客的误会和不满情绪，求得游客的谅解，缓和紧张关系。

（一）微笑式道歉

微笑是一种润滑剂，微笑不仅可以对导游人员和游客之间产生的紧张气氛起缓和作用，而且微笑也是向游客传递歉意信息的载体。如某导游人员回答游客关于长城的提问时，将长城说成建于秦朝，其他游客纠正后，导游人员觉察到这样简单的回答是错误的，于是对这位游客抱歉地一笑，使游客不再计较了。

（二）迂回式道歉

迂回式道歉是指导游人员在不便于直接、公开地向游客致歉时，采用其他的方式求得游客谅解的方式。如某导游人员在导游服务中过多地接触和关照部分游客，引起了另一些游客的不悦，导游人员觉察后，便主动地多接触这些游客，并给予关照和帮助，逐渐使这部分游客冰释前嫌。在这里，导游人员运用体态语言表示了歉意。又如，某旅游团就下榻饭店早餐的品种单调问题向导游人员表示不满，提出要换住其他饭店。导游人员经与该饭店协商后，增加了早餐的品种，得到了游客的谅解。

导游人员除了采用迂回道歉方式改进导游服务外，还可请示旅行社或同相关接待单位协商，采用向游客赠送纪念品、加菜或免费提供其他服务项目等方式向游客道歉。

（三）自责式道歉

由于旅游供给方的过错，使游客的利益受到较大损害而引起其强烈不满时，即使代人受过，导游人员也要勇于自责，以缓和游客的不满情绪。如：

> 某导游人员接待了一个法国旅游团，该团从北京至武汉，17:00入住饭店后发现团长夫人的一只行李箱没有了，团长夫人非常气愤，连18:30法国驻华大使的宴请也没有参加。至次日零时，该件行李还未找到，所有团员均未睡觉，都在静静地等着。在这种情况下，陪同的导游人员一面劝游客早点休息，一面自责地对团长和团长夫人说："十分对不起，这件事发生在我们国家是一件很不光彩的事，对此我心里也很不安，不过还是请你们早点休息，我们当地的工作人员还在继续寻找，我们一定会尽力的"。不管这位团长夫人的行李丢失是否是导游人员的责任，但导游人员这种勇于自责的道歉，一方面体现了导游人员帮助客人解决问题的诚意，另一方面也是对客人的一种慰藉。

不管采用何种道歉方式，道歉首先必须是诚恳的；其次，道歉必须是及时的，即知错必改，这样才能赢得游客的信赖；最后，道歉要把握好分寸，不能因为游客某些不快就道歉，要分清深感遗憾与道歉的界限。

第三节 导游讲解的语言艺术

导游语言是一种口头语言，有"快、急、难、杂"的特点。往往没有时间斟词酌句。然而一名优秀的导游员却能以准确高雅的语言，生动形象地进行导游讲解，内容趣味无穷、修辞优美、语言富有表现力、高低和谐、转折自然，让客人听了难以忘怀。导游员除了具有各个方面丰富的知识和扎实的语言功底外，还要遵循以下四个方面的原则和八个要求。

一、导游讲解应遵循的原则

(一) 正确性

正确性即导游语言的规范性和科学性。这是导游语言科学性的具体体现,正确是导游讲解的核心,是导游员讲解时必须遵守的基本原则。

1. 语言正确

首先,语言的使用要规范。导游讲解时要正确运用现代汉语的语音、语调、语法来遣词造句,恰当地使用成语、谚语、惯用语,尽量不使用地方土语或错误的语法。当然为了增加讲解的趣味性,偶尔使用俗语例句是可以的,但要指出其语音、语法的差异,尤其对外国游客,一定不能给予错误的引导。普通话导游员发音要准确,不要受乡音影响。优美的语音、语调,大方的谈吐,丰富的知识和内容就容易博得客人的好感。方言导游员应讲标准的方言,不能南腔北调。

其次,其遣词造句要准确。遣词造句准确是导游语言运用的关键。譬如:

> 导游在武汉归元寺向游客介绍《杨柳观音图》时说:"这幅相传为唐代阎立本的壁画,它所体现的艺术手法值得我们珍惜。"

> 这里,"珍惜"属于用词不当,而应该用"珍视"。"珍惜"是爱惜的意思,而"珍视"则为看重的意思,即古画所体现的艺术手法值得仔细欣赏。

再次,词语的组合、搭配要恰当。譬如:

> 导游在向游客介绍了某一自然景观之后说:"这里的景色真叫人心旷神怡。"
> 这里的"叫"字同心旷神怡的搭配就不如用"令"字更好,因为"令"字有"使"的含义,即客观事物使人们主观上产生一种感受。

最后,敬语和谦语的使用也要准确或符合游客所在国的习惯,有助于传情达意,但要尊重对方的风俗习惯。采用成语、谚语、名人名言往往起到画龙点睛的作用。如果用一桌丰盛的菜肴招待西方游客,嘴上还谦逊地说"这是粗茶淡饭"之类的话,会让游客误解成"今天的酒席还应该更丰盛一些"。如导游人员一般对外国游客中的男士称为"先生",但是对日本游客,如果不分年龄和职业都称"先生"则有些不妥,因为日文中"先生"一词是仅限于对医生、教师、议员等有声望的人的称谓。

导游人员运用体态语言时也要注意其准确性。态势语言有一定的使用范围,不同的国家、民族,对同一态势语言有不同的理解,如果使用错误将会造成很多误解,甚至引来不快。

2. 内容正确

讲解内容正确要求导游讲解的内容要观点正确,具有客观性、准确性和健康性。

第一,观点正确。导游人员在讲解和回答游客问题时要用鲜明、正确的观点和立场,尤其是在介绍我国国情、大政方针以及对有关国际问题的态度上更应如此。要求做到内容正确、语言正确,不得信口开河。

第二,客观性。是指导游讲解的内容要有根有据,它要求导游人员讲解的知识、信息来源一定要可靠，要具有权威性和可信度。对于历史史实，不能张冠李戴，更不能胡编乱造，即使是神话传说、民间故事也应有所本源，不得信口开河，并且需与游览的景观景点有紧密的联系。对于国家的方针政策，既不能随意解释，更不能信口雌黄，胡说八道。否则，不仅会引起游客的误解，而且还会造成恶劣的影响。

导游在讲解中必须以客观存在为依托，必须建立在自然界或人类社会某种客观现实的基础上。立足于客观实际，一是导游讲解的内容，无论采取何种艺术形式，都要真实地反映实际，要将事物的本来面目、来龙去脉交代清楚，不应讲错，更不能歪曲，尤其是涉及政治、政策、宗教、人物评价、科学技术等方面的问题，导游讲解更不能信口开河，胡乱解释。二是在导游讲解艺术的创造上不得脱离实际。艺术的表现形式多种多样，导游人员在讲解中应结合具体事物采用或创造与其相适应的讲解方式、方法，以渲染讲解的情节，活跃讲解的气氛，使讲解多彩多姿，生动活泼。

第三，是指准确性。即讲解的内容要完全符合实际，尤其是对于景观景点中涉及的史实和数据，必须准确，不能用大约、大概来敷衍，也不能用想当然来蒙骗游客。导游严肃认真的科学态度是导游语言准确性的前提，了解、熟悉所讲、所谈的事物和内容，是运用好导游语言的基础。譬如：

> 一位美国华盛顿导游员在介绍华盛顿纪念碑时说："我每接带一个团的最开始，都要强调华盛顿纪念碑的确切高度是 555 英尺 5 又 8 分之 1 英寸，确切花费 1 187 710.31 美元。目的是让我的游客知道我在说什么。"

这位导游员对游客负责的精神及对讲解内容的钻研是值得大家学习的。
如下面对川菜的介绍就不准确：

> 川菜是中国四大名菜，特点是麻、辣、烫，所以大家看到四川的城市乡间，大街小巷都吃火锅。

其实麻、辣、烫只是川菜中火锅的特点，并不代表整个川菜的特色，川菜特色应该是一菜一格、百菜百味。这里由于导游向客人传递的信息有误，不仅会使客人对川菜产生误解，以为川菜就是麻辣味，使客人失去品尝多滋多味的川菜的兴趣，也会授人以柄，使内行对导游的能力和水平产生怀疑，甚至加以攻击，给导游形象带来负面影响。所以，准确是导游讲解中最不应忽视的问题。

> 游客问："长城是什么时候修建的？"
> 导游人员回答："秦朝"。

这种回答属于表述不清，因为早在春秋战国时期，燕、赵、秦三国为防御北方的匈奴、东胡等民族的骚扰就筑起了高大的城墙，即为长城的起源。秦统一六国后，在原有长城的基础上修筑成一条具有今天规模的长城。如果对外国游客，还应讲清春秋战国和秦朝的公历年代，这样外国游客才会对中国长城的历史有一个明确的认识。

第四，健康性。健康性是指导游讲解的内容必须是健康的，积极向上的，而不是庸俗、下流或颓废的。个别导游员为取悦部分游客，常介绍一些荒谬的传说或者野史来增加讲解趣味性，这种行为对导游员自身形象的破坏性极大。

（二）清楚性

导游讲解的清楚性是以导游讲解的正确性为前提的，是在讲解正确基础上更进一步的要求。讲解的内容虽然正确，但由于发音不清、语调不准、层次杂乱、中心不突出，也可能导致导游人员费了九牛二虎之力讲了一大堆，游客还是一头雾水，听不明白，摸不着头脑，结果是导游人员甚为疲惫，游客也感到十分乏味。清楚的讲解要做到以下几点：

1. 发音正确、清晰

导游人员无论是在介绍景点景观还是在回答游客的问题时，都必须发音正确，吐字标准，口齿清晰，简洁明了。特别是外语导游人员，发音不正确往往容易使游客在接受传递的信息时产生误解。除此以外，导游人员尽量使用通俗易懂的语言，忌用歧义语和生僻词汇，尽量使用口语化的短句，避免冗长的书面语。

2. 逻辑性强

逻辑性强是指导游讲解内容的先后顺序要符合思维的规律性，即讲解的内容要有连贯性、层次性。连贯性，是指上句与下句的含义要有联系，不能"东一榔头西一棒槌"，想说什么就说什么，使游客感到杂乱无章，摸不着头脑。层次性，是指讲解的内容按照时间或空间顺序进行编排的先后顺序，即确定先讲什么，后讲什么，使解说层次分明，条理清楚，脉络清晰。

3. 突出中心内容

突出中心内容是指导游人员在导游讲解中要分清主次，不要"眉毛胡子一把抓"。景区大多有很多景观，要讲的内容太多，没有必要全部讲解。所以一定要选择重点内容、游客感兴趣的内容来讲。如对武侯祠的讲解，针对不同的游客就有不同的重点。

【案例6-2】 导游语言要"清楚"

2004年7月1日，高句丽遗迹成为中国第30个世界文化遗产，可想而知随之而来的就是大量游客的涌入，昔日平静的北方小城——集安也变得热闹起来。

一日，由某大学历史系组织的学生实习考察团来到集安参观，××旅行社派王×去接待。听说游客是历史专业的同学，在讲解上他可不敢有半点的怠慢。对于集安来讲，申请世界文化遗产的成功是一件最值得庆贺的事情，当地旅游管理部门不仅投入了大量的人力、物力、财力，对所有的旅游从业者进行了专业知识的培训，还对一线带团的导游员进行了严格的筛选，目的只有一个，不能在历史的真实性上犯任何错误。一直以来，许多人都将古代高句丽政权和朝鲜半岛高丽王朝相混淆，甚至连导游员也讲不清楚。集安市政府和旅游部门的这次严格把关培训，就是希望从自身服务下手，使来此游览的客人对这段历史清清楚楚、明明白白。这不仅是对历史的尊重,也是对游客的尊重。

王×在介绍中说:"同学们,大家一定要记住,高句丽政权与朝鲜半岛上的高丽王朝无论是从族源上、年代上、统治地域上还是王族姓氏等方面都是完全不同的。他们之间没有任何关系。高句丽是我国北方少数民族建立的地方政权。自公元前37年建国,到公元668年灭亡,共705年。而高丽王朝于公元918年在朝鲜半岛北部建立……"清晰的层次关系,使这些学历史的同学也对王×的讲解大为称赞,一些认真的同学还拿起笔记本进行记录。

【思考】导游人员讲解要"清楚",只需将导游词牢记就可以了吗?本案例中王×的讲解给你什么启示?

案例来源:李娓,王哲.导游服务案例精选解析[M].北京:旅游教育出版社,2007.

(三) 生动性

生动是指导游人员讲解要具有活力,能感动游客,能引起游客的共鸣。"看景不如听景",讲的就是导游人员生动形象的语言对突出景物起到的画龙点睛的作用。导游人员要想用语言创造美的意境,打动旅游者的心弦,就要在使用语言时做到形象而生动。因此导游员应该做到下面几点:

1. 恰到好处地使用形象化语言,以创造美的意境

形象化语言是指能引起人们思想和感情活动的语言。例如:

在讲解故宫时,有游客问:"故宫的房子共有多少间呢?"如实回答"故宫共有9999间半房子"就没有这样回答生动"假如让一个刚出生的婴儿住进故宫,如果每天住一间,等他把宫中所有的房间都住了一遍的时候,他已经是一位27岁的成年人了。"

2. 使用修辞手法

通常为达到语言的形象化,在语言表达方式上可采用比喻、比拟(最常用的是拟人)、夸张、映衬、引用等修辞手法。如下例:

黄浦江有两个孩子。一个叫浦东,一个叫浦西。在旧中国,他们一家深受帝国主义、封建主义和官僚资本主义三座大山的压迫,母亲河身上停泊的都是外国的军舰和商船,两个孩子也备受欺凌。新中国成立后,特别是改革开放以来,黄浦江发生了巨大变化,浦西新外滩更加秀丽,浦东一座座高楼拔地而起,十分壮观,一座又一座大桥横跨两岸,浦江已成为海内外游客的热门旅游景点。游客从新外滩码头启航,沿江而行,犹如置身在美丽而又壮观的画卷之中。

这段导游词既用了比喻(三座大山),又用了比拟,将黄浦江比做母亲,浦东、浦西比做

孩子，使之人格化，以达到形象的目的。

（1）比喻。

比喻就是用类似的事物来打比方的一种修辞手法，它包括下面几种形式：

① 使抽象事物形象化的比喻。如："土家族姑娘山歌唱得特别好，她们的歌声就像百灵鸟的声音一样优美动听。"这里土家族姑娘的歌声是抽象的，将其比喻为百灵鸟的声音就形象化了。

② 使自然景物形象化的比喻。如："如果说，云中湖是一把优美的琴，那么，喷雪崖就是一根动听的琴弦。"这里将云中湖比喻为琴，将喷雪崖比喻为琴弦，显得既贴切又形象。

③ 使人物形象更加鲜明的比喻。如："屈原的爱国主义精神和《离骚》《九歌》《天问》等伟大的诗篇与日月同辉，千古永垂！"这里将屈原的精神与作品比喻为"日月"，使其形象更加突出。

④ 使语言简洁明快的比喻。如："鄂南龙潭是九宫山森林公园的一条三级瀑布，其形态特征各异，一叠仿佛白练悬空；二叠恰似银缎铺地；三叠如同玉龙走潭。"这里将瀑布比喻为白练、银缎和玉龙，言词十分简洁明快。

⑤ 激发丰富想象的比喻。如："陆水湖的水，涟涟如雾地缠绕在山的肩头；陆水湖的山，隐隐作态地沉湎在水的怀抱。陆水湖的山水像一幅涂抹在宣纸上的风景画，极尽构图之匠心，俱显线条之清丽，那么美地舒展着，那么风情万种地起伏着。她用山的钟灵揽天光云影，她用水的毓秀成鉴湖风月。"这里将陆水湖比喻为山水风景画，令人产生无穷的遐想。

（2）比拟。

比拟是通过想象把物拟作人或把甲物拟作乙物的修辞手法。在导游语言中，最常用的是拟人，譬如："迎客松位于九宫山狮子坪公路旁，其主干高大挺直，修长的翠枝向一侧倾斜，如同一位面带微笑的美丽少女向上山的游客热情招手。"迎客松是植物，在对其赋予人的思想感情后，会"面带微笑"，能"热情招手"，显得既贴切又生动形象。

运用比拟手法时，导游人员要注意表达恰当、贴切，要符合事物的特征，不能牵强附会；另外，还要注意使用场合。比拟的手法在描述景物或讲解故事传说时常用，而在介绍景点和回答问题时一般不用。

（3）夸张。

夸张是在客观真实的基础上，用夸大的词句来描述事物，以唤起人们丰富的想象的一种修辞手法。在导游语言中，夸张可以强调景物的特征，表现导游人员的情感，激起游客的共鸣。譬如：

> 相传四川、湖北两地客人会于江上舟中，攀谈间竟相夸耀家乡风物。四川客人说："四川有座峨眉山，离天只有三尺三。"湖北客人笑道："峨眉山高则高矣，但不及黄鹤楼的烟云缥缈。湖北有座黄鹤楼，半截插在云里头。"惊得四川客人无言以对。

这里用夸张的手法形容黄鹤楼的雄伟壮观，使游客对黄鹤楼"云横九派""气吞云梦"的磅礴气势有了更深的认识。

导游人员运用夸张手法应注意两点：一是要以客观实际为基础，使夸张具有真实感；二是要鲜明生动，能激起游客的共鸣。

（4）映衬。

映衬是把两个相关或相对的事物，或同一事物的两个方面并列在一起，以形成鲜明对比的修辞手法。在导游讲解中运用映衬的手法可以增强口语表达效果，激发游客的情趣。譬如：

> 太乙洞（咸宁）厅堂宽敞、长廊曲折，石笋耸立、钟乳倒悬，特别是洞中多暗流，时隐时现、时急时缓，水声时如蛟龙咆哮，闻者惊心动魄；时如深夜鸣琴，令人心旷神怡。

这里"宽敞"和"曲折"，"耸立"与"倒悬"，"隐"和"现"，"急"与"缓"，"蛟龙咆哮"和"深夜鸣琴"形成强烈的对比，更加深了游客对洞穴景观的印象。

（5）引用。

引用是指用一些现成的语句或材料（如名人名言、成语典故、诗词寓言等）作根据来说明问题的一种修辞手法。在导游讲解中经常运用这种方法来增强语言的表达效果。引用包括明引、意引和暗引三种形式。

①明引：是指直接引用原话、原文。其特点是出处明确、说服力强。譬如："归元寺的寺名'归元'亦称归真，即归于真寂本源、得道成佛之意，取自于佛经上的'归元性不二，方便有多门'的偈语。"这里引用的佛经上的偈语诠释了归元寺名称的内涵，令人信服。

②意引：是指不直接引用原话、原文而只引用其主要意思。譬如："国内外洞穴专家考察后确认，湖北腾龙洞不仅是中国目前已知最大的岩溶洞穴，而且是世界特级洞穴之一，极具旅游和科研价值。"这里引用的专家对腾龙洞的评价虽不是原话，但同样具有较强的说服力。

③暗引：是指把别人的话语融入自己的话语里，而不注明出处。譬如："东坡赤壁的西面石壁更峻峭，就像刀劈的一样。留在壁面上的层层水迹，表明当年这儿确乎有过'惊涛拍岸，卷起千堆雪'的雄奇景象。"这里引用的苏东坡《念奴娇·赤壁怀古》中的词句，虽没有点明出处，但却是对赤壁景观最形象的描写和绝妙的概括，让游客听后产生无穷的遐想。

导游人员在运用引用手法时，既要注意为我所用，恰到好处，不能断章取义，又要注意不过多引用，更不能滥引。

3. 适当使用幽默诙谐的语言，以增强讲解的感染力

幽默的语言是一种有趣又意味深长的言语。在导游讲解中使用幽默的语言是必要的。如以下几例：

> 例1：导游带团购买工艺品途中，风趣地对客人说："那里有许多古代美人的画。如果哪位先生看中了西施、杨贵妃或林黛玉，就大胆地说，不要不好意思，她们会毫不犹豫地'嫁'给你。不过，已经有夫人的可要谨慎一点哟。"

> 例2：当导游在九黄机场送团时又说："各位客人，当你们离开九寨沟的时候，热情似火的九寨沟给你们每人送上了一份难忘的礼物（客人很惊诧）。它不在你们的行李中，而是写在你们的脸上（客人恍然大悟，原因是强烈的阳光晒黑了他们的皮肤）。你们留下了友情，也带走了九寨沟灿烂的阳光，带走了人生最美好的回忆！"话音刚落，车上立刻响起欢快的笑声和热烈的掌声。

例3：一位导游员这样向游客介绍傣族的民俗风情："傣族是云南特有的少数民族，人口106万余人。主要聚居在西双版纳傣族自治州、德宏傣族景颇族自治州。现在西双版纳傣族为大类：汉傣、水傣和花腰傣。我属于汉傣，即人们通常说的'杂交'了。"（众人笑）……

导游人员的语言表达要力求与神态表情、手势动作及声调和谐一致，使之形象生动、言之有情。如果导游人员的语言表达平淡无奇，和尚念经般单调、呆板，或者十分生硬，游客听了必定兴趣索然，甚至在心理上产生不爱听、不耐烦或厌恶的情绪。反之，生动形象、妙趣横生、幽默诙谐、发人深省的导游语言不仅能引人入胜，而且会起到情景交融的作用。

导游员带领游客去苏州城外游览时，不同的导游有不同的讲解。

A导游员："那是灵岩山，那是天平山，那是金山，那就是虎丘山，那就是狮子山。"

B导游员："苏州城内园林美，城外青山也秀美。那一座一座山好似一头头保护苏州城的神兽。灵岩山像伏地的大象，太平山像金钱豹；金山像卧龙；虎丘山犹如蹲伏着的猛虎；狮丘山的模样活似回头望着虎丘山的狮子，那也是苏州一景，名叫'狮子回头看虎丘'。"

点评：A导游员仅仅向游客们传递了一个信息，枯燥乏味，无法使人产生美感。B导游员运用生动形象的比喻，把苏州城外的青山讲得活灵活现，遣词造句富有文学色彩，具有较强的表现力。

（四）灵活性

灵活性是指导游讲解要根据讲解时的具体情况随机应变，即因人而异，因时制宜，因地制宜。

导游讲解贵在灵活，妙在变化。这是因为导游讲解的对象——游客的个性特征差别很大。不同游客由于文化层次不同，其接受能力、理解能力、审美情趣和对知识的需求也不同，导游人员在讲解中应根据这种不同予以区别对待。导游讲解要从游客的实际出发，最重要的是从游客的文化层次出发。

一般说来，文化层次高的游客比较注重导游讲解的质量，对目的地情况比较了解，希望获取更多更深层次的知识，审美观念也比较强，文化层次低的游客则相反。客人的水平不同，尤其是客人对景点熟悉的程度不同，导游讲解的内容应该有所区别。如对专家学者讲解时要注意语言的品位，要谨慎、规范；对年老体弱的游客讲解时应力求简洁从容；对青年应活泼流畅；对文化水平低的游客语言要力求通俗；再如，对于第一次到景点的客人，应偏重对主要景点的讲解，而对于多次到景点观光的客人来说，应着重介绍景点的细部、景区最新变化及今后工作的打算等令他们感兴趣的问题。

景点、景观千姿百态，气候、自然条件千变万化，游览时的气氛、游客的情绪也变化多端。这些差异和变化要求导游人员的讲解不能以不变应万变，而应根据讲解的对象、景物、时间、地点和游客的期望、情绪等具体情况灵活地调整讲解的内容、讲解的方式和方法，使之适应不同的情况和变化的需要。实际上，世界上既没有两次完全相同的旅游，也不应有两次完全相同的导游讲解。例如：

> 某导游员带领一外国旅游团在上海豫园九曲桥旁向他们介绍湖心亭的建筑特点和中国民间风俗时,忽然传来清脆的唢呐声,随后见到四名穿着民族服装的人抬着一顶花轿随着唢呐声在翩翩起舞,该团游客纷纷转头观看。这位导游员明白了游客们的兴趣已发生了转移,于是就顺水推舟,干脆领着他们来到花轿旁,说:"各位来宾,这就是中国古代的'的士',世界上第一辆汽车诞生时远不如它那么漂亮。"随后介绍了中国古代青年男女结婚前男方用这样的花轿将女方抬回的风俗。一位游客拍着该导游员的肩膀说:"你真了不起,简单的一席话使我们了解了中国民间风俗的一个侧面。"

讲解的灵活性还需要必要的过渡,譬如使用"我不得不中断现在的话题,先给大家介绍一下"之类的过渡语。在灵活性的过渡完成之后,不能将刚才中断的话头抛到九霄云外,应该再有一次拉回主题的过渡,譬如"我们言归正传"或者"让我们还是回到先前的话题"等,以继续刚才的常规讲解。

总之,导游讲解的灵活性越强,导游讲解的效果也越好,也越能满足游客的需要。

二、导游讲解的具体要求

导游讲解是向游客有效地传播知识、联络感情的一种服务方式。一方面,导游人员讲解的知识要能够为游客所理解;另一方面,要使游客在心理上或行为上产生认同,在情感上与导游人员趋同。导游人员的讲解应符合以下八项具体要求。

(一)言之有物

导游讲解要有具体的指向,不能空洞无物。讲解资料应突出景观特点,简洁而充分。讲解要做充分的准备,细致讲解,不要东拉西扯,缺乏主题,缺乏思想,满嘴空话、套话。导游人员应把讲解内容最大限度地"物化",使所要传递的知识深深地烙在游客的脑海中,实现旅游的最大价值。

(二)言之有理

导游人员讲解的内容、景点和事物等都必须要以事实为依据,要以理服人,不要言过其实和弄虚作假,更不要信口开河。那种违反事实的讲解,一旦游客得知事实真相,即刻会感到自己受了嘲弄和欺骗,导游人员的形象在游客的心目中也会一落千丈。

言之有理不仅在讲道理的"理",另外一层含义是导游讲解要符合一定的生活和风俗习惯,符合人们的欣赏习惯,符合法律法规。

(三)言之有趣

导游人员在讲解时要生动、形象、幽默和风趣,要使游客紧紧地以导游人员为核心,在听讲解的过程中,要感受到一种美好的享受和满足。需要指出的是,导游人员在制造风趣幽默时,比拟要自然,要贴切,千万不可牵强附会。不正确的比拟往往会伤害游客的自尊心,并对其他游客产生不良的影响和情感。例如:

桂林导游：桂林山水甲天下，天下山水甲桂林；请看无山不洞，可知山水贵——虚心呀！

讲解景点时，不失时机地穿插趣味盎然的传说或民间故事，可以激起游客的兴趣和好奇心理。但是选用的传说故事必须是健康的，并与景观密切相连。例如：

清朝末代皇帝溥仪在1908年底登基时，年仅3岁，由他父亲摄政王载沣把他抱到宝座上。当大典开始时，突然鼓乐齐鸣，吓得小皇帝哭闹不止，嚷着要回家去。载沣急得满头大汗，只好哄着小皇帝说："别哭，别哭，快完了，快完了，快完了！"说来也巧，3年后清朝果真就灭亡了，从而结束了我国2000多年的封建统治。

【案例6-3】 趣味讲解

冬天是许多孩子最向往的季节了，西三道街小学的大队辅导员老师，带领全校350名小学生到冰雪大世界去赏冰灯。为了使同学们得到更好的照顾，学校委托旅行社派专车和导游员给同学们提供全程服务。

同学们那股子兴奋劲儿就甭提了，一上车就喊啊、叫啊！司机师傅都有些不耐烦了。可导游员小苏却面带笑容，拿起话筒对同学们说："大家好，我是导游苏×，你们叫我什么啊！"同学们听到导游员悦耳的招呼声，异口同声地回答说："苏阿姨。"

有了这一来一往的铺垫，小苏的讲解也开始了。"同学们，你们喜欢冬天吗？""喜欢。""其实，早期生活在东北的人们，很早就和冰雪有了深厚的感情。一到冬季，特别是腊月，在居室里'猫'了一个冬天的人们，看见白白的雪原、晶莹的冰河，心中便增加了几许愉快和清新，于是成群结队地走出居室，奔向雪原和冰河。来到冰上干什么？（语速放慢）轱辘冰，打滚……这往往是一种集体性娱乐或比赛。一个人穿着厚厚的棉衣往冰上一躺，另一个人使劲推拉，即'拉冰'。自己在冰上打滑，就是'打滑出溜'。这都是东北民间的轱辘冰活动。同学们，想不想体验一下啊！"

"想……"

小苏又说："在冰上打滚和在雪地上躺一躺，其实也是一种锻炼。冬季，人们在屋子里待得时间太长了，就会得病，而到户外的冰上和雪地上走一走、跑一跑、跳一跳、滚一滚，人的身体的各个部位都会得到活动，于是各种疾病便会消失了。所以呀，冬季是一个充满着乐趣的季节。"

【思考】如果你是小苏，你会采用这种讲解方式吗？

案例来源：李娌，王哲.导游服务案例精选解析[M].北京：旅游教育出版社，2007.

（四）言之有神

导游讲解应尽量突出景观的文化内涵，使游客领略其内在的神采。其讲解内容要经过综合性的提炼并形成一种艺术，让游客得到一种艺术享受。同时，导游人员要善于掌握游客的神情变化，分析和掌握哪些内容游客感兴趣，哪些内容游客不愿听，游客的眼神是否转移，游客中是否有人打呵欠……这些情况要随时掌握，及时调整所讲内容。比较下面两段对乐山大佛的讲解，哪一段导游词的讲解更有神呢？

> 各位，这就是著名的千年古佛——乐山大佛，它是世界上最大的一尊石刻弥勒佛，人们形容他"山是一尊佛，佛是一座山"，我们在它跟前显得多么渺小啊！

> 各位，我们到了桂林会说，桂林山水甲天下，到了乐山，我们就更应该说乐山大佛甲天下，伫立在大家面前的这尊佛像就是举世闻名的乐山大佛，它是世界上最大的佛，通高 71 米，头高 14.7 米，肩宽 24 米；颈长……指长……，大佛的眼睛长 6.72 米，脚背 8.5 米宽。

（五）言之有据

导游人员讲话要负责，切忌弄虚作假。导游人员讲解必须有根有据，令人信服，不得胡编乱造。

【案例 6-4】 以后再也不"乱"说了

2001 年香港某公司选派员工到长春市第一制药厂进行项目谈判，为了使合作更加愉快，药厂特意从旅行社请来王×担任随车导游，从机场到市区一路进行沿途讲解，主要是想让客人对异地风情有所了解，以促进合作。

王×知道身负重任，不敢怠慢。在整个行程中他提供的精彩的导游服务让客人们对这个城市留下了深刻的印象。当然，旅游活动中在车厢内的讲解服务是一种互动，游客听得认真，王×也越讲越卖力。正在此时，在车子前方出现了一台奥迪牌轿车，小王灵机一动，对各位游客说："大家初到我们这里，一定要告诉您，我们长春市可是一座'汽车城'。您看，在我们车窗的正前方，就有一辆一汽刚刚下线的奥迪牌轿车。这款车在市场上供不应求，买车还得排队呢！"忽然他想到前两天刚刚看过一本杂志，介绍香港著名人士李嘉诚先生的次子李泽楷所开的车辆也是奥迪牌轿车。王×没有多想，拿起话筒对车上的客人说："更让我们长春人高兴的是，连李嘉诚先生的次子李泽楷开的车，也是我们长春第一汽车制造厂生产的轿车。"话音刚落，在车子的前排站起一位中年男士，他非常客气地对王×说："王导，你前面讲得都非常好，可是刚才你所说的我不同意。李泽楷开奥迪车我没有异议，但我相信，这车一定不是一汽生产的。"王×听完之后，非常后悔,是啊,杂志上也没有写所开的车是长春第一汽车制造厂生产的。王×不好意思地向游客们道歉,在内心中也下定决心,今后再也不"乱"说了。

【思考】如何确保导游讲解内容的正确性、言之有据?

案例来源:李娌,王哲. 导游服务案例精选解析[M].北京:旅游教育出版社,2007.

(六)言之有情

导游人员要善于通过自己的语言、表情、神态等传情达意。讲解时,应充满激情和热情,又充满温情和友情,富含感情和人情的讲解更容易被游客接受。

(七)言之有喻

导游人员应结合游客的欣赏习惯,恰当地运用比喻手法,减少游客理解的难度,增加旅游审美中的形象和兴趣。例如下面的这段对重庆的讲解:

> 重庆山城的夜景,"疑是银河落九天"。现在我们站在重庆市区最高处的鹅岭公园的两江亭上,整个山城尽收眼底。夜幕降临的山城,灯光勾勒出山城的轮廓,彩色之光把一个大山城照射得华光四射,重庆成了一座不夜之城。看那长江大桥、嘉陵江大桥、石门大桥和两江大道的排排灯光,像庄严挺立的卫兵,守卫着夜晚山城的安宁;两江之中的游船灯光,把江水照得波光粼粼,金光闪耀;层层楼宇的灯光从山脚延伸到山巅,与天上星光相连;夜晚一行行汽车在山城道路上奔驰,汽车灯光像流星一样在半空中划过;两江四岸的民居夜晚窗户中透射出的灯光,使山城的夜晚更温馨祥和,这万家灯火使人们对古老的重庆生出悠远的思索和遐想。曾有人写道:"天下夜景在渝州,此景只应天上有;万家灯火不夜城,乡情浓浓享不够。"

(八)言之有礼

导游人员的讲解用语要文明,举手投足要得体大方,谈吐交流要文雅礼貌,避免不文明的语言和行为,让游客获得美的享受。

三、导游讲解技巧

(一)不同场合的导游讲解技巧

1. 在旅游车、船中的导游技巧

导游员在导游车、船中进行讲解时,要注意交通状况、道路或航道的宽窄等,并据此调整讲解内容的多少。一般情况下,导游员在整个旅途中的讲解时间可占60%左右,不必一直不停地讲,要给旅游者留出观赏、品味的时间。

2. 在景区景点内的导游讲解技巧

导游员在景区景点内导游讲解时，要从一地移动到另一地，旅游者在这种行进过程中较少产生厌倦感，但由于景区环境的变化很大，导游员必须通过不断变换声音和位置来吸引旅游者的注意力。

3. 在博物馆、名人故居等室内的导游讲解技巧

（1）突出重点，讲深讲透。
（2）快慢得当，闹中求静。
（3）半圆人墙，避免干扰。

（二）常见的导游讲解方法

1. 概述法

概述法是导游人员就旅游城市或景区的地理、历史、社会、经济等情况向游客进行概括性的介绍，使其对即将参观游览的城市或景区有一个大致的了解和轮廓性认识的一种导游方法。这种方法多用于导游人员接到旅游团后坐车驶往下榻饭店的首次沿途导游或者带领旅游团驱车前往景区（景点）快到景区时对景区（景点）做的概述讲解，亦可是参观游览景区（景点）前在景区（景点）概览图前对景区做的概述讲解，它好比是交响乐中的序曲，能起到引导游客进入特定的旅游意境，初步领略游览奥秘的作用。

> 导游带领游客前往岳阳楼游览，在登楼前，可以这样讲解："这就是驰名中外的岳阳楼，它与武昌的黄鹤楼、南昌的滕王阁合称为江南三大名楼，素有'洞庭天下水，岳阳天下楼'的美誉。它原是三国时代东吴名将鲁肃训练水师的阅兵台，唐代建为岳阳楼，宋代由巴陵县令滕子京主持重修。整个楼阁为纯木结构，重檐盔顶，1984 年落架大修后重新开放。现在楼高 20 米，由四根楠木柱支撑，楼顶就像古代将军的头盔。全楼没有一颗铁钉，这在力学、美学、建筑学、工艺学等领域都有杰出的成就。楼内现藏有清代刻的《岳阳楼记》雕屏，大家要想领略'衔远山，吞长江，浩浩荡荡，横无际涯'的风光，请随我登楼观赏。"

2. 分段讲解法

分段讲解法就是对那些规模较大、内容较丰富的景点，导游人员将其分为前后衔接的若干部分来逐段进行讲解的导游方法。导游带团到景点按顺次游览，进行导游讲解。在讲解这一部分的景物时注意不要过多涉及下一部分的景物，但要在快结束这一部分的游览时适当地讲一点下一部分的内容，目的是引起游客对下一部分的兴趣，并使导游讲解环环相扣、景景相连。

乘船自西往东游览长江三峡,导游人员就可将其分为五个部分来讲解。

(1)在游船观景台上介绍长江三峡概况:"长江三峡是瞿塘峡、巫峡和西陵峡三段峡谷的总称,西起重庆奉节的白帝城,东至湖北宜昌的南津关,全长约193公里。峡谷两岸悬崖绝壁,奇峰林立,江流逶迤湍急,风光绮丽。瞿塘峡素以雄奇险峻著称,巫峡向以幽深秀丽为特色,西陵峡则以滩多水急闻名。这种山环水绕、峡深水急的自然风光系由历次造山运动,特别是'燕山运动'使地壳上升、河流深切而成,是大自然的鬼斧神刀留下的山水谐和的经典之作,它与峡谷沿岸众多的名胜古迹相互融合,使长江三峡成为名闻遐迩的中国十大风景名胜之一,并被中外游客评为'中国旅游胜地'之首。"

(2)船进瞿塘峡时,导游人员介绍:"瞿塘峡是长江三峡第一峡,从重庆奉节的白帝城到巫山的大溪镇,全长约8千米,是长江三峡中最短也最雄奇险峻的峡谷。瞿塘峡中,高达1300多米的赤甲山、白盐山耸峙峡口两岸,形成一陡峻的峡门,称为夔门,素有'夔门天下雄'之称……"

(3)船过巫峡时,导游人员再讲解:"巫峡是长江三峡第二峡,从重庆巫山县大宁河口到湖北巴东县官渡口,绵延42千米。巫峡口的长江支流大宁河全长300多千米,著名的'小三峡'就位于其中。'放舟下巫峡,心在十二峰',巫峡中景色最秀丽、神话传说最多的是十二峰,其中最为挺拔秀丽的是神女峰,峰顶有一突兀石柱,恰似亭亭玉立的少女……"

(4)船到西陵峡时,导游人员进一步介绍:"西陵峡为长江三峡第三峡,西起湖北秭归县的香溪口,东至湖北宜昌的南津关,全长76千米,历来以滩多水急著称,西陵峡西段自西向东依次为兵书宝剑峡、牛肝马肺峡和崆岭峡三个峡谷;西陵峡东段由灯影峡和黄猫峡组成……"。

(5)最后再向游客讲解举世闻名的三峡工程。

3. 突出重点法

突出重点法指讲解过程中,导游员根据不同对象和时空条件,有选择地突出某一方面,向游客进行重点讲解的导游技法。其目的是为了加深游客对重点景观内容的理解和记忆。一处景点，要讲解的内容很多，导游人员必须根据不同的时空条件和对象区别对待，有的放矢，做到轻重搭配、重点突出、详略得当、疏密有致。导游讲解时一般要突出以下四个方面：

（1）突出景点的独特之处。

游客来到目的地旅游，要参观游览的景点很多，其中不乏一些与国内其他地方类似的景点。导游人员在讲解时必须讲清这些景点的特征及与众不同之处，尤其在同一次旅游活动中参观多处类似景观时，更要突出介绍其特征。譬如：

> 湖北钟祥的明显陵之所以能在众多的明陵中脱颖而出，被联合国教科文组织列为世界文化遗产，主要就在于它的独特性。其陵寝建筑中金瓶形的外罗城、九曲回环的御河、龙鳞神道、琼花双龙琉璃影壁和内外明塘等都是明陵中仅见的孤例，尤其是"一陵两冢"的陵寝结构为历代帝王陵墓绝无仅有。显陵是明嘉靖初期重大历史事件"大礼议"的产物，其规划布局和建筑手法亦很独特，在明代帝陵中具有承上启下的作用。

（2）突出具有代表性的、典型的景观。

游览规模大的景点，导游人员必须事先确定好重点景观。这些景观既要有自己的特征，又要能概括全貌。实地参观游览时，导游人员主要向游客讲解这些具有代表性的景观。例如，在北京故宫中选取太和殿作为重点，在陕西华山选取地势险要的千尺幢和苍龙岭作为重点，在澳门选取葡京大酒店赌场作为重点等。

（3）突出游客感兴趣的内容。

游客的兴趣爱好各不相同，但从事同一职业的人、文化层次相同的人往往有共同的爱好。导游人员在研究旅游团的资料时要注意游客的职业和文化层次，在游览时应突出讲解旅游团内大多数人感兴趣的内容。投其所好的讲解手法往往能产生良好的导游效果。例如，在河北山海关中选取孟姜女庙作为重点；在浙江杭州西湖选取断桥作为重点；在云南傣族民俗风情中选取"泼水节"习俗作为重点等。

（4）突出"……之最"。

面对某一景点，导游人员可根据实际情况，介绍这是世界或中国最大（最长、最古老、最高，甚至可以说是最小）的……因为这也是在介绍景点的特征，很能引起游客的兴致。譬如：

> 三峡工程是世界上施工期最长、建筑规模最大的水利工程；三峡水电站是世界上最大的水电站；三峡工程泄洪闸是世界上泄洪能力最强的泄洪闸；三峡工程对外专用公路是国内工程项目最齐全的公路。

这样的导游讲解突出了三峡工程的价值，使国内游客产生自豪感、外国游客产生敬佩感，从而留下深刻的印象。

不过，在使用"……之最"进行导游讲解时，必须实事求是，言之有据，绝不能杜撰，也不要张冠李戴。

4. 问答法

问答法就是在导游讲解时，导游人员向游客提问题或启发他们提问题的导游方法。使用问答法的目的是活跃游览气氛，激发游客的思维，促使游客和导游人员之间产生思想交流，使游客获得参与感或自我成就感。同时，还可避免导游人员唱独角戏的灌输式讲解，加深游客对所游览景点的印象。

问答法包括自问自答法、我问客答法、客问我答法和客问客答法四种形式。

（1）自问自答法。

导游人员自己提出问题，并作适当停顿，让游客猜想，但并不期待他们回答，只是为了吸引他们的注意力，促使他们思考，激起兴趣，然后做简洁明了的回答或做生动形象的介绍，还可借题发挥，给游客留下深刻的印象。譬如：

> 游览湖北大洪山两王洞，导游人员引导游客从人工开凿的洞口进洞后，指着洞顶——"天窗"告诉游客："这才是两王洞真正的洞口！早在公元17年，农民起义领袖王匡、王凤率绿林军屯兵于此。那么，这些绿林军是怎样从这么高的洞口进洞的呢？除了用藤索、木梯之外，传说中，这些绿林好汉都有一身的轻功，能飞檐走壁，正是靠着这身本领推翻了王莽残暴的统治。"

（2）我问客答法。

导游人员要善于提问题，但要从实际出发，适当运用。希望游客回答的问题要提得恰当，要估计到他们不会毫无所知，也要估计到会有不同答案。导游人员要诱导游客回答，但不要强迫他们回答，以免使游客感到尴尬。游客的回答不论对错，导游人员都不应打断，更不能笑话，而要给予鼓励。最后由导游人员讲解，并引出更多、更广的话题。

（3）客问我答法。

导游人员要善于调动游客的积极性和他们的想象思维，欢迎他们提问题。游客提出问题，证明他们对某一景物产生了兴趣，进入了审美角色。他们提出的问题，即使是幼稚可笑的，导游人员也绝不能置若罔闻，千万不要笑话他们，更不能显示出不耐烦，而是要善于有选择地将回答和讲解有机地结合起来。不过，对游客的提问，导游人员不要他问什么就回答什么，一般只回答一些与景点有关的问题，注意不要让游客的提问冲击你的讲解，打乱你的安排。在长期的导游实践中，导游人员要学会认真倾听游客的提问，善于思考，掌握游客提问的一般规律，并总结出一套相应的"客问我答"的导游技巧，以随时满足游客的好奇心理。

（4）客问客答法。

导游人员对游客提出的问题并不直截了当地回答，而是有意识地请其他游客来回答问题，亦称"借花献佛法"。导游人员在为"专业团"讲解专业性较强的内容时可运用此法，但前提是必须对游客的专业情况和声望有较深入的了解，并事先打好招呼，切忌安排不当，引起其他游客的不满。如果发现游客回答问题时所讲的内容有偏差或不足之处，导游人员也应见机行事，适当指出，但注意不要使其自尊心受到伤害。此外，这种导游方法不宜多用，以免游客对导游人员的能力产生怀疑，产生不信任感。

> 导游人员在带游客游览泰山时，可以提问："各位游客，大家知道五岳是指哪五座山？"一般情况下，游客都能够回答出来，即使回答不完全或回答有误，游客的兴趣也因此调动起来，导游人员可根据情况进行纠正或补充。

"岳在古今汉语中均为高大的山的意思，五岳就绝对海拔高度和山体规模而言，并不是我国最高大的，但由于五岳之名是中国古代帝王封赐的，这些山都曾是历代帝王登基后举行盛大封禅活动的场所，故闻名天下。一般是指东岳山东泰山，西岳陕西华山，北岳山西恒山，南岳湖南衡山，中岳河南嵩山。"然后，导游人员进一步提问："五岳各自的特点是什么？"提问后可稍作停顿，观察游客的反映，如游客踊跃回答，应待游客回答后做总结或补充；如游客回答不出，再予以讲解。"东岳泰山以雄伟著称，西岳华山以险峻著称，南岳衡山以秀丽著称，北岳恒山以幽静著称，中岳嵩山以峻闻名。"

5. 虚实结合法

虚实结合法就是在导游讲解中将典故、传说与景物介绍有机结合，即编织故事情节的导游方法。其目的是通过故事化讲解，追求导游艺术的感染力。

所谓"实"是指景观的实体、实物、史实、艺术价值等，而"虚"则指与景观有关的民间传说、神话故事、趣闻逸事等。"虚"与"实"必须有机结合，但以"实"为主，以"虚"为辅，"虚"为"实"服务，以"虚"烘托情节，以"虚"加深"实"的存在，努力将无情的景物变成有情的导游讲解。譬如：重庆大足石刻千手观音与妙善公主的故事；西湖断桥与许仙白娘子的故事；九寨108海子与女神色嫫五彩宝镜（男神达戈赠予）的故事，都采用了虚实结合法。

参观武汉黄鹤楼，导游人员可结合一楼大厅《白云黄鹤图》的壁画向游客介绍黄鹤楼"因仙得名"的传说故事："古时候，有个姓辛的人在黄鹤山头卖酒度日。一天，有一个衣衫褴褛的老道蹒跚而来，向辛氏讨酒喝。辛氏虽本小利微，但为人忠厚善良，乐善好施，他见老道非常可怜，就慷慨应允。以后，老道每日必来，辛氏则有求必应，这样过了一年多。有一天老道忽然来告别说：'每日饮酒无以为酬，只有黄鹤一只可借，聊表谢意。'说罢，他拾起地上的一片橘子皮在墙上画了一只黄鹤，对辛氏说：'只要你拍手相招，黄鹤便会下来跳舞，为酒客助兴。'说完后老道就不见了。辛氏拍手一试，黄鹤果然一跃而下，应节起舞。消息传开后，吸引了远近的游人都来饮酒，酒店的生意大为兴隆，辛氏因此而发了财。十年后，老道突然出现在酒店，对辛氏说：'十年所赚的钱，够还我欠的酒债吗?'辛氏忙道谢，老道取下随身携带的铁笛，对着墙上的黄鹤吹起一只奇妙的曲子，黄鹤闻声而下，载着老道飞走了。"

在实地导游讲解中，导游人员一定要注意不能"为了讲故事而讲故事"，任何"虚"的内容都必须落到"实"处。

游览湖北钟祥黄仙洞、湖北咸宁的太乙洞、湖北恩施的龙麟宫等溶洞时，除了向游客介绍诸如"黄仙华盖""太乙拂尘""麒麟摆舞"的传说故事外，导游人员应着重讲解石钟乳、石笋、石柱等洞穴景观的科学成因：石钟乳是地下水沿着细小的孔隙和裂隙从石灰岩洞顶渗出而进入溶洞，遇到温度的升高和压力的降低，水中碳酸氢钙变得过饱和，碳酸钙就围绕着水滴的出口沉淀下来，并逸出二氧化碳，因而在洞顶形成下垂的钟乳石;石笋则是由于水滴从钟乳石上滴到洞底时散溅开来,促使水滴中的二氧化碳进一步扩散,剩余的碳酸氢钙再行分解,因而在洞底沉淀出一根根石笋;石钟乳和石笋分别向下和向上生长,上下相连,就成为石柱。

导游人员在讲解时还应注意:选择"虚"的内容要"精"要"活"。所谓"精",就是所选传说故事是精华,与讲解的景观密切相关;所谓"活",就是使用时要灵活,见景而用,即兴而发。

6. 触景生情法

触景生情法就是在导游讲解中见物生情、借题发挥的一种导游方法。在导游讲解时,导游人员不能就事论事地介绍景物,而是要借题发挥,利用所见景物制造意境,引人入胜,使游客产生联想,从而领略其中之妙趣。它的目的是通过制造场景,烘托气氛,赋予无生命景物以鲜活生命,升华游客情感,使游客体验"情景交融"的感受。譬如:

> 步入武汉东湖风景区听涛区,游客可看到有"活化石"之称的珍贵植物——水杉。导游人员在介绍水杉的发现过程和科学价值后,可以向游客特别说明:"为纪念水杉这一古老树种在湖北发现,并以其刚毅坚强、耿直不阿的精神象征英雄的武汉人民,水杉被定为武汉市的市树。"然后进一步发挥:"那么,武汉市的市花又是什么呢?那便是不畏寒威、独步早春的梅花,它象征着武汉人民的刚强意志和高贵品质。"最后,还可向游客讲解李白"黄鹤楼中吹玉笛,江城五月落梅花"的著名诗句。

触景生情法的第二个含义是导游讲解的内容要与所见景物和谐统一,使其情景交融,让游客感到景中有情,情中有景。譬如:

> 在湖北九宫山云关道上有一观音崖,崖下有一天然石床,传说死在石床上的人能超度成仙。九宫山道祖张道清死前留下戒规:每年只能有一个道士去石床等死。有一年,两个道士同时得病,都想抢先占床登仙,结果闹出一段令人忍俊不禁的"道士争死"的趣事。游客望着这张5尺多宽、6尺多长的石床,听着导游人员风趣的讲解,定会发出欢快的笑声。

触景生情贵在发挥,要自然、正确、切题地发挥。导游人员要通过生动形象的讲解、有趣而感人的语言,赋予死的景物以生命,注入情感,引导游客进入审美对象的特定意境,从而使他们获得更多的知识和美的享受。

7. 制造悬念法

制造悬念法就是导游人员在导游讲解时提出令人感兴趣的话题,但故意引而不发,产生悬念,激起游客急于知道答案的欲望的导游方法,俗称"吊胃口""卖关子"。通常是导游人员先提起话题或提出问题,激起游客的兴趣,但不告知下文或暂不回答,让他们去思考、去琢磨、去判断,最后才讲出结果。这种"先藏后露、欲扬先抑、引而不发"的手法,一旦"发(讲)"出来,会给游客留下特别深刻的印象。譬如:

游览杭州西湖三潭印月，只见三个石塔矗立在盈盈碧水之间，塔高 2 米，每个石塔中间各有 5 个小孔，导游人员讲道：每到农历八月中秋，人们在塔中点上蜡烛，洞口蒙上薄纸，烛光倒映在湖中，形成了"天上月一轮，水中影成三"的绮丽景色，可以看见 32 个月亮（也有说 33 个月亮）。当旅游者在思索三潭五孔倒映水面总共也只有 30 个月亮，此时导游人员再点破：天上一个，水中一个（手中还有一个月饼），不就成了 32（33）个月亮。旅游者在恍然大悟之余，一定会赞叹前人构思之妙趣。

制造悬念是导游讲解的重要手法，在活跃气氛、制造意境、激发游客游兴等方面往往能起到重要作用，所以导游人员都比较喜欢用这一手法。但是，再好的导游方法都不能滥用，"悬念"不能乱造，以免起反作用。

8. 类比法

类比法就是导游人员在讲解时以熟喻生，即用旅游者熟悉的事物与眼前陌生的事物相比较，便于他们理解，使他们感到熟悉、亲切，从而留下较深的印象。旅游行为的特点之一是"异地性"，来自不同地区、拥有不同文化背景的旅游者对当地的景物可能一下子难以感悟和认同，类比法可以很好地弥补异质文化之间的差异。类比法适用于各个方面，随时可用，但必须得当，用来对比的必须是旅游者熟悉的内容，这需要导游人员对旅游者的背景作充分的了解。

类比法可分为同类相似类比、同类相异类比和时代之比三种。可以在物与物、人与人以及时间上、空间上进行对比和换算。

（1）同类相似类比。

指将具有相似性的事或人进行比较，找出二者相同的地方。譬如：

将北京的王府井比作日本东京的银座、美国纽约的第五大街、法国巴黎的香榭丽舍大街；参观苏州时，将其称作"东方威尼斯"（马可·波罗称苏州为"东方威尼斯"）；讲到梁山伯和祝英台或《白蛇传》中许仙和白娘子的故事时，将其与罗密欧和朱丽叶比较异同等。

（2）同类相异类比。

指将两种同类但有明显差异的风物进行比较，比出规模、质量、风格、水平、价值等方面的不同，以加深游客的印象。譬如：

参观故宫时，对法国人可类比凡尔赛宫。故宫比凡尔赛宫早 269 年，建筑面积多 3 万平方米，而占地面积却比凡尔赛宫少了将近 30 万平方米，这样一比较，法国客人对故宫就有了明确的认识。对英国客人可类比白金汉宫。故宫比白金汉宫早 283 年，而且白金汉宫只对游人开放三处，故宫几乎全部开放。导游人员在使用类比法时，有时互相对比的对象可能不是特别贴切，只要能使旅游者了解、能传神就可以了。但要注意在选取类比对象时，不要触犯旅游者的禁忌，不能伤害对方的民族自尊心。

（3）时代之比。

在游览故宫时，导游人员若说故宫建于明永乐十八年，不会有几个外国旅游者知道这究竟是哪一年。如果说故宫建成于公元 1420 年，就会给人以历史久远的印象。但如果说在哥伦布发现新大陆前 72 年、莎士比亚诞生前 144 年，中国人就建成了面前的这座宏伟宫殿建筑群。这不仅便于旅游者记住中国故宫的修建年代，给他们留下深刻印象，还会使外国旅游者产生中国人了不起、中华文明历史悠久的感觉。

又如，游故宫时，导游人员一般都会讲到康熙皇帝，但游客大都不知道他是哪个时代的中国皇帝，导游人员可以对法国人说康熙与路易十四同时代，对俄国人说他与彼得大帝同代。还可加上一句，他们在本国历史上都是很有作为的君王。这样介绍便于游客认识康熙，游客们也会感到高兴。

要正确、熟练地使用类比法，要求导游人员掌握丰富的知识，熟悉客源国，对相比较的事物有比较深刻的了解。面对来自不同国家和地区的游客，要将他们知道的风物与眼前的景物相比较，切忌作胡乱、不相宜的比较。正确运用类比法，可提高导游讲解的层次，加强导游效果，反之，则会惹游客耻笑。

9. 画龙点睛法

画龙点睛法就是导游人员用凝练的词句概括所游览景点的独特之处，给游客留下突出印象的导游方法。游客听了导游讲解，观赏了景观，既看到了"林"，又欣赏了"树"，一般都会有一番议论。导游人员可趁机给予适当的总结，以简练的语言，甚至几个字，点出景物精华之所在，帮助游客进一步领略其奥妙，获得更多更高的精神享受。譬如：

导游人员在带团游览完河南嵩山的少林寺后，为助游客了解和认识其主要特征和精华，做了以下一段总结："各位游客，我们游览完少林寺后，每个人的感觉可能都不同，我们能否总结出四大特征呢？第一，禅宗祖庭，不枉为'天下第一名刹'；第二，武林胜地，中外友谊之花处处开；第三，文物荟萃，包罗万象，举不胜举；第四，盛世少林，重换新貌人人夸！"

10. 点面结合法

点面结合法是通过对某景点的讲解演绎至同类其他相关景物的方法，即由此及彼，由点到面的方法。其目的是能使游客在了解眼前景物的同时，增加对同类其他景观、景点知识的了解，从而产生亲睹其他景观、景点的愿望。譬如：游客在游览北京八达岭长城时，导游人员在详细介绍八达岭长城修建时间、目的、起止点和作用之时，可顺便讲解其他著名的长城段，像司马台山水长城、慕田峪长城、金山岭长城等。

除上述 10 种常见的讲解方法之外，还有许多行之有效、令人称道的讲解方法。比如知识渗透法、科学成因介绍法、名人效应法等，这里就不一一介绍了。

导游方法和技巧虽多，但在具体工作中，各种导游方法和技巧都不是孤立的，而是相互渗透、相互依存、互相联系的。导游人员在学习众家之长的同时，必须结合自己的特点融会贯通，在实践中形成自己的导游风格和导游方法，并视具体的时空条件和对象，灵活、熟练地运用，这样才能获得良好的导游效果。

课后练习

一、判断题（正确的打√，错误的打×）

1.【2018年真题】导游员在工作时可以跷二郎腿，但腿脚不能不停地抖动。（　　）
2.【2019年真题】导游讲解时，使用问答法的目的是活跃游览气氛，激发游客的想象思维。（　　）
3.【2019年真题】导游人员和游客交谈时的语言要文雅、得体。（　　）
4.【2019年真题】导游员在与游客聊天时，不应谈论政治，更不要开政治玩笑。（　　）
5.【2019年真题】景点导游人员带领游客在景区中参观游览时一般采用突出重点法进行讲解。（　　）
6.【2019年真题】景点导游人员要善于运用语言艺术，将口语化的讲解词转化为书面语的导游讲解。（　　）
7.【2020年真题】导游与旅游者交谈时，一般应回避涉及年龄、婚姻、工资、财产、衣饰价格和兴趣爱好等方面的内容。（　　）
8.【2020年真题】导游讲解的语速应控制在每分钟150字左右为宜。（　　）
9.【2021年真题】导游员与游客聊天时应从导游员自己感兴趣的或者关心的话题切入。（　　）
10.【2021年真题】导游员在讲解的时候，对自己心里没有把握的问题，导游员可以通过编撰达到"自圆其说"。（　　）

二、单选题（每题只有一个正确答案）

1.【2016年真题】当外国旅游团在京杭大运河边游览时，恰好有船队经过，导游就为外国游客解说：古代这些船队就相当于今天的"高铁"，这样的讲解体现了（　　）的原则。
　　A.客观性　　　　　　B.针对性　　　　　　C.灵活性　　　　　　D.计划性
2.【2016年真题】在旅游团参观5A级景区绍兴兰亭前，导游详细介绍了王羲之创作天下第一行书《兰亭集序》的故事，当游客追问《兰亭序》的真迹下落时，导游告诉游客等进入景区后再告知答案。这种导游讲解方法属于（　　）。
　　A.触景生情法　　　　B.虚实结合法　　　　C.制造悬念法　　　　D.问答法
3.【2016年真题】导游在介绍长江三峡大坝时说："三峡工程是世界上施工期最长、建筑规模最大的水利工程。"这是运用了（　　）的导游讲解方法。
　　A.概述法　　　　　　B.分段讲解法　　　　C.突出重点法　　　　D.画龙点睛法
4.【2017年真题】"东坡赤壁的西面石壁更峻峭，就像刀劈的一样。留在壁面上的层层水迹，表明当年这儿确乎有过'惊涛拍岸，卷起千堆雪'的雄奇景象。"导游讲解中的这种修辞手法属于"引用"中的（　　）。
　　A.明引　　　　　　　B.直引　　　　　　　C.意引　　　　　　　D.暗引
5.【2017年真题】导游人员在少林寺讲解时将其概括为"禅宗祖庭，武林圣地"，该导游讲解方法属于（　　）。
　　A.突出重点法　　　　B.触景生情法　　　　C.制造悬念法　　　　D.画龙点睛法

6.【2017年真题】"苗族姑娘山歌唱得特别好,她们的歌声就像百灵鸟的声音一样动听。"导游讲解中的这种比喻是（　　）。
   A.使语言简洁明快的比喻　　　　　　B.使自然景物形象化的比喻
   C.使抽象事物形象化的比喻　　　　　　D.使人物形象更加鲜明的比喻

7.【2017年真题】导游讲解既要因人而异,又要因时制宜、因地制宜。这体现了导游讲解（　　）的原则。
   A.地域性　　　　B.客观性　　　　C.灵活性　　　　D.针对性

8.【2018年真题】在法国、英国、新西兰等国家,竖起大拇指是（　　）的意思。
   A.请对方稍等　　B.请求搭车　　C.请再来一杯啤　　D.祈祷幸运

9.【2018年真题】手势语是一种较为复杂的伴随语言,譬如用拇指与食指尖形成一个圆圈手心向前,这是美国人爱用的"OK"手势,但（　　）一般用来表示"金钱"。
   A.阿拉伯人　　B.希腊人　　C.巴西人　　D.日本人

10.【2018年真题】一游客在旅游车内抽烟,导游不便当众批评,便对着他摇摇头并轻轻咳嗽,使游客自觉地熄灭了香烟。这种劝服技巧是（　　）。
   A.诱导式劝服　　B.迂回式劝服　　C.协商式劝服　　D.暗示式劝服

11.【2018年真题】导游在社交场合与他人交谈时要注意保持一定的距离,从卫生的角度看,交谈的最佳距离为（　　）。
   A.1.5米　　B.1.4米　　C.1.3米　　D.1.2米

12.【2019年真题】导游人员针对游客提出的问题进行逐层剖析,引导游客对自己的问题进行自我否定,这种回绝的语言技巧是（　　）。
   A.柔和式回绝　　B.诱导式回绝　　C.迂回式回绝　　D.引申式回绝

13.【2020年真题】导游用点头或摇头的方式来表达语义和传递信息的态势语言,称为（　　）。
   A.首语　　B.表情语　　C.目光语　　D.手势语

14.【2020年真题】集合时有旅游者迟到,导游微笑说:"以后迟到的客人,主动在咱们微信群里发红包。"这里导游运用了（　　）的语言技巧。
   A.幽默式提醒　　B.协商式提醒　　C.敬语式提醒　　D.批评式提醒

15.【2020年真题】导游在介绍成都概况时说:"成都是一座来了就不想离开的城市,为什么不想离开呢?大家游玩后就会找到答案。"这里导游运用了（　　）。
   A.制造悬念法　　B.自问自答法　　C.突出重点法　　D.虚实结合法

三、多选题（每题至少有2个正确答案）

1.【2016年真题】导游在讲解时目光应注意（　　）。
   A.正视　　B.环视　　C.仰视　　D.俯视　　E.直视

2.【2016年真题】导游在讲解时目光应注意（　　）。
   A.全程注视认真听讲的游客　　　　　　B.不能只注视讲解的景物
   C.不能长时间地注视少数游客　　　　　D.尽力将视线注视全部游客
   E.热情真诚地平视游客

3.【2018年真题】下列关于导游口头语言表达要领的表述中,正确的是（　　）。
   A.讲解重要内容时应加大音量

B.讲解重要内容时可用强调语气停顿

C.讲解众所周知的内容时语速可适当加快

D.针对青年学生讲解时语速可适当加快

E.表达肯定、庄严等感情状态时多用升调

4.【2018年真题】导游与游客初次见面,交谈的内容可以涉及(　　)。

A.婚姻状况　　　B.工资收入　　　C.身体状况

D.从事职业　　　E.旅游目的

5.【2018年真题】在岳阳楼的讲解中,导游员介绍了《岳阳楼记》的两幅雕屏,在一楼参观时告诉游客一幅为真迹,一幅为赝品,但没有宣布答案;到二楼时再告诉客人二楼的雕屏为真迹,再告知鉴别方法并顺带讲解有关传说,导游员这样讲解涉及的讲解方法有(　　)。

A.问答法　　　B.悬念法　　　C.触景生情法　　　D.虚实结合法

6.【2020年真题】景区讲解员对于讲解语言的应用,要尽量做到(　　)。

A.讲解涉及的故事、传说应有来源或者真实的历史事件

B.讲解中可以适度与旅游者问答互动

C.讲解中应多使用文言文来增加文采

D.讲解民族地区景区必须以民族语言进行讲解

E.对于国内旅游者应提供比较标准的普通话讲解

7.【2021年真题】导游员可以(　　)去激发游客的游兴。

A.通过直观形象　　　　　　B.运用语言艺术

C.通过组织文娱活动　　　　D.使用声像导游手段

8.【2021年真题】导游员在讲解的时候要依据(　　)来调剂音量。

A.游客的数量　　　B.游客懂得的才能　　　C.导游讲解地点　　　D讲解的内容

9.【2021年真题】导游员在运用目光语时,需要留意的事项有(　　)。

A.要防止背对旅游者使他们看不到导游员的面部表情

B.目光凝视游客的方式以平视为宜,表示对游客的敬重

C.目光应多凝视景点

D.讲解时凝视客的视线可在旅行者的双眼与嘴部之间

10.【2021年真题】以下关于导游员进行沿途导游的做法中,正确的有(　　)。

A.面带微笑站在车的前部,司机的右后侧

B.对重要的内容要重复讲解或加以说明

C.可以坐在前排位置进行导游讲解

D.旅行者假如比较疲惫,导游员可少讲解,多让旅行者休息

扫码在线答题

第七章 旅游者个别要求的处理

知识目标

1.了解旅游者个别要求的类型。
2.掌握处理游客个别要求的原则。
3.掌握游客在吃住行游购娱和其他生活方面个别要求的处理方法。

能力目标

1.灵活运用处理旅游者个别要求的基本原则。
2.能根据游客个别要求做出合理的处理方法,提高工作效率。
3.能根据游客投诉的心理,做出及时、妥善的处理。

教学重点

1.处理游客个别要求的原则。
2.掌握处理游客个别要求的基本方法。

课程导入

处理酒店客房的问题

5月的一天,安徽某旅行社导游小陈带一个汽车团去江西,行程是南昌、庐山三日游。经过七个小时的车程,团队终于顺利到达南昌。因为行程较紧,团队直接进行游览活动,地陪带领大家游览了滕王阁、南昌起义会址。用完晚餐回到宾馆时,客人们已经筋疲力尽了。地陪为大家办理好入住手续,交代了各项事宜之后便离开了。看着客人们陆续进房,小陈也准备回房休息。这时,一位游客气急败坏地跑过来说房间的床垫是坏的,要求立即换房。叫嚷的声音惊动了团队其他游客,不一会儿,又有人拿着遥控器出来,说电视根本就打不开,还有人说没有热水。团队的领队火了,直接责备小陈:"你们安排的是什么宾馆?条件这么差!我们要求换宾馆!"小陈是位经验丰富的全陪,此时地陪已经离开,面对这种情形,只有自己处理了。他镇定而温和地说:"请大家少安毋躁,辛苦了一天,谁都想休息好,你们的问题我一定会解决。这里向大家做个解释:大家定的住宿标准是挂牌三星,这里虽然是老宾馆,设施也比较陈旧,但确实是挂牌三星的,不相信大家可以去前厅确认。如果现在更换宾馆,则要通知旅行社为大家联系,但不能确保顺利订到房,恐怕还要耽误大家更多的时间。至于大家提到的问题,我马上去找客房负责人解决,请大家先回房稍等。"说着连忙找到前台,协同两名服务员逐个房间走访,床垫坏的立即更换,遥控器、水龙头一一调试,直到换好为止。最后,在确保每个房间的客人都基本满意时,小陈才松了一口气。

第二天一早,当地陪来宾馆接客人时,小陈悄悄将昨晚的事情告诉了地陪,并希望他今天讲解好、服务好,让游客逐渐淡忘昨晚不愉快的事情。

【思考】如果你是该全陪,你会怎么处理这些问题?

旅游者的个别要求是指旅游团到达旅游目的地后的旅游过程中,个别旅游者或少数游客因旅游生活上的特殊需要临时提出的要求。旅游者的个别要求是多种多样的,在时间上具有随机性。在满足旅游者共同要求的同时,如何处理好这些个别要求,不仅对导游人员处理问题的能力是一种考验,而且对导游人员的服务质量也是一种检验。因此,导游人员对旅游者提出的个别要求,不管其难易程度如何,也不管其合理与否,都应给予足够的重视,并及时、合情合理地予以处理,使得到满足的旅游者高高兴兴,使没有得到满足的旅游者也对导游人员的努力表示理解,使那些爱挑剔的旅游者也挑不出毛病。

第一节　旅游者个别要求的处理方法

一、处理原则

一般来看,游客的个别要求可以分为四种情况:合理的,经过导游的努力可以满足的要求;合理的,但现实难以满足的要求;不合理的,经过努力可以满足的要求;不合理的,无法满足的要求。

(一)符合法律法规的原则

《导游人员管理条例》和《旅行社条例》中规定了游客、导游人员、旅行社三者的权利和义务,导游人员在处理游客个别要求时,要符合法律法规对这三者的权利和义务规定。同时,还要考虑游客的个别要求是否符合我国法律的其他规定,如果不符合,应断然拒绝。

(二)合理而可能的原则

"合理而可能"原则是导游处理问题、满足游客要求的依据和准绳。合理的基本判断标准是不影响大多数游客的权益、不损害国家利益、不损害旅行社和导游人员的合法权益,可能是指具备满足游客合理要求的条件。

对于游客在旅游过程中提出的个别要求,只要是合理的,又是可能办到的,即使有一定困难,导游也应该设法予以满足,使他们能够获得一种愉快的旅游经历,从而对旅游目的地的形象、旅行社的声誉带来正面影响。特别是一些特殊旅游团，如残疾人旅游团、新婚夫妇旅游团。

（三）认真倾听，耐心解释的原则

旅游者提出的要求大多数是合情合理的，但总会有人提出一些苛刻的要求，给导游人员的工作增加一些难度。有些要求看似合理，但旅游合同上没有规定这类服务或者中国目前还无法提供这类服务；有些要求本身就不合理，但总会有人提出来，要求导游人员给予满足；还有些人出于某种心态，对导游人员的工作横加指责、过分挑剔。

面对旅游者的苛求和挑剔，导游人员一要认真倾听，不要没有听完就责怪旅游者的要求不合理或胡乱解释；二要微笑面对，不要一听到不顺耳的话就表示反感还恶语相加；三要耐心解释，对合理但不可能办到的要求，要耐心地、实事求是地进行解释，晓之以理，动之以情，切不可断然拒绝或意气用事。

（四）尊重游客、不卑不亢的原则

游客提出的要求，大多数是合情合理的，但总会有客人提出一些苛刻的要求，使导游人员为难。旅游团中也不可避免会出现无理取闹之人。对待这种情况，导游人员一定要记住自己的职责，遵循尊重游客的原则，对客人要礼让三分。导游人员始终要沉着冷静，或一笑了之。处理这类问题，要坚持原则：不伤主人之雅，不损客人之尊，理明则让。

若个别旅游者的无理取闹影响了旅游团的正常活动，导游人员可请领队协助出面解决，或直接面对全体旅游者，请他们主持公道。这就要求导游人员在平时多向旅游者提供热情周到的服务，多提供超常服务，这样导游人员往往能获得大多数旅游者的赞赏和支持，可在客观上孤立一味苛求者和无理取闹者。确有困难时，导游人员应向领导汇报，请其协助。客人可以挑剔、甚至吵架和谩骂，但导游人员要保持冷静，不能与旅游者发生正面冲突，要始终有礼、有理、有节、不卑不亢。对那些无理取闹的旅游者，导游人员要继续为其提供合同上规定的服务，对其提出的合理而可能的要求，还是要尽量予以满足。

（五）公平对待的原则

公平对待原则是指导导游人员对所有客人应一视同仁、平等对待。游客不管来自哪个国家、属于哪个民族、有哪种宗教信仰、何种肤色，不管其社会经济地位高低、年老年幼、男性女性，也不管身体是否残疾，都是我们的客人，都是导游人员服务的对象。导游人员要尊重他们的人格，一视同仁，热情周到地为他们提供导游服务，维护他们的合法权益，满足他们的合理可行要求，切忌厚此薄彼、亲疏偏颇。

二、餐饮、住房、娱乐、购物方面个别要求的处理

食、住、购、娱是旅游活动的主要组成部分，也是游程顺利进行的基本保证。导游人员应高度重视游客的此类个别要求，认真、热情、耐心地设法予以满足。

（一）餐饮方面的个别要求

"民以食为天"，跨国界、跨地区的游客对餐饮的要求各不相同，因餐饮问题引起的游客投诉屡见不鲜。下面就常见的六种情况讲述导游人员面对此类要求的处理方法。

1. 特殊饮食要求

由于宗教信仰、生活习俗、身体状况等原因，有些旅游者可能提出饮食方面的特殊要求，例如，不吃荤，不吃油腻、辛辣食品，不吃猪肉或其他肉食，甚至不吃盐、糖等。

若所提要求在旅游协议书中有明文规定的，接待旅行社须早作安排，地陪在接团前应检查餐厅的落实情况，一一予以兑现。

若旅游团抵达后提出，需视情况而定：一般情况下地陪应与餐厅联系，在可能的情况下尽量满足。如确有困难，不能满足其要求，地陪应向旅游者说明情况，可协助其自行解决，如建议其到餐厅自行点菜，或带他到附近餐馆（最好是定点餐馆）用餐，费用自理。

2. 要求换餐

有些旅游者，特别是入境旅游者，食用中餐不习惯，要求换西餐，而国内的某些旅游者则爱好品尝当地风味，要求将便餐换成风味餐。对此类情况，地陪应该做以下处理。

（1）餐前3小时要求换餐。

如果此种要求是在用餐前3小时提出的，地陪应尽量与餐厅联系，但需事先向旅游者讲清，如能换妥差价由其自付。如该餐厅不具备供应西餐或风味餐的能力，地陪可协助旅游者更换餐厅，费用自理。

（2）接近用餐时间要求换餐。

如果此种要求是在接近用餐时间或到达餐厅后提出，若该餐厅有此服务，地陪应协助解决。若无此项服务，一般不应接受其要求，但地陪应做好解释工作。若旅游者仍坚持换餐，可建议其到零点餐厅点菜，费用自理。原餐费不退。

3. 要求单独用餐

由于旅游团的内部矛盾或个人性格等原因，有的旅游者要求单独用餐。此时，地陪要耐心做好劝说工作，并请领队进行协调。若劝说和协调无效，旅游者仍然坚持，地陪可协助与餐厅联系，并告知餐费自理，且原餐费不退。

4. 要求提供客房内用餐服务

若旅游者生病需要在客房内用餐，地陪要首先了解饭店的规定和收费标准，因为有的饭店提供免费客房送餐服务，有的饭店则要收取餐费的15%~30%的客房送餐服务费。如需交服务费，应向客人讲明，然后请服务员将饭菜送到客人房间。

如健康旅游者希望在客房用餐，同样，地陪应首先问清饭店餐厅是否提供此项服务，是否收费。如可以提供则可满足客人的需求，但需告知服务费自理。

5. 要求自费品尝风味餐

有的旅游团在旅游协议中未包含风味餐内容，有的旅游团虽然在旅游协议中规定了一地的风味餐，但游客仍希望品尝其他地方风味餐。此时，地陪可提供两种办法供游客选择：一是请旅行社预订。地陪首先将旅游者的要求报告旅行社有关人员，请其报价（包括风味餐费、来回车费和服务费），然后告诉旅游者，如同意，再告知旅行社有关人员进行安排，并陪同旅游者一同前往。二是帮助旅游者与有关餐馆联系订餐，订妥后告知餐厅名称、地址和用餐时间，请客人自行前往。

无论上述哪种做法，一旦风味餐订妥，若旅游者又不想去，导游人员应劝他们在约定时间前往，并说明不去用餐须赔偿餐馆的损失（离用餐时间越近，赔偿的损失费越多）。

6. 要求推迟用餐时间

旅游者，尤其是境外旅游者，由于生活习惯、游览兴致或时差等方面原因，常常要求推迟用晚餐时间，地陪可与餐厅联系，视餐厅的具体情况处理。一般情况下，地陪要向旅游者说明餐厅供餐时间是固定的，过时用餐须加付服务费。也有的餐厅只有固定的服务时间，不提供过时服务。对这种情况，地陪应向客人解释清楚，劝其入乡随俗，按照餐厅供餐时间就餐。

7. 不随团用餐

旅游者因要出外访友、离团自由活动或身体不适等理由，提出不随团用餐，地陪应同意其要求，但是需向其讲清餐费不退。

8. 提出增加菜肴和酒水

同一旅游团的用餐标准是统一的，但某些旅游者可能提出增加超出标准的菜肴和酒水。对此，地陪应满足其要求，但需提前讲明增加的菜肴和酒水的费用自理。

（二）住宿方面的个别要求

1. 要求调换饭店

团体旅游者到一地旅游时，享受什么星级的住房在旅游协议书中有明确规定，有的协议书还将下榻哪家饭店都写得清清楚楚。所以，接待旅行社向旅游团提供的住房若低于协议书中的星级，或使用同星级的饭店替代协议中标明的饭店，旅游者都会提出异议，要求调换饭店。此时，地陪应及时与接待社联系。对第一种情况，旅行社应负责予以调换，确有困难须说明原因，并提出补偿条件。对第二种情况，旅行社要提供有说服力的理由。

2. 要求调换房间

由于客房内设施破损、房间内卫生间达不到清洁标准，旅游者提出调换房间，地陪应立即与饭店有关人员联系，对客房内破损设施进行更换，对卫生间进行清扫和消毒。若房间内有蟑螂、臭虫、蚂蚁或老鼠，旅游者提出调换房间，导游人员应满足其要求。

有些旅客对房间朝向、楼层不满意，要求调换另一朝向或另一楼层同一标准的客房。对此，地陪可先请领队在旅游团内部进行调整，若不行，而饭店又有旅游者所要求的空房且不涉及价格问题，地陪可与饭店联系，予以满足。无法满足时，应向旅游者作耐心解释并致歉。若饭店虽有旅游者所要求的空房，但因朝向不同，价格会不一样，此时，地陪要向其讲明，如同意交差价，可满足其要求。

3. 要求住更高标准的客房

旅游者要求住本饭店内高于旅游合同规定标准的客房，地陪可直接与饭店联系，如饭店有旅游者要求的空房，可满足其要求，但要提前向其讲清须支付房间差价。如饭店没有旅游者要求的客房，应向其解释清楚，求得谅解。

旅游者要求住高于旅游合同规定星级的饭店，地陪可与该饭店联系，如有旅游者要求的空房，旅游者又同意交付原定饭店的退房损失费和该饭店房费差价，可予以满足。

以上要求落实后，地陪要将变化的情况向接待社有关人员报告。

4. 要求住单间

参加旅游团的旅游者在饭店一般住标准间，即两张床的双人间。但是，同住一室的旅游者生活习惯差异较大或产生了矛盾时，可能向导游人员提出要求住单间。导游人员应请领队调解或在团内进行调整。若调解、调整不成，饭店有空房可满足其要求，但导游人员须事先说明，房费由旅游者自理（一般是谁提出住单间谁付房费）。

5. 要求购买房中摆设或物品

如果旅游者看上了客房内的某一摆设或物品，要求购买，导游人员应积极协助与饭店有关部门联系，满足其要求。

6. 要求延长住店时间

旅游者由于某种原因要求延长住店时间，导游人员应与饭店联系，如所住饭店有空房，可满足其要求，但延长期内的房费由旅游者自理。如所住饭店无空房，导游人员可协助联系其他饭店，房费由旅游者自付。

（三）娱乐方面的个别要求

文娱活动是晚间活动的重要内容，有协议书规定的，也有旅游者要求自费观赏的文娱演出。在我国，为外国旅游者提供的文娱活动有京剧、古代音乐舞蹈、杂技、民族歌舞等，也有饭店的服务人员和周围群众自己组织的文娱晚会。这些活动不仅充实了旅游者的夜生活，也会给他们留下深刻的印象，帮助他们进一步了解中国的传统文化。对于文娱活动，旅游者各有爱好，不应强求统一。旅游者提出的种种要求，导游人员应本着"合理而可能"的原则，视具体情况妥善处理。

1. 要求调换计划内的文娱节目

计划内的文娱节目一般在旅游协议书中有明确规定。凡旅游接待计划中安排的文娱节目，地陪应按时带领旅游者到指定的娱乐场所观看。当计划中的文娱节目被安排妥之后，旅游团又要求更换或部分旅游者要求更换，此时，地陪应针对不同情况，做出如下处理。

（1）全团游客提出更换。

如果全团游客提出更换，若时间许可，地陪应与接待社计调部门联系，尽可能调换，但不要在未联系妥当之前许诺；如接待社无法调换，地陪要向游客耐心解释，并说明票已订好，不能退换，请其谅解。若旅游者仍坚持要求观看别的演出，地陪可予协助，联系购票，但购票费由旅游者自理，原票款不退。

（2）部分游客提出更换。

如果部分游客要求观看别的演出，处理方法同上。若旅游团分两路观看演出，在交通方面导游可做如下处理：如两个演出点在同一线路，地陪导游要与司机商量，尽量为少数游客提供方便，送他们到目的地；如两个演出地点不顺路，则帮助提出要求赴另一地点观看演出的部分旅游者安排车辆，车费由他们自理。

2. 要求自费外出观看文娱节目

旅游者提出自费观看文娱节目或参加某种娱乐活动，地陪可按如下两种方法处理：

一种是先报告接待社有关部门，请其与有关娱乐单位联系并报价。报价包括文娱节目费、车费和服务费。然后将报价告知旅游者，并注意解释清楚，征求他们的意见。若旅游者认可，再请接待社进行预订，预订好后，向旅游者收取费用，上交接待社并将收据交给旅游者。到时地陪应陪同旅游者前往。

另一种是帮旅游者购买节目票，请其自行乘出租车前往，一切费用自理。但是，地陪要提醒旅游者注意安全，带好饭店卡片（卡片上有中英文饭店名称、地址、电话）。必要时，地陪可将自己的联系电话告诉旅游者。

旅游者若去大型娱乐场所或环境复杂的演出场所，地陪最好采用第一种办法。

3. 要求前往不健康的娱乐场所

旅游者要求去不健康的娱乐场所或过不正常的夜生活，导游人员应断然拒绝，向其讲清我国的有关法律和政府的相关规定，严肃指出去不健康的娱乐场所过夜生活在中国是禁止的，是违法行为。导游人员不应该向其提供任何不健康娱乐场所的信息，更不能一同前往。

（四）购物方面的个别要求

购物是旅游活动的六要素之一，是参观游览活动的重要补充。大多数旅游者往往都要在旅游目的地购买一些物品作为纪念和馈赠亲友，为了满足旅游者的这种要求，各站均会相应地为其安排购物时间。尽管如此，旅游者仍会提出这样那样的要求，导游人员应本着"游客为本"的原则，不怕麻烦，不图私利，设法予以满足。

1. 要求单独外出购物

（1）协助旅游者单独外出购物。

旅游者由于某种原因，要求单独外出购物，若时间允许，导游人员要予以协助，当好购物参谋，例如建议他去哪家商场购物，或同时介绍几家商店供其选择，为他安排出租车并写上便条（条上写明商店名称、地址，外国旅游者还需用中英文写上购买的物品名称及几句简短购物用语）让其带上。

（2）劝阻旅游者单独外出购物。

如果旅游者在该团快要离开当地之前提出单独外出购物，导游人员要进行劝阻，以免发生误机（车、船）事故。若旅游者不听，导游人员应当众阐明利害关系，讲明一旦出现意外后果自负。

2. 要求退换商品

旅游者在购物后发现所购物品是残次品、计价有误或对物品不满意，要求导游人员帮其退换。对此，导游人员应积极协助，必要时陪同前往购物商店，设法帮助解决。

3. 要求再次去某商店购买商品

旅游者在购物中，常常出于"货比三家"的考虑，或当时对商品的价格、款式、颜色等犹豫不决，没有购买，后来经过考虑又决定购买，要求导游人员协助。对此，导游人员应积极给予帮助，如有时间可陪同旅游者前往，车费由旅游者承担。若有事不能陪同前往，可为其写一中英文便条（上写欲购商品名称，请售货员协助之类的话），请其乘出租车前往。

4. 要求购买古玩或仿古艺术品

境外旅游者要求购买古玩或仿古艺术品，导游人员应带其到文物商店购买，买妥物品后，要提醒他保存好发票，不要将物品上的火漆印弄掉，以便出境时海关查验。

境外旅游者若在地摊上选购古玩，导游人员应予劝阻，并告知中国政府的有关规定；若发现个别旅游者有走私文物的行为，导游人员须及时报告有关部门。

5. 要求购买中药材

境外旅游者想买些中药材、中成药并携带出境，导游人员应告知中国海关的有关规定。

6. 要求代为托运

旅游定点商店一般都有为顾客邮寄、托运商品的服务。旅游者购买了较多、较重或大件物品，要求导游人员帮忙托运。导游人员可告知定点商店一般都有这种服务，如没有，应积极、热情地帮助解决。

如果旅游者想购买的某种商品现时无货，欲购无望时，可能请地陪帮助购买并托运。对旅游者的这类要求，地陪一般应予婉拒。如果提出要求的是重点游客或推托不掉时，应请示接待社领导。若领导同意接受此项委托，地陪应在旅行社领导的指示下认真办理委托事宜：先请该旅游者写出委托书，然后收取必要的钱款（包括购货款、托运费和手续费等）。旅游者离开后，地陪一旦得知货到，应及时购买并办理托运，随后将购货发票、托运单、托运费和相关费用的收据复印后，将原件寄送旅游者，复印件交接待社保存，以备查验。

三、交通、游览方面个别要求的处理

（一）交通方面个别要求的处理

1. 要求更换交通工具类型

如果游客提出更换交通工具，如将火车改为飞机或普通列车改为动车、高铁等，导游员应当如何处理呢？这种要求，除非在自然灾害、误车（机、船）等特殊情况下，一般都不能答应更换。旅途中票务预订、退换非常烦琐，短时间内很难满足。更换出行时间与上述处理方式相同。

2. 要求提高交通工具等级

如果游客提出提高交通工具的等级，比如提高舱位、座位等级等，导游员应当如何处理？遇到类似的要求，导游应首先与接待社计调联系，若有游客所要求等级的舱位、座位可帮忙更换，但差价及相关费用需自理。

（二）游览方面个别要求的处理

1. 游客要求更换或取消游览项目

凡是计划内的游览项目，导游一般应该一一按计划进行。

若是全团统一提出更换游览项目，则需请示接待社计调部门，请其与组团社联系，同意后方可更换；若是个别游客提出更换游览项目，地陪应向游客耐心解释，不能随意更换。

2. 游客要求增加游览项目

在时间允许的情况下，导游应请示接待社并积极协助。与接待社有关部门联系，请其报价，将接待社的报价报给游客，若游客认可，地陪则陪同前往，并将游客交付的费用上交接待社，将发票交给游客。

【案例 7-1】 游客的要求应该满足吗？

某旅游团 17 日早上到达 K 市，按计划上午参观景点，下午自由活动，晚上 19：00 观看文艺演出，次日乘早班机离开。抵达当天，适逢当地举行民族节庆活动，并有通宵篝火歌舞晚会等丰富多彩的文艺节目。部分团员提出，下午想去观赏民族节庆活动，并放弃观看晚上的文艺演出，同时希望导游员能派车接送。

【思考】1. 案例中，导游员应怎样处理？
2. 应做好哪些工作？

四、自由活动个别要求的处理

（一）一般情况下允许旅游者自由活动

1. 要求全天或某一景点不随团活动

旅游团中有的旅游者已多次游览过某一景点，不想重复游览，因而希望不随团活动、要求不游览某一景点或一天、数天离团自由活动。如果其要求不影响整个旅游活动，可以满足并提供必要的协助，导游可按照以下程序处理：

（1）提前说明如果不随团活动，无论时间长短，所有费用不退，需增加的各项费用自理。

（2）提醒其记住目的地的名称、地址及下榻饭店的名称和电话，帮助找出租车，提醒旅游者晚饭的用餐时间和用餐地点等。

（3）提醒其注意安全，保护好自己的财物。

（4）提醒游客带上饭店卡片（卡片上有中英文饭店名称、地址、电话）备用。

（5）用中英文写张便条，注明客人要去的地点的名称、地址及简短对话，以备不时之需。

（6）必要时将自己的手机号码告诉游客。

2. 到游览点后要求自由活动

到某一游览点后，若有个别旅游者希望不按规定的线路游览而自由游览或摄影时，若环境许可（游人不太多，秩序不乱）可满足其要求。导游人员要提醒其集合的时间和地点及旅游车的车号，必要时写一字条，写清集合时间、地点和车号以及饭店名称和电话号码，以备不时之需。如果景点内线路复杂、游人较多、较乱，导游人员应该劝其随团活动，以免走失。

3. 自由活动时间或晚间要求单独行动

自由活动时间或晚间游客要求自由活动时，导游员可以同意，但应提出相关建议和注意事项。比如建议不要走得太远，不要携带贵重物品（可寄存在前台），不要去秩序乱的场所，不要太晚回饭店等。

4. 少数人要求一起活动

少数人自由活动时，导游应与大多数游客在一起，不可置大多数人于不顾陪少数人单独活动，而且要确保旅游计划的全面贯彻实施。

（二）特殊情况需劝阻旅游者自由活动

下述情况不宜让旅游者单独活动：

（1）旅游团计划去另一地游览，或旅游团即将离开本地时，有人要求留在本地活动，特别是需要较长时间的活动，如到热闹的地方购物。由于牵涉面太大，为不影响旅游团活动计划的顺利进行，避免误机（车、船），导游人员要劝其随团活动。

（2）如地方治安不理想，导游人员要劝阻旅游者外出活动，更要劝其不要单独活动，但必须实事求是地说明情况。要劝阻旅游者去复杂、混乱的地方自由活动。

（3）不宜让游客单独骑自行车去人生地不熟、车水马龙的街头游玩。

（4）游河（湖）时，旅游者提出希望划小船或在非游泳区游泳时，导游人员不能答应，不能置旅游团于不顾而陪少数人去划船、游泳。

（5）旅游者要求去不对外开放的地区、机构参观游览，导游人员应拒绝此类要求。

总之，出现以上情况时，导游人员要向旅游者耐心解释，说明原因，以免发生误会。如果旅游者仍然坚持，可以请领队出面协调，必要时汇报旅行社。

（三）自由活动的导游服务

旅游者提出的自由活动要求，若不影响团体旅游行程，且不涉及不对外开放的场所，地陪应予以协助。

（1）旅游者离开酒店时，地陪有必要提醒他们带上酒店名片。

（2）提醒旅游者不要走得太远，不要太晚回饭店及其他安全注意事项。

（3）若有需要，地陪还应帮助旅游者安排车辆（车费由旅游者自理）。

五、探视亲友或亲友随团活动及转递物品和信件的处理

海外旅游者要求探望在中国的亲戚朋友，这可能是他们来中国旅游的重要目的之一。导游人员应设法予以满足，帮助旅游者找到在中国的亲友，协助安排会见或随团活动，了其夙愿，这样就会大大缩短旅游者与导游人员之间的心理距离，有利于旅游活动的顺利进行。

（一）海外旅游者要求探视在华亲友

1. 在华亲友是中国人

（1）旅游者探视经常有联系的亲友。

如果旅游者与中国亲友常有联系，知道其姓名、地址、电话，导游人员可以让旅游者自己联系，也可协助联系并帮助安排会见。

（2）旅游者寻找失散多年的亲友。

旅游者寻找已失散多年的亲友，只知其名，不知其他，导游人员应积极帮助寻找。请旅游者将亲友的情况尽可能详细地写明，经由旅行社请公安户籍部门帮助寻找，找到了及时告诉旅游者，帮其联系并安排会见。

如果旅游者在华期间找不到亲友，导游人员可让其留下详细通信地址，待找到后书面通知他。

（3）旅游者要求会见同行。

海外旅游者要求会见中国同行、洽谈业务、联系工作或其他活动，导游人员要向旅行社汇报，在领导指示下给予积极协助。

（4）旅游者要求会见名人。

旅游者慕名求访某位名人，导游人员应了解旅游者要求会见的目的并向领导汇报，按规定办理。

2. 在华亲友是外国人

海外旅游者要求会见在华工作的外国人或驻华使、领馆的外交官，导游人员不应干预。如果知道亲友的姓名、工作单位和电话，应该让旅游者自己联系或协助其联系。若只知亲友的姓名和工作单位，可以协助其寻找电话号码和地址，让旅游者自己联系，也可协助联系。

3. 注意事项

（1）协助海外旅游者联系在华亲友、安排会见是导游人员的工作，但一般不参加会见，没有担当翻译的义务。

（2）外国驻华使、领馆的外交官请海外旅游者去使、领馆参加一些活动，也盛情邀请导游人员前往。对此，导游人员一般应婉拒；若对方坚持，导游人员应请示领导，经批准后方可前往，活动结束后应向领导汇报。

（二）旅游者要求让在华亲友随团活动

1. 游客要求中国籍亲友随团活动

旅游团抵达某地后，有的旅游者找到自己的亲友后希望他们随团活动，甚至到外地去旅行游览。当旅游者提出此类要求时，导游人员应视具体情况尽量予以满足，但必须做好如下工作：

（1）征求领队和旅游团其他成员的同意。

（2）办理相关手续。在领队和旅游者同意的前提下，迅速与旅行社有关部门联系，带领旅游者去旅行社或旅行社派人来饭店办理入团手续。请旅游者的亲友出示有效证件，证明其身份；填写表格，交纳费用。

（3）提供同等服务。办理手续、交纳费用后，旅游者的亲友就正式成为旅游团的成员，导游人员对中外宾客要一视同仁，热情接待，周到服务。

2. 游客要求外国籍亲友随团活动

（1）游客要求其外籍亲友随团活动，一般情况下，在征得领队和旅游团其他成员的同意后方可允许。但外籍亲友须出示有效证件，办理入团手续，交付必要的费用。

（2）如果要求随团活动的是外国驻我国使、领馆工作人员或者外国记者，一般情况下应该婉拒。必要时请示旅行社或者有关部门，按照我国政府有关规定处理。

（三）转递物品和信件要求的处理

旅游者如果要求导游人员帮助其向亲戚朋友或者有关部门转递信件、资料或者其他物品，导游人员一般应该婉拒。若旅游者确实需要帮助，不能亲自办理，导游人员应该首先请示旅行社领导，经同意后按照有关规定手续处理。具体处理方法为：

1. 首先婉拒

旅游者要求导游人员帮助传递物品或信件，尤其是贵重物品、重要信件或食品，导游人员应予以婉拒，请其亲自交送或通过邮局或快递公司投送。

2. 征得领导同意后接受委托

如不涉及不能转递的物品，而且旅游者确有困难，如旅游团即将离开本地，难以亲自交送或邮寄，经请示接待社领导同意后，可接受委托，但应弄清楚转递的物品是什么，若是应税物品，应督促其纳税。

3. 按规定的手续办理

（1）请旅游者写出委托书。

委托书应写明委托转递物品的名称、品牌和数量，收件人的姓名、电话和详细地址，以及旅游者的签名与其详细通信地址。

（2）核对物品。

请旅游者打开包裹，核实物品的名称、品牌和数量是否与委托书的内容一致。

（3）办好签收手续。

物品或信件送交收件人后，应请收件人写出收据，收据上应体现收到的物品名称、品牌和数量，收到的日期，以及收件人签名和盖章。

（4）将委托书和收据送交旅行社保管。

若旅游者转递的物品或信件的收件人是我国国家机关或有关领导，经请示旅行社领导同意后，一定要请旅游者当面打电话给收件方，经收件方同意后方可接受委托，并将物品或信件送交旅行社，尽量让收件方来人领取。

若旅游者转递的物品或信件的收件人是外国驻华使、领馆人员，导游人员应予推脱，若推脱不了，应详细了解情况并报告旅行社领导，经批准后方可接受委托，并将委托的物品或信件送交有关部门，由其转递或通知外国使、领馆来人领取。

六、中途退团或延长旅游期限的处理

（一）要求中途退团

1. 因特殊原因提前离开旅游团

游客因患病、家中有事或工作急需等正当理由，要求提前离开旅游团并中止旅游活动，经接待社与组团社协商后可予以满足。未享受的综合服务费，按旅游协议书中的规定，部分退还或不退还。

2. 无特殊原因执意离团

游客因个人要求未得到满足，或与其他团员闹矛盾等非正当原因提出退团，导游员应配合领队尽量做说服工作，劝其随团继续活动；若接待社确有责任，应设法弥补。如因接待方服务质量太差，则应尽快告诉有关接待部门，设法提高服务质量。若游客提出的是无理要求，要做耐心解释。

不论什么原因，若劝说无效，游客坚持退团，导游员应为退团游客重新订机票，若是外国游客还需协助国外游客办好分离签证、退团手续，所需费用由退团游客自己解决，未享受的综合服务费不予退还。

外国游客不管因何种原因要求提前离开中国，导游都要在领导指示下协助游客进行重订航班、机座，办理分离签证及其他离团手续，所需费用由游客自理。

（二）要求延长旅游期限

1. 中途退团后继续在某地逗留

对无论何种原因中途退团并要求延长在某地旅游期限的旅游者，导游员应帮助其办理一切相关手续。对那些因伤病住院，不得不退团并需延长在某地期限的旅游者，除帮助办理相关手续外，导游还应前往医院探视，并帮助患者和其陪伴家属解决生活上的困难。

2. 不随团离开某地或出境

旅游团队在某地游览活动结束后，由于某种原因，旅游者不随团离开某地或暂不出境，要求延长逗留期限，地陪应酌情处理。

若无须办理延长签证的，一般可满足其要求。无特殊原因游客要求延长签证的，原则上应予婉拒。办理延长签证手续的具体做法是：先到旅行社开证明，然后陪同游客持旅行社的证明、护照及集体签证到出入境管理部门，办理分离签证手续和延长签证手续，费用自理。

若确有特殊原因需要留下且需要办理签证延期的，导游员应请示旅行社的领导，向其提供必要的帮助。如果离团后继续留下的游客需要帮助，一般可帮其做以下工作：协助其重新订妥航班、机票或火车票、饭店等，并向其讲明所需费用自理；如其要求继续提供导游或其他服务，则应与接待社另签合同。

离团后的一切费用均由旅游者自理。

第二节 旅游投诉的心理与处理方式

旅游投诉是指游客为维护自身合法权益，对损害其合法权益的旅游经营者和有关单位以书面或口头形式向旅游行政管理部门提出投诉，请求其处理的行为。旅游投诉的对象主要是导游、旅游经营者和其他接待单位。有的旅游投诉发生在旅游活动之后，有的则发生在旅游活动进行过程之中。后一种情况如果得不到及时处理，会对旅游活动造成障碍，甚至引起更加严重的后果。因此，在导游服务中，导游人员对来自旅游者的投诉应认真对待，及时、妥善地处理。

一、旅游投诉产生的原因

（一）旅游服务部门的原因

1. 旅游交通方面

旅游者能否乘坐上旅游合同中规定的交通工具，旅游交通服务是否安全、准时、规范，交通部门及司乘人员的服务态度常常成为旅游者投诉的主要对象。

2. 旅游住宿服务方面

旅游者未能享受到旅游合同中规定的住宿设施和相应的服务以及服务人员态度恶劣、卫生条件差、设备破旧等也往往是旅游者采取投诉行为的重要原因。

3. 旅游餐饮服务方面

导游人员安排的游客餐食由于某些餐厅或餐馆的菜肴分量少、菜肴质量差，游客吃不饱以及就餐环境脏乱、服务人员态度恶劣等，使旅游者感到价质不符，因而也会引起旅游者的投诉。

4. 其他旅游服务部门方面

其他一些旅游服务部门如游览景点、娱乐场所、购物商店等也可能因服务质量低下成为游客向导游人员提出投诉的原因。

（二）旅行社方面的原因

1. 擅自改变旅游活动日程

有些导游人员在未取得旅游团领队和多数旅游者的同意，也未向旅行社领导请示的情况下，擅自改变旅游计划中的日程安排，甚至减少计划规定的部分游览项目，引起游客不满而进行投诉。

2. 旅游活动日程安排不当

旅游活动日程安排欠妥包括活动内容重复，老年人活动日程过紧，年轻人活动日程过松以及购物时间过多等。它们都可能引发旅游者提出投诉。

3. 导游人员工作不力和失误

导游人员工作不力和失误包括服务态度恶劣，不提供导游讲解服务以及工作疏忽造成各种责任事故，如漏接、误机（车、船）、行李丢失和损坏等。这类情况会造成旅游者的强烈不满，也是产生投诉的重要原因。

4. 延长购物时间和增加自费项目

有些导游人员为增加个人收入，将游览的时间安排得很紧，以挤出更多的时间和次数安排游客购物，甚至强迫旅游者参加自费项目，也常常引发旅游者提出投诉。

5. 处理旅游投诉态度消极

有些旅行社管理者和导游人员在接待和处理旅游者的投诉时态度消极，措施不到位，常常推卸责任，避重就轻，强调客观（如不可抗力），甚至与旅游者产生对立，从而刺激了旅游者，使旅游者更加恼怒，促使旅游者投诉。

（三）旅游者方面的原因

1. 旅游者对旅游合同的内容理解不当

有些旅游者由于不熟悉旅游服务质量标准、旅游法规和旅行社管理体制，在购买旅游产品时没有细致地研究旅游合同各项条款和内容，因而从自己的认识出发来界定旅行社的服务质量，感到自身的合法权益受到损害，从而提出投诉。

2. 旅游者对旅游活动的期望值过高

有些旅游者对旅行社安排的旅游活动期望过高，认为可以饱览所到各地的锦绣山川、名胜古迹，吃、住、行都很顺利，一旦实际经历与出发前的想法出现距离，形成落差，就感到其合法权益受到了侵害，从而产生不满，也采取了投诉行动。

3. 旅游者的法律意识淡薄

有些旅游者的法律意识淡薄，在依法开展旅游活动和维护自身权益方面存在一定程度上的认识偏差。一方面,少数旅游者随意签约、毁约,逃避违约应尽的责任,不愿支付违约金,在与旅行社争执不下的情况下采取了投诉行为;另一方面,一些旅游者滥用"精神损失"概念,要求赔偿损失时漫天要价,提出不切实际的巨额赔偿要求,认为只有这样才有可能获得更多利益。

二、游客投诉的心理特征

不同的旅游者,其投诉的心理也不尽相同,通常主要有三种,即求尊重的心理、求发泄的心理和求补偿的心理。

(一)求尊重的心理

求尊重是人之常情,旅游者希望在旅游过程中其人格受到尊重,尤其是那些身份和地位较高的旅游者。接待人员和有关服务人员若稍不注意,其言行有时在他们看来不仅是不尊重,而且是一种侮辱,会引起他们的不满而产生投诉,其目的是求得尊重,而对于经济补偿则不大重视,也不关心旅行社管理者是否会严肃处理被投诉的有关人员。有的时候,当投诉者从旅行社管理者那里得到尊重的表示后,甚至会请求不要惩罚被投诉者。

(二)求发泄的心理

求发泄是旅游者通过投诉来表达其内心的愤懑情绪和不满的一种形式。他(她)们因对导游人员或其他旅游服务人员的态度和行为感到不满,觉得受了委屈或虐待,希望向别人诉说其心中的不快。这类旅游者在投诉时或喋喋不休,反复诉说其不幸遭遇,或心情十分激动,使用激烈的语言对被投诉者进行指责。这类情况往往发生在旅游者的期望和要求多次提出而得不到满足或旅游产品和服务存在较大或较多缺陷时。具有求发泄心理的旅游者提出投诉的主要目的是向旅行社和导游人员发泄其心中的不满和怨气,求得心理上的平衡。当他(她)们的怨气发泄完毕,并得到安慰后,往往会得到心理上的满足,而不再提起赔偿的要求。有些旅游者甚至还会对其在投诉时使用的激烈语言感到后悔,表示歉意。

(三)求补偿的心理

求补偿是旅游者认为其合法权益受到损害而希望通过投诉获得某种补偿的心理。这种要求补偿的心理可能是物质上的,例如希望旅行社向其退还部分旅游费用;也可能是精神上的,例如希望旅行社和导游人员向其道歉。如果确实因旅行社接待服务的失误给旅游者造成经济损失或精神损失的,可以适当给予一定的经济补偿或赔礼道歉。如果游客因误会而向旅行社投诉的,则可以婉转地加以解释,以消除误会。

上述三种心理可能存在于不同旅游者身上,也可能同一旅游者存有两种以上的心理。导游人员面对旅游者的投诉,不管投诉的对象是旅行社、导游人员还是相关接待单位及其人员,都应以礼相待,并根据不同投诉者的心理和投诉的问题分别采取相应的处理办法。

三、旅游投诉的处理

旅游投诉的妥善处理，可以将坏事变成好事，导游人员不仅可以从中取得经验，而且也有助于改进旅游接待工作中的一些薄弱环节。旅游投诉的处理应注意如下要点。

（一）耐心倾听，不与争辩

导游人员在接受旅游者口头投诉时，应尽量采取个别接触的方式，以避免对其他旅游者造成影响。对于集体投诉，最好请其派出代表，以免人多嘴杂，分散导游人员的思考。在接受旅游者投诉时，导游人员要保持冷静，耐心倾听，不管旅游者的脾气多大，态度多差，也不管投诉的事情是大是小，出入多大，都要让其把话说完。这样不仅有利于缓和旅游者的激动情绪，让他们把心中的不满发泄出来，而且有助于导游人员思索解释的办法。旅游者把话讲完，这时气也消去了大半，问题的处理也就比较方便了。反之，在旅游者话未讲完，心中的恼怒未发泄完时，导游人员就忙于解释、分辩，甚至反驳，不仅不利于原有问题的解决，反而会增加处理的难度，甚至引发冲突。所以，在接受旅游者投诉时，导游人员要一面耐心倾听，了解游客的观点，善于听其弦外之音，并请教旅游者自己的理解是否正确，以体现对其的尊重；一面做必要的记录，捕捉旅游者投诉的要点，既让客人感到接待人员听取投诉的态度是真诚的，是愿意帮助他们解决问题的，又为导游人员确定投诉问题的性质和严重程度提供依据。必要时可请旅游者签名留据，为妥善解决提供帮助。应注意的是，对旅游者所要表达的意思切不可理解有误。

对于旅游者投诉中某些不实的内容，甚至过激的言语，导游人员也不要急于争辩。但是，如果旅游者的发泄对旅游活动构成了障碍，导游人员应适当予以阻止。

若旅游者投诉时，态度蛮横、气氛紧张、无任何缓和余地，导游人员无法同其交流下去，则可有礼貌地提出建议，另找时间再谈。

若旅游者的投诉涉及导游人员本人，导游人员更应冷静理智地对待，应持"有则改之，无则加勉"的态度，认真倾听。

（二）表示同情和理解，不盲目做出承诺

对于旅游者的投诉，导游人员要设身处地地从旅游者的角度着想。因为在旅游者看来，他们投诉的都不是一般的小问题，而是直接关系到其利益的大事。因此，导游人员要表现出充分的同情和理解，要采取适当的言语来缓和旅游者的情绪和现场气氛。

如果旅游者的投诉是针对导游服务的，又基本符合实际，导游人员应向旅游者表示歉意，在服务中将重点放在其投诉的问题上，用行动争取旅游者的谅解。如果旅游者投诉的问题属于相关接待单位，导游人员也要有代人受过的胸怀，表示："对这种情况的发生，我也感到甚为遗憾""对你此时的心情我很理解，我将努力转达你的意见"。如果旅游者要求导游人员对其投诉的问题表示看法，为了缓和紧张的气氛，导游人员可表示"请给我点时间让我好好想想"。

对于旅游者在投诉中提出的要求，特别是有关赔偿的问题，导游人员不要轻易做出任何承诺，可表示"这个问题让我和有关方面联系一下"，以避免工作中的被动和可能带来的麻烦。

（三）调查了解，迅速答复

导游人员对待旅游者的投诉，既不能全盘肯定，也不能全盘否定，要对投诉的问题进行全面的调查了解，并同有关方面进行核实，在此基础上根据事实进行处理，不要匆忙地做出判断。如涉及赔偿问题，要同有关单位进行协商。除了不可控因素导致的服务缺陷，如航班误点、交通堵塞等需要对旅游者进行耐心解释外，旅游者投诉的不少问题都可通过提供超常服务和对他们的加倍关心和照顾得到解决。

在处理旅游者投诉时，导游人员必须做到：

（1）办理及时，不要拖延。遵循"谁的问题，谁负责"，争取"就地消化，现场解决"。如客房卫生差、饭菜质量低等类问题，在同相关接待单位磋商后应立即解决。

（2）答复迅速。迅速答复，体现了导游人员对旅游者投诉的重视程度。若一时无法答复，应向旅游者明确答复的时间，以让旅游者放心。在答复之前，导游人员要考虑旅游者能否接受，答复同旅游者的要求差距有多大，并根据差距的大小来考虑答复的方法。如果有关单位完全同意游客投诉中的要求，导游人员可代其向旅游者宣布；如果差距较大，导游人员可建议双方协商解决。在协商时，导游人员要注意不要偏袒任何一方，不要下定论，主要做调解工作，劝告双方做合理让步才是上策。协商达成一致后，导游人员事后要做落实检查工作，提醒双方办好必要的手续（尤其是赔偿问题），最好复印一份留存。因为有些旅游者当时同意了有关单位的赔偿数额和解决办法，但事后一想又觉吃亏，旅游结束后，再次投诉，甚至上诉法院。若不保留证据，所做工作便付诸东流。即使旅游期间有些投诉未得到解决，导游人员也应将有关证据和原始记录转交旅行社，也可为进一步协商解决问题提供有益的依据。

（3）对游客投诉中反映的意见表示感谢。

（4）对一些重要投诉或导游人员无力解决的问题要及时报告旅行社。

（5）注意保护投诉者的隐私。有些旅游者在旅游活动结束时，向导游人员或组团社对接待社的服务质量提出投诉，导游人员或组团社不要将投诉者的姓名和联系方式反馈给接待社，以避免有的接待社打电话或发短信对投诉者进行骚扰，从而给投诉者带来更多的麻烦，甚至招致进一步的投诉。

课后练习

一、判断题（对的打√，错误的打×）

1. 【2018年真题】一名英国游客在北京游览时得知家人生病，因而提出中途退团、回国的要求。对此，导游应立即同意并帮助游客办理分离签证及离团手续。（　　）

2. 【2018年真题】某旅游团内两名游客产生矛盾，其中一名游客要求单独用餐，地陪应耐心做好劝说工作，并请领队协调。（　　）

3. 【2018年真题】游客要在地摊上选购古玩，导游员应劝阻，并告知中国的有关规定，以免出海关时遇到麻烦。（　　）

4. 【2018年真题】如果客人要求提供房内用餐，一般而言，作为导游员应帮助其与餐厅联系，

并提供免费服务。（　　）

5.【2018年真题】当游客提出晚间自由活动要求时，导游员可以答应，但要提醒游客带上饭店卡片，注意安全。（　　）

6.【2018年真题】外国旅游者在旅游团的活动结束后要求继续在中国旅行游览，不管是否需要延长签证，都应予以婉拒。（　　）

7.【2018年真题】某一游客因患病或有重要事情急需退出旅行团并终止旅游活动，经接待旅行社与组团社协商后方可满足，至于未享受的综合服务费一律不予退还。（　　）

8.【2018年真题】一名日本游客因某一要求得不到满足而提出提前离团时，导游员可以让其自行办理分离签证及其他离团手续，所需费用由其自理。（　　）

9.【2018年真题】对于游客的投诉，导游员一定要设身处地地从旅游者的角度着想，满足他们提出的要求。（　　）

10.【2019年真题】游客要求增加旅游项目，地陪应通报旅行社，合理而可能的要求应尽量满足，需要增费应事先向客人讲清。（　　）

二、单选题（每题只有一个正确答案）

1.【2018年真题】遇到无理取闹的游客，导游应牢记自己的职责，首先要遵循（　　）原则。
　　A.尊重游客　　　　B.维护尊严　　　　C.符合法律　　　　D.合理而可能

2.【2018年真题】导游陪同旅行团去某大型商场购物，一游客购买了五床蚕丝被并要求导游代办托运，导游正确的做法是（　　）。
　　A.立即同意　　　　　　　　　　　　B.予以拒绝
　　C.请旅行社联系托运　　　　　　　　D.建议联系商场托运

3.【2018年真题】游湖时，有位游客提出希望自己划小船，并承诺责任自负，对此导游员的正确做法是（　　）。
　　A.婉拒并做好解释工作　　　　　　　B.同意，但提出要准时回团队集中
　　C.做好协助工作　　　　　　　　　　D.请示旅行社有关部门

4.【2018年真题】旅游团到达景点后，个别游客希望不按规定的线路游览而是自己去摄影，此时导游员的正确做法是（　　）。
　　A.耐心解释，不接受其请求
　　B.请领队陪同他
　　C.若环境许可，可满足其要求，但要提醒他记住集合时间、地点及车牌号
　　D.要请示旅行社后决定

5.【2018年真题】有游客提出晚间要去当地一个环境复杂的娱乐场所看演出，对此导游员应（　　）。
　　A.因安全原因，谢绝游客要求
　　B.帮助游客租车，告诉游客晚间出行出了安全问题责任自负
　　C.同意并帮助购买门票，叫出租车
　　D.报告旅行社，等领导通知

6.【2018年真题】如果游客要求前往不健康的娱乐场所，导游首先应该（　　）。
　　A.向旅行社汇报　　　　　　　　　　B.报告公安部门

C.提醒注意安全　　　　　　　　　　　　D.予以断然拒绝

7.【2018年真题】一名海外游客在离境前一天晚上找导游员，希望导游员帮她把一件贵重礼品转交给当地的朋友。面对此要求，导游员首先应（　　）。
   A.报告组团旅行社　　　　　　　　　　B.为游客着想，立即答应游客的要求
   C.婉言拒绝游客的要求　　　　　　　　D.报告领队

8.【2018年真题】某一游客因自己的无理要求得不到满足而提出离团，其未享受的综合服务费应（　　）。
   A.全额退还　　　　　B.部分退还　　　　　C.不予退还　　　　　D.一半退还

9.【2018年真题】外国游客由于患病必须提前退团，其未享受的综合服务费（　　）。
   A.全额退还　　　　　B.部分退还　　　　　C.不予退还　　　　　D.根据协议而定

10.【2019年真题】在处理游客个别要求的原则中，导游处理问题、满足游客要求的依据准绳是（　　）。
    A.公平对待原则　　　B.尊重游客原则　　　C.维护尊严原则　　　D.合理而可能原则

11.【2019年真题】游客向旅游团提出换餐，至少应在用餐前（　　）。
    A.2小时　　　　　　B.3小时　　　　　　C.4小时　　　　　　D.5小时

12.【2020年真题】导游不能允许旅游者自由活动的情形是（　　）。
    A.城市旅游期间旅游者要求全天不随团活动
    B.晚餐后旅游者要求到周边商城购物
    C.游河湖时旅游者想单独划小船
    D.到景点后旅游者要求自行游览

13.【2021年真题】由于旅游团的内部矛盾或其他原因，个别游客坚持要求单独用餐，导游员（　　）。
    A.必须满足其要求　　　　　　　　　　B.婉言拒绝
    C.可协助与餐厅联系，但餐费自理　　　D.交由领队处理

14.【2021年真题】游客提出住更高标准的房间时，导游员的正确做法是（　　）。
    A.告知游客超标，不能满足
    B.如有房间，可予以满足，但游客要交付退房损失费和房费差价
    C.婉言拒绝
    D.请全陪报告组团社，由组团社决定

15.【2021年真题】游客购物后发现所购物品是残次品、计价有误或对物品不满意，要求导游员帮助其退换，导游员应（　　）。
    A.让他自己去换　　　　　　　　　　　B.帮游客联系，请司机陪同前往
    C.告诉游客，离店的物品不能退换　　　D.积极协助，必要时陪同前往

三、多选题（每题至少有2个正确答案）

1.【2016年真题】某旅游团一天下午到颐和园游玩时，一位爱好摄影的旅游者看到颐和园的景色十分美丽，向地陪导游提出要自由活动，该地陪与全陪商量后同意了其要求，但需向其告知（　　）。
   A.旅游车的停车地点和车号　　　　　　B.颐和园的游览景观

C.集合时间与地点   D.自己的联系电话
E.摄影中注意安全

2.【2016年真题】一旅游团入住饭店，当游客提出因房间里（　　）需要调换房间时，导游应立即联系饭店予以满足。
A.中央空调出现故障   B.有蚊子和蟑螂
C.卫生间太小   D.看不到风景
E.床单有污迹

3.【2018年真题】在处理游客不当言行时，导游要特别注意"四个分清"，即分清（　　）的界限。
A.无故和有因   B.单个的和有组织的   C.言论和行为
D.不当行为和违法行为   E.有意和无意

4.【2018年真题】旅游团游览北京故宫时，一游客提出曾经游览过故宫，要求自由活动。在不影响全团行程的情况下，导游正确的处理方式有（　　）。
A.同意并告知游客饭店名称和自己的电话号码
B.与领队一起耐心说服游客放弃自由活动
C.同意并提醒游客注意安全、保管好财物
D.告知游客故宫门票费用不退
E.请示旅行社并按其指示行事

5.【2018年真题】因旅游团的内部矛盾，团内一名游客要求单独用餐。对此，导游正确的处理方式有（　　）。
A.请领队进行调解   B.协助其与餐厅联系
C.主持公道解决矛盾   D.立即向旅行社报告
E.告知餐费自理，综合服务费不退

6.【2019年真题】旅游团在商店购物后返回下榻的饭店，某游客要求再次前往商店购买商品，导游应（　　）。
A.积极提供帮助   B.代客叫出租车   C.写好商店地址
D.主动承担车费   E.必要时陪同前往

7.【2019年真题】由于旅游团内部矛盾，游客李某要求住单间，对此导游正确的处理方式有（　　）。
A.告知李某房费自理   B.立即向旅行社汇报
C.主持公道解决矛盾   D.协助其与饭店联系
E.请旅游团领队调解

8.【2019年真题】旅游投诉的心理主要有（　　）。
A.求关照的心理   B.求补偿的心理   C.求发泄的心理
D.求安全的心理   E.求尊重的心理

9.【2020年真题】下列关于旅游者提出个别用餐需求，导游做法正确的是（　　）。
A.因病提出的在客房用餐，导游应同意并协调饭店提供用餐
B.在用餐前1小时提出桌餐换成火锅，导游原则上不同意
C.因与其他客人闹矛盾而提出单独用餐，导游应同意并为其分餐

D.因宗教信仰提出换餐，无论合同是否约定，导游应无条件同意

E.晚间自费风味餐并邀请导游参加，导游可以婉言拒绝

10.【2021年真题】在引导游客购买古玩时，导游员要留意（　　）

A.建议游客去文物商店或其他指定商店购买

B.提示游客保管好发票并且不要去掉古玩上的火漆印

C.劝阻游客在地摊上选购古玩并告知中国有关规定

D.如发觉个别游客有走私文物的可疑行为要准时报告有关部门

四、案例分析

认真分析案例，然后回答后面的问题。

美国ABC旅游团一行18人参观某地毯厂后乘车返回饭店。途中，旅游团成员格林先生对地陪小王说："我刚才看中一条地毯，但没拿定主意。现在跟太太商量后，决定购买。你能让司机送我们回去吗？"小王欣然应允，并立即让司机驱车返回地毯厂。在地毯厂，格林夫妇以1000美元买下地毯。但当店方为其包装时，格林夫妇发现地毯有瑕疵，于是决定不买。两天后，该团离开H市之前，格林夫妇委托小王代为订购同样款式的地毯一条，并留下1500美元作为购买和托运费用。小王本着"宾客至上"原则，当即允诺下来。格林夫人十分感激，并说"朋友送我们一幅古画，但画轴太长，不便携带。你能替我们将画和地毯一起托运吗？"小王建议："画放在地毯里托运容易弄脏和损坏，还是随身携带比较好。"格林夫人认为很有道理，称赞他考虑周到，服务热情，然后满意离去。

送走旅游团后，小王即与地毯厂联系并办理了购买和托运地毯事宜，并将发票、托运单和350美元托运手续费收据寄给格林夫妇。

请指出小王处理此事的不妥之处，如果你是地陪，应该如何处理？

扫码在线答题

第八章 常见事故的预防与处理

知识目标

1. 了解事故的类型、性质及主要成因。
2. 掌握事故的一般预防措施、处理原则和依据。
3. 熟练掌握各种技术性事故的预防措施和处理方法。
4. 熟练掌握旅游者人身安全事故的预防和处理方法。
5. 掌握旅游者财产安全事故的预防和处理方法。
6. 掌握突发事故的应急措施及处理方法。

能力目标

熟练掌握各种事故的处理程序与方法。

教学重点

1. 技术性事故的预防与处理。
2. 人身安全事故的预防与处理。
3. 财产安全事故的预防和处理。
4. 交通、火灾及治安事故的处理。

课程导入

游客观看瀑布时掉进深坑遇难 家属索赔172万

2016年9月15日涂某、涂某女儿与陕西某旅行社有限公司签订国内旅游"一日游"合同，旅游线路及景点为壶口瀑布，费用为每人378元，导游贺某。

2016年9月15日14时左右涂某、涂某女儿跟随导游进入壶口瀑布景区。在景区主停车场有一块刻有"黄河壶口瀑布"的标志性大石头，进入景区的游客基本都会在该处拍照留念。涂某跟随游客去大石头处拍照，在大石头左侧拍照时，因拍照游客较多，涂某向旁边礼让时，由于地面不平，不慎跌倒，后滚落至护岸下方，护岸下方离拍照地面4米左右。涂某女儿发现其父亲滚落至护岸下方后立即打电话告知导游贺某，并呼叫景区工作人员及救护车，约10分钟后景区工作人员才取来担架，将涂某抬至售票口左侧，并告知景区内未配备急救室、救护车和急救人员。景区工作人员只能将涂某用小巴送至高速公路收费站，再转送至等待在高速公路收费站的救护车上。涂某在送至医院途中死亡。

涂某的儿女以现场未见警示性安全提示为由,将旅行社、景区公司诉至法院,要求赔偿死亡赔偿金、丧葬费、交通费、住宿费、误工损失、精神损害赔偿金共计172.5117万元。

旅行社辩称:本案为意外事故而非责任事故,其已依约履行合同义务,无违约及侵权行为,不应承担赔偿责任。涂某作为完全民事行为能力人未尽到自身安全注意义务,应自行承担责任。

景区公司辩称:其完全尽到了作为管理者所负有的合理限度范围内的安全保障义务,在危险处均设有警示标志,事发地点并不属于危险区域,且事发后其积极抢救伤者并协助处理后事,不应承担责任。

【思考】旅行社和景区该赔吗?游客自己该承担责任吗?

第一节 常见事故的预防和处理原则

事故在导游接待工作中属于特殊、偶然的事件,但是事故一旦发生,不仅给旅游者造成身体和精神上的损害与痛苦,也给导游员的工作增加了困难和压力。

对于事故,导游员必须有足够的思想准备,要掌握各类事故的预防措施并做好预防工作,尽量避免或减少事故的发生。事故处理的好坏是衡量导游员组织能力和独立工作能力的标尺。

一、旅游事故的分类

(一)按照事故的性质可分为技术性事故、安全性事故和旅游突发事件

1. 技术性事故

技术性事故是指由于旅游接待部门运行机制发生故障而影响旅游活动安排或旅游行程的事故,如漏接、空接、错接、误机(车、船)、旅游日程变更等。

2. 安全性事故

安全性事故是指关系到旅游者人身安全和财产安全的事故,前者如旅游者患病、突发急症、受伤、死亡;后者如旅游者的证件、行李、财物的丢失等。

旅游安全事故分为轻微、一般、重大、特大4个事故等级。

(1)轻微事故:造成旅游者轻伤,经济损失在1万元以下。

(2)一般事故:旅游者重伤,经济损失1万到10万元。

(3)重大事故:旅游者死亡或致残,经济损失在10万到100万元。

(4)特大事故:多名旅游者死亡,经济损失在100万元以上;或者性质特别严重,产生重大影响。

3. 旅游突发事件

旅游旅游突发事件是指突然发生，造成或者可能造成旅游者人身伤亡、财产损失，需要采取应急处置措施予以应对的自然灾害、事故灾难、公共卫生事件和社会安全事件（见 2016 年 12 月 1 日开始实施的《旅游安全管理办法》的附则）。

根据旅游突发事件的性质、危害程度、可控性以及造成或者可能造成的影响，旅游突发事件一般分为特别重大、重大、较大和一般四级：

（1）特别重大旅游突发事件，是指下列情形：

①造成或者可能造成人员死亡（含失踪）30 人以上或者重伤 100 人以上；

②旅游者 500 人以上滞留超过 24 小时，并对当地生产生活秩序造成严重影响；

③其他在境内外产生特别重大影响，并对旅游者人身、财产安全造成特别重大威胁的事件。

（2）重大旅游突发事件，是指下列情形：

①造成或者可能造成人员死亡（含失踪）10 人以上、30 人以下或者重伤 50 人以上、100 人以下；

②旅游者 200 人以上滞留超过 24 小时，对当地生产生活秩序造成较严重影响；

③其他在境内外产生重大影响，并对旅游者人身、财产安全造成重大威胁的事件。

（3）较大旅游突发事件，是指下列情形：

①造成或者可能造成人员死亡（含失踪）3 人以上、10 人以下或者重伤 10 人以上、50 人以下；

②旅游者 50 人以上、200 人以下滞留超过 24 小时，并对当地生产生活秩序造成较大影响；

③其他在境内外产生较大影响，并对旅游者人身、财产安全造成较大威胁的事件。

（4）一般旅游突发事件，是指下列情形：

①造成或者可能造成人员死亡（含失踪）3 人以下或者重伤 10 人以下；

②旅游者 50 人以下滞留超过 24 小时，并对当地生产生活秩序造成一定影响；

③其他在境内外产生一定影响，并对旅游者人身、财产安全造成一定威胁的事件。

（二）按照事故责任可分为责任事故和非责任事故

责任事故是指由于接待方原因造成的事故，包括导游员的直接责任和接待方其他环节的责任。如由于接待方的疏忽、计划不周等原因造成的漏接、误机事故，由于导游照顾不周造成旅游者走失等。责任事故往往带来严重的后果，不仅给旅游者带来损失，给导游员带来巨大的压力，而且会直接损害接待国和地区的旅游业形象。

非责任事故是指非接待部门的原因或由旅游者自身的原因造成的事故。如天气原因造成飞机不能起飞；意外事故导致旅游者人身伤亡；旅游者不听从指挥而走失等。虽然这类事故的责任不在旅游接待方，但是接待方有义务做好各项补救工作。处理得好会赢得声誉，处理不当也会给各方带来不利的影响。

（三）按照事故的严重程度可分为严重事故和一般事故

严重事故是指给旅游者或旅游接待方带来较大经济损失，给旅游者带来较大的身体、精神伤害，在社会上产生恶劣影响，旅游者反映强烈甚至提出解除旅游合同，进行投诉、索赔的事故。在旅游服务中出现的严重违约或服务差错是严重的质量事故。这类事故的处理难度最大。

一般事故是指经常发生又能及时补救的事故，如旅游者证件和物品的丢失、旅游者的一般走失等。一般事故虽然不会带来严重的经济损失或人身伤害，但会给旅游活动带来诸多的不便，影响旅游者的情绪，降低导游服务质量，不可不防。

（四）按照事故发生的实际状况可分为将成事故和已成事故

将成事故是指导游员已知某种原因可能导致某种事故，但尚未成为既定事实的状态。在导游过程中，这种情况并不鲜见。如旅游者难以准时在飞机起飞前抵达机场；旅游团因延迟抵达可能被迫取消重要的游览项目；导游员在送旅游团出境时不小心将客人的机票或证件等丢失。这类事故必须及时采取应急措施，以便在将成事故成为事实前将损失降到最低程度，如通知机场协助解决，及时调整游览项目，办理临时签证等。

已成事故是指已经成为事实的事故，导游员只能按照有关规定进行事后处理。

二、常见问题和事故的预防措施

旅游活动自身的特点决定了旅游安全事故的客观性，旅游安全意识的淡漠造成了旅游安全事故的多发性，旅游安全措施的缺失增加了旅游安全事故的重复性，旅游救援体系的滞后扩大了旅游安全事故的危害性。

因此，导游人员在带团过程中，要努力做好服务工作，与各方密切合作，时刻警惕，采取各种必要措施，预防问题和事故的发生。杜绝责任事故，处理好非责任事故是保证并提高导游服务质量的基本条件。为了把事故发生的可能性降到最低限度，导游员必须做好预防工作。预防工作的基本原则可概括成以下几个方面。

（一）牢记服务宗旨，加强责任意识

导游员首先必须在思想上充分认识到事故预防的必要性，加强责任心。一方面，导游员的责任心来自法律和行业规定的约束力量。《导游人员管理条例》规定："导游人员在引导旅游者旅行、游览过程中，应当就可能发生危及旅游者人身、财物安全的情况，向旅游者做出真实说明和明确警示，并按照旅行社的要求采取防止危害发生的措施。"导游员应将保护旅游者权利和权益的责任放在最重要的位置。另一方面，导游员的责任心取决于导游员的自觉、自律，这一点更为重要，技术性责任事故的发生很多情况下是导游员的大意和失职造成的。导游员要牢记宾客至上、服务至上的宗旨，时刻想着客人，时刻关心客人。

（二）制定周密计划，安排留有余地

导游员特别是地陪要制订周密的活动计划，对于新开放的景点及不熟悉的游览地应详细了解，必要时自己应先去一次，然后根据旅游者的年龄、身体等状况妥善安排；要经常了解周围环境的治安、交通等情况。在安排活动日程时，要特别注意留有余地，应注意合理安排活动项目、劳逸结合。容易使旅游者疲劳的游览项目不能集中在一天，晚间活动不宜太晚，以保证旅游者的体力和精力；去机场（车站、码头）前要预留充分的时间。

（三）出门多做预防，处处多做提醒

1. 导游员带客出门前的预报的主要内容

（1）报告全天行程。在出发前，地陪要向旅游者报告一天的行程，上、下午游览点和中、晚餐餐厅的名称和地址以及晚间活动的安排。如果已分发活动日程表，那么要注意核实是否有新的变动。

（2）预报天气、地形。如果有登山或登高项目，或需要较长时间的步行，导游员应在前一天通知旅游者，并提醒客人做好着装、特别是运动鞋等准备工作。出发前，地陪要预报当天的天气情况，介绍游览地的地形、环境。

（3）介绍游览线路。到游览点后，在景点示意图前，地陪要向旅游者介绍游览线路，告知旅游车的停车地点，强调集合时间和地点，再次提醒旅游车的特征和车号。

2. 做好各个环节的提醒工作

（1）提醒旅游者量力而行。在登山、登高或做比较剧烈的运动时，提醒旅游者量力而行，速度不要太快，注意安全，避免太累，谨防摔伤。

（2）提醒旅游者不要走失。在大型游览点和人多的地方游览时，要特别提醒旅游者紧随导游员，不要走散；自由活动时，提醒旅游者不要走得太远；晚间自由活动时如有客人外出，要提醒客人注意安全，不要回饭店太晚。

（3）提醒旅游者保管好财物。随时提醒客人保管好自己的财物，特别是证件和贵重物品。在离开饭店前往下一个目的地时，特别在旅游团（者）离境或结束全程旅游的一站时，提醒客人清点自己的证件、物品和行李。要在开车前做最后的提醒。

（4）提醒旅游者注意饮食卫生。不喝自来水和河水，不吃不卫生的食品和过期食品。

（5）在乘车前往目的地途中，提醒司机注意交通安全。

（四）观察旅游者，注意环境变化

导游员要注意察言观色，一旦发现旅游者的身体状况和神情有异常变化，不能掉以轻心，要主动询问，针对不同的情况采取必要的措施。在游览时要随时注意旅游者的行踪；注意周围是否有异常动向，注意周围是否有安全隐患，一旦发现，马上采取应变措施。

（五）同行密切合作，不得擅离职守

导游工作中同行之间要注意合作，特别是带大团游览大景点时，地陪、全陪、领队之间要相互配合；参观游览期间，导游员应随时与旅游者在一起，不得擅离职守，不得为私事而置旅游团于不顾。

(六)按照规程办事,及时联络汇报

导游员要养成严谨的工作作风,严格按照导游工作程序和规章制度办事,认真做好票证、时间、人数、行李等各个环节的核实工作;主动与各方联络,遇事多请示汇报,不得我行我素。

三、常见问题和事故的处理原则

处理旅游过程中出现的问题和事故是对导游人员工作能力和独立处理问题能力的重大考验,处理得好,旅游者满意,导游人员的威信会因此而提高;反之,不仅旅游者不满,还可能留下隐患,使旅游活动无法顺利进行。因此,出现问题、发生事故时,导游员身处第一线,要沉着镇定、处变不惊,要全力以赴,要坚持及时果断、合情合理、实事求是的基本原则。

(一)"人身安全第一"原则

导游人员必须始终把安全,特别是旅游者人身安全工作放在首位,时刻牢记"安全第一、预防为主",积极做好各项防范工作。

(二)及时果断原则

及时果断是指在将要发生事故时和发生事故后,导游员要把握好第一时间,积极想办法,采取应急措施,迅速与相关部门联络,马上要处理的事情应当机立断,切忌手足无措,贻误时机,争取时间是减少事故损失的前提。《导游管理办法》第24条规定:旅游突发事件发生后,导游应当立即采取下列必要的处置措施:

(1)向本单位负责人报告,情况紧急或者发生重大、特别重大旅游突发事件时,可以直接向发生地、旅行社所在地县级以上旅游主管部门、安全生产监督管理部门和负有安全生产监督管理职责的其他相关部门报告。

(2)救助或者协助救助受困旅游者。

(3)根据旅行社、旅游主管部门及有关机构的要求,采取调整或者中止行程、停止带团前往风险区域、撤离风险区域等避险措施。

(三)影响最小化原则

问题和事故发生后,会对旅游企业带来三个方面的损失:经济损失、名誉损失和市场损失。

多数旅游事故都可能同时使旅游者和旅行社乃至旅游目的地的利益受损,但受损的程度以及受损的表现(直接受损和间接受损)存在不同。例如,旅行车在行车途中抛锚,导致旅游者游览的时间减少了,旅游者可能会抱怨,旅行社的形象则受到影响。前者的利益受损是直接的,后者的利益受损是间接的。因为旅游者可能会抱怨旅行社为什么不安排一辆好车而安排一辆有毛病的车,由此对旅行社产生某种负面看法。

面对旅游事故的发生,首先,导游人员在处理时应从尽可能使双方利益损失降到最低的角度出发,采取相应措施尽快排除。如上例,若旅行车一时无法修好,导游人员应立即与旅

行社联系，从速派车前来（如路途较近）或就近租车，以缩短旅游者减少的游览时间。其次，旅游事故的处理应及时。因为及时意味着矛盾的较快解决，双方利益受损也较小。否则，拖的时间越长，小的故障也可能引发旅游者的强烈不满，甚至投诉，双方利益受损将会更大。最后，某些旅游故障可能使双方利益面临直接冲突，在处理中应先考虑旅游者的利益。因为考虑旅游者的利益在一定意义上也是考虑旅行社的利益，它同以牺牲旅行社的利益为代价片面讨好旅游者有本质的不同。

（四）按章办事原则

按规章办事是指按照我国有关法律、法规和规范来处理旅游事故。这些法律、法规和规范对有关问题的规定既吸取了国际上有关规定和通行做法的合理之处，又结合了我国的实际；既考虑了旅游者的利益，又考虑了我国的根本利益。因此，对于旅游故障的处理，凡是我国有关法律、法规有明确规定的，导游人员都应按规章办事，不得自行其是。例如，2008年发布的《关于外国人在华死亡后处理程序有关问题的实施意见》、2016年国家旅游局公布的《旅游安全管理办法》等。对于法律、法规没有规定的，涉及旅游业务运行的有关旅游事故，如旅游日程变更、旅游者行李丢失等，导游人员也应及时报告旅行社，根据旅行社的意见或在旅行社的协助下进行处理。

（五）合情合理原则

合情合理原则是指在处理事故时要尊重当事人的意愿，体谅当事人的心情，采取必要的措施安慰旅游者、稳定旅游者，要注重保护旅游者的基本权利和利益。在不违反我国现行法律、法规的情况下，各项具体事宜的处理，要尽可能地尊重伤亡人员及其家属的意愿，不要激化矛盾。海外旅游者来自不同的国家和地区，分属不同民族，有些还信仰不同的宗教，应事先了解这方面的有关情况，在善后处理工作的时，尽量尊重当事人的有关要求。

（六）实事求是原则

实事求是原则，是指处理事故要尊重事实，分清责任，以有关法律规定和旅游协议书为依据，保护当事各方的合法权益。

第二节　漏接、空接、错接的预防和处理

一、漏接的预防及处理

漏接是指旅游团（者）抵达后，无导游人员迎接的现象。

漏接无论是何原因引起，都会造成游客抱怨、发火，这都是正常的。导游人员应尽快消除游客的不满情绪，做好工作。

（一）由于主观原因造成的漏接

1. 主观原因有如下情况

（1）由于工作不细。没有认真阅读接待计划，搞错旅游团（者）抵达的日期、时间、地点。

（2）迟到。没有按规定时间提前抵达接站地点。

（3）没看变更记录。只阅读接待计划，没阅读变更记录，仍按原计划接站。

（4）没查对新的航班时刻表。特别是新、旧时刻表交替时，"想当然"仍按旧时刻表的时间接站，因而造成漏接事故。

（5）导游人员举牌接站的地方选择不当。

2. 处理方法

（1）实事求是地向游客说明情况，诚恳地赔礼道歉，求得谅解。

（2）如果有费用问题（如游客乘出租车到饭店的车费），应主动将费用赔付游客。

（3）提供更加热情周到的服务，高质量地完成计划内的全部活动内容，以求尽快消除因漏接而给游客造成的不愉快情绪。

（二）由于客观原因造成的漏接

1. 客观原因有如下情况

（1）由于种种原因，上一站接待社将旅游团原定的班次或车次变更，故游客提前抵达，但漏发变更通知，造成漏接。

（2）接待社已接到变更通知，但有关人员没有能及时通知该团地陪，造成漏接。

（3）司机迟到，未能按时到达接站地点，造成漏接。

（4）由于交通堵塞或其他预料不到的情况发生，未能及时抵达机场（车站），造成漏接。

（5）由于国际航班提前抵达或游客在境外中转站乘其他航班而造成漏接。

2. 处理方法

（1）立即与接待社联系，告知现状，查明原因。

（2）耐心向游客解释，消除误解。

（3）尽量采取弥补措施，使游客的损失减少到最低限度。

（4）必要时请接待社领导出面赔礼道歉，或酌情给游客一定的物质补偿。

（三）漏接的预防

1. 认真阅读计划

导游人员接到任务后，应了解旅游团抵达的日期、时间、接站地点（具体是哪个机场、车站、码头）并亲自核对清楚。

2. 核实交通工具到达的准确时间

旅游团抵达的当天，导游人员应与旅行社有关部门联系，弄清班次或车次是否有变更，并及时与机场（车站、码头）联系，核实抵达的确切时间。

3. 提前抵达接站地点

导游人员应与司机商定好出发时间，保证按规定提前 30 分钟到达接站地点。

【案例 8-1】 漏 接

小兰接待了一个东南亚的旅游团。按照接待计划，这个团是乘 M 公司的班机于晚上 9 点飞抵某市。接团的前一天，社里的计调人员通知小兰，计划有了改变。该旅游团决定乘 H 公司的班机飞抵某市，但是抵达时间不变。

第二天出发之前，小兰又认真核对了计划，确实是航班改变，但是抵达时间仍是晚上 9 点。当天晚上 7 点小兰和司机要去机场接团的时候，突然接到该旅游团领队 C 先生的电话。C 先生在电话里告诉小兰，游客已于 6 点抵达，可是无人迎接，他们只好自己乘出租车去了酒店。

怎么会出这种事呢？等小兰赶到酒店，客人已用过晚餐回房休息。领队 C 先生来到酒店大堂，一脸愠色地质问小兰为什么不去迎接，并诉说游客因此感到委屈，要小兰做出解释。小兰再三道歉，请求原谅，并解释自己的确是按照计划执行的。C 先生没有表态，看得出来，他并不满意小兰的解释。

小兰在往酒店赶去的时候，已经就此事询问了计调人员。计调员立即进行核查，结果仍然十分肯定地告诉小兰，对方发来的计划，确实是只更改了航班，并没有更改抵达的时间。

小兰把事情的经过对 C 先生做了详细说明，可是 C 先生仍然不肯罢休，这样的结果让小兰感到很遗憾。小兰知道，再解释下去会令 C 先生难堪，于事无益。何况，出了"漏接"的事故，最倒霉的是无辜的游客。要弄清事故的原因和责任，有事实在，不用着急；现在重要的是缓和气氛，不要因此影响明天的活动。

于是，小兰向 C 先生提出："不管出于何种原因，游客没有受到迎接，总是他们的损失，今天晚餐的费用由我来支付。" C 先生见小兰表示出了诚意，态度就缓和了下来。

虽然各方对这次"漏接"的原因和责任认识上始终存在分歧，但在后面的行程中相互之间配合得还不错。后来经调查，造成"漏接"的责任并不在接待社方。

【思考】 小兰的做法对吗？

二、空接的原因及处理

空接是指由于某种原因旅游团推迟抵达某站，导游人员仍按原计划中预定的班次或车次接站而没有接到旅游团。

(一)空接事故的原因

1. 接待社没有接到上一站的通知

由于天气原因或某种故障,旅游团(者)仍滞留在上一站或途中。而上一站旅行社并不知道这种临时的变化,没有通知下一站接待社。此时,全陪或领队也无法通知接待社,因此造成空接。

2. 上一站忘记通知

由于某种原因,上一站旅行社将该团原定的航班或车次变更,变更后推迟抵达。但上一站有关人员由于工作疏忽,没有通知下一站接待社,造成空接。

3. 没有通知地陪

接待社接到了上一站的变更通知,但有关人员没有及时通知该团地陪,造成空接。

4. 游客本身原因

由于游客本人生病、急事或其他原因,临时决定取消旅游,没乘飞机或火车前往下一站,但又没及时通知下一站接待社,造成空接。

(二)空接的处理

(1)导游人员应立即与本社有关部门联系,查明原因。

(2)如推迟时间不长,可留在接站地点继续等候,迎接旅游团的到来,同时要通知各接待单位。

(3)如推迟时间较长,导游人员按本社有关部门的安排,重新落实接团事宜。

三、错接的预防及处理

错接是指导游人员接了不应由他接的旅游团(者)。错接旅游团一般是责任事故,是因导游责任心不强造成的。错接事故容易发生在旅游热点地区和旅游旺季。有的旅行社同时派出一个以上的团队前往同一地;或者在旺季时,多个团队的游客会乘同一航班抵达目的地。

(一)错接的预防

(1)导游人员应提前到达接站地点迎接旅游团。

(2)接团时认真核实。导游人员要认真逐一核实旅游客源地派出方旅行社的名称、旅游目的地组团旅行社的名称、旅游团的代号、人数、领队姓名(无领队的团要核实游客的姓名)、下榻饭店等。

(3)提高警惕,严防社会其他人员非法接走旅游团。

(二)错接的处理

一旦发现错接,地陪应立即采取的措施是:

(1)报告领导。发现错接后马上向接待社领导有关人员报告,查明接错团的情况,再做具体处理。

（2）将错就错。如果经调查核实，错接发生在本社的两个旅游团之间，两个导游人员又同是地陪，那么就将错就错，两名地陪将接待计划交换之后就可继续接团。

（3）必须交换。

①经核查，错接的团是两家旅行社的团，必须交换旅游团。

②两个团都属于一个旅行社接待，但两个导游人员中有一名是地陪兼全陪，那么，就应该交换旅游团。

（4）地陪要实事求是地向游客说明情况，并诚恳地道歉，以求得游客的谅解。

（5）如发生其他人员（非法导游）将游客带走，应马上与饭店联系，看游客是否已住进应下榻的饭店。

【案例 8-2】 错 接

某地一个组团社有两个旅游团到海南旅游，其旅游计划是一样的，乘坐的飞机航班、行程、人数、标准也相同，只是海南的接待社不同，分别为 X 旅行社和 Y 旅行社，地方陪同导游员分别是小张和小李。当他们在机场出口处迎接旅游团时，只见两队举着同一旅行社的小旗，戴着同一旅行社的帽子，并背着相同的行李袋的团队时，小张很高兴地走上前去，确认了人数，便热情地招呼大家上车，小李见到小张已带走一队，自己也把另一个团带走了。直到吃晚餐时，小李才发现，此团并非自己接待社接待的。

【思考】请思考错接的原因与处理措施。

第三节 旅游活动计划和日程变更的处理

旅游活动中计划要求被更改一般有两种情况。

一、旅游团（者）要求变更计划行程

在旅游过程中，由于种种原因，游客向导游人员提出变更旅游路线或旅游日程时，原则上应按旅游合同执行；遇有较特殊的情况或由领队提出，导游人员也无权擅自做主，要上报组团社或接待社有关人员，须经有关部门同意，并按照其指示和具体要求做好变更工作。

二、客观原因需要变更计划和日程

旅游过程中，因客观原因、不可预料的因素（如天气、自然灾害、交通问题等）需要变

更旅游团的旅游计划、路线和活动日程时，一般会出现三种情况，针对不同情况要有灵活的应变措施。

（一）缩短或取消在某地的游览时间

1. 旅游团（者）抵达时间延误，造成旅游时间缩短

（1）仔细分析因延误带来的困难和问题，并及时向接待社外联或计调部门报告，以便将情况尽快反馈给组团社，找出补救措施。

（2）在外联或计调部门的协助下，安排落实该团交通、住宿、游览等事宜。提醒有关人员与饭店、车队、餐厅联系及时办理退房、退餐、退车等一切相关事宜。

（3）地陪应立即调整活动日程，压缩在每一景点的活动时间，尽量保证不减少计划内的游览项目。

2. 旅游团（者）提前离开，造成游览时间缩短

（1）立即与全陪、领队商量，采取尽可能的补救措施；立即调整活动时间，抓紧时间将计划内的游览项目完成；若有困难，无法完成计划内所有游览项目，地陪应选择最有代表性、最具特色的重点旅游景点，以求游客对游览景点有个基本的了解。

（2）做好游客的工作，不要急于将旅游团提前离开的消息告诉旅游团（者），以免引起喧哗。待与领队、全陪制定新的游览方案后，找准时机向旅游团中有影响力的游客实事求是地说明困难，诚恳地道歉，以求得谅解，并将变更后的安排向他们解释清楚，争取他们的认可和支持，最后分头做游客的工作。

（3）地陪应通知接待社计调部门或有关人员办理相关事宜，如退饭店、退餐、退车等。

（4）给予游客适当的补偿。必要时经接待社领导同意可采取加菜、风味餐、赠送小纪念品等物质补偿的办法。如果旅游团的活动受到较大的影响，游客损失较大而引起强烈的不满时可请接待社领导出面表示歉意，并提出补偿办法。

（5）若旅游团（者）提前离开，全陪应立即报告组团社，并通知下一站接待社。

（二）延长旅游时间

游客提前抵达或推迟离开都会造成延长游览时间而变更游览日程。出现这种情况，地陪应该采取以下措施。

1. 落实有关事宜

与接待社有关部门或有关人员联系，重新落实旅游团（者）的用房、用餐、用车的情况，并及时落实离开的机、车票。

2. 迅速调整活动日程

适当地延长在主要景点的游览时间。经组团社同意后，酌情增加游览景点，努力使活动内容充实。

3. 提醒接待有关人员通知下一站该团的日程变化

4. 与全陪领队协商

在设计变更旅游计划时,地陪要征求领队和全陪的建议和要求,共同商量,取得他们的支持和帮助。在改变的旅游计划之后,应与领队、全陪商量好如何向团内游客解释说明,取得他们的谅解与支持。

(三)逗留时间不变,但被迫改变部分旅游计划

出现这种情况,肯定是外界客观原因造成。如大雪封山、维修改造进入危险阶段等。这时导游员应采取如下措施:

(1)实事求是地将情况向游客讲清楚,求得谅解。
(2)提出由另一景点代替的方案,与游客协商。
(3)以精彩的导游讲解、热情的服务激起游客的游兴。
(4)按照有关规定做些相应补偿,如用餐时适当地加菜或将便餐改为风味餐、赠送小礼品等。必要时,由旅行社领导出面,诚恳地向游客表示歉意,尽量让游客高高兴兴地离开。

三、因旅行社的原因需要调整计划日程

在旅游计划安排过程中,可能出现因旅行社的工作疏忽(如景区当天不开放、游客预订节目没安排等)造成旅游活动安排不周,需要临时进行调整。

出现这种情况时应首先对计划进行合理安排,尽量不影响日程,然后将安排后的计划与领队及游客沟通,获取他们的谅解,再按照新计划安排游览。

【案例 8-3】 计划有变

某年春节,某国内旅行社组织了一个长白山观光旅游团。行至长白山脚下,按照行程安排,导游员赵某应带团上山游览天池。但在此时,由于突降暴风雪,上山道路已经冰冻。为避免出现人身伤亡的意外事故,导游人员赵某遂与旅游者商量,说明情况后经多数旅游者同意,并经报告旅行社同意,此团放弃了登顶游览的安排。对此该旅游团内部分游客向旅游行政管理部门投诉,称未经全体旅游者同意,导游人员就改变了游览计划,要求旅行社予以赔偿。

【思考】请你运用所学知识,回答问题:导游人员赵某能否决定改变游览计划?为什么?有无法律依据?

第四节　误机（车、船）事故的预防和处理

误机（车、船）事故是指因故造成旅游团（者）没有按原定航班（车次、船次）离开本站而导致暂时滞留。

一、误机（车、船）事故的原因

（一）客观原因导致的非责任事故

由于游客走失、不听安排或途中遇到交通事故、严重堵车、汽车发生故障等突发情况造成的迟误；或游客没有按安排时间准时集合及其他意外事件（如交通事故、天气变化、自然灾害等）所造成的事故。

（二）主观因素导致的责任事故

由于导游人员或旅行社其他人员工作上的差错造成迟误，如导游人员安排日程不当或过紧，没有按规定提前到达机场（车站、码头）；导游人员没有认真核实交通票据，将时间或地点搞错；班次已变更但旅行社有关人员没有及时通知导游人员等。

二、误机（车、船）事故的预防

误机（车、船）带来的后果严重。杜绝此类事故的发生关键在预防，地陪应做到：
（1）认真核实机（车、船）票的班次、车次、日期、时间及在哪个机场、车站、码头乘机（车、船）等。
（2）如果票据未落实，接团期间应随时与接待社有关人员保持联系。没有行李车的旅游团在拿到票据核实无误后，地陪应立即将其交到全陪或游客手中。
（3）离开当天不要安排旅游团到地形复杂、偏远的景点参观游览，不要安排自由活动。
（4）留有充足的时间去机场、车站、码头，要考虑到交通堵塞或突发事件等因素。
（5）保证按规定的时间到达机场、车站。乘国内航班提前2个小时到达机场，乘国际航班出境提前3个小时到达机场，乘火车或轮船要提前1个小时到达火车站或码头。

三、误机（车、船）事故的处理

（一）将成事故的应急措施

与机场取得联系，请求等候，讲明旅游团的名称、人数、现在何处、大约何时能够抵达机场。如取得同意，导游要立即组织游客尽快赶赴机场，同时向旅行社汇报情况，请求帮助协调。同时还需要向各个有关部门、有关人员（如海关、交通车队、行李员、旅游车司机等）

讲清游客误机情况和补救办法，并说明请求协助的事项。

（二）已成事故的处理办法

一旦发生误机（车、船）事故，导游员应按照下列步骤进行处理：

（1）导游人员应立即向旅行社领导及有关部门报告并请求协助。

（2）地陪和旅行社尽快与机场（车站、码头）联系，争取让游客乘最近班次的交通工具离开本站，采取包机（车厢、船）或改乘其他交通工具前往下一站。

（3）稳定旅游团（者）的情绪，安排好在当地滞留期间的食宿、游览等事宜。

（4）及时通知下一站，对日程作相应的调整。

（5）向旅游团（者）赔礼道歉。

（6）写出事故报告，查清事故的原因和责任，责任者应承担经济损失并受纪律处分。

【案例8-4】 误车事故

某旅游团将于10月17日17：40乘火车离开A市赴S市。地陪小李带旅游团游览了清净寺后，于15：40将该团带到市中心购物。虽然事先小李要求游客一定要于16：40准时集合上车去车站，可是16：40全团上车后小李却发现少了两名游客。于是小李让领队照顾已到游客在原地等候，自己和全陪分头去寻找这两名游客。等找到游客回到车上时，离开车时间只有二十分钟了，结果造成全团误车事故。

【思考】分析造成这次误车事故的原因，并且说明地陪小李应采取什么补救措施？

第五节　游客证件、行李、钱物遗失的预防和处理

旅游者的证件、行李、钱物遗失是一种较常见的旅游事故。物品遗失的原因主要有三点：一是旅游者自己疏忽大意；二是旅游接待过程中出现差错；三是被窃。对旅游者来说，物品遗失会给其精神带来压力，使其情绪低落；同时给其生活上带来不便，甚至对其旅游行程带来影响，同时也增加了导游人员的工作难度。对旅行社和旅游目的地来说，后两种原因造成的遗失会影响其旅游形象。因此导游人员应事先采取各种措施，做好预防工作。

一、证件、钱物、行李遗失的预防

旅游期间，有些旅游者往往丢三落四，丢失物品是比较常见的现象。但是，丢了证件、

行李和贵重物品，不仅会给旅游者造成诸多不便和烦恼，也会给导游人员带来不少麻烦和困难。因此，导游人员要采取有效措施，防止遗失事故的发生。

（一）多做提醒工作

导游人员要不厌其烦地反复提醒旅游者保管好自己的旅行证件和财物，这是预防丢失或被窃的有效方法。

（1）入住饭店时，导游人员要提醒旅游者将贵重物品、文件存放在饭店前台保险柜内，离开饭店时提醒其取出；出入房间时，将房门锁好。

（2）到达景点下车时，提醒旅游者带好自己的物品，不要将贵重物品放在车上，同时提醒司机关好车窗、车门，最好不要离开旅游车，若离开时要锁好车门。参观游览中，导游人员在讲解的同时，一方面要注意观察周围的环境，另一方面要时时关照旅游者保管好自己的财物，尤其是在拥挤的景点、场所游览和购物时。旅游者返回上车时，要阻止小商小贩上车兜售物品。

（3）餐毕离开餐厅（馆）时，提醒旅游者带好随身物品。

（4）离店赴下一站时，提醒旅游者检查自己的证件和物品，不要遗忘在饭店里。

（5）到机场或车站下车时，提醒旅游者带好自己的随身物品。旅游者下车后，导游人员或司机要检查车辆，以防旅游者遗落物品。

（二）不代为游客保管证件

导游人员在工作中需要游客的证件时，要经由领队收取，用毕立即如数归还，不要代为保管；还要提醒游客保管好自己的证件。

旅游团离开一地时，导游人员应检查自己的行李，看是否存有旅游者的证件原件和物品，若有，要立即归还。

（三）切实做好每次行李的清点、交接工作

要严格按照行李清点、交接、签字的程序与行李员进行交接。每次游客下车后，导游人员都要提醒司机清车、关窗并锁好车门。

二、遗失证件的处理

旅行证件是旅游者旅行期间必备的旅行证明。它包括护照、签证（9人以上旅游团持团体签证）、港澳居民来往内地通行证、台湾居民来往大陆通行证和我国居民身份证。旅游者丢失旅行证件后，导游人员应该：

（1）请失主冷静地回忆，详细了解丢失情况，找出线索，尽量协助寻找。

（2）如确已丢失，马上报告公安部门、接待社领导和组团社，并留下游客的详细地址、电话。

（3）根据领导或接待社有关人员的安排，协助失主办理补办手续，所需费用由失主自理。

（一）丢失外国护照和签证

（1）由旅行社出具证明。
（2）请失主准备照片。
（3）失主本人持证明去当地公安局（外国人出入境管理处）报失，由公安局出具证明。
（4）持公安局的证明去所在国驻华使、领馆申请补办新护照。
（5）领到新护照后，再去公安局办理签证手续。

（二）丢失团体签证

（1）由接待社开具遗失公函。
（2）原团体签证复印件（副本）。
（3）重新打印与原团体签证格式、内容相同的该团人员名单。
（4）该团全体游客的护照。
（5）持以上证明材料到公安局出入境管理处报失，并填写有关申请表，（可由一名游客填写，其他成员附名单）。

（三）丢失中国护照和签证

1. 华侨丢失护照和签证

（1）接待社开具遗失证明。
（2）失主准备彩色照片。
（3）失主持证明、照片到公安局出入境管理处报失并申请办理新护照。
（4）持新护照到其居住国驻华使、领馆办理入境签证手续。

2. 中国公民出境旅游时丢失护照、签证

（1）请当地导游陪同前往当地接待社协助开具遗失证明。
（2）持遗失证明到当地警察机构报案，并取得警察机构开具的报案证明。
（3）持当地警察机构的报案证明和有关材料到我国驻该国使、领馆领取《中华人民共和国旅行证》；
（4）回国后，可凭《中华人民共和国旅行证》和境外警方的报失证明，申请补发新护照。

（四）丢失港澳居民来往内地通行证（港澳同胞回乡证）

（1）向公安局（派出所）报失，并取得报失证明；或由接待社开具遗失证明。
（2）持报失证明或遗失证明到公安局出入境管理处申请领取赴港澳证件。
（3）经出入境管理部门核实后，给失主签发一次性《中华人民共和国入出境通行证》。
（4）失主持该入出境通行证回港澳地区后，填写《港澳居民来往内地通行证件遗失登记表》和申请表，凭本人的港澳居民身份证，向通行证受理机关申请补发新的通行证。

（五）丢失台湾同胞旅行证件

根据2015年《中国公民往来台湾地区管理办法》第二十七条规定，失主向遗失地的市、

县公安机关报失，经调查属实的可以允许重新申请领取相应的旅行证件或者发给一次性有效的出境通行证。

（六）丢失中华人民共和国居民身份证

由接待社开具证明，失主持证明到公安局报失，经核实后开具身份证明，机场安检人员核准放行。回到居住所在地后，凭公安局报失证明和有关材料到当地派出所办理新身份证。

【案例 8-5】 遗失护照谁的责任？

某旅游团从 A 地飞往 B 地，在 A 地机场办理登机手续时，要求检查护照。全陪匆匆地向游客收取护照，办理完登机手续后，他随手将护照递给了领队，自己向游客分发登机卡。到 B 地后，游客彼得告诉全陪他的护照不见了，还说在 A 地机场收护照后好像没有还给他，但领队说他肯定将护照还给了彼得。

【思考】1. 在 A 地机场，全陪的行为有哪些不妥？
2. 导游员怎样处理游客丢失护照的问题？
3. 什么是导游员对待游客的护照等证件的正确态度？

三、丢失钱物的处理

（一）外国游客丢失钱物的处理

（1）稳定失主情绪，详细了解物品丢失的经过、物品的数量、形状、特征、价值。仔细分析物品丢失的原因、时间、地点，并迅速判断丢失的性质：是不慎丢失还是被盗。

（2）立即向公安局或保安部门以及保险公司报案（特别是贵重物品丢失）。

（3）及时向接待社领导汇报，听取领导指示。

（4）接待社出具遗失证明。

（5）若丢失的是贵重物品，失主持证明、本人护照或有效身份证件到公安局出入境管理处填写《失物经过说明》，列出遗失物品清单。

（6）若失主遗失的是入境时向海关申报的物品，要出示《中国海关行李申报单》。

（7）若将《中国海关行李申报单》遗失，要在公安局出入境管理处申请办理《中国海关行李申报单报失证明》。

（8）若遗失物品已在国外办理财产保险，领取保险时需要证明，可以在公安局出入境管理处申请办理《财物报失证明》。

（9）若遗失物品是旅行支票、信用卡等票证，在向公安机关报失的同时也要及时向有关银行挂失。

（10）失主持以上由公安局开具的所有证明，可供出海关时查验或向保险公司索赔。

（11）发生证件、财物，特别是贵重物品被盗是治安事故，导游人员应立即向公安机关及有关部门报警,并积极配合有关部门早日破案,挽回不良影响;若不能破案,导游人员要尽力安慰失主,按上述步骤办理。

(二)国内游客丢失钱物的处理

(1)立即向公安局、保安部门或保险公司报案。
(2)及时向接待社领导汇报。
(3)若旅游团结束时仍未破案,可根据失主丢失钱物的时间、地点、责任方等具体情况做善后处理。

【案例8-6】 钻石项链的遗失

导游员小王接待的某旅游团原计划于12月23日16:00乘飞机由W市飞抵S市。22日晚饭后,小王突然接到内勤通知,该团因故必须乘23日8:00的航班提前离开W市。该团即将抵达机场时,团员怀特夫人神色慌张地告诉小王,她将一条钻石项链放在枕头下面,因离店时匆忙忘记取出,要求立即返回饭店。

【思考】1.在此情况下小王接到内勤变更通知后,如何处理?
2.得知怀特夫人将项链遗失时又该如何处理?

四、行李遗失的处理

旅游者行李遗失或损坏主要发生在公共交通运输和行李搬运的过程中,因而主要责任在交通运输部门和行李员。由于行李遗失不仅会给旅游者的生活带来不便,影响其情绪,而且对旅游活动的顺利进行会起干扰作用,所以,导游人员有责任防止行李丢失。一旦发生,应设法解决。

(一)来华途中丢失行李

带失主到机场失物登记处办理行李丢失和认领手续。失主须出示机票及行李牌,详细说明始发站、转运站,说清楚行李件数及丢失行李的大小、形状、颜色、标记、特征等,并一一填入失物登记表。让失主将下榻饭店的名称、房间号和电话号码(如果已经知道的话)告诉登记处并记下登记处的电话和联系人,记下有关航空公司办事处的地址、电话,以便联系。

游客在当地游览期间,导游人员要不时打电话询问寻找行李的情况,如一直找不回行李,要协助失主购置必要的生活用品。

离开本地前行李还没有找到,导游人员应帮助失主将接待旅行社的名称、全程旅游线路以及各地可能下榻的饭店名称转告有关航空公司,以便行李找到后及时运往相宜地点交还失主。

如行李确系丢失,失主可向有关航空公司索赔或按国际惯例要求赔偿。

（二）在中国境内丢失行李

游客在我国境内旅游期间丢失行李，一般是在三个环节上出了差错，即：交通运输部门、饭店行李部门和旅行社的行李员。导游人员必须认识到，不论是在哪个环节出现的问题，都是我方的责任，应积极设法负责查找。

1. 仔细分析，找到出差错的线索或环节

（1）如果游客在机场领取行李时找不到托运行李，则很有可能是上一站行李交接或机场行李托运过程中出现了差错。这时，①全陪应马上带领失主凭机票和行李牌到机场行李查询处登记办理行李丢失或认领手续，并由失主填写行李丢失登记表。②地陪立即向接待社领导或有关人员汇报，安排有关人员与机场、上一站接待社、有关航空公司等单位联系，积极寻找。

（2）如果抵达饭店后，游客告知没有拿到行李，问题则可能出现在四个方面。其一：本团游客误拿。其二：饭店行李部投递出错。其三：旅行社行李员与饭店行李员交接时有误。其四：在往返运送行李途中丢失。

出现这种情况，地陪应立即依次采取以下措施：①地陪与全陪、领队一起先在本团内寻找。②如果未找到，应立即与饭店行李部取得联系，请其设法查找。③如果仍找不到行李，地陪应马上向接待社领导或有关部门汇报，请其派人了解旅行社行李员有关情况，设法查找。

2. 做好善后工作

（1）主动关心失主，对因丢失行李给失主带来的诸多不便表示歉意，并积极帮助其解决因行李丢失而带来的生活方面的困难。

（2）随时与有关方面联系，询问查找进展情况。

（3）若行李找回，及时将找回的行李归还失主。若确定行李已丢失，由责任方负责人出面向失主说明情况，并表示歉意。

（4）帮助失主根据有关规定或惯例向有关部门索赔。

（5）事后写出书面报告（事故的全过程：行李丢失的原因、经过、查找过程、赔偿情况及失主和其他团员的反应）。

第六节　游客走失的预防和处理

在参观游览或自由活动时，时常有游客走失的情况。一般说来，游客走失的原因有三种：一是导游人员没有向游客讲清车号、停车位置或景点的游览路线；二是游客对某种现象和事物产生兴趣，或在某处摄影滞留时间较长而脱离团队自己走失；三是在自由活动、外出购物时游客没有记清饭店地址和路线而走失。

无论哪种原因，都会影响游客情绪、有损带团质量。导游员只要有责任心，肯下功夫，就会降低这种事故的发生率。一旦发生这种事故，也要立即采取有效措施以挽回不良影响。

一、游客走失的预防

1．做好提醒工作

提醒游客记住接待社的名称,旅行车的车号和标志,下榻饭店的名称、电话号码,带上饭店的店徽等。

团体游览时,地陪要提醒游客不要走散;自由活动时,提醒游客不要走得太远;不要回来得太晚;不要去热闹、拥挤、秩序混乱的地方。

2．做好各项活动的安排和预报

在出发前或旅游车离开饭店后,地陪要向游客报告一天的行程,上、下午游览点和吃中、晚餐的餐厅的名称和地址。

到游览点后,在景点示意图前,地陪要向游客介绍游览线路,告知旅游车的停车地点,强调集合时间和地点,再次提醒旅游车的特征和车号。

3．时刻和游客在一起,经常清点人数

4．地陪、全陪和领队应密切配合,全陪和领队要主动负责做好旅游团的断后工作

5．导游人员要以高超的导游技巧和丰富的讲解内容吸引游客

二、游客走失的处理

(一) 游客在旅游景点走失

1．了解情况,迅速寻找

导游人员应立即向其他游客、景点工作人员了解情况并迅速寻找。地陪、全陪和领队要密切配合,一般情况下是全陪、领队分头去找,地陪带领其他游客继续游览。

2．寻求帮助

在经过认真寻找仍然找不到走失者后,应立即向游览地的派出所和管理部门求助,特别是面积大、范围广、进出口多的游览点,因寻找工作难度较大,争取当地有关部门的帮助尤其必要。

3．与饭店联系

在寻找过程中,导游人员可与饭店前台、楼层服务台联系,请他们注意该游客是否已经回到饭店。

4．向旅行社报告

如采取了以上措施仍找不到走失的游客,地陪应向旅行社及时报告并请示帮助,必要时请示领导,向公安部门报案。

5. 做好善后工作

找到走失的游客后，导游人员要做好善后工作，分析走失的原因。如属导游人员的责任，导游人员应向游客赔礼道歉；如果责任在走失者，导游人员也不应指责或训斥对方，而应对其进行安慰，讲清利害关系，提醒以后注意。

6. 写出事故报告

若发生严重的走失事故，导游人员要写出书面报告，详细记述游客走失经过、寻找经过、走失原因、善后处理情况及游客的反应等。

（二）游客在自由活动时走失

1. 立即报告接待社和公安部门

导游人员得知游客自己在外出时走失后，应立即报告旅行社领导，请求指示和帮助；通过有关部门向公安局或派出所报案，并向公安部门提供走失者可辨认的特征。

2. 做好善后工作

找到走失者，导游人员应表示高兴；问清情况，安抚因走失而受惊吓的游客，必要时提出善意的批评，提醒其引以为戒，避免走失事故再次发生。

3. 若游客走失后出现其他情况，应视具体情况作为治安事故或其他事故处理

【案例8-7】 游客走失

地陪小吴带领旅客在某景区游玩。王太太告诉小吴王先生不知去向。由于景区较大，且有几个出口。小吴当即和全陪商量，从游客中挑选了两位能干的先生与他们分头去找。剩下的游客焦急地等待着，可一直不见他们踪影。景区快关门时，四个人才匆匆忙忙从不同方向赶回来。小吴抱歉地对大家说："我们找遍了景区，也没有发现王先生。由于时间关系，司机将带各位先回饭店。我去景区派出所报案……"。旅客顿时怨声一片，小吴觉得非常委屈。

【思考】根据导游服务规范，小吴应如何正确处理这一事故？

第七节 游客患病、死亡的处理

旅途劳累、气候变化、水土不服或饮食起居等生活习惯的变化，难免会造成旅游者尤其是年老体弱者身体不适、患病；旅游者中有人会旧病复发，有的病势严重，危及生命。旅游期间，中暑、食物中毒、溺水、受伤等情况也时有发生。导游人员要时刻关心旅游者，尽量

避免因为自己的安排失当致使旅游者生病、受伤。如果有旅游者生病、受伤，甚至死亡，导游人员要沉着应对，正确处理。

一、游客患病的预防

（一）游览项目选择有针对性

在做准备工作时，应根据旅游团的信息材料，了解旅游团成员的年龄及旅游团其他情况，做到心中有数。选择适合这一年龄段游客的游览路线，如游山时，老年人多的团可选择坐缆车下山而不要用滑道下山。

（二）安排活动日程要留有余地

做到劳逸结合，使游客感到轻松愉快；不要将一天的游览活动安排得太多、太满；更不能将体力消耗大、游览项目多的景点集中安排，要有张有弛；晚间活动的时间不宜排得过长。

（三）随时提醒游客

提醒游客注意饮食卫生，不要买小贩的食品，不要喝生水。

（四）及时报告天气变化

提醒游客随着天气的变化及时增减衣服，带雨具等。尤其是炎热的夏季要注意防中暑。

二、游客患一般疾病的处理

（一）旅游者晕车

有的旅游者习惯性晕车，也有人因太累、体弱而晕车。导游人员应给予必要的帮助。例如，乘车前，建议旅游者饮食不宜过饱，但也不宜空腹乘车，少食油腻食物，多食易消化的食物。乘车时，尽可能将其安排在旅游车前部、顺方向座位，建议他少看车外移动的物体；让其在乘车前半小时服用 1 片乘晕宁、2 片维生素 B6 等晕车药。

（二）旅游者身体不佳

经常有游客会在旅游期间感到身体不适或患一般疾病，如感冒、发烧、水土不服、晕车、失眠、便秘、腹泻等，这时导游员应该：

1. 不动员他随团活动

如果在游览出发前，旅游者提出不随团活动、在饭店休息的要求，且这是他深思熟虑的结果，目的是用一天的时间恢复体力，保证以后游览活动的顺利进行，导游人员没有必要，也不应该动员他随团活动，而是要关心地问清他哪儿不舒服，建议他好好休息。

导游人员要随时观察旅游者，若发现有人脸色很难看、显得很疲劳时，要主动上前询问，以示关怀。发现问题比较严重时，要建议他留在饭店休息，但一定要通知饭店给予关照。如在路途中，可建议其或在旅游车上休息，或安排在景点的某个地方休息。

2. 安排好患病旅游者休息

有旅游者留在饭店休息，导游人员要与大堂值班经理联系，通报有关情况，请其关照患者用餐、看病等事宜。总之要尽力做好安排，让患者安静休息。

3. 建议患病旅游者及早就医

游客患一般疾病时，导游人员应劝其及早去医院就医，提醒他保存好诊断书；不建议他用什么药，更不得擅自让患者服用导游人员的自备药。

4. 回饭店后先探视患病者

旅游团结束一天的活动、回饭店后，导游人员最好不要马上回家或回房间休息，而应先去患者房间嘘寒问暖。这是一种很好的心理服务，能有效地缩短客、导之间的心理距离。

5. 陪患者就医

需要时，导游人员可陪同患者前往医院就医，但应向患者讲清楚所需费用自理，提醒其保存诊断证明和收据。

6. 严禁导游人员擅自给患者用药

三、游客突患重病的处理

（一）在前往景点途中突然患病

游客在去旅游景点的途中突然患重病，导游人员应做到：

（1）在征得患者、患者亲友或领队同意后，立即将患重病游客送往就近医院治疗，或拦截其他车辆将其送往医院。必要时，暂时中止旅行，用旅游车将患者直接送往医院。

（2）及时将情况通知接待社有关人员。

（3）一般由全陪、领队、病人亲友同往医院。如无全陪和领队，地陪应立即通知接待社请求帮助。

（二）在参观游览时突然患病

（1）不要搬动患病游客，让其就地坐下或躺下。
（2）立即拨打电话叫救护车（医疗急救电话：120）。
（3）向景点工作人员或管理部门请求帮助。
（4）及时向接待社领导及有关人员报告。

（三）在饭店突然患病

游客在饭店突患重病，先由饭店医务人员抢救，然后送往医院，并将其情况及时向接待社领导汇报。

（四）在向异地转移途中突患重病

在乘飞机、火车、轮船前往下一站的途中游客突患重病：
（1）全陪应请求乘务员帮助，在乘客中寻找医务人员。
（2）通知下一站旅行社做好抢救的各项准备工作。

（五）处理要点

（1）游客病危，需要送往急救中心或医院抢救时，需由患者家属、领队或患者亲友陪同前往。
（2）如果患者是国际急救组织的投保者，导游人员应提醒其亲属或领队及时与该组织的代理机构联系。
（3）在抢救过程中，需要领队或患者亲友在场，并详细记录患者患病前后的症状及治疗情况，并请接待社领导到现场或与接待社保持联系。随时汇报患者情况。
（4）如果需要做手术，须征得患者亲属的同意，如果亲属不在，需由领队同意并签字。
（5）若患者病危，但亲属又不在身边，导游人员应提醒领队及时通知患者亲属。如果患者亲属系外国人士，导游员要提醒领队通知其所在国使、领馆。患者亲属到后，导游人员要协助其解决生活方面的问题；若找不到亲属，一切按使、领馆的书面意见处理。
（6）有关诊治、抢救或动手术的书面材料，应由主治医生出具证明并签字，要妥善保存。
（7）地陪应请求接待社领导派人帮助照顾患者、办理医院的相关事宜，同时安排好旅游团继续按计划活动，不得将全团活动中断。
（8）患者转危为安但仍需要继续住院治疗，不能随团继续旅游或出境时，接待社领导和导游人员（主要是地陪）要不时去医院探望，帮助患者办理分离签证、延期签证以及出院、回国手续及交通票证等事宜。
（9）患者住院和医疗费用自理。如患者没钱看病，请领队或组团社与境外旅行社、其家人或保险公司联系解决其费用问题。
（10）患者在离团住院期间未享受的综合服务费由中外旅行社之间结算后，按协议规定处理。患者亲属在医院期间的一切费用自理。

四、游客因病死亡的处理

游客在旅游期间不论什么原因导致死亡，都是一件很不幸的事情。当出现游客死亡的情况时，导游员应沉着冷静，立即向接待社领导和有关人员汇报，按有关规定办理善后事宜。
（1）如果死者的亲属不在身边，应立即通知亲属前来处理后事；若死者系外国人士，应通过领队或有关外事部门迅速与死者所属国的驻华使、领馆联系，通知其亲属来华。
（2）由参加抢救的医师向死者的亲属、领队及好友详细报告抢救经过，并出示"抢救工作报告""死亡诊断证明书"，由主治医生签字后盖章，复印后分别交给死者的亲属、领队或旅行社。

（3）对死者一般不做尸体解剖，如果要求解剖尸体，应有死者的亲属或领队，或其所在国家使、领馆有关官员签字的书面请求，经医院和有关部门同意后方可进行。

（4）如果死者属非正常死亡，导游人员保护好现场，立即向公安局和旅行社领导汇报，协助查明死因。如需解剖尸体，要征得死者亲属和领队或所在国驻华使、领馆人员的同意，并签字认可。解剖后写出《尸体解剖报告》（无论属何种原因解剖尸体，都要写《尸体解剖报告》）。此外，旅行社还应到司法机关办理《公证书》。

（5）死亡原因确定后，导游在与领队、死者亲属协商一致的基础上，请领队向全团宣布死亡原因及抢救、死亡经过情况。

（6）遗体的处理，一般以火化为宜，遗体火化前，应由死者亲属或领队，或所在国家驻华使、领馆写出《火化申请书》并签字后进行火化。

（7）死者遗体由领队、死者亲属护送火化后，火葬场将死者《火化证明书》交给领队或死者亲属；我民政部门发给对方携带骨灰出境证明。各有关事项的办理，我方应予以协助。

（8）死者如在生前已办理人寿保险，我方应协助死者亲属办理人寿保险索赔、医疗费报销等有关证明。

（9）出现因病死亡事件后，除领队、死者亲属和旅行社代表负责处理外，其余团员应当由代理领队带领，仍按原计划参观游览。至于旅行社派何人处理死亡事故、何人负责团队游览活动，一律请示旅行社领导决定。

（10）若死者亲属要求将遗体运回国，除需办理上述手续外，还应由医院对尸体进行防腐处理，并办理《尸体防腐证明书》《装殓证明书》《外国人运送灵柩（骨灰）许可证》和《尸体灵柩进出境许可证》等有关证件，方可将遗体运出境。灵柩要按有关规定包装运输，要用铁皮密封，外廓要包装结实。

（11）由死者所属国驻华使、领馆办理一张经由国的通行证，此证随灵柩通行。

（12）有关抢救死者的医疗、火化、尸体运送、交通等各项费用，一律由死者亲属或该团队交付。

（13）死者的遗物由其亲属或领队、死者生前好友代表、全陪或所在国驻华使、领馆有关官员共同清点造册，列成清单，清点人要在清单上一一签字，一式两份，签字人员分别保存。遗物要交死者亲属或死者所在国家驻华使、领馆有关人员。接收遗物者应在收据上签字，收据上应注明接收时间、地点、在场人员等。

在处理死亡事故时，应注意的问题是：

①必须有死者的亲属，领队、使、领馆人员及旅行社有关领导在场，导游人员和我方旅行社人员切忌单独行事。②在有些环节还需公安局、文化和旅游局、保险公司的有关人员在场。每个重要环节应经得起事后查证并有文字根据。口头协议或承诺均属无效。③事故处理后，将全部报告、证明文件、清单及有关材料存档备单。

> **【案例 8-8】 游客意外死亡**
>
> 一天，地陪发现一位每天准时用早餐的住单人房间的外国游客没有来吃早饭，他有点纳闷，但以为该游客已起身外出散步，没有在意。但集合登车时还没有见此游客，他就找领队询问，领队也不知道；于是打电话，没人接，他们俩就上楼找。敲门，无人答应；推门，门被锁着；问楼层服务员，回答说没见人外出。于是请服务员打开门，发现游客已死在床上。两人吓得跑到前厅，惊恐地告诉大家该游客死亡的消息。地陪当即决定取消当天的游览活动，并赶紧打电话向地方接待旅行社报告消息，请领导前来处理问题。然后就在前厅走来走去，紧张地等待领导。
>
> 【思考】在上述描述中，导游员在哪些方面做得不对？应该怎样做？

第八节 旅游安全事故的预防与处理

国家旅游局在《旅游安全管理暂行办法实施细则》中规定：凡涉及旅游者人身、财产安全的事故均为旅游安全事故。旅行社接待程中可能发生的旅游安全事故，主要包括交通事故、治安事故、火灾事故、食物中毒等。

一、交通事故

（一）交通事故的预防

（1）司机开车时，导游人员不要与司机聊天，以免分散其注意力。

（2）安排游览日程时，在时间上要留在有余地，避免造成司机为抢时间、赶日程而违章超速行驶。不催促司机开快车。

（3）如遇天气不好（下雪、下雨、有雾）、交通堵塞、路况不好，尤其是在狭窄道路、山区行车时，导游人员要主动提醒司机注意安全，谨慎驾驶。

（4）如果天气恶劣，地陪对日程安排可适当灵活调整；如遇有道路不安全的情况，可以改变行程，必须把安全放在第一位。

（5）阻止非本车司机开车。提醒司机在工作期间不要饮酒。如遇司机酒后开车，决不能迁就，地陪要立即阻止，并向领导汇报，请求改派其他车辆或换司机。

（6）提醒司机经常检查车辆，发现事故隐患时，及时提出更换车辆的建议。

(二) 交通事故的处理

1. 立即组织抢救

导游人员应立即组织现场人员迅速抢救受伤的游客,特别是抢救重伤员,并尽快让游客离开事故车辆。立即打电话叫救护车(医疗急救中心电话:120)或拦车将重伤员送往距出事地点最近的医院抢救。

2. 立即报案,保护好现场(交通事故报警台电话:122)

事故发生后,不要在忙乱中破坏现场,要设法保护现场,并尽快通知交通、公安部门,争取尽快派人来现场调查处理。

3. 迅速向接待社报告

地陪应迅速向接待社领导和有关人员报告,讲清交通事故的发生和游客伤亡情况,请求派人前来帮助和指挥事故的处理,并要求派车把未伤和轻伤的游客接走送至饭店或继续旅游活动。

4. 做好安抚工作

事故发生后,交通事故的善后工作将由交运公司和旅行社的领导出面处理。导游人员在积极抢救、安置伤员的同时,做好其他游客的安抚工作,力争按计划继续进行参观游览活动。待事故原因查清后,请旅行社领导出面向全体游客说明事故原因和处理结果。

5. 请医院开出诊断和医疗证明书,并请公安局开具交通事故证明书,以便向保险公司索赔

6. 写出书面报告

交通事故处理结束后,需有关部门出具事故证明、调查结果,导游人员要立即写出书面报告。内容包括:事故的原因和经过;抢救经过和治疗情况;人员伤亡情况和诊断结果;事故责任及对责任者的处理结果;受伤者及其他旅行者对处理的反应等。书面报告力求详细、准确、清楚、实事求是。最好和领导联署。

【案例8-9】 送站遇交通事故

某旅游团在北京结束当天参观游览后要按计划前往机场飞往广州。已经下午5点了,自由活动的客人才全部上车。"师傅,快开车!快!我们的飞机可是6:30起飞的!"随后地陪转过身来:"各位团友,现在我们就前往机场。北京的行程到此结束了,祝你们在广州玩得愉快!"说完,地陪坐了下来。司机师傅在地陪的不断催促下,以最快的速度向机场飞驰。可是当时正值下班高峰,时时堵车。再有20分钟就可以到机场时,地陪又说:"师傅,再开快点!"

> 师傅在全速超车时,右前方的一辆面包车突然变道,插到前面。师傅一个紧急刹车,车里一片混乱……前面的面包车在打了几个滚以后翻倒在路旁,旅游团的大客车头也凹进了一大块。地陪赶紧拦了一辆中巴车,把受伤的几个客人转移到中巴车上,让司机继续开车前往机场赶飞机,并吩咐全陪和领队照顾好其余客人,自己则送伤员前往附近医院进行抢救或包扎伤口……
>
> 【思考】试分析在以上案例中,地陪犯了哪些错误?

二、治安事故

在旅游活动过程中,遇到坏人行凶、诈骗、偷窃、抢劫,导致游客身心及财物受到不同程度的损害,统称治安事故。

(一)治安事故的预防

导游人员在接待工作中要时刻提高警惕,采取一切有效的措施防止治安事故的发生。

(1)入住饭店时,导游人员应建议游客将贵重财物存入饭店保险柜。不要随身携带大量现金或将大量现金放在客房内。

(2)提醒游客不要将自己的房号随便告诉陌生人;更不要让陌生人或自称饭店维修人员的不明人士随便进入自己的房间;尤其是夜间决不可贸然开门,以防意外;出入房间一定锁好门。

(3)提醒游客不要与私人兑换外币,并讲清我国外汇管制规定。

(4)每当离开游览车时,导游人员都要提醒游客不要将证件或贵重物品遗留在车内。游客下车后,导游人员要提醒司机锁好车门、关好车窗,尽量不要走远。

(5)在旅游景点活动中,导游人员要始终和游客在一起,随时注意观察周围的环境,发现可疑的人或在人多拥挤的地方,要提醒游客看管好自己的财物,如不要在公共场合拿出钱包,最好不买小贩的东西(防止物品被小贩偷去),并随时清点人数。

(6)汽车行驶途中,不得停车让非本车人员上车、搭车;若遇不明身份者拦车,导游人员提醒司机不要停车。

(二)治安事故的处理

导游人员在陪同旅游团(者)参观游览的过程中,遇到治安事件的发生,必须挺身而出,全力保护游客的人身安全。决不能置身事外,更不能临阵脱逃。发现不正常情况,立即采取行动。

1. 全力保护游客

遇到歹徒向游客行凶、抢劫,导游人员应做到临危不惧,毫不犹豫地挺身而出,奋力与坏人拼搏,勇敢地保护游客。同时,立即将游客转移到安全地点,力争在在场的群众和公安人员的帮助下缉拿罪犯，追回钱物。但也要防备犯罪分子携带凶器狗急跳墙。所以，切不可鲁莽行事，要以游客的安全为重。

2. 迅速抢救

如果有游客受伤，应立即组织抢救，或送伤者去医院。

3. 立即报警（报警电话：110）

治安事故发生后，导游人员应立即向公安局报警，如果罪犯已逃脱，导游人员要积极协助公安局破案。要把案件发生的时间、地点、经过、作案人的特征，以及受害人的姓名、性别、国籍、伤势及损失物品的名称、数量、型号、特征等向公安部门报告清楚。

4. 及时向接待社领导报告

导游人员在向公安部门报警的同时要向接待社领导及有关人员报告。如情况严重，应请求领导前来指挥处理。

5. 妥善处理善后事宜

治安事件发生后，导游人员要采取必要措施稳定游客情绪，尽力使旅游活动继续进行下去。并在领导的指挥下，准备好必要的证明、资料，处理好受害者的补偿、索赔等各项善后事宜。

6. 写出书面报告

事后，导游人员要按照有关要求写出详细、准确的书面报告。

三、火灾事故

（一）火灾事故的预防

1. 做好提醒工作

提醒游客不要携带易燃、易爆物品；不乱扔烟头和火种，不要躺在床上吸烟；向游客讲清，在托运行李时应按运输部门有关规定去做，不得将不准作为托运行李运输的物品夹带在行李中。只有这样，才能尽可能地减少火灾。

2. 熟悉饭店的安全出口和转移路线

导游员带领游客住进饭店后，在介绍饭店内的服务设施时，必须介绍饭店楼层的太平门、安全出口、安全楼梯的位置，并提醒游客进入房间后，看懂房门上贴的安全转移路线示意图，掌握失火时应走的路线。

3. 牢记火警电话（火警电话：119）

导游人员一定要牢记火警电话；掌握领队和全体游客的房间号码。一旦火情发生，能及时通知游客。

(二) 火灾事故的处理

万一发生了火灾,导游人员应:

(1) 立即报警。

(2) 迅速通知领队及全团游客。

(3) 配合工作人员,听从统一指挥,迅速从安全出口疏散游客。

(4) 判断火情,引导自救。如果情况危急,不能马上离开火灾现场或被困,导游人员应采取的正确做法是:①千万不能让游客搭乘电梯或慌乱跳楼。尤其是在三层以上的旅客,切记不要跳楼;②用湿毛巾捂住口、鼻,尽量身体重心下移,使面部贴近墙壁、墙根、或地面;③必须穿过浓烟时,可用水将全身浇湿或披上用水浸湿的衣被捂住口鼻,贴近地面蹲行或爬行;④若身上着火了,可就地打滚,将火苗压灭,或用厚重衣物压灭火苗;⑤大火封门无法逃脱时,可用浸湿的衣物、被褥将门封堵塞严或泼水降温,等待救援;⑥当见到消防队来灭火时,可以摇动色彩鲜艳的衣物作为信号,争取救援。

(5) 协助处理善后事宜。游客得救后,导游人员应立即组织抢救受伤者;若有重伤者应迅速送医院;有人死亡,按有关规定处理;采取各种措施安定游客的情绪,解决因火灾造成的生活方面的困难,设法使旅游活动继续进行;协助领导处理好善后事宜;写出翔实的书面报告。

四、食物中毒

游客食用变质或不干净的食物常会发生食物中毒。其特点是:潜伏期短,发病快,且常常集体发病,若抢救不及时会有生命危险。

(一) 食物中毒的预防

为防止食物中毒事故的发生,导游人员应:

(1) 严格执行在旅游定点餐厅就餐的规定。

(2) 用餐时,若发现食物、饮料不卫生,或有异味变质的情况,导游人员应立即要求更换,并要求餐厅负责人出面道歉,必要时向旅行社领导汇报。

(3) 提醒游客不要在小摊上购买食物,不喝自来水或不洁生水;提醒游客不要随意采摘景点、景区中的野果食用,以免中毒;提醒游客吃买来的水果要洗净,最好去皮。

(二) 食物中毒的处理

发现游客食物中毒,导游人员应:

(1) 设法反复多次催吐,让食物中毒者多喝水以加速排泄,缓解毒性,直至呕吐物变清为止。

(2) 封存患者所食用物品或呕吐物,以备查验。

(3) 立即将患者送医院抢救,请医生开具诊断证明,写明中毒原因。

(4) 迅速报告旅行社并追究供餐单位的责任。

（5）若旅游团集体中毒，必须立即报告卫生防疫部门，同时报告旅行社管理部门，追究有关单位的责任。

第九节　旅游者越轨行为的预防和处理

越轨行为一般是指旅游者侵犯一个主权国家的法律和世界公认的国际标准的行为。外国旅游者在中国境内必须遵守中国的法律。中国旅游者在国内或出国旅游，也应遵守旅游目的地（国）的法律法规。国内外旅游者无论谁触犯法律，都必将受到法律的制裁。

来华旅游者中绝大多数人对我国怀着友好的感情，以游览观光为主要游览目的并尊重我国的法律和规定，绝大多数国内旅游者也是怀着对祖国大好山河的无比热爱参观游览，旅游过程中他们遵纪守法。但是在国内外旅游者中，也有极少数人对我国不友好，对我国现行政策不满，有的甚至利用旅游者身份进行非法活动。因此，导游人员应保持警惕，维护国家的主权和尊严。

一、对旅游者越轨行为的预防

（一）介绍中国的有关法律

导游人员应积极向海外旅游者介绍中国的有关法律及注意事项，说明社会制度和传统习惯的差异导致各个国家的法律不完全一样，在中国境内必须遵守中国的法律。如《中华人民共和国海关法》《文物保护法》等都涉及旅游者的行为准则，必须遵照执行。

（二）多做提醒工作

导游人员应多向海外旅游者做提醒工作，以免个别旅游者无意中做出越轨、犯法行为，这样才能团结朋友，增进友谊，维护国家的主权和尊严。

（三）制止有意越轨者

发现可疑情况，要有针对性地给予提醒和警示，迫使预谋越轨者知难而退。对于顽固不化者，一旦发现其从事危害我国主权和安全的违法活动，应报有关部门处理。处理这类问题要严肃认真，实事求是，合情、合理、合法。

二、对旅游者越轨行为的处理原则

旅游者的越轨行为系个人行为，但如果处理不当，会产生不良后果。因此，导游人员在处理这类问题时，要注意掌握政策和策略，事前要认真调查核实，处理时要特别注意"四个分清"：分清越轨行为和非越轨行为的界限，分清有意和无意的界限，分清无故和有因的界限，分清言论和行为的界限。

三、几种典型情况的处理办法

(一) 对攻击和污蔑言论的处理

对于海外游客来说,由于其国家的社会制度与我国的不同,政治观点也会有差异,因此,他们中的一些人可能对中国的方针政策及国情有误解或不理解,在对一些问题的看法上产生分歧也是正常现象,可以理解。此时,导游人员要积极友好地介绍我国的国情,认真地回答游客的问题,阐明我国对某些问题的立场、观点。总之,多做工作,求同存异。

对于个别游客站在敌对的立场上进行恶意攻击、蓄意诬蔑、挑衅,作为一名中国的导游人员要严正驳斥,驳斥时要理直气壮、观点鲜明。导游人员应首先向其阐明自己的观点,指出问题的性质,劝其自制。如果一意孤行,影响较大,或有违法行为的,导游人员应立即向有关部门报告。

对于国内旅游中的中国旅游者,如果发现个别人有污蔑和诋毁祖国和人民的言论,导游人员应旗帜鲜明,首先阐明自己的观点,指出其问题的性质,劝其自制。如果他一意孤行,仍传播其言论,或有违法行为,应立即报告有关部门。

(二) 对旅游者违法行为的处理

旅游者违法行为是指旅游者违反我国法律和法令的行为。《中华人民共和国宪法》总纲第三十二条规定:"中华人民共和国保护在中国境内的外国人的合法权利和利益,在中国境内的外国人必须遵守中华人民共和国的法律。"中外旅游者不得进行危害中国国家安全、损害公益事业、破坏公共秩序的活动,违法者将按情节严重程度受到中国法律的制裁。

处理这类问题首先要分清违法者是对我国的法规缺乏了解,还是明知故犯。

1. *对初犯者的处理*

对因缺乏对中国的法律和传统习惯的了解而做出违法行为的海外旅游者,导游人员要对其进行耐心劝导,讲清后果,阻止违法行为的继续发生。必要时报告有关部门,根据其情节进行适当处理。

2. *对明知故犯者的处理*

对明知故犯者,导游人员要提出警告,并配合有关部门严肃处理,情节严重者应绳之以法。

3. *对严重影响我国利益的犯罪活动的处理*

中外旅游者中若有人从事窃取国家机密和经济情报、宣传邪教、组织邪教活动、走私、贩毒、偷盗文物、倒卖金银、套购外汇、贩卖淫秽书刊及音像制品、嫖娼、卖淫等犯罪活动,导游一旦发现应立即汇报,并配合司法部门查明罪责,严正处理。

(三) 对旅游者一般性违规行为的处理

在旅游接待中,导游人员应相机向旅游者宣传、介绍、说明旅游活动中涉及的具体规定,防止旅游者不知而误犯。例如参观游览中某些地方禁止摄影、进入等,要事先讲清,并随时提醒。若在导游人员已讲清、提醒了的情况下明知故犯,当事人按规定要受到应有的处罚。

(四)对旅游者散发宗教宣传品的处理

旅游者若在中国散发宗教宣传品,导游员一定要予以劝阻,并向其宣传中国的宗教政策,指出不经我国宗教团体邀请和允许,不得在我国讲道、主持宗教活动和在非宗教活动场合散发宗教宣传品。处理这类事件要注意政策界限和方式方法,但对不听劝告并有明显破坏活动者,应迅速报告,由有关司法、公安部门处理。

(五)对异性越轨行为的处理

由于东西方文化和传统习俗的不同,中国人与西方旅游者在对待异性关系方面存在较大的差异,西方旅游者可能会有意无意地对中国异性做出不轨行为。

当外国旅游者对中国异性行为不轨时,导游员应阻止,并告知中国人的道德观念和异性间的行为准则;对不听劝告者应严正指出问题的严重性,必要时采取断然措施。

(六)对酗酒闹事行为的处理

旅游者酗酒,轻者举止失态,重者失去理智,因此,导游人员应该做到以下几点:
首先规劝,也可通过领队向其做工作,并严肃指明可能造成的严重后果。

在饭店内发现本团旅游者喝醉,倒地不醒的,导游人员要同饭店保安人员一起将其搀扶至房间,同时报告上级领导。切不可单独搀扶其进入房间,或帮助其入寝。

酗酒者摔坏、弄脏饭店、餐厅的物品、设备,要按规定赔偿。

如果酗酒者不听劝告,扰乱社会秩序、破坏财物或迫害他人,行为严重的肇事者必须承担一切后果,甚至法律责任。

课后练习

一、判断题(正确的打√,错误的打×)

1.【2017年真题】因导游员、司机迟到造成的漏接都属于责任事故。(   )
2.【2017年真题】错接旅游团一般是责任事故,是导游责任心不强造成的。(   )
3.【2017年真题】由于在旅游过程中,旅客的证件丢失会影响旅游活动的顺利边行,所以地陪导游员可在接团后收取全团的证件,实行统一保管。(   )
4.【2018年真题】全陪在旅游过程中应保管好旅游者的证件、旅游团的行李托运单以及交通票据。(   )
5.【2018年真题】出现漏接事故,无论什么原因导致,都属于旅游服务质量的缺陷,导游员要认真处理。(   )
6.【2018年真题】发生火灾时,如果仅仅身上着火,可以就地打滚或者用厚重的衣服压灭火

苗。（ ）

7.【2018 年真题】如果在旅游过程中有旅游者走失，一般情况下应由地陪寻找，全陪和领队应带领其他旅游者继续游览。（ ）

8.【2019 年真题】为防止误机（车、船）事故的发生，在临行前，不要安排旅行团到范围广、地域复杂的景点游览，到热闹的地方购物或自由活动。（ ）

9.【2019 年真题】如果错接发生在本社的两个旅游团之间，两名导游员又同是本社的地陪，那么就将错就错，继续接团。（ ）

10【2021 真题】游客患一般疾病时，导游员应多加关心，并准备些常用药品给患者服用。（ ）

二、单选题（每题只有一个正确答案）

1.【2016 年真题】当地陪导游发现游客在旅游过程中散发宗教宣传品时应该（ ）。
    A.只要没有影响旅游团活动就顺其自然
    B.予以劝阻
    C.耐心解释
    D.立即报告组团社

2.【2017 年真题】旅游团入住酒店后遇到火灾事故，导游员正确的做法是（ ）。
    A.带领游客乘电梯以最快的速度离开火灾现场
    B.用手捂住口鼻快速跑离浓烟滚滚的火灾现场
    C.迅速报警，在原地等待消防人员救援
    D.若身上有火可就地打滚或用厚重衣物压灭火苗

3.【2017 年真题】旅游团长途旅游时为了预防交通事故，导游员正确的做法是（ ）。
    A.与司机聊天，防止司机疲劳、打瞌睡
    B.提醒司机注意安全，必要时替司机开车
    C.安排日程时在时间上留有余地，不催促司机开快车
    D.在道路不安全的情况下，建议司机快速开车

4.【2017 年真题】关于食物中毒的预防和处理，说法正确的是（ ）。
    A.立即将患者送医院进行抢救并请医生开具诊断证明
    B.让患者停止进食、饮水、设法催吐，以防止病情加重
    C.若发现食物、饮料不卫生或变质应立即报告旅行社
    D.提醒游客若购买小摊的食品应先确认其是否变质

5.【2018 年真题】一中国公民在国外旅游时不慎遗失护照，又急于回国，按规定，他须持报案证明和相关材料前往我国驻该国使、领馆申领（ ）。
    A.《中华人民共和国旅行证》
    B.《中华人民共和国护照》
    C.《中华人民共和国出入境通行证》
    D.《中华人民共和国边境地区通行证》

6.【2018 年真题】遇到无理取闹的游客，导游应牢记自己的职责，首先要遵循（ ）原则。
    A.尊重游客   B.维护尊严   C.符合法律   D.合理而可能

7.【2018年真题】游览过程中若有游客走失,导游员应立即向其他游客和景区工作人员了解情况。地陪、全陪和领队要密切配合,一般情况下由( )。

A.地陪、全陪和领队分头寻找,团队原地等候

B.地陪、全陪分头寻找,领队率团队原地等候

C.全陪和领队分头寻找,地陪带领其他游客继续游览

D.领队负责寻找,全陪、地陪带领其他游客继续游览

8.【2019年真题】下列造成漏接的原因中,属于主观原因的是( )。

A.接团途中遇交通堵塞　　　　　　B.导游记错时间

C.航班提前抵达　　　　　　　　　D.导游未接到变更通知

9.【2019年真题】一旦发现错接,地陪导游首先应( )。

A.交换旅游团　　B.先游客道歉　　C.与领队沟通　　D.报告旅行社

10.【2019年真题】英国旅行团来华旅游,在机场发现行李丢失,导游应联系( )办理行李丢失和认领手续。

A.机场公安处　　　　　　　　　　B.航空公司办事处

C.机场问询处　　　　　　　　　　D.机场失物登记处

11.【2020年真题】造成15位旅游者重伤的旅游突发事件是( )级别的旅游安全事故。

A.一般　　　　B.较大　　　　C.重大　　　　D.特别重大

12.【2021年真题】若境外旅客病危而其亲属不在身边,导游员要提醒( )设法及时通知患者家属。

A.全陪　　　　　　　　　　　　　B.使、领馆工作人员

C.旅行社计调　　　　　　　　　　D.领队

13.【2021年真题】游客病危时,地陪应立刻协同( ),送病人去医院抢救,或请医生前来抢救。

A.全陪和领队　　　　　　　　　　B.司机和全陪

C.领队、全陪和患者亲友　　　　　D.全陪和患者亲友

14.【2021年真题】台湾同胞在旅行目的地遗失有效证件后,失主应向遗失地的市、县公安机关报失,核实后发给( )。

A.新的台湾同胞旅行证明　　　　　B.一次性有效的出境通行证

C.身份证明　　　　　　　　　　　D.户籍证明

15.【2021年真题】外国游客在中国游览期间因病住院治疗,其亲属陪侍的一些费用由( )。

A.接团社支付　　　　　　　　　　B.其亲属自理

C.组团社支付　　　　　　　　　　D.导游员代付

三、多选题(每题至少有2个正确答案)

1.【2016年真题】某游客在旅游前购买了旅游意外保险,在旅游中因交通事故受重伤在院,为向保险公司索赔,导游应帮其收集( )等证据。

A.公安部门的交通事故证明　　　　B.旅行社证明

C.其他游客证词　　D.医院诊断证明　　E.用药单据

2.【2016年真题】因导游自身原因造成旅游团漏接后,导游应采取的补救措施有( )。

A.努力满足旅游的各种需求　　　　　　B.更加热情周到地提供各项服务
C.赔付漏接对旅游者造成的费用　　　　D.对旅游团领队予以特别关照
E.向该团旅游者赔礼道歉

3.【2016年真题】韩国旅游者在华丢失护照和签证后，导游应协助其（　　）。
A.持旅行社证明到当地公安机关办理《护照报失证明》
B.到当地接待社开具遗失证明
C.再持《护照报失证明》到其驻华使、领馆申办新护照
D.向韩国驻华使、领馆挂失
E.再持新护照到当地公安机关申办签证

4.【2016年真题】当交通事故发生后，导游若未受重伤应该（　　）。
A.做好未受伤旅游者的安抚工作
B.如实向受伤旅游者家属介绍受伤情况
C.迅速将发生交通事故情况报告
D.保护好现场，立即报案
E.立即组织现场人员抢救受伤旅游者

5.【2018年真题】游客在自由活动时不慎走失，导游应采取的措施有（　　）。
A.立即报告接待社，请求指示和帮助
B.向公安部门提供游客可辨认的特征
C.组织旅游团成员分头寻找
D.在原地等候走失的游客
E.向公安部门报案

6.【2018年真题】游览过程中，导游员发现境外游客有（　　）等行为时应立即汇报，并配合司法部门查明罪责，严肃处理。
A.窃取我国机密　　　　　　　　　　　B.醉酒闹事
C.卖淫嫖娼　　　　D.造谣生事　　　　E.倒卖金银

7.【2018年真题】在处理游客不当言行时，导游要特别注意"四个分清"，即分清（　　）的界限。
A.无故和有因　　　　　　　　　　　　B.单个的和有组织的
C.言论和行为　　　　　　　　　　　　D.不当行为和违法行为
E.有意和无意

8.【2021年真题】导游员小张带一旅游团乘火车赴张家界旅游，当火车行驶6小时后，团内一位游客突然腹痛难忍，小张马上通过列车员找到了医生。经诊断客人患的是急性阑尾炎，需要立即手术。此时，小张应该（　　）。
A.全团陪患病客人一起下车
B.立即报告旅行社并请列车长通知下一站急救中心准备救护
C.通过旅行社联系病人家属或旅行社派人尽快赶到下一站
D.力争旅游团其他游客的旅游活动不受影响

9.【2021年真题】地陪小黄在少林寺陪同一欧洲旅游团参观游览。导游讲解结束后，小黄让客人自由活动，约定30分钟后在少林寺山门前集合，但是小黄突然发现该团的一位游客

在山门口拿出许多宗教宣传品准备向现场的群众分发，此时小黄应该采取的措施是（　　）。

A.尊重旅游者帮助其分发

B.告知需要与少林寺商量

C.上前劝阻

D.告知未经我国宗教团体邀请和允许，不得擅自在我国境内进行上述活动

10.【2021年真题】旅游团在住店期间遇到火灾，导游员正确的处理方法是（　　）。

A.立刻拨打110报警

B.快速通知领队和全体成员，疏散旅游者

C.如着火点在本楼层，导游员应该带领旅游者逃向楼顶平台

D.千万不要让旅游者乘电梯或者跳楼逃命

扫码在线答题

旅行常识模块

第九章 旅行服务相关知识

第九章 旅行服务相关知识

知识目标

1. 掌握与导游服务密切相关的出入境知识。
2. 掌握与旅行服务相关的交通与邮电、货币、保险知识。
3. 掌握常见的卫生救护常识。

技能目标

掌握卫生、救护的常识和技能。

能力目标

1. 综合运用旅行服务相关知识,提高自身的导游服务水平。
2. 综合运用卫生、救护的常识,提高自身的应变能力和分析与处理问题的能力。

教学重点

1. 跟旅行服务密切相关的出入境、交通知识;
2. 卫生救护知识。

第一节 出入境知识

外国人、华侨、港澳台同胞及中国公民出入境或返归,均须在指定口岸向边防检查站(由公安、海关、卫生检疫三方组成)交验有效证件,经边防检查站查验核准,并加盖验讫章后方可出入境。不同类型的人员使用的有效证件名称也不同,主要有以下几种。

一、有效证件

有效证件是指各国政府为其公民颁发的出国证件,其种类很多。不同类型的人员使用的有效证件名称也不同,在我国,供国际机组人员使用的是"执照",供国际海员使用的是"海员证",邻国边境居民使用的是"边民证",华侨使用的是"旅行证",港澳同胞和台湾同胞使用的是"通行证",绝大多数外国游客与中国公民使用的是护照以及前往国在护照中签注和盖印的签证。

（一）护照

护照是一国主管机关发给本国公民出国或在国外居留的证件，证明其国籍和身份。护照一般分外交护照、公务护照和普通护照3种，有的国家为团体出国人员（旅游团、体育队、文艺团体）发给团体护照。

1. 外交护照

发给政府高级官员、国会议员、外交和领事官员、负有特殊外交使命的人员、政府代表团成员等。护照封面上一般标有"外交"字样。持有外交护照者在外国享受外交礼遇（如豁免权）。

2. 公务护照

发给政府一般官员、驻外使领馆工作人员以及因公派往国外执行文化、经济等任务的人员。护照封面一般标有"公务"字样。

3. 普通护照

发给出国的一般公民、国外侨民等。

4. 护照的有效期

在中国，外交、公务护照由外事部门颁发，普通护照由公安部门颁发。

护照有一定的有效期限，各个国家所规定的有效期限不同。我国的外交护照有效期为5年。公务护照和因公普通护照分为一次有效和多次有效两类。

多次有效护照的有效期为5年，是发给在一定时期内需要多次出入我国国境的人员；一次有效护照的有效期为2年，是发给在一定时期内一次出入我国国境的人员。一次有效因公普通护照和一次有效公务护照满2年后，如有需要，可在国（内）外按规定手续申请延期一次。延长期限根据需要决定，但最长不得超过2年。

一次有效因公普通护照的标志是护照的扉页在护照号码前有"Y"字样。

自2012年5月15日起，公安机关统一签发电子普通护照，在传统本式普通护照中嵌入电子芯片，芯片中存储执照人的个人基本资料、面相、指纹等特征。

（二）签证

签证是一国主管机关在外国公民所持的护照或其他有效出入证件上签注、盖印，表示准其出入本国国境或者过境的手续。在特殊情况下，凭有效护照或其他国际旅行证件可做在另纸上。（另纸签证是签注在护照以外的一张纸上，它同签在护照内的签注具有相同作用，但必须和护照同时使用。）随着科技的进步，有些国家已经开始签发电子签证和生物（利用面相、指纹等生物特征信息）签证，大大增强了签证的防伪功能。

签证在一国查控入出境人员、保护国土安全、防止非法移民和犯罪分子等方面发挥了重要作用。

1. 签证的类别

世界各国的签证一般分为入境签证和过境签证两个类别，有的国家还有出境签证。中国的签证分为入境签证和过境签证两个类别。

（1）入境签证。

入境签证是准予持证人在规定的期限内，由对外开放或指定的口岸进入该国国境的签证。中国入境签证自颁发之日起生效，有的国家另行明示入境签证生效日期。

（2）过境签证。

过境签证是准予持证人在规定的期限内，由对外开放或指定的口岸经过该国国境前往第三国的签证。要取得过境签证，须事先获取目的地国家的有效入境签证或许可证明（免签国家除外）。按国际惯例，有联程机票，在24小时之内不出机场直接过境人员一般免办签证，但部分国家仍要求过境本国的外国人办理过境签证。

（3）出境签证。

出境签证是准予持证人经对外开放或指定的口岸离开该国国境的签证。有些国家不限出境口岸。包括中国在内的很多国家已取消出境签证，外国人在签证准予停留的期限内或居留证件有效期内凭有效证件出境。

除此以外，还有口岸签证。口岸签证指一国签证机关依法在本国入境口岸向已抵达的外国人颁发的签证，以便当事人及时入境处理紧急事务。实行口岸签证的国家都规定有申办口岸签证的条件和程序。有一些国家把口岸签证称为落地签证，办理落地签证手续相对简单。

外国人因下列11种事由，可以向口岸签证机关申请签证：

①中方临时决定邀请来华参加交易会的；②应邀来华参加投标或者正式签订经贸合同的；③按约来华监装出口、进口商检或者参加合同验收的；④应邀参加设备安装或者工程抢修的；⑤应中方要求来华解决索赔问题的；⑥应邀来华提供科技咨询的；⑦应邀来华团组办妥签证后，经中方同意临时增换的；⑧看望危急病人或者处理丧事的；⑨直接过境人员由于不可抗拒的原因不能在24小时内乘原机离境或者需改乘其他交通工具离境的；⑩其他被邀请确实来不及在中国驻外机构申请签证，并持有指定的主管部门同意在口岸申办签证的函电的；⑪中国国际旅行社和经批准的港澳旅行社组织、接待的旅游团。

根据持照人身份、所持护照种类和访问事由不同，一般将签证分为外交签证、礼遇签证、公务（官员）签证和普通签证四种。有的国家根据来访者的事由将签证分为旅游、访问、工作、学习、定居等类别。

外交签证：外交签证（Diplomatic Visa）是一国政府主管机关依法为进入或经过该国国境应当给予外交特权和豁免的人员所颁发的签证。外交签证一般发给持外交护照的人员。签证颁发国依据本国法规和国际惯例，给予持证人相当的方便、优遇、特权和豁免。

公务签证：公务签证（Service Visa）是一国政府主管机关依法为进入或经过该国国境应当给予公务人员待遇的人士所颁发的签证。有的国家将该种签证称为官员签证（Official Visa）。公务签证一般发给持公务护照人员。

官员签证：官员签证（Official Visa）是公务签证的一种，指一些国家向持有官员护照的申请人颁发的符合其官员身份的签证，其效力同公务签证。颁发官员护照的国家一般实行相应的官员签证制度。中国没有官员签证制度。中国签证机关通常为来华执行公务的持官员护照的外宾颁发公务签证。

礼遇签证：礼遇签证（Courtesy Visa）是一些国家政府主管机关依法为进入或经过该国国境可给予相应礼遇的人员所颁发的签证。这些人一般是身份高但又未持有外交护照的人员或已卸任的外国党政军高级官员及知名人士。签证颁发国根据本国法规和国际惯例，给予持证人应有的尊重和礼遇。

普通签证：普通签证（Visa）是一国政府主管机关依法为因私人事务进入或过境该国的人员颁发的一种签证。普通签证一般发给持普通（因私）护照或其他有效国际旅行证件的人员。

旅游签证属于普通签证，在中国为 L 字签证（发给来中国旅游、探亲或因其他私人事务入境的人员）。签证上规定持证者在中国停留的起止日期。

2. 签证形式

签证在其发展过程中有不同的形式和称谓。例如，签注式签证、印章式签证、贴纸式签证，还有机读签证、个人签证、团体签证等。

（1）签注式签证。

指在有效护照上做简单的文字签注，注明准予持证人入出境的具体要求。早期的签证多采取此种形式。

（2）印章式签证。

指将签证的固定格式刻在印章上，在做签证时，将印章盖在申请人护照或其他旅行证件的签证页上，并填写必要的内容，全部过程由手工操作。随着技术的进步，改用签证机代之，或用电脑按固定格式将签证的内容打印在护照上。

（3）贴纸签证。

贴纸签证是将签证的内容按照固定的格式做在签证专用纸上，用不干胶将打印完成的签证贴在申请人的护照上。贴纸签证通常是用计算机打印制作的。美国的贴纸签证还将申请人的照片扫描在签证纸上。加拿大的贴纸签证上无申请人的照片，但附有防伪标记，并用塑封技术将此部分塑封。

（4）另纸签证。

另纸签证指做在与护照或其他国际旅行证件分离的单页纸上的签证，是签证的一种特殊形式，必须与申请人所持的护照或其他国际旅行证件同时使用。另纸签证颁发的对象，不同国家有不同的规定。

（5）机读签证。

机读签证（Machine Readable Visas-MRV）指适用于机器阅读的签证，是国际民航组织机读旅行证件咨询部在机读护照技术的基础上开发的一种用机器阅读和识别签证的技术。这种技术大大简化了国际旅行手续，缩短了通关时间。

（6）电子签证。

一些国家还利用计算机网络和磁卡技术开发出"电子签证"或称"隐形签证"。电子签证又称e-visa，是指把传统的纸质签证"电子化"，以电子文档形式将护照持有人签证上的所有信息储存在签证签发机关的系统中。电子签证办理成功后，将签证打印即可使用。目前很多国家都实施了电子签证。

（7）个人签证与团体签证。

个人签证指做在每个申请人的护照或其他国际旅行证件上的签证。团体签证是指做在一个团体名单上的签证。持用同一团体签证的人员必须随团一同入出境。9人以上的旅游团可发给团体签证。团体签证一式三份，签发机关留一份，来华旅游团两份，一份用于入境，一份供出境用。

（8）其他签证形式。

落地签证，即口岸签证。落地签证是指申请人不直接从所在国家取得前往其他国家的签证，而是持护照和该国有关机关发给的入境许可证明，等抵达该国口岸后，再签发签证，通常是单边的出境签证。

ADS签证是指仅限于在被批准的旅游目的地国家一地旅游的签证，它在旅游目的地国家境内既不可转签，也不可延期，持此种签证的人必须团进团出。

3. 签证有效期

签证的有效期限不等，获签证者必须在有效期内进入中国境内，超过期限签证不再有效。

4. 申请签证

希望进入中国境内的外国人须持有效护照，必要时提供有关证明，例如，来华旅游者申请签证须出示中国旅游部门的接待证明，向中国的外交代表机关、领事机关或者外交部授权的其他驻外机关申请办理签证。

5. 免签证

免办签证的几种情况：

第一，国家间签订了互免签证协议。

截至2021年1月，有73个国家和地区对中国公民实行免签或落地签证政策，其中与中国互免签证的国家和地区有15个，单方面对中国公民免签的国家和地区有18个，可办理落地签证的国家和地区有40个。

第二，过境免签。

过去我国对持有联程客票，搭乘国际航行的航空器、船舶、列车，从中国过境前往第三国或者地区的游客，准许在部分城市的机场停留不超过24小时，但不得离开该口岸。

从2013年开始，为了吸引更多外籍人士来华旅游和消费，国务院陆续批准北京、上海、广州、成都、重庆、沈阳、大连、西安等十余个城市口岸，对美国、英国、法国、德国、意大利、韩国、新加坡等51个国家公民实行72小时过境免签政策，即上述国家的游客若持有第三国签证和 72 小时内确定日期、座位前往第三国（地区）的联程机票，可以在不持有中国签证的情况下，从这些城市口岸入境和出境并在该城市行政区划内停留 72 小时。

从 2018 年起，北京、天津、河北、辽宁、上海、浙江、江苏、广东等部分城市口岸和厦门、青岛、武汉、成都、昆明实行了 144 小时过境免签。

第三，持与中国建交国家的普通护照已在香港、澳门的外国人，经在香港、澳门合法注册的旅行社组团进入广东珠江三角洲地区（指广州、深圳、珠海、佛山、东莞、中山、江门、肇庆、惠州市所辖行政区）旅游，且停留不超过 6 天。

第四，经国务院旅游主管部门批准在海南注册的国际旅行社组织的外国人旅游团（5 人以上含 5 人）到海南省旅行，且停留不超过 15 天。

第五，新加坡、文莱、日本三国持普通护照的公民，前来中国内地旅游、经商、探亲访友或过境不超过 15 天者，从中国对外国人开放口岸入境时。

（三）港澳居民来往内地通行证

港澳居民来往内地通行证是同胞来往于中国香港、中国澳门与内地之间的证件，由广东省公安厅签发，1999 年 1 月 15 日启用。它的前身是港澳同胞回乡证，新版港澳居民来往内地通行证于 2013 年 1 月 2 日起启用。

年满 18 周岁的，通行证有效期为 10 年，未满 18 周岁的，通行证有效期为 5 年。

2020 年 10 月 10 日，港澳居民可在内地申请换发、补发港澳居民来往内地通行证（俗称"回乡证"），即港澳居民可向全国任一县级以上公安机关出入境管理部门申请换发、补发港澳居民来往内地通行证，申办手续与在港澳地区一致。

（四）台湾居民来往大陆通行证

台湾居民来往大陆通行证简称"台胞证"，是中国政府发给台湾人民来往大陆地区观光、商务、探视的身份证明书。

台湾居民来往大陆通行证分为 5 年有效和 3 个月一次有效两种。台湾居民在台湾地区、港澳地区和大陆均可申领台胞证。2015 年 9 月 15 日，公安部决定启用 2015 版台湾居民来往大陆通行证（简称电子台胞证、台胞卡），县级以上公安机关出入境管理部门自 9 月 21 日起开始停止签发本式台胞证。2020 年 9 月 20 日，最后一批本式台湾居民来往大陆通行证到期失效后，所有持本式台胞证的台湾居民必须换领电子卡式台胞证或申办一次有效台胞证来往大陆。

（五）往来港澳通行证

港澳通行证全称为"中华人民共和国往来港澳通行证"，是内地居民往来港澳地区的唯一合法的旅游证件，由居民所在地公安局出入境管理部门颁发。

自 2009 年 4 月 1 日开始，深圳居民可办理一年内多次往返港澳的通行证件；自 2018 年 9 月 1 日开始，内地居民可在全国范围内任一公安机关出入境管理机构申请办理"往来港澳通行证"。

（六）往来台湾地区通行证

往来台湾地区通行证全称为"大陆居民往来台湾地区通行证"，是大陆居民往来台湾地区唯一合法的旅行证件，由中华人民共和国政府授权中国公安机关颁发。此外，赴台旅游者还必须在户口所在地公安局出入境管理处办理《入台观光证》。赴台旅游时一定要手持双证，否

旅行常识模块

则会遭到遣返。

二、出入境手续

(一) 海关检查

根据《中华人民共和国海关法》和《中华人民共和国海关对进出境旅客行李物品监管办法》的规定,出入境旅客行李物品必须通过设有海关的地点出入境,并接受海关监管。

海关检查一般询问是否有需要申报的物品,或填写旅客携带物品出入境申报单,必要时海关有权开箱检查所携带物品。

各国对出入境物品的管理有各自不同的具体规定。一般烟、酒等物品按限额放行。文物、武器、毒品、动植物等为违禁品,非经特许不得出入国境。对于海关加封的行李物品,不要擅自拆开或者损毁海关施加的封志。

海关通道分为"红色通道"("申报"通道)和"绿色通道"("无申报"通道)两种。

红色通道也称"应税通道"。旅游团到达出境地点,首先办理海关手续,如有物品申报,要认真填写《中华人民共和国海关进/出境旅客行李物品申报单》,走红色通道,办理海关手续,经海关查验后放行。申报单应妥善保管,不得涂改,不得遗失。

海外游客进入中国境内,一般须经"红色通道",事先要填写《旅客行李申报单》向海关申报,经海关查验后放行。申报单上所列的自用物品,海关加上"△"记号的,必须带出境(例如录音机、照相机、摄像机等),外国游客不准代他人携带物品进出境。申报单不得涂改,不得遗失,出境时要再交海关办理手续;申报单应据实填写,若申报不实或隐匿不报,一经查出,海关将依法处理。

1. 烟酒

表 9-1　烟酒制品的限量明细

旅客类别	免税烟草制品限量	免税 12 度以上酒精饮料限量
来往我国港澳地区的旅客	香烟 200 支 或雪茄 50 支 或烟草 250 克	酒限 1 瓶 (0.75 升以下)
当天往返或短期内多次来往港澳地区的游客	香烟 40 只 或雪茄 5 支 或烟丝 40 克	不准免税带进
其他进境旅客	香烟 400 支 或雪茄 100 支 或烟丝 500 克	酒限 2 瓶 (1.5 升以下)
对不满 16 周岁者	烟酒禁止携带	

*资料根据《中华人民共和国海关对中国籍旅客进出境行李物品的管理规定》中《中国籍旅客带进物品限量表》整理。

携带酒、香烟进境需要以自用合理数量为限（具体见表9-1），超出自用合理数量（香烟不超过两条，酒不超过1500毫升）将征收行邮税，香烟和酒的行邮税税率为50%，行邮税=完税价格×行邮税税率。

2. 旅行自用物品

非居民旅客及持有前往国家或地区再入境签证的居民旅客携进旅行自用物品限照相机、便携式收录机、小型摄影机、手提式摄录机、手提式文字处理机每种一件。超过范围的或单价超过5000人民币的物品需向海关如实申报，并办理有关手续。经海关放行的旅行自用物品，旅客应在回程时复带出境。

游客在海外购买了音像制品（如录音带、录像带、唱片、电影片、VCD光盘等）和印刷品（如书报、刊物、图画等）也必须申报和交验。若藏匿不报，海关将按规定处理。

3. 金、银及其制品

旅客携带金、银及其制品进境应以自用合理数为限，其中超过50克的应填写申报单证，向海关申报；复带出境时，海关凭本次进境申报的数量核放。携带或托运出境在中国境内购买的金、银及其制品（包括镶嵌饰品、器皿等新工艺品），海关验凭中国人民银行制发的"特种发票"放行。

4. 外汇

旅客携带外币、旅行支票、信用证等进境，数量不受限制。居民旅客携带1000美元（非居民旅客5000美元）以上或等值的其他外币现钞进境，须向海关如实申报；复带出境时，海关凭本次入境申报的数额核放。

游客携带外币现钞金额等值5000美元至1万美元出境，海关凭携带外汇出境许可证查验放行。

5. 人民币

游客携带人民币现钞进出境，限额2万元。超出限额的禁止出境。

6. 文物、字画（含已故现代著名书法家的作品）

文物指遗存在社会上或埋藏在地下的历史文化遗物。字画也称书画，系书法和绘画的合称。

旅客携带文物进境。如需复带出境，请向海关详细报明。旅客携运出境的文物，须经中国文化行政管理部门鉴定。

携运文物出境时，必须向海关详细申报。对在境内商店购买的文物，海关凭中国文化行政管理部门所盖的鉴定标志及文物外销发货票查验放行；对在境内通过其他途径得到的文物，海关凭中国文化行政管理部门所盖的鉴定标志及开具的许可出口证明查验放行；未经鉴定的文物，请不要携带出境。携带文物出境不据实向海关申报的，海关将依法处理。

中国政府禁止出境珍贵文物及其他禁止出境的文物：珍贵文物是指国家馆藏一、二、三级文物；其他禁止出境的文物指有损国家荣誉、有碍民族团结、在政治上有不良影响的文物；

一般文物是指1795年（清乾隆六十年）以后的、可以在文物商店出售的文物。

7. 中药材、中成药

旅客携带中药材、中成药出境，前往国外的，总值限人民币300元；前往港澳地区的，总值限人民币150元。寄往国外的中药材、中成药，总值限人民币200元；寄往港澳地区的总值限人民币100元。进境旅客出境时携带用外汇购买的、数量合理的自用中药材、中成药，海关凭有关发票和外汇兑换水单放行。

麝香、虎骨、犀牛角等药材以及超出以上规定限值的中药材、中成药不准出境。

8. 旅游商品

进境旅客出境时携带用外汇在我境内购买的旅游纪念品、工艺品，除国家规定应申领出口许可证或应征出口税的品种外，海关凭有关发货票和外汇兑换水单放行。

行李物品和邮递品征税办法。为了简化计税手续和方便纳税人，中国海关对进境旅客行李物品和个人邮递物品实施了专用税则、税率。现行税率共有5个税级：免税、20%、50%、100%、200%。物品进口税从价计征，其完税价格由海关参照国际市场零售价统一审定，并对外公布实施。

9. 禁止进出境物品

（1）禁止入境物品。

——各种武器、仿真武器、弹药及爆炸物品；

——伪造的货币及伪造的有价证券；

——对中国政治、经济、文化、道德有害的印刷品、胶卷、照片、唱片、影片、录音带、录像带、激光视盘、计算机存储介质及其他物品；

——各种烈性毒药；

——鸦片、吗啡、海洛因、大麻以及其他能使人成瘾的麻醉品、精神药物。

——带有危险性病菌、害虫及其他有害生物的动物、植物及其产品；

——有碍人畜健康的、来自疫区的以及其他能传播疾病的食品、药物或其他物品。

（2）禁止出境物品。

——列入禁止进境范围的所有物品；

——内容涉及国家秘密的手稿、印刷品、胶卷、照片、唱片、影片、录音带、录像带、激光视盘、计算机存储介质及其他物品；

——珍贵文物及其他禁止出境的文物；

——濒危的和珍贵的动物、植物（均含标本）及其种子和繁殖材料。

从海外回程的中国游客入境时，须向口岸边防检查站交验有效护照或其他有效证件以及出境时经海关签章的旅客行李申报单。游客在海外购买了音像制品（如录音带、录像带、唱片、电影片、VCD光盘等）和印刷品（如书报、刊物、图画等）也必须申报和交验。若藏匿不报，海关将按规定处理。

绿色通道亦称"免税通道"或"无申报通道"。携带无须向海关申报物品的游客和持有外交签证或礼遇签证的人员，可选择"绿色通道"通关，但需向海关出示本人证件和按规定填写申报单。不明海关规定或不知如何选择海关通道的旅客，应选择"红色通道"通关。

（二）卫生检疫

为了防止传染病由国外传入或由国内传出，保护人身健康，根据国际惯例及习惯法，各国都制定了《国境卫生检疫法》。

要求入境者如实填写健康申明卡，来自疫区的人员还必须出示有效的有关疾病预防证明（俗称"黄皮书"）。无证者卫生检疫机关可对其施以6日的强制留验。如遇传染病患者隐瞒不报，按逃避检疫论处，可禁止入境或责令其提前离境。来自疫区，被传染病污染或可能成为传染病传播媒介的物品，须接受卫生检疫检查和必要的卫生处理。

（三）边防检查

边防检查是指对出入国境人员的护照、证件、签证、出入境登记卡、出入境人员携带的行李物品和财物、交通运输工具及其运载的货物等的检查和监护，以及对出入国境上下交通运输工具人员的管理和违反规章行为的处理等。

边防检查的内容包括：护照检查、证件检查、签证检查、出入境登记卡检查、行李物品检查、交通运输工具检查等。

（四）安全检查

安全检查是出入境人员必须履行的检查手续，是保障旅客人身安全的重要预防措施。

安全检查的内容主要是检查旅客及其行李物品中是否携带枪支、弹药，易爆、腐蚀、有毒、放射性等危险物品，以确保航空器及乘客的安全。

安全检查的环节主要有：托运行李物品检查→旅客证件检查→手提行李物品检查→旅客身体检查。

（五）不准出入境的规定

——未持有效出境入境证件或者拒绝、逃避接受边防检查的；
——被中国政府驱逐出境，未满不准入境年限的；
——可能危害中国国家安全和利益、破坏社会公共秩序或者从事其他违法犯罪活动的；
——入境后可能从事与签证种类不符的活动的；
——患有严重精神障碍、传染性肺结核病或者有可能对公共卫生造成重大危害的其他传染病的；
——在申请签证过程中弄虚作假或者不能保障在中国境内期间所需费用的；
——法律、行政法规规定不准入境的其他情形。

对不准入境的，出入境边防检查机关可以不说明理由。对未被准许入境的外国人，出入境边防检查机关应当责令其返回；对拒不返回的，强制其返回。外国人等待返回期间，不得离开限定的区域。

（六）下列人士不准出境

1. 中国公民有下列情形之一的，不准出境

——未持有效出境入境证件或者拒绝、逃避接受边防检查的；

——被判处刑罚尚未执行完毕或者属于刑事案件被告人、犯罪嫌疑人的；

——有未了结的民事案件，人民法院决定不准出境的；

——因妨害国（边）境管理受到刑事处罚或者因非法出境、非法居留、非法就业被其他国家或者地区遣返，未满不准出境规定年限的；

——可能危害国家安全和利益，国务院有关主管部门决定不准出境的；

——法律、行政法规规定不准出境的其他情形。

2. 外国人有下列情形之一的，不准出境

——被判处刑罚尚未执行完毕或者属于刑事案件被告人、犯罪嫌疑人的，但是按照中国与外国签订的有关协议，移管被判刑人的除外；

——有未了结的民事案件，人民法院决定不准出境的；

——拖欠劳动者的劳动报酬，经国务院有关部门或者省、自治区、直辖市人民政府决定不准出境的；

——法律、行政法规规定不准出境的其他情形。

【案例9-1】 这是理由吗？

一外国旅客在免费托运的行李中带了10多条香烟和两盘黄色录像带，在C城海关交验有效证件并提取托运行李后，试图从绿色通道通关时，被海关人员截住。

检查其行李后，海关人员问他为什么走绿色通道，他说他不认识中文，看见有人从那里走他也就跟着走了，还说他要在中国工作两个多月，所以多带了香烟，录像带是消遣时自己看的。海关人员还是让旅客补交了税，并没收了录像带。

【思考】1.海关人员这样做符合政策吗？

2.旅客说他不识中文，所以走错了海关通道，这是不是一个理由？

3.什么人才能经绿色通道通关？

第二节 交通知识与邮电知识

一、航空客运知识

(一) 航空旅行常识

1. 航班、班次、时刻

民航的运输飞行主要有 3 种形式：
(1) 班期飞行，是指按照班期时刻表和规定的航线，定机型、定日期、定时刻的飞行。
(2) 加班飞行，是指根据临时需要在班期飞行以外增加的飞行。
(3) 包机飞行，是指按照包机单位的要求，在现有航线上或以外进行的专用飞行。

航班还分为定期航班和不定期航班，国际航班和国内航班。定期航班是指飞机定期自始发站起飞，按照规定的航线经过经停站至终点站，或直接到达终点站的飞行。在国际航线上飞行的航班称为国际航班，在国内航线上飞行的航班称为国内航班。航班又分为去程航班和回程航班。

班次是指在单位时间内（通常用一个星期计算）飞行的航班数（包括去程航班与回程航班）。班次是根据往返量需求与运能来确定的。

班期表上用阿拉伯字母 1~7 表示星期一到星期日，用 "*" 号表示次日的航班时刻，"BW" 表示该航班隔周飞行等。

世界各国对航班飞机的出发和到达时刻，统一使用 24 小时制，用连写四个阿拉伯数字来表示。如 "1020"，即指上午 10：20 分。到达时刻即指抵达当地的地方时刻。在中转换乘飞机时，需要问清时间，以免订错衔接航班。

2. 航班号

目前国内航班的编号一般用航空公司的两个英文代码和四个阿拉伯数字组成。其中第一个数字表示执行该航班任务的航空公司的数字代码，第二个数字表示该航班终点站所属的管理局或航空公司所在地的数字代码。第三和第四个数字表示该航班的具体编号，其中，第四个数字为单数的表示去程航班，双数的表示回程航班。如 CZ3117 是南方航空公司自武汉至北京的飞机，CZ3254 是南方航空公司自深圳返武汉的飞机。

我国国际航班的航班号是由执行该航班任务的航空公司的二字英文代码和 3 个阿拉伯数字构成。第一位数字表示航空公司，后两位是航班序号，单数为去程，双数为回程。例如，NU545 是中国东方航空公司上海至新加坡的航班。

3. 飞机机型

国际航空运输中，通常用英文字母和阿拉伯数字来表示某一航班所使用的飞机机型。如，"74M" 代表波音 747-200；"COMBI" 代表波音 747 客货混用机；"M82" 代表麦道 MD-82；"320" 代表空客 A320；"TU5" 代表图 154；"IL6" 代表苏制伊尔 62 客机；"YN7" 代表运-7。

4. 客舱等级和餐饮供应

国际航空运输中,通常用英文字母表示客舱等级。

F=头等舱 First Class

C=公务舱 Business Class

Y=经济舱 Economy Class

K=平价舱 Thrift

国际航空运输中,通常用符号表示餐饮供应。如刀叉图案,是表示在该航段飞行期间供应正餐;杯碟图案,表示在该航段飞行期间有早餐或点心供应。

(二)机票有关知识

1. 订购机票

旅客购买机票须出示有效身份证件并填写旅客订座单,大陆居民要出示本人的居民身份证,台湾同胞要持台湾同胞旅行证明或公安机关出具的其他有效身份证件购买机票。外国人须出示护照。

2. 座位再证实:机票有 OK 票和 OPEN 票之分

——OK 票,即已订妥日期、航班和机座的机票。持 OK 票的旅客若在该联程或回程站停留 72 小时以上,国内机票需在联程或回程航班起飞前两天中午 12 小时以前,国际机票需在 72 小时前办理座位再证实手续,否则原座位不予保留。

——OPEN票,是不定期机票,旅客乘机前需持机票和有效证件(护照、身份证等)去航空公司办理订座手续。订妥座位后才能乘机,此种客票无优先权、无折扣优惠。

3. 儿童票

已满2周岁未满12周岁的儿童按成人全票价的50%付费。不满2周岁的婴儿按成人全票价的10%付费,不单独占一座位。每一成人旅客只能有一个婴儿享受这种票价。

2006年10月16日,国际上开始实行电子机票,我国从2008年6月1日起停止发售纸质机票。

电子机票可在民航售票处或联网计算机上完成订座、出票、作废、退换、改转签等操作。在线购买成功后,会得到一个电子票号或者出票记录传真,在机场游客凭有效证件到值机柜台换取乘机凭证。机票只限票上所列姓名的旅客使用,不得转让和涂改,否则客票无效,机票费不退。

4. 机票有效期

中国国内机票和国际机票的有效期为一年。定期机票自旅客开始旅行之次日零时起算;不定期机票自填开客票之次日零时起算。特价机票的有效期以承运人的规定为准。

5. 乘机

乘坐国内航班的旅客应在班机起飞前2小时到达机场,乘坐国际航班或去沿海城市的旅客须提前3小时抵达机场,凭机票和个人有效证件办理登机手续。班机起飞前30分钟机场停止办理登机手续。

乘坐民航班机的旅客及携带的行李物品，除经特别准许者外，在登机前都必须接受安全技术检查；旅客须通过安全检查门。行李物品须经仪器检查，也可进行人身检查和开箱检查，拒绝检查者不准登机。

航空公司值机柜台停止办理乘机手续的时间：国内航班一般为航班离站时间前30分钟，国际航班为40分钟。

自2019年9月15日起，全国203家机场开通"民航临时乘机证明"系统，乘客若忘记携带身份证，可在微信小程序中搜索点击"民航临时乘机证明"，即可获得电子防伪二维码，凭此二维码可以办理值机手续并接受安检。该二维码有效期为15天，若超过15天可再次申办，不收取任何费用。

6. 退票

中国国内机票持有者若想退票，须按规定视退票时间的早晚支付一定比例的退票费；国际机票持有者要退票应按规定办理，并只限在原购票地点或经航空公司同意的地点办理。

根据民航局2018年发布的《关于改进民航票务服务工作的通知》，包括国航、南航、东航、海航等，占航空公司总数70%的23家航空公司先后制定了机票退改签阶梯费率，将此前仅有的起飞前两小时以上及两小时以内两档退改签的规定改为四档：即航班起飞30天（含）之前；航班起飞前30天（不含）至14天（含）；航班起飞前14天（不含）至4小时（含）；航班起飞前4小时（不含）至航班起飞后。除航班起飞前30天不收退票费外，其他三档都要收取退票费。

7. 机票遗失与误机

旅客机票遗失，应以书面形式，在所乘航班规定离站时间1小时前向承运人或其代理人申请挂失，提供证明。承运人经核实并查明遗失机票确未被冒用或冒退，可予补发新客票，收取补票手续费。如遗失机票在申请挂失前被冒用或冒退，承运人不负责任。

旅客误机后最迟应在该航班离站后的次日中午12时（含）以前，到乘机机场的承运人乘机登记处、承运人售票处或承运人地面服务代理人售票处办理误机确认。误机确认后，旅客如要求改乘后续航班，可在上述地点或原购票地点办理变更手续，承运人应在航班有可利用座位的条件下予以办理，免收误机费。旅客若未办理误机确认，并要求继续旅行，应交付客票价20%的误机费。旅客误机变更后，如果要求再次改变航班、日期，应交付客票价50%的变更手续费。旅客误机或误机变更后，如果要求改变承运人，按自愿退票的规定办理，应交付客票价50%的误机费。旅客误机或误机变更后，如果要求退票，也按自愿退票规定办理，应交付客票价50%的误机费。

由于机务维护、航班调配、商务、机组等承运人自身原因，造成航班在始发地出港延误或者取消、国内航班在经停地延误或者取消、国内航班发生备降三种情况造成航班出港延误，无论何种原因，承运人或者地面服务代理人应当向旅客提供餐食或住宿服务。

由于天气、突发事件、空中交通管制、安检以及旅客等非承运人原因造成航班在始发地延误或取消，承运人应协助旅客安排餐食和住宿，费用由旅客自理。

(三) 行李的有关事宜

1. 免费托运行李额

乘坐中国民航的国内、国际班机，持有成人票或儿童票的旅客每人可免费托运的行李额为：头等舱票40千克，公务客票30千克，经济客票20千克；中美、中加航线上的旅客可免费托运行李2件，每件不超过32千克。按成人票价10%付费的婴儿无免费行李额。

旅客交运的行李必须封装完整、锁扣完善、捆扎牢固并能承受一定压力；对包装不合格的行李，民航可拒运或不负损坏责任。游客的超重行李在其所乘飞机载量允许的情况下，应与旅客同机运送。游客应对超重行李付超重行李费，超重行李费率以每公斤按经济舱票价的15%计算，金额以元为单位。

2. 随身携带的行李

头等舱旅客，每人可随身携带2件物品；公务舱或经济舱旅客，每人只能随身携带1件物品；每件物品的体积均不得超过20×40×55厘米，重量不超过5千克。

3. 不准携带或托运的物品

严禁旅客携带易燃、易爆、剧毒、放射性物品及其他危害民用航空安全的危险品进入机场、乘坐飞机或作为行李托运；旅客乘坐飞机不得携带武器或随身携带利器和凶器；游客不得在交运的行李内夹带重要文件和资料、外交信袋、证券、货币、汇票、贵重物品、易碎易腐物品、手机、手提电脑、数码相机、充电宝以及含锂电池的其他物品。

4. 禁止随身携带但可作为行李托运的物品

可能危害航空安全的菜刀、大剪刀、大水果刀、剃须刀等生活用刀具，手术刀、屠宰刀、雕刻刀等专业刀具，文艺单位表演用的刀、矛、剑、戟等及斧、凿、锤、锥、加重或有尖的手杖、铁头登山杖和其他可用来危害航空安全的锐器、钝器。

5. 行李的赔偿

旅客对于行李的损坏、遗失或延误必须在下列期限内向中国民航书面提出索赔要求，否则就不能向中国民航提出诉讼：

（1）行李损坏，应当在发现损坏时，立即向中国民航提出索赔要求，最迟不得超过从收到行李之日起7天以内提出。

（2）行李遗失，最迟不得超过从行李应当交付收件人之日起21天以内提出。

（3）行李延误，最迟不得超过从行李交付收件人之日起21天以内提出。

6. 旅客保险与伤害赔偿

旅客可以自行决定向保险公司投保国内航空运输旅客人身意外伤害保险。

在国内航空运输中，承运人对每名旅客身体伤害的最高赔偿限额，按照国务院的有关规定办理。

7. 其他注意事项

为维护游客生命安全，2008年3月，中国民航总局规定，游客乘坐国内航班禁止携带液体物品。液体物品包括液体、凝胶、气溶胶等，常用的眼药水、口红、牙膏、发胶等物品均在受限范围内。

乘坐从中国境内机场始发的国际、地区航班的游客，其携带的液体物品仍执行中国民航总局2007年3月17日发布的有关规定，即每件容器不超过100毫升，盛放液体的容器应置于最大容积不超过1升的、可重新封口的透明塑料袋中。

2008年4月，该局还规定，禁止游客携带打火机、火柴乘坐民航飞机；5月，该局又进一步规定，无论是手提行李还是托运行李都禁止夹带打火机和火柴。此外，游客也不能携带未关闭的手机、电脑等物品及强磁物品乘坐飞机。

2014年8月，中国民航局对旅客携带的充电宝的规定是：额定能量不超过100Wh（瓦特小时）的充电宝无须航空公司批准就可带上飞机；超过100Wh但不超过160Wh的，需经航空公司批准后方可携带；未标明相关技术参数的一律禁止携带。

二、铁路客运知识

（一）旅客列车的种类

旅客列车分为国内旅客列车和国际旅客列车。

按车次前冠有的字母分为：车次前冠有字母"G"的列车为高铁列车。

车次前冠有字母"C"的列车为城际动车组列车。

车次前冠有字母"D"的列车为动车组列车。

车次前冠有字母"Z"的列车为直达特快列车。

车次前冠有字母"T"的列车为特快旅客列车。

车次前冠有字母"K"的列车为快速旅客列车。

车次前冠有字母"L"的列车为临客普快列车（多在春运、暑运期间增开）。

车次前冠有字母"Y"的列车为郊游临客快速列车（在春游、秋游和节假日增开）。

此外，还有在广深高速线上，车次前冠"S"的广深列车。

（二）车票

车票是旅客乘车的凭证，也是旅客加入铁路意外伤害强制保险的凭证。

1. 车票的种类

车票的基本种类有客票和附加票两种。

（1）客票：主要分软座、硬座、软卧、硬卧。

（2）附加票：包括加快票（特别加快、普通加快）、卧铺票（高级软卧、软卧、包房硬卧、硬卧）、空调票。附加票是客票的补充部分，除儿童外，不能单独使用。

车票票面主要应载明以下内容：发站和到站站名；座别、卧别、径路；票价；车次；乘车日期；有效期。

加快票：旅客购买加快票必须有软座或硬座客票。发售加快票的到站，必须是所乘快车或特别快车的停车站。发售需要中转换车的加快票的中转站还必须是有同等级快车始发的车站。

卧铺票：旅客购买卧铺票必须有软座或硬座客票，乘坐快车时还应有加快票。卧铺票的到站、座别必须与客票的到站、座别相同。中转换车时，卧铺票只发售到旅客换车站。购买卧铺票的旅客在中途站上车时，应在买票时说明，售票员应在车票背面注明××站上车。乘坐其他列车到中途站时，应另行购买发站至中途站的车票。

站台票：到站台上迎送旅客的人员应买站台票。站台票当日使用一次有效。对经常进站接送旅客的单位，车站可根据需要发售定期站台票。随同成人进站身高不足1.1米的儿童及特殊情况经车站同意进站的人员，可不买站台票。未经车站同意无站台票进站时，加倍补收站台票款。遇特殊情况，站长可决定暂停发售站台票。

2. 购票

2012年1月1日（乘车日期）起，全国所有旅客列车实行车票实名制，旅客需凭本人有效身份证件购买车票。同一乘车日期、同一车次，一张有效身份证件只能购买一张实名制车票。

旅客可在车站售票处及各售票网点购票，也可以通过中国铁路客户服务中心网站（http://www.12306.cn）进行网络订票或通过电话订票，然后到车站取票。

旅客可在各地购买带有席位号的异地票、联程票和往返票。购票前或购票后无法出示有效身份证件原件的，可到车站办理"乘坐旅客列车临时身份证明"，但需提供自己的姓名和身份证号码。

（1）儿童票。

2023年1月1日起，儿童优惠票和儿童免费乘车实行车票实名制管理，购买儿童优惠票时需使用儿童本人的身份证件购买车票。实名制购买儿童火车票将以6周岁和14周岁为分界线，不再按之前身高1.2米和1.5米为分界线。随同成年人旅客乘车的儿童，年满6周岁且未满14周岁的应当购买儿童优惠票；年满14周岁，应当购买全价票。每一名持票成年人旅客可免费携带一名未满6周岁且不单独占用席位的儿童乘车。（未满6周岁的儿童）超过一名时，超过的人数应当购买儿童优惠票。儿童年龄按乘车日期计算。

携带免费乘车儿童时需提前申明。旅客携带免费乘车儿童时，应当在购票时向铁路运输企业提前申明。目前有四种申明方式，分别为铁路12306官网、铁路12306客户端、自助售票机和人工售票窗口。如未在购票时申明，须在乘车前到车站售票窗口办理申明手续。符合免费乘车条件的儿童如果单独使用席位时，也就是自己一个座位时，应购买儿童优惠票。

成年人旅客持卧铺车票时，儿童可以与其共用一个卧铺，并按上述规定免费或购票。儿童单独使用一个卧铺时，应另行购买全价卧铺票。儿童票的座别应与成人车票相同，其到站不得远于成人车票的到站。免费乘车的儿童单独使用卧铺时，应购买全价卧铺票，有空调时还应购买半价空调票。

（2）学生票。

在普通本、专科院校，军事院校，中、小学和中等专业学校、技工学校就读，没有工资收入的学生、研究生，家庭居住地和学校不在同一城市时，凭附有加盖院校公章的减价优待证的学生证（小学生凭书面证明），每年可享受四次家庭至院校（实习地点）之间的半价硬座客票、加快票和空调票（以下简称学生票）。新生凭录取通知书，毕业生凭学校书面证明可买一次学生票。华侨学生和港澳台学生按照上述规定同样办理。

(三) 车票有效期

车票票面上印有"限乘当日当次车，×日内有效"的字样。"限乘当日当次车"，就是要按票面指定的日期，乘坐指定的列车。"×日内有效"，指的就是车票有效期。广州到北京车票的有效期是 6 天，广州到上海的有效期是 5 天，武汉到北京车票的有效期是 4 天。铁路规定，各种车票的有效期以指定乘车日起至有效期最后一日的 24 时止计算。

因列车满员、晚点、停运等铁路责任不能按客票有效期到站时，车站可适当延长客票的有效期，延长天数从客票有效期终了的次日起计算。旅客因病，在客票有效期内出具医疗证明或经车站证实，可以延长实际医疗天数，但最多不能超过 10 天。卧铺票不能延长，但可以办理退票手续。同行人同样办理。卧铺票则必须按照指定的乘车日期和车次使用，另外，空调票、加快票、变径票、补价票随同原票使用有效。

(四) 退票

旅客要求退票时，应当在票面指定的开车时间前到车站办理，退还全部票价，核收退票费。特殊情况经购票地车站或票面乘车站站长同意的，可在开车后 2 小时内办理。旅客开始旅行后一般不能退票。

退票费按如下核收：距票面乘车站开车时间前 48 小时以上的按票价 5%计；24 小时以上、不足 48 小时的按票价 10%计；不足 24 小时的按票价 20%计。

按照铁路部门发布的火车票退改签规定，无论是网上订票还是窗口订票，都只能改签 1 次。旅客换取纸质车票后，不能再在 12306.cn 网站办理改签、退票手续，应凭纸质车票在车站办理。

按团体旅客（20 人以上乘车日期、车次、到站、座别相同的有组织旅客可作为团体旅客）办理的车票，改签、退票时，应不晚于开车前 48 小时。

(五) 车票遗失

1. 进站前丢失车票

首先，失主必须在开车前至少 20 分钟到车站售票厅办理挂失补票业务的窗口，提供购票时使用的身份证件和购（取）票地车站名称、乘车日期、车次、发站与到站等信息，经工作人员确认无误后，失主则按原车票车次、席位、票价重新购买一张新车票（新车票所载信息与原车票一致，并注有"挂失补"字样）；

其次，失主持"挂失补"车票上车后，需主动向列车工作人员声明，并提出开具"客运记录"的要求。到站前，列车长确认该席位使用正常时，将向失主开具"客运记录"；

最后，失主到站 24 小时以内，凭"客运记录"和注有"挂失补"的新车票到退票窗口办理退票手续，不收退票费。

2. 列车上丢失车票

失主需主动向列车工作人员声明，进行补办。经列车工作人员查验失主本人购票时使用的身份证原件、购票信息，确认一致后，失主需支付 2 元手续费便可取得标有"车票丢失"字样的车票。

到站前，列车工作人员确认席位使用正常后，将向失主开具"客运记录"。到站后失主需主动向出站口车站工作人员声明，并配合其查验。经工作人员确认情况属实，并收回"客运记录"后，失主方可出站。

3. 出站前丢失车票

失主需主动向车站声明，并配合车站工作人员进行查验。经车站人员查实已购车票有效，乘车日期、车次相符，票、证、人一致后，失主需支付 2 元手续费便可取得标有"车票丢失"字样的新车票，然后持该车票和购票时使用的身份证件原件出站。

（六）乘车与旅客携带品的有关规定

1. 持有效身份证件乘车

游客必须持车票和与票面所载信息相符的有效身份证件原件进站、乘车（免费乘车的儿童及持儿童票的儿童除外）。票、证、人不一致或无法出示有效身份证件的游客，不得进站乘车。

乘火车赴香港必须提前办好赴香港特别行政区的证件，并持该证件与有效车票提前 90 分钟到出入境联检大厅办理验关手续。

乘火车赴西藏必须先行阅读火车站公布的"高原旅行提示"，然后认真填写"旅客健康登记卡"。上车时，需同时出示车票和填写完整的"旅客健康登记卡"。

2. 免费携带品的规定

每名旅客免费携带品的重量和体积是：儿童（含免费儿童）10 千克，外交人员 35 千克，其他旅客 20 千克。每件物品外部尺寸长、宽、高之和不超过 160 厘米，杆状物品不超过 200 厘米。乘坐动车组列车不超过 130 厘米，重量不超过 20 千克。残疾人代步所用的折叠式轮椅不计入上述范围。

国家铁路局和公安部公布了最新版《铁路旅客禁止、限制携带和托运物品目录》（以下简称《目录》），于 2022 年 7 月 1 日起施行。该《目录》规定了乘客禁止托运或携带、限量携带的物品等。

三、水路客运知识

（一）水路旅行常识

水运交通服务是指旅游企业为了满足游客在各种水域中旅行游览的需求，向内河航运、沿海航运和国际航海等水上客运部门或企业购买的交通服务。

中国的水路交通分为沿海航运和内河航运两大类。按照运营形式又可分为水路游览运输和水路旅客运输两种形式。

以旅客运输为主要功能的近海、内河客运，多利用天然水道和载运量大的客船，因而降低了运输成本，价格较为低廉。航行在沿海和内河的客轮大小不等，设备、设施和服务也有差别，但大都将舱室分为不同的等级。如大型客轮的舱室一般分为二等舱（2 人）、三等舱（4~8

人)、四等舱(8~12人)、五等舱(12~24人),还有散席(无床位)。随着水路客运向旅游方向的发展,客轮在设备方面有了较大的改进,如有些客轮的舱室已分为一等舱(1人,套间)、二等舱(2人,带卫浴、彩电)、三等甲(2~4人,带卫浴)、三等乙(4~6人,带卫浴)、四等舱(6~12人)。

(二)船票

普通客轮的船票分成人票、儿童票和优待票(学生票、残疾军人票)。

船票分为普通船票和加快船票两类,又分成人票、儿童票(1.2~1.5米的儿童)和残疾军人优待票;1.2米以下的儿童免票。按照等级又分为特等、一等、二等、三等、四等、五等和坐席。

旅客可到当地港口所设航运售票处购票,目前长江上的船票已采取长江沿线电脑联网售票。游客在购买船票时,须认清船票,并按船票票面所注明的"船名""日期""开航时间"和"码头编号",提前40分钟检票上船。旅客购买了船票后,因故改变行程或行期,需要退票时,应在开船时间前2小时(团体票应在规定开船前24小时)办理退票,超过规定时限不能退票。退票按票面价的20%收取退票费。

旅客在乘船前丢失船票,须另行购票;旅客上船后丢失船票,如能提供足够的证明,经确认后无须补票;无法证明时,按有关规定处理。

(三)行李

1. 免费行李额

(1)重量。乘坐沿海和长江客轮,持全价票的旅客可随身携带免费行李30千克,持半价票者和免票儿童15千克;乘坐其他内河客轮,免费携带的行李额分别为20千克和10千克。

(2)体积。每件行李的体积不得超过0.2立方米,长度不超过1.5米。

2. 不准携带的行李

下列物品不准携带上船:法律规定限制运输的物品,有臭味、恶腥味的物品,能损坏、污染船舶和妨碍其他旅客的物品,爆炸品、易燃品、自燃品、腐蚀性物品、有毒物品、杀伤性物品以及放射性物质。

四、邮电知识

改革开放以来,我国的邮电通信事业发展非常快。为适应社会主义市场经济发展的需要,我国的邮政与电信于1998年正式分开,邮政部门在原有业务的基础上开展了一些新的业务。例如全球邮政特快专递业务、国内超常规特快专递业务等。我国投巨资铺设全国长途光缆,引进外国先进的技术和设备。随着电信装备水平的提高,我国邮电行业迅速发展。

(一)邮件的分类

邮件是邮局传递的函件和包裹的总称。

1. 按内件性质分为函件和包裹两类

函件又分为信函、明信片、印刷品专袋、航空邮件、小包和保价信函。包裹分为普通包裹、脆弱包裹和保价包裹。

2. 按处理时限分为普通邮件、邮政快件和特快专递邮件

普通邮件是按一般时限规定传递处理的邮件；邮政快件是一种优先处理，具有明确的时限要求，限时到达的邮件；特快专递邮件是以最快速度传递并通过专门组织的收寄、处理、运输和投递的邮件，实行门对门、桌对桌的服务。时限性不强的一般性的邮件可按普通邮件交寄；具有一定时限性的邮件可按邮政快件交寄；具有较强时限性的邮件可按特快专递邮件交寄。

3. 按处理手续分为平常邮件和给据邮件

平常邮件邮局收寄时不给出收据，处理时不登记，投递时不要求收件人签收，也不办理查询；给据邮件邮局收寄时给出收据，内部处理时进行登记，投递时要求收件人签收，可以办理查询，因此较重要的邮件请按给据邮件交寄；给据邮件包括挂号函件、保价函件、包裹、邮政快件和特快专递邮件。

4. 按邮局赔偿责任分为保价邮件和非保价邮件

保价邮件是用户按照规定办理保价手续并交纳保价费的给据邮件。保价邮件丢失或全部损毁按保价金额赔偿，部分损毁或短少按实际损失的价值予以赔偿，但赔偿额不得超过保价金额。如保价邮件价值高于邮章规定的最高保价限额，发生部分损毁或短少，且损毁或短少的价值又不低于保价金额，亦应按实际保价金额予以赔偿。未保价邮件发生丢失、损毁、短少时，应按实际损失赔偿，但最高赔偿金额不超过所付邮费的二倍。（见2001年实施的《国内邮件处理规则》）

各类邮件禁止寄有爆炸性、易燃性、腐蚀性、毒性、酸性和放射性的各种危险物品，麻醉药物和精神药品以及国家法定禁止流通或寄递的物品等。

（二）邮寄个人物品出入境有关规定

根据海关总署公告2010年第43号《关于调整进出境个人邮递物品管理措施有关事宜的公告》要求，个人寄自或寄往港、澳、台地区的物品，每次限值为800元人民币，免税额为人民币400元，超出部分，按规定征收关税；寄自或寄往其他国家和地区的物品，每次限值为1000元人民币，免税额为500元，超出部分，按规定征收关税。个人邮寄进出境物品超出规定限值的，应办理退运手续或者按照货物规定办理通关手续。邮包内仅有一件物品且不可分割的，虽超出规定限值，经海关审核确属个人自用的，可以按照个人物品规定办理通关手续。进出境邮寄私人物品中，有须经审查、鉴定、检疫或商品检验的物品，海关按照国家相关规定处理。

（三）电话

电话是深受人们喜爱的快速通信手段。电话费用一般由打电话者自理，但也有"收话人

付费电话",即指发话人挂号时申明受话人支付话费的电话。用户若希望直拨国内、国际电话，必须知道有关国家和地区城市的电话代码。国内城市电话代码，如：北京 010、广州 020、上海 021 等。国际电话中的国家代码，如：中国 86，美国、加拿大 1，俄罗斯 7，法国 33，英国 44。德国 49，澳大利亚 61，日本 81 等。

直拨国内电话，其顺序如下：城市代码+用户电话。例如：拨打上海的 32172002 电话时，应拨 02132172002 即可。

直拨国际电话，其顺序为：国际字冠+国家（或地区）代码+城市（地区）区号+用户电话。例如直拨法国巴黎的 42246879 的电话时，应拨 0033142246879 即可。注意，有些国家的城市（地区）的区号第一位数是 0，例如法国巴黎的代码是 01，但在直拨国际电话时不用拨 0，只需拨 1 即可。

国际直拨电话收费以"分"为单位，基本收费时间为 1 分钟，通话不满 1 分钟时按 1 分钟计算。

（四）传真

传真是旅游联系中的一种快捷通信方式，它可把团体签证以及有领导人签字的文件、照片、图纸等真迹由远处传送给对方。它克服了电报、电传等只能传递文字但不能传递文件原样的缺点。发国际、国内传真的办法与打国际、国内长途电话一样，先拨通对方国家、地区传真代码（同国际、国内长途电话的代码），然后发出传真即可，计费同电话。

（五）电报

1. 国际用户电报，即"电传"

各国、各地区的国际用户电报都有终端代码，例如，中国 85，德国 41，法国 42，英国 51，美国 13、25 等，国际用户电报的计费同电话。

2. 国际电报

我国用户可到办理国际电报业务的营业处交发国际电报。电报按字数计费，书信电报每份按 22 个计费字数起算，其余各类电报每份按 7 个计费字数起算，不足起算字数的一律按起算字数收费。

（六）电子邮件（E-mail）、即时通信软件等

利用国际互联网通过电脑或手机、平板等设备收发电子邮件和查阅各种信息，早已成为旅游者交流的便捷方式。在酒店的商务中心和街上开设的网吧，都可以提供使用互联网的服务，如今许多公共场所还提供免费的 Wi-Fi 服务，出门旅游还可以租用移动 Wi-Fi，非常便利。

在网络环境下，使用 QQ、微信、Facebook、Twitter 等社交软件还可以向收件人发送包括文字、图像、声音、视频等在内的多种信息，利用这些媒介的通讯方式已成为旅游通信的重要手段。

第三节 货币与保险知识

一、外汇

（一）外汇的概念

外汇是指以外币表示的可用于国际结算的一种支付手段，包括外国货币（钞票、铸币等）、外币有价证券（政府公债、国库券、公司债券、息票等）、外币支付凭证（票据、银行存款凭证等）以及其他外汇资金。

（二）我国的外汇政策

我国对外汇实行国家集中管理、统一经营的方针。在中国境内，禁止外汇流通、使用、质押，禁止私自买卖外汇，禁止以任何形式进行套汇、炒汇、逃汇。

（三）货币兑换

海外旅游者来华时携入的外汇和票据金额没有限制，但数额大时须在入境时据实申报；在中国境内，海外游客可持外汇到中国银行各兑换点兑换成人民币。

世界上有150多种货币，在中国境内能兑换的外币有：美元、欧元、英镑、日元、澳大利亚元、加拿大元、瑞士法郎、丹麦克朗、挪威克朗、瑞典克朗、新加坡元、港币、马来西亚林吉特、菲律宾比索、泰国铢、韩元和澳门元。我国台湾省的新台币，可按内部牌价收兑。

兑换外币后，旅游者应妥善保管银行出具的外汇兑换证明（俗称"水单"），该证明有效期为六个月，旅游者若在半年内离开中国，而兑换的人民币没有花完，可持护照和水单将其兑换成外币，但不得超过水单上注明的金额。

2015年12月1日，国际货币基金组织宣布将人民币纳入SDR（特别提款权）货币篮子。特别提款权可用于政府间的结算，或向其他成员国换取外汇，弥补国际收支逆差，偿还向基金组织借的贷款和利息等。该决议于2016年10月1日正式生效。人民币加入SDR，有利于人民币成为世界货币，国际化步伐加快，保持人民币汇率的稳定，降低对我国外贸的冲击。

二、信用卡

（一）信用卡的含义

信用卡是银行或其他专门机构为提供消费信用而发给客户在指定地点按照给予的消费信用额度支取现金、购买货物或支付劳务费用的信用凭证，实际上是一种分期付款的消费者信贷。

信用卡是一种电子智能卡，卡上印有姓名、卡号、有效期、预留签字、防伪标记、银行的简单声明等。第一张信用卡于1950年在美国诞生。

（二）信用卡的种类

（1）按发卡机构，可分为银行卡和非银行卡。
（2）按持卡人的资信程度，可分为普通卡、金卡和白金卡。
（3）按清偿方式，可分为贷记卡和借记卡：

贷记卡的持卡人无须事先存款就可享有一定信贷额度的使用权。借记卡的持卡人必须先在发卡机构存款，按存款金额持卡消费。中国的银行发行的人民币信用卡都属贷记卡。

（4）按流通范围，可分为国际卡和地区卡。国际卡是指发卡机构发行的国际信用卡组织品牌的信用卡，在全球可以受理该品牌信用卡的机构、网点都可以畅通无阻。无论国际卡的发卡机构是哪个国家，信用卡的结算货币必须是可自由兑换货币。地区卡是由区域性信用卡组织发行或某个国家及地区发行的，仅可以在某个区域、国家或地区使用的信用卡。中国的银行发行的外汇信用卡，例如中国银行的外汇长城万事达卡是国际卡，而人民币信用卡都是地区卡。

我国目前主要受理的外国信用卡有万事达卡、维萨卡、运通卡、JCB卡、大莱卡（世界上发行最早的信用卡）、发达卡、百万卡。

三、旅行支票

旅行支票是银行或旅行支票公司为方便旅行者，在旅行者交存一定金额后签发的一种面额固定、没有指定的付款人和付款地点的定额票据。

购买旅行支票时，购买者要当场签字，作为预留印鉴；支取款项时又须当着付款单位工作人员的面在支票上再次签字；付款单位将两个签字核对无误后方予付款，以防假冒。

在购买旅行支票和取款时要向银行支付手续费：购买时按票面金额 1%付费，在中国银行兑付旅行支票时按票面金额 7.5%支付贴息。

四、离境退税

2011 年 1 月 1 日，海南省正式实施境外旅客购物离境退税试点政策。

2014 年 8 月，国务院公布的《关于促进旅游业改革发展的若干意见》提出，扩大旅游购物消费，研究完善境外旅客购物离境退税政策，并将实施范围扩大至全国符合条件的地区。

2015 年国家税务总局发布了《境外旅客购物离境退税管理办法（试行）》。该办法规定了以下内容：

1.退税对象是在我国连续居住不超过 183 天的外国人和港澳台同胞

2.退税物品包括 21 个大类 324 种

3.《中华人民共和国禁止、限制进出境物品表》所列的禁止、限制出境的物品不能退税

4. 退税应满足以下条件

（1）在退税定点商店购买退税物品，购物金额达到起退点（500元），并且按规定取得退税申请单（凭购买退税物品的增值税普通发票向退税商店索取）等退税凭证。
（2）在离境口岸办理离境手续，离境前退税物品尚未启用或消费。
（3）离境日距退税物品购买日不超过90天。
（4）所购退税物品由境外旅客本人随身携带或托运出境。
（5）所购退税物品经海关验核并在退税申请单上签章。
（6）在指定的退税代理机构办理退税。

5. 退税率

退税率为11%，但退税机构要收取2%的手续费，旅客应得退税金额为商品价格的9%。

6. 退税币种

退税币种为人民币。退税金额超过10 000元人民币的，退税代理机构将以银行转账方式退税。退税金额未超过10 000元人民币的，退税代理机构可采用现金退税或银行转账方式退税，由境外旅客自行选择。

7. 退税流程

（1）托运行李包括退税物品：离境退税商店购买商品→索取离境退税申请单→航空公司乘机手续→办理海关退税物品验核并托运行李→联检手续→退税机构退税。
（2）随身携带退税物品：离境退税商店购买商品→索取离境退税申请单→航空公司乘机手续→办理海关退税物品验核并托运行李→联检手续→海关退税物品验核→退税机构退税。

8. 享有退税政策的省市

自2020年12月1日起，浙江实施境外旅客购物离境退税政策。截至目前，全国已经有24个省（区、市）实施了境外旅客购物离境退税的政策。24个省（区、市）分别是北京、上海、重庆、天津、河北、辽宁、黑龙江、四川、云南、海南、广东、广西、福建、江西、湖南、河南、安徽、江苏、浙江、山东、山西、新疆、宁夏、甘肃。

五、保险知识

（一）旅游保险的概念

旅游保险是指投保人（游客或旅游经营者）根据合同的约定向保险人（保险公司）缴纳一定数额的保险费，保险人根据的合同约定，对在旅游活动中可能发生的旅游事故所造成的旅游者或旅游经营者财产损失承担赔偿保险金责任，或当被保险人在旅游活动中疾病、伤残、死亡时承担赔偿保险金责任的商业保险行为。投保人与保险人之间的旅游保险关系需要以契约或合同的形式加以确定才能生效，具有法律的效力。

目前，游客报名时所涉及的保险通常有三种：旅行社责任保险、旅游意外保险、交通意外伤害保险。

（二）旅游保险的种类

旅游保险并不是一种险种，它是与旅行游览活动密切相关的各种保险项目的统称。根据不同的标准，可分为国内旅游保险和涉外旅游保险；旅游人身保险和旅游财产保险；强制保险和自愿保险等。

目前，和我国旅行社组团旅游有关的旅游保险主要有两大类，旅行社责任保险和旅游意外保险，这两类保险对于旅行社和旅游者具有不同的意义，从不同侧面保障旅行社和旅游者的权益。旅行社责任保险是强制保险，由旅行社购买，而旅游意外保险是任意险，由旅游者自己购买。

1. 旅行社责任保险

（1）旅行社责任保险的概念。

旅行社责任保险是指旅行社根据保险合同的约定，向保险公司支付保险费，保险公司对旅行社在从事旅游业务经营活动中致使游客人身、财产遭受损害应由旅行社承担的责任，转由承保的保险公司负责赔偿保险金的行为。

旅行社责任保险属强制保险。

（2）保险期限：旅行社责任保险的保险期限为一年。

（3）旅行社不承担赔偿责任的情形：

游客参加旅游活动，应当保证自身身体条件能够完成旅游活动；游客参加旅行社组织的旅游活动，应当服从导游或领队的安排，在旅行过程中注意保护自身和随行的未成年。以下三种情况，旅行社不承担赔偿责任：

——旅游者因为自身疾病而引起的损失和损害，旅行社不承担赔偿责任；

——因为旅游者个人过错导致的人身伤亡和财产损失，以及因此而导致需要支出的各种费用，旅行社不承担赔偿责任；

——游客自行终止旅行社安排的旅游行程后，或者没有参加约定的旅游活动而自行活动时，发生的人身、财物损害，旅行社不承担赔偿责任。

2. 旅游意外保险

（1）旅游意外保险的概念。

旅游意外保险，是指旅行社在组织团队旅游时，为保护游客的利益，代游客向保险公司支付保险费，一旦游客在旅游期间发生事故，按合同约定由承保保险公司向游客支付保险金的保险行为。

旅游意外保险属自愿保险。

（2）保险期限。

旅行社组织的入境旅游，旅游意外保险期限从游客入境后参加旅行社安排的旅游行程开始，直至该旅游行程结束为止。

旅行社组织的国内旅游、出境旅游，旅游意外保险期限从游客在约定的时间登上由旅行社安排的交通工具开始，直至该次旅行结束离开旅行社安排的交通工具为止。

（3）不承担赔偿责任的情形。

——游客自行终止旅行社安排的旅游行程，其保险期限至其终止旅游行程的时间为止。

——游客在中止双方约定的旅游行程后自行旅行的，不在旅游意外保险之列。

（4）旅游意外保险的索赔时效。

旅游意外保险的索赔时效以自事故发生之日起180日内为限。

2015年11月1日起，铁路部门为境内乘车旅客提供最新的铁路旅客人身意外伤害保险，简称乘意险。铁路乘意险将保险责任扩展到旅客自持有效乘车凭证实名制验证或检票进站时起，至旅客到达所持乘车凭证载明的到站检票出站时止，即由"车上"扩展到"车上和站内"。成年旅客购买乘意险为3元，最高保障30万元意外身故、伤残保险金和3万元意外医疗费用；未成年人购买乘意险为1元，最高保障10万元意外身故、伤残保险金和1万元意外医疗费用。

第四节　旅游卫生救护及安全知识

一、旅游常见疾病的防治

旅途中要保持身体健康，最重要的就是时刻注意饮食卫生，防止"病从口入"。游客一旦出现一些疾病的症状，导游人员要注意进行及时的救护。

（一）晕车、晕船、晕机

晕车、晕船和晕机一样，医学上统称为运动病。其原因除了身体对交通工具的某些不适外，还有其他一些原因。凡是有这些问题的旅行者，旅行前应有足够的睡眠。睡眠充足，精神养好，能够提高对运动刺激的抗衡能力。乘坐交通工具前半小时口服晕车药或用止痛膏贴于肚脐上。乘坐前不宜过饥或过饱，只吃七、八分饱，尤其不能吃高蛋白和高脂食品，否则容易出现恶心、呕吐等症状。在乘坐交通工具时不要紧张，要注意保持精神放松，不要总想着会晕，最好找个人聊天，分散注意力。尽量坐比较平稳且与行驶方向一致的座位，头部适当固定，避免过度摆动。同时使交通工具内适当通风，保持空气流通和新鲜。

（二）腹泻

出门旅行中腹泻，会给旅途生活带来很大麻烦。因此，游客应注意饮食卫生，养成良好的个人卫生习惯。只要在旅途中时牢记"防止病从口入"并严格遵守，一般不会发生腹泻现象。

适当地服用药物。黄连素片是预防和治疗腹泻的良药，如果在旅途中感到进食后有胃肠不适，或觉得饮食店的卫生不尽如人意，或觉得进食的食物不太新鲜，均可立服黄连素片2～3片，可起到预防作用。如果不慎染上急性腹泻，就立刻采取治疗措施。急性腹泻治疗不及时，就会转变成慢性肠炎。慢性肠炎可反复发作，很难彻底治愈，虽不致危及生命，但可能伴度终生。

（三）中暑

中暑的主要症状为：头痛、晕眩、烦躁不安、脉搏强而有力，呼吸有杂音，体温可能上升至 40°C 以上，皮肤干燥泛红。如果不及时救治，中暑的人可能很快会失去意识，且程度很深，有可能导致意外的发生。

因此，在夏季登山前一定要准备好预防和治疗中暑的药物，如十滴水、清凉油、人丹等。另外，还应该准备一些清凉饮料和太阳镜、遮阳帽等防暑装备。

导游人员在带团时要注意劳逸结合，避免游客长时间地在骄阳下活动。若有人中暑，可置患者于阴凉通风处，平躺，解开衣领，放松裤带，可能时让其饮用含盐饮料。也可将患者衣服用冷水浸湿，裹住身体，并保持潮湿。或不停扇风散热并用冷毛巾或酒精擦拭患者，让其散热，直到其体温降到 38°C 以下。对发烧者要用冷水擦身散热，服用必要的防暑药物；缓解后让其静坐休息，严重中暑者做必要治疗后立即送医院。

二、突发病的防治

（一）心脏病猝发

如果发现旅游者心脏病发作，切忌急着将患者抬或背着去医院，而应让其就地平躺，头略高，由患者亲属或领队或其他游客从患者口袋中寻找备用药物，让其服用；同时，地陪应主动到附近的医院寻找医生前来治疗，病情稍稳定后送往医院。

（二）异物进入气管导致的窒息

1. 气管吸入异物的症状

患者开始喘气或呼吸有杂声；患者抓着自己的喉咙；患者不能说话；患者呼吸困难并开始咳嗽，呼吸可能停止；皮肤变苍白、灰白或蓝色；患者看起来或行为慌乱；失去知觉。

2. 判断异物阻塞征象

表现为不能说话、不能呼吸、不能咳嗽，患者会用一只手或双手抓住自己的喉咙。急救人员询问："你呛（哽）到了吗"？如果患者可以咳或说话，提示异物部分梗阻气道，应先鼓励患者自行咳出异物，不能咳出者立即送医院用纤支镜取出。如果患者表现为严重呼吸困难、不能咳嗽或说话，提示气道完全阻塞，有意识者立即进行海姆立克急救法，无意识者立即行心肺复苏术。

3. 急救措施

如果患者能说话、咳嗽或呼吸（意味着他能让空气流过气道），不要干扰患者咳出吞下或部分吞下的东西。

对于意识尚清醒的窒息者：可采用站位或坐位。抢救者站在窒息者背后，双臂环抱窒息者，一手握拳，使大拇指关节突出点顶住窒息者腹部正中脐上 5~8 厘米部位，另一只手的手掌压在拳头上，连续快速向内、向上推压冲击 6~10 次（注意不要伤其肋骨），

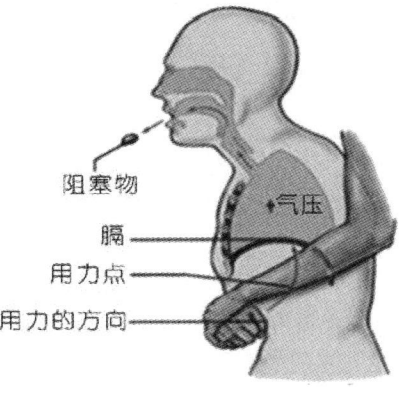

直至异物被排出。这就是通常用的海姆立克急救法。海姆立克急救法的原理：利用冲击腹部——膈肌下软组织，被突然的冲击产生向上的压力，压迫两肺下部，从而驱使肺部残留空气形成一股气流。这股带有冲击性、方向性的长驱直入于气管的气流，就能将堵住气管、喉部的食物硬块等异物驱除，使人获救。

对于昏迷倒地的窒息者：采用仰卧位。抢救者按上法推压冲击肚脐上部位，使阻塞气管的食物（或其他异物）上移并被驱出。如果无效，隔几秒钟后，可重复操作一次，造成人为的咳嗽，将堵塞的食物团块冲出呼吸道。

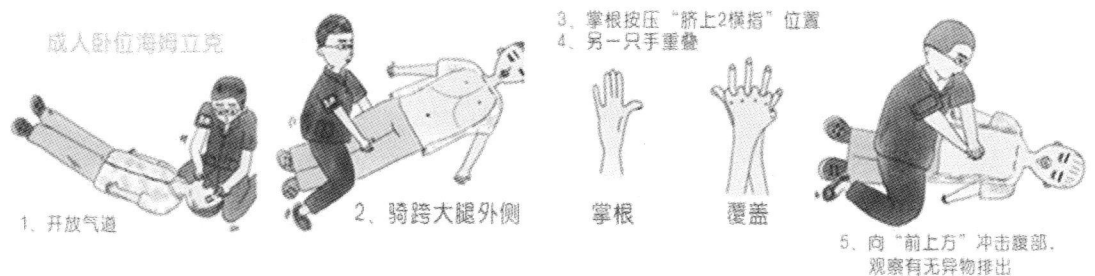

如果没有结果，要查看物体是否出现在患者口中或喉头上端，有的话用手指掏出该物体。

（三）昏厥

昏厥是由于脑中血液补充量减少所造成的短暂没有知觉，通常几分钟后会恢复。

（1）症状常见面色苍白、四肢湿冷、出冷汗、头晕、恶心、心跳急速、脉搏细弱、呼吸表浅甚至昏迷不醒等症状，这些症状可能发生在昏厥之前或当中。

（2）处理方法是让患者脸朝上平躺，抬高脚部20～30厘米，头部稍低于下肢，维持畅通的气道和放松衣服，尤其是颈部衣领。如果患者呕吐，应让他侧卧，防止堵塞呼吸道。轻轻地用冷水拍患者的脸，不可以对脸部泼水。检查身体各部分有无摔倒所致的肿大或变形。除非患者看起来完全复原，否则不可以给患者喝任何东西。患者恢复知觉后，要注意观察和安抚。如果几分钟内不能恢复，应送去救护站或医院进行治疗。

（四）溺水

为了防止溺水事故，导游人员应做好提醒工作，一旦出现溺水事故，应采取以下措施：①立即组织抢救，必要时请救生员、救生艇协助救援；②救上岸后，帮助其吐出脏水，换上干衣服，让其喝姜糖水，以防感冒；③对严重溺水者，应拨打120求助并及时报告旅行社。

（五）心肺复苏救助法（CPR）

心肺复苏术，简称CPR，是针对骤停的心脏和呼吸采取的救命技术。CPR救助法并无特定的疾病对象，任何人只要处于呼吸与心跳停止的状态之下，便需要CPR的急救。比如因溺水、心脏病发作或呼吸衰弱等而引起的呼吸与心跳停止。CPR急救步骤如下：

（1）呼叫患者，评估意识，并检查心跳及呼吸是否存在，确定呼吸、心跳停止后呼喊周围人拨打急救电话，并摆正患者体位，使患者平躺，双上肢置于身体两侧，解开患者衣领、腰带，依次进行胸外按压、开放气道、人工呼吸等操作。

（2）胸外按压：将患者胸部完全暴露，确定按压部位，即两乳头连线中点，一手掌根部置于推压部位，另一手掌根部重叠于前者之上，两臂伸直，利用上肢力量垂直下压，按压深度为 5～6cm，按压频率为 100～120 次/分。

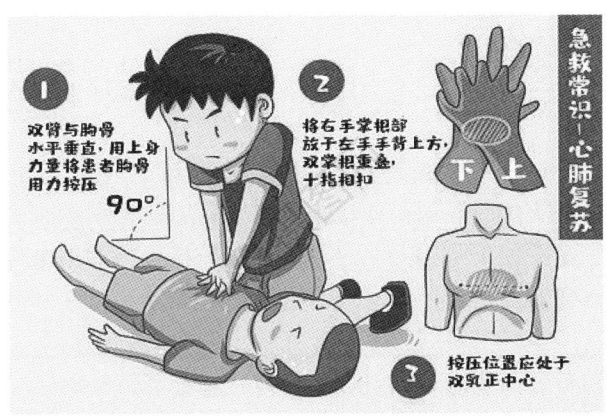

（3）开放气道：采用仰头抬颏法，一手于患者前额用力加压，使头后仰，另一手食指、中指抬起患者下颏，并快速清除口鼻内异物（包括假牙），使患者呼吸道通畅。

（4）人工呼吸：用置于患者前额的手的拇指与食指捏住患者鼻孔，深吸一口气后对准患者口内用力吹气，每次吹完后将手指与口移开，每次吹气时间应 >1 秒。每 30 次胸外按压之后，应进行 2 次人工呼吸，保持 30∶2 的频率等待急救人员的到来，或者患者生命体征恢复。

操作过程中时刻观察患者呼吸、心跳恢复情况，恢复后可以停止操作；以上步骤应持续 5～6 次，尽量维持至患者呼吸、心跳恢复或专业医疗人员到来。

三、受伤的救护

首先为避免受伤游客再度跌倒受伤，应帮助其坐下或躺下，检查是否有其他伤处，并检查远端脉搏，让病患安静、温暖并防止休克，通常以坐姿最舒服。

（一）脱臼

固定脱臼部位是减轻疼痛最佳的方法，可用杂志、厚报纸或纸板托住手肘，使用三角巾，将手肘固定在胸部，避免关节的活动，减少疼痛。禁止进食，因为可能需要麻醉治疗，使用冰敷减少病患疼痛及肿胀，可用一个小枕头或软垫，置放在病患伤侧上肢内侧及胸部之间。

（二）骨折

骨折，指骨头或骨头的结构完全或部分断裂。若是开放性骨折，折断的骨骼会暴露在伤口处。若是闭合性骨折，则皮肤表面无伤口。

骨折的处理：

1. 判断

首先要考虑伤者受伤的原因，如果是车祸伤、高处坠落伤等，一般骨折的可能性很大。

其次：要看一下伤者的情况，如伤肢出现反常的活动，肿痛明显，则骨折的可能性很大，如骨折端已外露，肯定已骨折。

最后：在判断不清是否有骨折的情况下，应按骨折来处理。

2. 止血

游客发生骨折，须及时送医院救治，但在现场，导游人员应做力所能及的初步处理，首先便是止血。

止血的方法常用的有以下几种：①手压法，即用手指、手掌、拳在伤口靠近心脏一侧压迫血管止血；②加压包扎法，即在创伤处覆盖无菌敷料后，再用纱布、棉花、毛巾、衣服等折叠成相应大小的垫，置于无菌敷料上面，用绷带加压包扎；③止血带法，即用弹性止血带绑在伤口近心脏的大血管上止血。

如出血量较大，应以手将出血处的上端压在邻近的骨突或骨干上，或用清洁的纱布、布片压迫止血，再以宽的布带缠绕固定，要适当用力但又不能过紧。

如有止血带，可用止血带止血。上止血带时，要放置衬垫。上止血带的时间，上肢不超过1小时，下肢不超过1.5小时。如无止血带可用布带。不要用电线、铁丝等直径细的物品止血。

3. 包扎

对骨折伴有伤口的患者，应立即封闭伤口。包扎前最好要清洗伤口，最好用清洁、干净的布片、衣物覆盖伤口，再用布带包扎；包扎时，动作要轻柔，不宜过紧也不宜过松，过紧会导致伤肢的缺血坏死，过松则起不到包扎作用，同时也起不到压迫止血的作用，绷带的结口不要在创伤处。如有骨折端外露，注意不要将骨折端放回原处，应继续保持外露，以免引起深部感染。

4. 上夹板

尽可能保持伤肢固定位置，不要任意牵拉或搬运患者。固定的器材最好用夹板，如无夹板可就地取材用树枝、书本等固定，以求固定两端关节，避免转动骨折肢体。在没有合适器材的情况下，可利用自身固定，如上肢可固定在躯体上，下肢可利用对侧固定，手指可与邻指固定。

5. 搬运伤员

单纯的颜面骨折、上肢骨折，在做好临时固定后可搀扶伤员离开现场。膝关节以下的下肢骨折可背运伤员离开现场。颈椎骨折可一人双手托住枕部、下颌部，维持颈部伤后位置，另两人分别托起腰背部、臀部及下肢移动。腰椎骨折则需要一人托住头颈部，另两人分别于同侧托住胸腰段及臀部，另一人托住双下肢，维持脊柱伤后位置移动。髋部及大腿骨折，需要一人双手托住腰及臀部，伤员用双臂抱住救护者的肩背部，另一人双手托住伤员的双下肢移动。

（三）蛇咬、毒虫蜇伤

1. 蛇咬伤

野外旅游活动中，如果游客不慎被蛇咬伤，首先应判断是否为毒蛇所咬，若无牙痕，并在20分钟内没有局部疼痛、肿胀、麻木和无力等症状，则为无毒蛇咬伤，只需要对伤口清洗、止血、包扎。有条件再送医院注射破伤风针即可。如伤口上有两个较大和较深的牙痕，则可能为毒蛇咬伤，咬后10～20分钟后，其症状才会逐渐呈现。

被毒蛇咬伤的处理：

（1）导游要让伤者冷静下来，千万不要走动。被毒蛇咬伤后，如果跑动或有其他剧烈动作，则血液循环加快，蛇毒扩散吸收也同时加快。

（2）给伤者包扎伤口。导游应该马上用绳、布带或其他植物纤维在伤口上方超过一个关节处结扎。动作必须快，不能结扎得过紧，阻断静脉回流即可，而且每隔15分钟要放松一次，以免组织坏死。然后用手挤压伤口周围，将毒液挤出，等伤口经过清洗、排毒，再经过内服外用有效药物半小时后，方可去除包扎。

（3）帮助伤者冲洗伤口。用清水冲洗伤口的毒液，以减少吸收。有条件的话用高锰酸钾溶液冲洗伤口，这样效果更好。

（4）扩大伤口排毒。用小刀按毒牙痕的方向切纵横各1厘米的十字形切开至皮下即可，再设法把毒素吸出或挤出。一直到流血或吸出的血为鲜红色为止，或者局部皮肤由青紫变成正常为止。在不切开伤口的前提下，可努力破坏蛇毒，使其失去毒性。

（5）用凉水浸祛毒素。帮助伤者将伤口置于流动的水或井水中，同时清洗伤口。

（6）进行初步处理后，应及时送伤者去医院治疗。

2. 蝎子蜇伤

蝎子伤人会引起伤者局部或者全身的中毒反应，还会出现剧痛、恶心、呕吐、烦躁、腹痛、发烧、气喘，重者可能出现胃出血，甚至昏迷，儿童可能因此而中毒死亡。

蝎子伤人的急救方法与毒蛇咬伤的处理方法大致相同。不同之处是由于蝎子毒是酸性毒液，冲洗伤口时应该用碱性肥皂水反复冲洗，这样可以中和毒液，然后再把红汞涂在伤口上。如果游客中毒严重，导游应该立即送其去医院抢救。

3. 蜈蚣刺伤

被蜈蚣刺伤，刺伤后一般有红肿热痛现象，可发生淋巴管炎和淋巴结炎。严重中毒时会出现发烧、恶心、呕吐、眩晕、昏迷。

蜈蚣毒性同蝎毒一样是酸性毒液，可用肥皂水或石灰水冲洗中和，然后口服蛇药片；局部应冷敷伤口，亦可用鱼腥草、蒲公英捣烂外敷。有全身症状者应快速送医院救治。

4. 毒蜘蛛咬伤

毒蜘蛛的毒性很大，可能导致肿痛、头昏、呕吐、虚脱，甚至死亡。毒蜘蛛咬伤的急救方法与毒蛇咬伤的急救方法相同。

5. 蜂蜇伤

蜂蜇受伤以后，有的几天后自愈，有的则会有生命危险。黄蜂蜇伤后，导游应该帮助伤者轻轻挑出蜂刺，注意千万不能挤压伤口，以免毒液扩散。因为黄蜂、马蜂、胡蜂的毒为碱性毒液，可以用醋清洗伤口。被其他蜂，如蜜蜂等蜇伤后，导游要帮助游客先将伤口内的刺挤出来，再用肥皂水清洗。

四、特殊旅游环境的安全知识

（一）高原旅游安全知识

高原一般是指地势在海拔 2700 米左右的地区。由于到达这一高度时，气压低、空气干燥、含氧量少，人体会产生高原反应。

1. 高原反应的症状与体征

高原反应即急性高原病，是人到达一定海拔高度后，身体为适应因海拔高度而造成的气压低、含氧量少、空气干燥等的变化而产生的自然生理反应。海拔高度一般达到 2700 米左右时，就会有高原反应。

在进入高原后，如果出现了下列症状，应考虑已经发生高原反应：

——头部剧烈疼痛、心慌、气短、胸闷、食欲不振、恶心、呕吐、口唇指甲紫绀。

——意识恍惚，认知能力骤降。主要表现为计算困难，在未进入高原之前做一道简单的加法题，记录所用时间，在出现症状时，重复做同样的计算题，如果所用时间比原先延长，说明已经发生高原反应。

——出现幻觉，感到温暖，常常无目标地跟随在他人后面行走。

2. 处理常识

——在高原上动作要缓，尤其是刚刚到达的时候要特别注意，不可疾速行走，更不能跑步或奔跑，也不能做体力劳动。

——不可暴饮暴食，以免加重消化器官负担，不要饮酒和吸烟，多食蔬菜和水果等富含维生素的食品，适量饮水，注意保暖，少洗或不洗澡以避免受凉感冒和消耗体力。

——进入高原后要不断少量喝水，以预防血栓。一般每天需补充 400 毫升液体。因湿度较低，嘴唇容易干裂，除了喝水，还可以外用润唇膏改善症状。

——学会腹式呼吸，即在行走或攀登时将双手置于臀部，使手臂、锁骨、肩胛骨及腰部以上躯干的肌肉作辅助呼吸，以增加呼吸系统的活动能力。

——尽量避免将皮肤裸露在外，可以戴上防紫外线的遮阳镜和撑遮阳伞，在可能暴露的皮肤上涂上防晒霜。

——高原反应容易导致失眠，可以适当服用安定保证睡眠，以及时消除疲劳，保证旅游顺利进行。

——提前服用抗高原反应药，如红景天、高原康、高原安等；反应强烈时，可以通过吸氧来缓解。

（二）沙漠旅游安全知识

行前导游应了解当地的有关情况，如气候、植被、河流、村庄、道路等，规划好旅游线路，在确保安全的情况下制订出可行的旅游方案。

告知游客在出发前穿上防风沙的衣服和戴上纱巾，脸上搽上防晒霜，戴太阳镜和遮阳帽，穿上轻便透气的高帮运动鞋，以防风沙。

告知游客在沙漠旅游中不要走散，一旦走散后迷失了方向，不要慌张，也不要乱走，应在原地等待救援。

若在沙漠旅游中遇到沙暴，要带领游客避开风的正面，千万不要到沙丘背风坡躲避，否则有被沙暴掩埋的危险。

（三）漂流安全知识

在上船之前，导游应告知游客不要身带现金和贵重物品，仔细阅读漂流须知，听从工作人员安排，穿好救生衣，根据需要戴好安全帽。

告知游客在水上漂流时不要做危险动作，不要打闹，不要主动去抓水上的漂浮物和岸边的草木石头，不要自作主张随便下船。

告知游客漂流中一旦落水，千万不要惊慌失措，因为救生衣的浮力足以将人托浮在水面上，静心等待工作人员和其他游客前来救援。

（四）温泉旅游安全知识

1. 导游要提醒游客不适宜泡温泉的情形

——癌症、白血病患者，不宜泡温泉，以防刺激新陈代谢，加速身体衰弱。

——皮肤有伤口、溃烂或真菌感染，如足癣、湿疹的患者，都不适合泡温泉，以免引起伤口恶化。过敏性皮肤疾病患者也不适合浸泡在高温的泉水中，以免由于加速皮肤水分蒸发、破坏皮肤保护层而引发荨麻疹。

——女性生理期来时或前后，怀孕的初期和末期，最好不要泡温泉。

——睡眠不足、熬夜之后、营养不良、大病初愈等身体疲惫状态下，不适合泡温泉，以免因为突然接触过高温度引起脑部缺血或休克。

2. 泡温泉注意事项

——高血压和心脑血管疾病患者，在规则服药或经医生允许的前提下可以泡温泉，但以每次不超过20分钟为宜。入水前，先用温泉水缓慢地擦拭身体，待适应后再进入，以免影响血管正常收缩；出水时，缓慢起身，以防因血管扩张、血压下降导致头昏眼花而跌倒，诱发脑中风或心肌梗死。糖尿病患者在血糖控制较好、体征比较稳定的情况下，可以泡温泉。

——如果血糖不稳定，会因为在温泉中容易出汗，造成脱水，引起血糖变化。大多数糖尿病患者，都伴有周围神经病变，手掌、脚掌感觉异常，温度敏感度较差，容易因为长久浸泡造成烫伤而不知。

——空腹或太饱时不宜入浴，以免出现头晕、呕吐、消化不良、疲倦等。

——入水时，应从低温到高温，逐次浸泡，每次15~20分钟即可。

——泡温泉的时间，应根据泉水温度来定，温度较高时，不可长久浸泡，以免出现胸闷、口渴、头晕等症状。

——泡温泉时，由于脸上的毛孔会释放大量自由基而损伤皮肤，最好敷上面膜或用冷毛巾敷面，同时闭上双眼，以冥想的心情，配合缓慢的深呼吸，真正舒缓身心压力。

——泡温泉时，应多喝水，随时补充流失的水分。

——泡温泉时，如果感觉身体不适，应马上离开，不可勉强继续。

3. 泡后注意事项

——泡完温泉后，一般不必再用清水冲洗，但如果是浸泡较强酸性或硫化氢含量高的温泉，则最好冲洗，以免刺激皮肤，造成过敏。

——泡温泉后要注意保暖，迅速擦干全身，特别是腋下、胯部、肚脐周围和四肢皮肤的皱褶处，及时涂抹滋润乳液，锁住皮肤水分。

——泡温泉后，人体水分大量蒸发，应多喝水补充。

五、躲避天灾知识

在旅游途中或行至野外可能会遇到如泥石流、龙卷风之类的天灾。当这些意外的灾难从天而降时，导游人员应该当机立断，迅速采取有效措施使游客能安全躲避或尽快逃离现场。

（一）泥石流

泥石流的爆发历时短、成灾快、预测难度极大，而且洪水挟带着砂石，给多数途经之处造成毁灭性的灾害。

1. 泥石流出现的征兆

——遇到河沟、河床正常的水流突然断流或发生瀑泻，并夹带有较多的柴草、树木，水质混浊时，可表明上游已发生泥石流。

——遇有河谷深处突然变得昏暗，并伴有轰鸣声或有轻微的震动感，可确认上游已发生泥石流。

2. 遇到泥石流发生应采取的紧急措施

（1）迅速组织游客离开危险地段。躲避时应带领游客向山坡两边坚固的高地或连片的石块处快跑，不要在山坡下的房屋、电线杆、池塘、河边等地停留。

（2）要尽量沿与泥石流流向垂直的方向逃离现场，切勿与泥石流同向奔跑。

（3）不要在土质松软，坡体不稳定的斜坡停留，实在来不及可上大树躲避。

（4）组织游客躲避、快跑前要提醒游客先扔掉一切影响速度的物品。

（5）到达安全地带后，要立即与组团社或当地有关部门取得联系，汇报情况，请求援助。

（二）地震

发生地震时应就地避险，躲在床、桌等结实的家具下，尽量躲在窄小的房间内，在两次震动之间迅速撤离至室外。

地震时被压在废墟下、神志还清醒的幸存者，最重要的是不能在精神上崩溃，而应争取创造条件脱离险境或保存体力等待救援。若能挣脱开手脚，应立即捂住口鼻，以隔挡呛人的灰尘，避免窒息；设法保存体力，不要乱喊，听到外面有人时再呼救；若能找到水和食物，要计划使用，尽可能长地维持生命。

（三）洪水

不要带领游客去危险地带，如电线杆周围。迅速离开低洼地，利用有利地形转移至较高的地方以躲避洪水。没有躲避成功应集中一起等待救援并不断利用通信设备发出求救信号，设法稳定游客情绪，不要让游客单独离开。

（四）山体滑坡

首先要保持冷静，向两侧跑为最佳方向，千万不要向上或向下跑。如果整体滑动时应原地不动或抱住大树，及时拨打120求救。

（五）台风

台风是一种综合性天气现象，不但有强大的风暴，还夹带着暴雨。台风是有规律的，甚至每年的行进路线都差不多，所以带团旅游时，导游人员一定要听天气预报，尽量躲开台风行进路线。

（1）如果所带的团正在野外旅游，听到气象台发出的台风预报后，如能离开台风经过地区的要尽早离开。

（2）在海边和低洼地区旅游时，应尽可能到远离海岸的坚固的饭店或台风庇护站躲避。

（3）如果台风发作时旅游团正在旅行车内，导游人员应马上提醒司机将车开到地下停车场或隐藏处。

（4）如果导游人员和游客正在帐篷里，应马上收起帐篷到坚固的房屋中避风；在坚固的房子里应关紧窗户，如有条件，在玻璃上应用胶布条贴成米字形以防玻璃破碎。

（5）台风期间，尽量不要外出行走。若要外出，要穿轻便防水的鞋子和颜色鲜艳、紧身合体的衣裤，用带子扎紧以减少阻力；要穿雨衣、戴雨帽或头盔。在外行走时应弯腰将身体重心尽量放低。

（6）台风过后不久，不要马上离开房间或藏身处。因台风的"风眼"在上空掠过后，往往平静不到一个小时，风又会从相反的方向再度横扫过来。

（六）龙卷风

（1）躲避龙卷风的最安全的地方是地下室、半地下室的掩藏处或坚固房屋的小房间。千万不可在临时搭建的野外木屋或帐篷里藏身。

（2）如果是住在普通民宅里，应迅速撤离；撤离时最好沿与龙卷风移动方向垂直或相反方向快跑，尽量藏于低洼地区。

（3）如果周围没有屏障，迅速平伏在地面，注意保护好自己的头部并防止水淹。

（4）如正在旅游车内，要立即停车，迅速组织游客躲到离旅游车较远的低洼处。因为龙卷风可能会把车掀上半空；而且由于车内外强烈的气压差，容易引发汽车爆炸。

（5）如果来不及跑出室外，要立即关紧面朝龙卷风刮来方向的所有门窗，而另一侧的门窗要全部打开，这样可以防止龙卷风刮进屋内，掀起屋顶，还可以使屋内外的气压得以平衡，防止房屋爆炸。

（6）关紧和打开窗户后，要迅速到门窗全部打开一侧的房间并采取面向墙壁抱头蹲下的姿势躲避。

（七）海啸

海啸通常由震源在海底 50 千米以内，里氏震级 6.5 以上的海底地震引起。发现潮汐突然反常涨落，海平面来袭或巨浪袭来的现象，导游应组织游客迅速撤离岸边。海水异常退出往往会把鱼虾等海生动物留在浅滩，应迅速离开海岸向内陆高处转移。海上航行的船只不可靠岸应该马上行驶向深海区。若不幸落水应抓住木板等漂浮物，同时注意避免与其他硬物碰撞，在水中尽量减少动作保存体力，海水温度偏低不要脱衣服，不要喝海水，应尽量向其他落水者靠拢，便于相互帮助和鼓励，且人多目标大，更容易被救援人员发现。人在海水中长时间浸泡，热量散失会造成体温下降。溺水者被救上岸后，最好能放在温水里恢复体温，没有条件时也应尽量裹上被、毯、大衣等保温。注意不要采取局部加温或按摩的办法，更不能给落水者饮酒，饮酒只能使热量更快散失。如果落水者受伤，应采取止血、包扎、固定等急救措施，重伤员则要及时送医院救治。要及时清除落水者鼻腔、口腔内的吸入物。具体方法是：将落水者的肚子放在施救者的大腿上，从后背按压，让海水等吸入物流出。如果落水者心跳、呼吸停止，则应立即交替进行口对口人工呼吸和心脏按压。

【案例9-2】 谁为旅游者的死负责

2004年，一对新婚夫妇参加旅行团赴某山地旅游。该山素以险峻而著称，有无数游人为之倾倒，流连忘返。在登山之前，导游小姐向团内每位游客一再强调安全问题，要各位游客在登山过程中集中注意力，不可分神，并紧抓两旁锁链，导游小姐还说明，游客若有恐高症，不要登山，以确保生命安全。夫妇中女方有轻度恐高症，但二人决定一起登山，并请团友不要告诉导游。团队中有两名游客因有畏高症，在车内休息。

在登山过程中，导游人员安排旅游团团员排成队列，有序行进，地陪与全陪分别领头和押后。这对新婚夫妇一前一后，女在前，男在后，因情绪过高，过度兴奋，不停欢呼大叫。但因前后交谈不便，女方频频回头侧目与其夫交谈。在侧目间，突见身后眼下万丈高，忽感一阵眩晕，脚跟未稳一头栽下；其夫见状连忙伸后去拉，结果身体倾斜，随后落入山谷。

随着两声惨叫，游人一阵惊呼。导游人员请游客不要慌乱，不要拥挤，请保持镇定，继续向前。在其他游客安全到达山顶后，导游人员迅速与旅行社、风景区管理处取得联系，妥善处理。组团社立即通知死者家属，表示歉意，安慰家属，并帮助与保险公司取得联系，办理有关赔偿手续。

在领取保险金18万元后，死者家属仍然唾骂不止，斥责旅行社没有照顾好他们的儿女，害死了一对新人，强烈要求赔偿精神损失费，旅行社拒绝赔偿。死者家属上告法院要求赔偿。

【思考】请分析死者家属要求旅行社赔偿合理吗？

第五节 时差与度量衡换算

一、国际时差

英国格林尼治天文台每天所报的时间，被称为国际标准时间，即"格林尼治时间"。

在日常生活中所用的时间，是以太阳通过天体子午线的时刻——"中午"作为标准来划分的。每个地点根据太阳和子午线的相对位置确定的本地时间，称"地方时"。

地球每24小时自转一周（360°），每小时自转15°。自1884年起，国际上将全球划分为24个时区，每个时区的范围为15个经度，即经度相隔15度，时间差1小时。以经过格林尼治天文台的零度经线为标准线，从西经7度半到东经7度半为中区（称为0时区）。然后从中区的边界线分别向东、西每隔15度各划一个时区，东、西各有12个时区，而东、西12区都是半时区，合称为12区。各时区都以该区的中央经线的"地方时"为该区共同的标准时间。

北京位于东经116.24度，划在东8区，该区的中央经线为东经120度，因此，"北京时间"是以东经120度的地方时作为标准时间。北京与世界主要城市时差表见9-2。

中国幅员辽阔，东西横跨经度64度，跨5个时区（从东五区到东九区），为了统一，以"北京时间"作为全国标准时间。

时差换算公式：甲乙两地的时区差＝两地时区数相加减。

甲乙两地同在东时区或同在西时区用"-"，

甲乙两地一个在东时区另一个在西时区时用"+"

表9-2 北京与世界主要城市时差表（单位：小时）

城市名称	时差数	城市名称	时差数
香港、马尼拉	0	赫尔辛基、布加勒斯特、开罗、开普敦、索非亚、贝鲁特	-6
首尔、东京、平壤	+1		

续表

城市名称	时差数	城市名称	时差数
悉尼、堪培拉	+3	斯德哥尔摩、柏林、巴黎、日内瓦、华沙、布达佩斯、巴塞罗那、布鲁塞尔、罗马、维也纳、雅温得、阿尔及尔	-7
惠灵顿	+5		
河内、金边、曼谷、雅加达	-1	伦敦、达喀尔	-8
仰光	-1.5	里约热内卢、巴西利亚	-11
达卡	-2	圣胡安	-12
新德里、科伦坡、孟买	-2.5	纽约、华盛顿、渥太华、哈瓦那、巴拿马城、迈阿密	-13
卡拉奇	-3	芝加哥、墨西哥城	-14
迪拜	-4	洛杉矶、温哥华	-16
德黑兰	-4.5	安克雷奇	-17
莫斯科、巴格达、内罗毕	-5	夏威夷(檀香山)	-18

注意：北京零点时与世界主要城市相比。"+"表示比北京时间早，"-"表示比北京时间晚。各地时间均为标准时间。

二、摄氏、华氏度换算

世界上温度的测算标准有两种：摄氏温度（℃）和华氏温度（℉）。我国习惯用摄氏温度，而西方国家则较多地用华氏温度。导游人员应掌握摄氏与华氏之间的换算公式：

（一）摄氏℃ = 5/9×（℉－32）

例如，将华氏90度换算成摄氏度数
5/9 ×（90－32）= 5/9 × 58 = 32.2
即：华氏90度等于摄氏32.2度

（二）华氏℉ = ℃×9/5+32

例如，将摄氏90度换算成华氏度数
30 × 9/5+32 = 54+32 = 86
即：摄氏30度等于华氏86度

三、度量衡换算（常用）

（一）长度

1千米（公里）=1千米=2市里=0.6214英里

1 米=1 米=1 公尺=3 市尺=3.2808 英尺=1.0936 码

1 海里（n mile）=3.7040 市里=1.15 英里

1 市里=0.5 千米=0.3107 英里

1 英里（mi.）=1760 码=5280 英尺=1.6093 公里=3.2187 市里

1 市尺=0.3333 米=1.0936 英尺=10 市寸

1 英尺=0.3048 米=0.9144 市尺=12 英寸

1 码（yd.）=3 英尺=0.9144 米=2.7432 市尺

（二）面积

1 平方千米（平方公里）=1 000 000 平方米=0.3681 平方英里=100 公顷=4 平方市里

1 平方英里=640 英亩=2.5900 平方公里=10.3600 平方市里

1 公顷（ha）=10 000 平方米=100 公亩=15 市亩=2.4711 英亩

（三）容积

1 升（L）=1 公升=1 立升=1 市升=1.7598 品脱（英）=0.2200 加仑（英）

1 加仑（英）=4 夸脱=4.5461 升=4.5461 市升

市斗=10 市升=10 升

（四）重量

1 吨（t）=1 公吨=1000 千克=0.9842 英吨=1.1023 美吨

1 千克（kg）=2 市斤=2.2046 磅（常衡）

1 磅（lb）=16 盎司=0.4536 千克=0.9072 市升

1 盎司（oz）=16 打兰=28.3495 克=0.5670 市两

1 克拉（宝石）=0.2 克

课后练习

一、判断题（正确的打√，错误的打×）

1.【2017 年真题】旅行社责任保险为强制性保险，其保险期限为 1 年。（　　）

2.【2018 年真题】世界上最早发行的信用卡是美国的运通卡。（　　）

3.【2018 年真题】来自疫区的游客入境时需向卫生检疫机关出示有效的《国际预防接种证书》。（　　）

4.【2018 年真题】史密斯先生结束在中国的旅游办理离境退税时，其退税金额为 5000 元人民币，按照规定，退税代理机构必须通过银行转账退税。（　　）

5.【2018 年真题】游客被马蜂蜇伤时，导游可以帮助游客用苏打水清洗伤口，以中和毒液。（　　）

6.【2018 年真题】国际上将全球划分为 24 个时区。其中，东、西 12 时区都是半时区。（　　）

7.【2019年真题】中国对外汇实行国家集中管理、统一经营的方针，在我国境内禁止外汇质押、禁止私自买卖外汇，禁止套汇、炒汇和逃汇。（   ）

8.【2019年真题】中华人民共和国禁止旅客携带出境的物品包括：各种武器、弹药，动物、植物（均含标本）及其种子和繁殖材料。（   ）

9.【2020年真题】政府一般官员、驻外使领馆工作人员以及因公派往国外执行文化、经济任务的人员发给外交护照。（   ）

10.【2020年真题】某旅游团在沙漠中旅游时遇上沙暴，导游应带领旅游者迅速到沙丘背风坡躲避。（   ）

二、单选题（每题只有一个正确答案）

1.【2016年真题】一名70周岁中国籍老人到澳大利亚旅游后回国，根据我国海关规定可以免税携带（   ）支香烟入境。
　　A.200　　　　　　　B.100　　　　　　　C.400　　　　　　　D.300

2.【2016年真题】中国民航总局规定，对旅客携带额定能量不超过（   ）W·h（瓦·时）的充电宝，无须航空公司批准就可带上飞机。
　　A.100　　　　　　　B.160　　　　　　　C.200　　　　　　　D.250

3.【2018年真题】根据《境外旅客购物离境退税管理办法（试行）》的规定，享有退税资格的对象为在我国连续居住不超过（   ）的外国人和港澳台同胞。
　　A.45天　　　　　　　B.91天　　　　　　　C.30天　　　　　　　D.183天

4.【2018年真题】在西藏旅游期间，游客发生高原反应时，导游应该向游客提供帮助，正确的做法是（   ）。
　　A.让游客适量吸烟、饮酒　　　　　　　B.提醒游客增加洗澡次数
　　C.提醒游客不断少量喝水　　　　　　　D.给游客提供抗高原反应药

5.【2018年真题】今年入夏后，全国出现了大范围的高温天气，多地日最高气温达到38摄氏度。正在带领美国旅游团游览的导游，应该告诉游客38摄氏度即（   ）华氏度。
　　A.138.4　　　　　　　B.168.4　　　　　　　C.100.4　　　　　　　D.188.4

6.【2018年真题】下列关于导游带团去沙漠旅游应提醒游客的安全注意事项中，正确的是（   ）。
　　A.迷失方向后，应立即按原路返回
　　B.尽量穿短袖短裤，并涂上防晒霜
　　C.提前做好各项防晒防风沙的准备
　　D.如遇沙暴，选择沙丘背风坡躲避

7.【2019年真题】当旅游团于北京时间2019年11月1日12:00飞抵法国，领队应提前告诉游客巴黎当地时间为11月1日（   ），并宣布抵达后的活动安排。
　　A.9:00　　　　　　　B.14:00　　　　　　　C.5:00　　　　　　　D.22:00

8.【2020年真题】旅客乘坐飞机时，不准在交运行李内夹带的物品是（   ）。
　　A.菜刀　　　　　　　B.手提电脑　　　　　　　C.铁头登山杖　　　D.文艺表演用的剑

9.【2020年真题】下列外币中，能在中国境内兑换的是（　　）。
　　A.巴西雷亚尔　　　　B.埃及镑　　　　C.南非兰特　　　　D.瑞士法郎

10.【2020年真题】截至2020年1月，对中国公民实行免签或落地签政策的国家和地区有（　　）。
　　A.72个　　　　B.40个　　　　C.17个　　　　D.15个

11.【2020年真题】下列人员中，通过海关时需要走红色通道的是（　　）。
　　A.持有外交签证的人员
　　B.持有外交护照和签证的人员
　　C.持有礼遇签证的人员
　　D.不知道如何选择通道的人员

12.【2020年真题】乘坐动车的旅客，可免费携带每件外部尺寸长、宽、高之和不超过（　　）的物品。
　　A.160厘米　　　　B.200厘米　　　　C.140厘米　　　　D.130厘米

13.【2021年真题】在护照上加注ADS签证后，护照持有者必（　　）
　　A.在该签证国停留三天以上
　　B.持有离开该签证国的机票
　　C.在该签证国一国旅行
　　D.证明带有250美元以上的货

14.【2021年真题】以下关于泥石流事故预防和处理的说法中，不正确的选项有（　　）。
　　A.一旦发生泥石流，导游员肯定要让大家快速跑向高坡
　　B.在山地活动或游玩时，假如旅行团队遇到大雨，导游员必须让大家挑选在有很多树木的山谷通过
　　C.假如身边有比较大的树木或岩石，就让大家躲在后面，以防石块撞击
　　D.如有人被困在泥石流当中又无法直接拉出来，应当从侧面挖掘，不要垂直挖

15.【2021年真题】游客携带中药材、中成药前往港澳地区的，总值限额人民币（　　）。
　　A.500元　　　　B.400元　　　　C.250元　　　　D.150元

16.【2016年真题】一名未满18岁的澳门学生，在大陆旅游使用的有效证件是（　　）。
　　A.港澳居民来往内地通行证
　　B.港澳同胞通行证
　　C.澳门同胞通行证
　　D.港澳通行证

17.【2017年真题】下列外币中，目前在中国境内可以兑换成人民币的是（　　）。
　　A.马来西亚元　　　　B.老挝基普　　　　C.菲律宾比索　　　　D.朝鲜圆

18.【2017年真题】世界上最早发行的信用卡是（　　）。
　　A.万事达卡　　　　B.运通卡　　　　C.JCB卡　　　　D.大莱卡

19.【2016年真题】成年旅客购买铁路旅客人身意外伤害保险的费用是3元，最高赔付额是（　　）元。
　　A.33万　　　　B.30万　　　　C.21万　　　　D.10万

20.【2016年真题】一位英国游客在中国商店看中一款丝绸，告诉导游她需要买10英尺，导游应该告诉售货员，这位游客需要买（　　）米。
　　A.2.13　　　　B.3.04　　　　C.1.02　　　　D.4.5

21.【2016年真题】一名中国游客在南非买了一颗5克拉的钻石，其重量是（　　）克。
　　A.2　　　　B.1.5　　　　C.1　　　　D.0.5

22.【2016年真题】一个15个人的英国旅游团来华旅游，办理的团体签证是一式（　　）份。
    A.五   B.四   C.三   D.二

23.【2017年真题】游客袁女士携带一名八岁的儿童和两名未满两岁的婴儿乘坐国内航班，购买全票的价格为900元,在机票没有任何折扣的情况下她总共支付的机票费用为（　　）
    A.2250   B.1890   C.1530   D.1170

24.【2017年真题】下列关于我国海关的规定的说法中正确的是（　　）
    A.游客携带出境的人民币不得超过30 000元
    B.禁止携带涉及国家机密的手稿、照片
    C.出境游客携带5000美元入境时无须向海关申报
    D.禁止携带印刷品及录音录像带入境

25.【2018年真题】旅游意外保险的索赔时效是以自事故发生之日起（　　）内为限。
    A.180日   B.240日   C.120日   D.60日

26.【2018年真题】一中国旅游团于北京时间2018年2月1日14时42分飞抵纽约，领队应告诉游客纽约当地时间为（　　），并宣布抵达后的活动安排。
    A.3时42分   B.2时42分   C.1时42分   D.0时42分

27.【2018年真题】游客过海关时，如未携带需要向海关申报的物品，可选择（　　）通关。
    A.蓝色通道   B.绿色通道   C黄色通道   D.红色通道

28.【2018年真题】按照中国民航的相关规定，正常票价的航空客票，其有效期为（　　）。
    A.一年   B.半年   C.一年半   D.两年

29.【2018年真题】年满2周岁不满12周岁的儿童乘坐飞机时，需购买儿童票，儿童票的票价是成人票（　　）。
    A.正常票价的 10%   B.正常票价的 50%
    C.折扣票价的 10%   D.折扣票价的 50%

30.【2018年真题】游客如被毒蛇咬伤，导游应立即帮助游客在伤口上方超过一个关节处结扎，而且每隔（　　）要放松一次，防止组织坏死。
    A.15分钟   B.20分钟   C.25分钟   D.30分钟

31.【2019年真题】根据铁路部门的规定，成年旅客购买铁路乘意险的金额是（　　）。
    A.3元   B.1元   C.5元   D.10元

32.【2019年真题】不准入境的外国人，我国出入境边防检察机关（　　）说明理由。
    A.应当   B.必须   C.可以不   D.不可以

33.【2019年真题】中国东方航空公司的英文代码是（　　）。
    A.CA   B.HU   C.MU   D.CZ

34.【2019年真题】根据我国海关规定，一名15周岁的英国游客入境，可免税携带香烟（　　）
    A.400支   B.200支   C.40支   D.0支

35.【2020年真题】旅游者购买了东方航空公司的机票，在起飞前3天申请退票，需要支付票面费用（　　）的手续费。
    A.50%   B.40%   C.20%   D.10%

36.【2020年真题】某英国旅游团乘坐的飞机于当地时间11月14日11点从伦敦起飞，飞行10小时后抵达北京，请问降落时北京时间为（　　）。

A.11月13日13点　　　　　　　　B.11月14日21点

C.11月13日17点　　　　　　　　D.11月15日5点

37.【2020年真题】下列关于应对高原反应的常识中，正确的是（　　）。

A.尽量少洗或者不洗澡　　　　　　B.多运动增强体质

C.进入高原后要大量喝水以预防血栓　　D.提前服用雪莲等抗高原反应的药

38.【2020年真题】依据《中华人民共和国护照法》，未满1周岁的普通护照持有人的护照有效期为（　　）。

A.5年　　　　B.3年　　　　C.10年　　　　D.2年

39.【2020年真题】持普通护照的（　　）公民，前来中国内地旅游、经商、探亲访友或过境不超过15天，从中国对外国人开放的口岸入境时可以免办签证。

A.新加坡　　　　B.泰国　　　　C.柬埔寨　　　　D.韩国

40.【2021年真题】以下关于旅行者中暑的说法中，不正确选项（　　）。

A.旅行者中暑程度可以分为轻症中暑和重症中暑

B.轻症中暑的旅行者有眼花、耳鸣甚至显现面色惨白、恶心等症状

C.夏季旅行出汗，体内盐分减少，要多次少量地让患者喝淡盐开水

D.夏季出游前，导游员要为游客预备好预防和治疗中暑的药物

41.【2021年真题】免费乘坐火车的儿童可以携带的行李重量为（　　）

A.20千克　　　　B.15千克　　　　C.10千克　　　　D.0千克

42.【2021年真题】以下关于旅行活动中溺水事故预防的说法中，不正确的选项有（　　）。

A.在旅行活动中，导游员要劝阻游客不要单独去偏僻或水情不明的地方游泳

B.旅行团集体游泳时导游员应提示游客在下水前要做好预备活动，以防抽筋

C.导游员要提示身体过度疲惫、过饱、过饿的游客下水游泳时要特别留意安全问题

D.组织水上漂流活动时，应安排游客穿好救生衣，安放好随身携带物品

43.【2021年真题】对于当天来回或短期内多次来往港澳地区的旅客，其携带的12度以上酒精饮料的限量为（　　）

A.1瓶（0.75升以下）　　　　　　B.1瓶（0.85升）

C.2瓶（0.75升以下）　　　　　　D.2瓶（0.85升）

44.【2021年真题】在我国乘坐出境航班的旅客，其随身携带的液态物品每件容积不得超过（　　）毫升

A.30　　　　B.50　　　　C.60　　　　D.100

45.【2021年真题】领队带团出境旅行，在抵达旅行目的地办手续时的"过三关"是指（　　）

A.卫生检疫，证照检查，海关检查　　B.食品检疫，证照检查，海关检查

C.卫生检疫，身体检查，海关检查　　D.卫生检疫，证照检查，防恐检查

三、多选题（每题至少有 2 个正确答案）

1.【2016 年真题】我国签证分为（　　）。
   A.公务签证　　　　　　　B.普通签证　　　　　　　C.礼遇签证
   D.团队签证　　　　　　　E.外交签证

2.【2018 年真题】冬季旅游泡温泉时，导游应提醒游客，（　　）的游客不适宜泡温泉。
   A.怀孕初期　　　　　　　B.皮肤有伤口或溃烂　　　C.熬夜过后
   D.患有过敏性皮肤病　　　E.患有癌症

3.【2018 年真题】根据中国海关的规定，禁止游客携带或托运入境的物品有（　　）。
   A.仿真武器　　　　　　　B.印刷品　　　　　　　　C.新鲜水果
   D.假币　　　　　　　　　E.易成瘾的麻醉品

4.【2018 年真题】根据中国民航的规定，不准在托运行李内夹带的物品有（　　）。
   A.液态物品　　　　　　　B.金银首饰　　　　　　　C.手提电脑
   D.人民币现金　　　　　　E.含锂电池的物品

5.【2019 年真题】旅游团在长白山滑雪时，导游应提醒游客注意（　　）。
   A.佩戴好合适的保护眼镜　B.检查滑雪板和滑雪杖
   C.选择适合的滑雪道　　　D.保持与他人的滑雪距离
   E.选择白色的滑雪服

6.【2019 年真题】根据国务院规定，从 2018 年开始，（　　）等城市实行 144 小时过境免签政策。
   A.青岛　　B.武汉　　C.成都　　D.昆明　　E.厦门

7.【2019 年真题】某游客在游览时不慎摔伤，造成下肢骨折，导游的正确处理措施是（　　）。
   A.如出血量较大，可用布带、电线等物品长时间压迫止血
   B.如有伤口，可立即用清洁的衣物覆盖伤口后再紧紧包扎
   C.可就地取材，用木板、树枝、书本当夹板保持伤肢固定
   D.立即查看伤者的情况，是否肿痛明显，是否骨折端已外露
   E.固定好后，可搀扶或背运伤者尽快离开现场到医院救治

8.【2019 年真题】我国目前被批准实施境外旅客购物离境退税政策的省有（　　）。
   A.河北　　B.福建　　C.海南　　D.山东　　E.浙江

9.【2019 年真题】根据民航部门规定，不准随身携带但可以作为行李托运的物品有（　　）。
   A.漂白粉　　B.打火机　　C.烟花　　D.斧头　　E.菜刀

10.【2019 年真题】旅游团在海南旅游时突遇台风，导游正确的做法有（　　）。
   A.带领游客朝台风的反方向奔跑
   B.带领游客平躺在沟渠或低洼处
   C.带领游客到坚固的小房间躲避
   D.带领游客寻找地下室躲避
   E.如在途中行驶，请司机立即停车

11.【2020年真题】在研学旅行过程中，为确保安全，导游做法正确的是（　　）。
   A.认真组织研学活动，对研学活动效果进行准确评价
   B.行程结束后，重点考查学生关于研学内容的掌握情况
   C.组织学生有序用餐，做好巡查工作
   D.入住研学营地时，应宣讲住宿安全知识，带领学生熟悉安全通道
   E.向学生宣讲交通安全知识和紧急疏散要求，带领学生有序乘坐交通工具

12.【2020年真题】下列关于乘机的描述中，正确的有（　　）。
   A.旅客忘带身份证，可在微信小程序"民航临时乘机证明"中获取电子防伪二维码值机
   B.无论手提行李还是托运行李都禁止夹带打火机和火柴
   C.旅客在飞机内使用手机将面临最高5万元的罚款
   D.OPEN票是指没有确定日期但已订妥座位的机票
   E.特价机票不能退改签

13.【2020年真题】下列旅游者携带的物品中，需要填写申报单并向海关申报的有（　　）。
   A.唱片　　　　　　　　B.书　　　　　　　　C.重45克的金项链
   D.小型摄像机　　　　　E.价值7500元的电脑

14.【2021年真题】禁止出境的物品有（　　）。
   A.仿真武器　　　　　　B.犀牛角和虎骨
   C.精神药物　　　　　　D.伪造的有价证券

15.【2021年真题】游玩泰山时，一游客心脏病猝发，倒在地上，导游员的正确处理措施有（　　）。
   A.立刻背患者去医院
   B.让患者平躺在地上，头略高
   C.请领队从患者口袋中查找自备药物服用
   D.地陪拨打120，立刻呼叫医生前来救治

扫码在线答题

附 录

附录1 各章的案例思考答案

第二章 导游员

【案例2-1】唱歌引出的"笑话"

【案例评析】

　　导游服务最显著的特点之一，是具有一定的跨地区性。因此，导游人员必须要掌握必要的知识，熟悉主要客源地或旅游接待地的概况，知道这些地方的历史、地理、文化、风土人情、礼仪禁忌等。导游对这些知识进行掌握不仅可以有的放矢地为游客服务，还能增进与游客间的交流，拉近彼此间的距离。旅行社应加强对导游人员的岗前培训和在岗培训，导游与导游之间相互分享经验和教训，从而丰富知识与见识，提高导游人员综合素质。

【案例2-2】领队的话妥当吗？

【案例评析】

　　在本例中，从单一层面来分析此事，领队那番话并无不妥，而且也没错误。问题是该领队在当时那种氛围中，带有顶撞和冲动的态度，就显得不妥当了，容易给人一种故意冲撞的感觉，使游客的内心感觉不舒服。于是，只因这段话，不仅前面所有的服务和尽心尽力都被一笔勾销了，而且游客完全丧失了对导游员的依赖和信任。

　　可见，导游的语言从某种角度来看，也是一个人思想道德水平和处事风格的体现。"言乃心之声"，不合时宜的语言会伤游客的自尊，也损害了导游员自身的形象。所以，把话说到"位"，说到"关键"处，使游客满意，并能够欣然接受，也是一门艺术。我国导游人员在选拔和招聘过程中还有许多不尽完善之处。导游人员的综合素质千差万别，一个旅游团是否成功，导游语言的运用有相当大的比重。可见，学好语言、掌握语言、运用好语言是一件长期的任务，导游人员只有不断学习才能充实自己。

【案例2-3】最美奋斗者——文花枝

【案例评析】

　　文花枝作为一名年轻导游员，在所带旅游团遭遇重大车祸、自己身负重伤的情况下，置个人安危于不顾，发出了"我是导游，先救游客"的时代强音，不惜以健康的代价履行一名导游员的职责；花样年华失去了左腿，身处逆境却依然笑对人生，以微笑报答社会各界的关爱，以坚毅和刚强迎接困难和挑战，其积极乐观的人生态度深深地感染了周围的每一个人。

文花枝在生死关头表现出的舍身忘我的牺牲精神，在危急时刻表现出的忠于职守的敬业精神，在困难面前表现出的坚忍不拔的进取精神，集中展现了中华民族先人后己的传统美德，集中展示了青年一代勇于拼搏的时代特征，集中体现了旅游行业人员乐于奉献的职业情操。文花枝是全国导游人员的好榜样，是旅游从业人员的优秀代表。

【案例 2-4】入乡随俗
【案例评析】

在国外，尤其是西方国家，人们在美术馆观赏艺术品如同在餐厅里用餐一样，都很讲究有一个优雅又安静的环境，而大声喧哗是很不文明的。上述情况说明我国部分游客到了国外不能入乡随俗，其文明素质有待提高。对于领队来说，除了在出境前的说明会上要详细介绍国外的风俗习惯和注意事项之外，还应按照《导游领队引导文明旅游规范》的要求，在旅行过程中提前做好文明旅游引导工作，遇到游客不能入乡随俗时，要随时给予提示、劝导或劝阻。

本例中，发生上述情况时，领队却不在现场，未能及时对游客的行为进行劝导，这是不对的。虽然后来赶到，向卢浮宫的管理人员表示了歉意，承担了责任，也只是在一定程度上挽回了不良影响。对此，导游领队应引以为戒。

第三章 团队导游服务程序与规范

【案例 3-1】何女士被泰国移民局拒绝入境
【案例评析】

旅行社缺乏严格规范的管理制度，对于各部门的监督、培训未予重视，致使员工操作漏洞百出：

（1）在何女士向组团社门市部交付护照时，门市部没有认真履行审核工作，未能及时发现何女士护照有效期不足 6 个月的问题。（2）门市部与组团社计调人员交接时，工作粗糙，直到操作时，计调人员才发现护照有问题，却没有予以补救，并且没有事先告知何女士该团是落地签证。（3）领队出团前，未对从计调处交接的客人资料进行核对。

为避免此种情况再次发生，旅行社工作人员应：

（1）门市部对报名参团游客提供的证件进行初步仔细检查。（2）门市部与组团社计调人员交接时应仔细核对，并就交接材料的相关情况进行双方签字确认。若有问题，计调应及时采取措施。（3）领队应按带团程序的规定做好出团前的"四核对"。

【案例 3-2】塞班的警察为什么要上旅游车抓人
【案例评析】

首先，该案例再次凸显行前说明会和领队履行告知义务的重要性。文化背景不同，随之而来的是不同的法律制度和风俗习惯，在中国认为是天经地义的事情，在国外也许被认为是违法或者不可接受的。正如案例中游客训斥儿子一事，在国内通常情况下为大多数成人所接受，不会引起司法部门的重视，而在一些非常重视孩子的国家，这种情况为法律所禁止，父母的行为会受到法律的惩罚。因此，组团旅行社和领队的职责之一，就是将国外的这些不同之处提前告知游客，使游客的行为合乎国外的规定，避免游客在国外受到惩罚。案例中的领队恰好没有掌握这方面的知识，没有及时提醒游客。领队对上述不愉快情形的发生负有不可推卸的责任。

其次，只有不断学习和更新知识才能真正成为一名出色的领队。无论新老领队，都必须活到老，学到老。除了学习书本上的知识，还需要在带团的实践中不断地总结经验与教训，学好书本以外的知识。

【案例 3-3】风俗禁忌

【案例评析】

作为出境旅游团，在旅游团出发之前，旅行社必须要为旅游团指定专业的领队，并召开行前说明会。领队在说明会上应将此行可能出现的问题或异国的一些情况向游客进行简单的介绍，可以使大家未雨绸缪，避免因不懂风俗习惯而出现问题。

在本案例中，旅行社由于领队人选迟迟未定，致使没有召开行前说明会，陈先生在国外因不懂习俗而未能进玉佛寺参观，归因在于行前工作落实不细，领队在新加坡和马来西亚的几天的行程中，完全可以对下站泰国游进行注意事项的提醒。但是，宋某并没有这样做，忽视了这个非常重要的环节，由此而引起了陈先生的不满。

俗话说："入乡随俗，入国问禁。"导游人员作为旅行社的代表，有责任有义务对旅游地的法规、风俗和禁忌进行讲解，遇到要点一定要反复强调，必要时也可以适当引用典型事例，以起到警示作用。因为这不仅关系到导游的职责，而且一旦出了事，对整个旅游团和整个旅游活动都会产生很大的负面影响。因而，导游一定要严格按照程序进行提供导游服务。

【案例 3-4】落实接待计划的重要性

【案例评析】

地陪导游人员在带团过程中，最重要的一个环节就是要认真落实各项接待事宜，尤其是与旅游者密切相关的餐、车、房等问题。小王认为自己经验丰富，不需要再进行确认了，就这一点点的疏忽，却对旅行社造成了非常严重的影响，使旅行社在经济上有损失，而且也使小王自己在游客心目中的形象大打折扣。所以认真阅读接团计划书，并且做好确认工作，是十分重要的。

【案例 3-5】不能说"不"

【案例评析】

在接待过程中，经常会遇到客人提出某些难以办到的要求，遇到此类情况导游员应该注意：

（1）不能直接说"不"字，因为那很容易伤害客人的自尊心，会使他们感到你对工作不负责任。（2）要表现出尽心的姿态，并通过行动让客人看到，你确实是在为他们提出的要求而努力。（3）不能马上说不行，也不要急于解释为何办不到，这样客人不但不会接受，甚至还会引起反感。

案例中的郭先生在客人第一次提出要求时，就是因为急于向客人解释不能去长陵的原因而没能得到客人的理解。第二次客人要求去慕田峪时,他采取了积极的态度,让客人感到他确实为此事尽了力,终于得到了客人的理解。可见,只要努力了,就算事情没有办成,客人也是会理解你的。经过努力后的解释,不但不会引起客人的不满,还会赢得游客对你的信任。当然,对于客人提出合理的要求应尽力去帮助解决,而对不合理的要求则应说明原因或向旅行社汇报。无论如何,导游员要重视游客的要求,并对此做出积极的反应。

【案例 3-6】地陪导游迟到后

【案例评析】

　　作为导游员,熟悉各个国家或地区的风俗习惯是很有必要的。知道了各个国家、地区的风俗习惯、人民的性格特点后,导游员就能较好地避免这样那样的差错。德国游客,他们的时间观念也许是世界上最强的,当他们按时在大厅集合而导游员自己迟到了,导游员在他们心目中的形象就会大打折扣,即使导游员前面的工作非常出色,也将付诸东流。本案例中,小徐若知道德国人的这种惜时如金的性格特点,他就会把赶往饭店的时间更提早些,这样,也就不会出现本案例中所述的最后一幕。当然,作为导游员,不仅是带德国游客,带任何一个旅游团,都要守时,绝不能迟到,这是导游从业人员起码的素养。如果因为不可预见的因素而迟到了,则可以:

　　(1)诚恳地向游客道歉,如实地说明前因后果,以求得游客的谅解。

　　(2)工作上要一如既往,不能因为迟到,游客有意见就降低自己的服务标准,而是要更加努力,将功补过。

第四章 散客导游服务程序与规范

【案例 4-1】接待散客旅游团

【案例评析】

　　接待散客不同于接待旅游团队。团队旅游遇到问题可以找领队协商,客人基本来自同一国家,有些甚至来自同一地区、同一城市,在入境之前彼此较为熟悉。散客旅游则体现出"散"的特点:多来自不同的国家和地区,彼此互不认识,甚至语言不通,风俗不同。因此要将他们组织在一起,把一天的日程安排好,做到人人满意,游览时不丢人,开车准时,很不容易。导游员在接待散客时应注意:

　　(1)在集合所有客人发车之前,首先要向客人自我介绍,并讲明游览项目、用餐地点及回到饭店的大体时间。并声明:如游客回程后有约会或要乘机离开,要事先告诉导游员,以掌握时间。(以上如有境外游客,要用英文,华人较多时可用中文再讲一遍。)

　　(2)在接待境外散客团时,可询问客人是否能听懂英文。用英文逐一问他们是从哪个国家或地区来的。此举目的有二:其一,可以尽快和客人缩短感情上的距离;其二,通过对话可判断其英文水平,以确定导游时语言快慢、深浅程度。

　　(3)每个导游对参加散客团的旅游者来说都是陌生的,有时每天都要换一个导游,因此,游客感受的导游风格也不尽相同。要让游客在短时间内适应你的导游方式,并对你有一个较深的印象,的确需要一些技巧。在游览中要寸步不离地跟着客人走,除了语言幽默、风趣之外,在衣着方面要有明显的标记。除需打一面小旗外,还要戴上一顶色彩鲜艳、与众不同的帽子或其他东西。要讲清上车时间及地点,以便游客走失后自行回到车上。如一个游览点同时有数个停车场,更要讲清停车的位置并请客人记住车号。

（4）及时了解客人的风俗习惯。如有信仰伊斯兰教的客人,要事先与餐馆联系,免得发生不愉快的事情。散客比一般团队游客难接待一些,导游员有时至少要用两种语言讲解,劳动强度较大。导游只有在工作中不断总结经验,善于发现这类客人的不同要求和特点,在接待中热情周到,机动灵活,才能使游客满意。

【案例 4-2】两种语言交替讲解

【案例评析】

1. 这是一次由误会而招致的投诉。
（1）这是个选择性旅游所组成的散客旅游团；
（2）导游服务过程中欠细致、周到；
（3）导游事先没讲明自己的服务方式；
（4）导游事先没考虑先用英语讲解让中文游客感到的心理不平衡。
2. 避免投诉的方法。
（1）事先声明服务的方式；
（2）采用中英文交替的方式为游客讲解；
（3）可采用转移讲解法,甲地英语讲解在先,乙地中文讲解在先。

第五章 导游人员的带团组织技能

【案例 5-1】走上百家讲坛的女导游

人们常常把导游员称为是上知天文、下知地理的杂家。在本案例中赵英健正是这样一个典型的例子。她刻苦钻研,不满足于现状,大量走访和实际调查,收集素材,针对需求不同、层次不同的游客而采取不同的讲解方式,讲解能做到言之有物、言之有理。

作为一名优秀的导游人员,具备一定的文化修养是最起码的条件。在游客心目中导游员不仅是"学者""老师",还是"万事通",所以,活到老学到老,善于钻研,勤学好问的治学态度和精神,有利于导游人员养成好习惯。凡事都要弄懂、弄清楚,不能不懂装懂,更不能敷衍了事,要为每一位游客负责。只有像赵英建一样,知识面广,具有真才实学,在讲解时以渊博的知识为后盾,才能征服游客。

【案例 5-2】幽默的回答

【案例评析】

本案例中,孟老师巧妙的回答,让所有的客人为之一振。这是导游人员综合素质强,尤其是语言素质能力好的最佳表现。目前,许多导游人员在接待旅游团时,讲解内容平淡无奇、念经般的单调、呆板,甚至是生硬,游客听后感到索然无味,有时还会产生不耐烦和厌恶的情绪。孟老师的语言生动形象、针对性强,避开了客人的刁难,而且语出惊人,收到了很好的效果。

【案例 5-3】导游讲解不顾游客感受

【案例评析】

显而易见,这位导游员的目的是希望通过自己丰富而又全面的讲解,让游客获得更多的知识,但由于不顾天气炎热,让游客在太阳底下直晒,再加上滔滔不绝地讲个没完,结果事与愿违,这群游客原来是兴致勃勃的,后来纷纷离去,不但没有听完介绍,反而在一边的遮阳处大声劝导游员停止讲解。

这个案例提醒我们,介绍和讲解时一定要注意选择恰当的地点,控制讲解的时间。任何长篇大论和不切实际的做法都不会起到应有的效果。换言之,导游员要善于控制讲解的时间,要尽可能地精练简洁和恰到好处。

【案例 5-4】被地陪感动的领队

【案例评析】

一名合格的导游人员,在对客服务中不能单纯地为游客提供单一的旅游服务,还须根据游客的背景及个性,有针对性地进行导游服务。同时,为了使导游工作取得良好的服务成效,也需要运用心理学的基本原理去研究游客心理及基本规律。这对导游工作服务质量的提高具有决定性的作用。

导游人员在服务过程中,若想得到游客的认可,最为有效的途径,就是用自己的行为来温暖游客的心,拉近彼此的距离。在本案例中,导游员的一个不经意的举动,打动了领队吴女士的心。一件衣服换来的不仅仅是对导游员的高度评价,还有对其工作的大力支持。可见,导游员应该学会如何与游客"心灵相通"。只要能够想游客之所想,急游客之所急,导游投诉事件也许就不会再发生了。

【案例 5-5】领队的要求不能置之不理

【案例评析】

小王本来按照计划安排行程走是没错的,不过在与领队的沟通过程中没有掌握技巧,导致与领队的关系恶化。在本案例中,小王可以向领队解释清楚原因,告知我方不能单方面不履行合同,对其无理要求确实不能满足。要委婉回绝,同时还应积极争取旅行社的支持。

【案例 5-6】多嘴的司机

【案例评析】

在这个案例中,司机几乎完全忘记了自己的本职工作,在旅游车上当起了导游,虽然游客们并没有什么意见,但是导游员还是应该提醒司机安全驾驶。旅游活动中,导游员由于碍于情面,不愿在游客面前打断司机,是可以理解的,但自己可以走到游客中间去做游客的工作,请大家让司机专心开车。此案例中的情节,只是导游人员与司机合作中常见问题的一个侧面。导游员要掌握与司机合作的技巧,不能被司机打乱了自己的安排,对于极少数行为不端、违背职业道德的司机,导游不能过分迁就。

【案例 5-7】旅游团内有数个小团体

【案例评析】

"小团体"的存在有着好的一面,也有不好的一面。好的一面是可以满足游客相互之间交往的需要,满足游客"合群"的愿望。然而,一群不变的"小团体"的存在,也会对整个旅游团的利益造成损失。因为这样的团体只是在其内部交流,因而必定会减少与其他团体的交流,甚至与其他团体完全不接触,可能导致全团相互之间关系的紧张、抵触、冲突,影响全团的共同目标的实现。旅游团队中的小团体之间发生些矛盾或产生敌对情绪的事是经常发生的,它会影响整个团队的情绪或氛围。导游员作为旅游团的管理者,作为旅游这出戏的"导演",一定要注意到这种情况的存在及演变,及时地加以引导,使之往好的一方面发展,从而促使旅游团拥有和睦、友好的氛围。

遇到这种情况时,导游员可走以下三步棋:第一步棋,了解小团体形成的原因,是来自同一单位、同一地区的,或者是相互之间在加入旅游团前就是朋友等。第二步棋,找出几个"小团体"的核心人物。这些"小团体"的核心人物由于自身社会地位或经济地位等原因,往往身后有许多追随者,一呼百应,他们说话较有影响力。第三步棋是对症下药,采取适当措施:首先,从"小团体"的核心开始做工作,介绍他们相互认识,请求他们对自己工作的配合;其次,设法提供所有团员相互接触、认识的机会,如互换位置、全团游客自我介绍、介绍团员的个别特长、文娱爱好并做表演,等等。当然,这些办法的采用是以"趣味""有吸引力"为前提的。

总之,作为导游员,应该认识到旅游团的目标是要靠大家、靠旅游团中每一个人的齐心协力去实现的。越是向心力强的旅游团,行程越有吸引力,越能给大家留下深刻的印象。

第六章 导游人员的语言技能

【案例 6-1】导游在讲解,游客却在聊天

【案例评析】

1.新导游总是期待自己的付出可以得到游客的认可,也非常希望通过游客们热情的掌声找到自信。可事实是,导游员不能期望所有的游客都依照你的愿望去行事。作为导游员,当发觉旅游团中有游客不爱听自己的讲解时,应该做到如下两点:

(1)应该反省自己。是自己讲解的内容游客听不懂还是语言中有地方方言?是普通话不标准吗?是自己的讲解缺乏吸引力吗?

(2)如自己在讲解的语言、内容、趣味性、技巧上都是无懈可击,而仍有个别游客在其中干扰的话,则应该拿出良好的对策,不能视而不见。因为放任这种干扰,将会影响到整个旅游团的旅游气氛。

2.如果在讲解中游客不听讲解,干扰其他游客,导游一定切记,不能当着全团游客的面用指责性的语气说:"请后面的几位先生别再讲话,以免影响其他游客。"类似的命令性的口吻或其他强制性措施,不但无助于问题的解决,反而会令那些游客觉得你让他们在其他游客

面前失去了自尊心而对你表示不满甚至愤怒。只能用友好的、委婉的、商量的语气，加大嗓门跟那几位游客讲："对不起，刚才可能我讲话的声音太小，所以后面的游客不能听清楚。接下来，我把声音讲大一些，请问后面的游客能听到吗？"导游员也可以边微笑说："对不起，可能刚才我讲解的内容有些游客不感兴趣。这样吧，接下来，我讲一些大家都感兴趣的内容。请问后面的几位游客希望我讲些什么呢？"这样的话，一箭双雕，既没有损害游客的面子，又可以阻止他们。

【案例 6-2】导游语言要"清楚"
【案例评析】
　　本案例中，王×的讲解得到了历史系同学们的认可，是因为他在讲解过程中能够准确和清楚地将历史年代和国别差别层次分明地讲述出来，使同学们对其导游服务连声称赞。

【案例 6-3】趣味讲解
【案例评析】
　　在本案例中，小苏的讲解受到了同学们的欢迎。这不仅是因为小苏具有亲和力，还因为在她的讲解中处处充满了童趣，让这些对户外运动渴望许久的孩子们更加着迷。小苏为了引起同学们的注意，还采用问答式讲解方法，让所有的同学都从吵闹中安静下来，一同参与到她的"趣味讲解"里。所以，小苏的导游讲解是很成功的。

【案例 6-4】以后再也不"乱"说了
【案例评析】
　　导游讲解应该遵循正确的原则，言之有据、言之有理的导游语言不仅可以吸引游客，满足游客的求知欲望，同时也能使导游人员更受尊重。正确性、言之有据要求导游人员对自己所讲的每一句话都认真推敲，力求准确无误，不能有半点杜撰。正如案例中游客的反应一样，一旦游客怀疑你所讲内容的真实性有问题，甚至会对导游员所讲过的一切持否定态度。

第七章 旅游者个别要求的处理

【案例 7-1】游客的要求应该满足吗？
【案例评析】
　　1.导游在未请示旅行社领导做好变更安排之前，切勿答应游客的要求。
　　2.应做好的准备工作有：
　　（1）问明具体情况。
　　（2）请示旅行社领导，看是否有变更计划的可能。
　　（3）如果允许部分游客利用自由活动时间去观赏民族节庆活动，落实好车、餐的安排；如果节庆活动地点与文艺演出地点在同一路线且时间不冲突可以满足他们派车接送的要求。若不同路应为他们安排车辆，车费自理；同时，参观民族节庆活动费用自理，放弃观看文艺演出费用不退。

（4）强调观赏节庆活动的注意事项和安全问题；提醒游客注意安全，不要太晚回饭店，因次日要乘早班机离开，更不能通宵逗留；告诫游客尊重当地的民族风俗习惯；若游客自己回饭店要提醒其记住回来的路线、饭店的名称及电话号码；如果可能，地陪与全陪最好分开，陪同游客前往以上两个不同的活动地点。

（5）晚上应在就寝之前落实游客到位情况。

第八章 常见事故的预防与处理

【案例 8-1】漏 接

【案例评析】

导游员的道歉，既要依据事实，又不能拘泥于事实。因为这种道歉不仅是面对事实，更是面向游客。

导游员对问题的认识很实在：不管造成"漏接"的原因是什么，毕竟小兰没有前去迎接游客，造成了游客的损失，处理不当，就会影响后面的游程。因此，小兰对游客的道歉和补偿，既是抚平既往，更是铺垫将来。

倘若在最需要缓和气氛，继续朝前走的时候，当事双方为着事情的起因和责任而争论不休，相持不下，那么无论事实如何，双方都是在做蠢事。导游员小兰在"漏接"发生之后，选择了正确的应对方式，她对 C 先生的道歉、解释和补救措施，始终站在替游客着想的角度，始终蕴涵着谦逊和诚恳的态度，始终着眼于缓和气氛、控制局面和有利于工作，张弛有度，开合自如，因此赢得了主动。

【案例 8-2】错 接

【案例评析】

1.错接的原因：

两位地方陪同导游员没有核对组团社全程陪同导游员的姓名，全程陪同导游员也犯了同样的错误，没有与地方陪同导游员核对接待社的名称、经理的姓名、电话（或手机），属导游员粗心大意造成的错接。

2.处理措施：

（1）由于该案例中的错接发生在两家旅行社，所以，小李发现错接后，应立即打电话报告旅行社，实事求是地说明情况，请求旅行社处理；

（2）在旅行社安排下，小李与小张取得联系，确定交换旅游团的准确时间、地点及办法；

（3）两位导游员应分别向客人诚恳道歉，并向各自所在的旅行社写出书面检查，找出错接的原因，并保证在以后的接团中要吸取教训，不再让类似事故在自己的导游工作中发生。

【案例 8-3】计划有变

【案例评析】

导游赵某能够决定改变游览计划。根据《导游人员管理条例》有关规定：导游人员在引导旅游者旅行、游览过程中，遇有可能危及旅游者人身安全的紧急情形时，经征得多数旅游者同意，可以调整、变更接待计划，应立即报告旅行社。赵某改变上山游览天池的旅游计划是合乎旅游法律、法规的规定的。

【案例 8-4】误车事故
【案例评析】
　　1.造成此次事故的主要原因是：
　　(1)地陪不应安排旅游团在快离开本地前到市中心购物；
　　(2)地陪、全陪不应该分头去找人，而应该是地陪将车票交给全陪，请他带团前往火车站，自己去寻找未归的游客，找到后坐出租车赶往火车站。
　　2.地陪应采取的补救措施是：
　　(1)立即报告社领导，请示处理意见；
　　(2)与车站调度室联系，商量怎样尽早地让旅游团离开本地；
　　(3)与旅行社联系，如有可能，变通交通工具；
　　(4)请旅行社有关部门安排好该团的食宿；
　　(5)请旅行社有关部门通知 S 市接待社，该团不能按原计划抵达 S 市；
　　(6)安排好离开 A 市前的旅游活动；
　　(7)离开 A 市的车次确定后，提醒内勤及时通知 S 市接待旅行社。

【案例 8-5】遗失护照谁的责任？
【案例评析】
　　1.在 A 地机场，全陪的做法确有不妥之处：(1)需要证件时不应由全陪直接向游客收取，用完后应将证件交还领队，且应当面点数；(2)发登记卡的不应是全陪，而是领队。
　　2.处理游客丢失护照问题的过程：(1)问清情况，帮助游客回忆：是真的没有收到护照还是忘在什么地方；(2)与领队联系：没有将护照还给游客还是已经还给他了，以求分清责任；(3)与领队一起协助游客寻找护照；(4)确定护照丢失，地方接待旅行社要开具遗失护照证明；(5)失主持旅行社的证明到当地公安局挂失并开具遗失证明；(6)失主持公安局的遗失证明到他所在国驻华使、领馆申请领取新护照或临时证件；(7)领到新证件后要到我国省、市、自治区级公安局或其派出机构办理签证手续；(8)费用问题待分清责任后处理。
　　3.对海外游客的证件，导游员的正确做法是：(1)不保管游客的护照等证件；(2)需要时由领队收取，中方导游员在接收证件时要点清数目，用完后立即将证件交还领队并点清数目；(3)旅游团离开本地或离境时，导游员要检查自己的行李，若有游客的证件，立即归还。

【案例 8-6】钻石项链的遗失
【案例评析】
　　1.导游员接到通知后应：(1)立即与全陪联系；(2)对领队和团中有影响力的人士实事求是地说明情况，诚恳地赔礼道歉，求得他们的谅解和支持；然后分别做全团的工作；(3)请旅行社领导出面说明情况并道歉；经领导批准，赠送纪念品。
　　基本安定旅游团后，导游员要：(1)通知饭店有关部门，协助饭店与有关游客结清账目；

（2）与领队商定第二天叫早、出行李、用早餐和出发的时间，由领队向大家宣布；（3）提醒旅行社通知下一站接待旅行社。

2.得知怀特夫人的项链遗忘在饭店房间的枕头下的事后，导游员应：

（1）阻止怀特夫人返回饭店寻找项链，并说明原因；

（2）用手机或到机场后立即与饭店联系（或通过旅行与饭店联系），请其协助寻找；

（3）找到项链后，请饭店或旅行社立即派人将项链送到机场，交还怀特夫人；如果时间来不及，请他们将项链送到下一站旅游团下榻的饭店；将找到项链的消息告诉怀特夫人并告知处理办法；所需费用由怀特夫人自理；如果找不到项链，表示歉意，让她详细回忆，让饭店继续寻找；

（4）钻石项链是珍贵物品，确定找不着时，地陪要让旅行社开具遗失证明，再到当地公安局挂失，开具证明，设法送交怀特夫人，以便她出中国海关及回国后向保险公司索赔。

【案例 8-7】游客走失

【案例评析】

小吴应采取的措施：

（1）发现游客走失时，小吴应首先了解情况，分析走失者可能在何时、何地走失；

（2）迅速组织分头寻找，但不能让旅客参与寻找；

（3）请全陪或领队留下照顾其他旅游者；

（4）在一时找不到的情况下，小吴应向景区派出所或管理处报告，请求他们帮助寻找；

（5）小吴还应打电话回饭店询问客人是否已自行回到饭店；

（6）小吴同时应向旅行社报告这一情况，并请求帮助；

（7）小吴不能因为王先生一个而放弃整个旅游团的行程，而应带领其他旅游者继续浏览。

【案例 8-8】游客意外死亡

【案例评析】

1.导游员行动的不妥之处：（1）发现游客死在床上，两人不应该都跑下来。（2）不应该惊恐地当众宣布游客的死讯。（3）地陪不应该立即宣布取消当天的游览活动。（4）地陪不应该只打电话向旅行社报告游客死亡的消息。（5）不应该在大厅焦急地等待旅行社领导而不管其他旅客。

2.导游员正确的做法是：（1）应有一人留在原地与楼层服务员一起保护现场。（2）安定游客情绪。（3）地陪或由旅行社另派地陪带旅游团到预定游览点游览或组织与当时气氛相适应的活动。（4）向旅行社领导作翔实报告。（5）在通知旅行社的同时，要通知饭店保卫。（6）有关部门来调查时，导游员要积极配合。

3.游客死亡后，导游员要在旅行社领导下做如下工作：（1）提醒领队通知死者所在国驻华使、领馆。（2）提醒领队设法通知死者家属，让其来华处理后事。家属来华后要表示慰问，并安排好他们的生活。（3）按家属或使、领馆的意见处理遗体。（4）与领队等人一起清理死者遗物并登记造册，在场者要在清单上签字并办理公证手续；遗物清点装箱后交死者亲属或交领队带回国，接受遗物者要签字；（5）向其他游客通报死者的死亡原因；（6）协助领导办理有关证件；（7）必要时参加悼念活动。

【案例8-9】送站遇交通事故
【案例评析】

地陪犯的错误主要有以下这些：

（1）不应太晚出发赴机场，乘坐国内航班至少提前2个小时抵达机场；

（2）不应安排客人在赴机场前进行自由活动；

（3）出发前未提醒客人带好贵重物品和证件等；

（4）缺少沿途讲解和规范的致欢送词；

（5）不应催促司机开快车而引发交通事故；

（6）不应拦车、随意搬动伤员送他们去医院，而应打电话给急救中心；

（7）出现交通事故后没有保护好现场并第一时间报案；

（8）未将所出现的意外情况（交通事故和误机将成事故）及时报告旅行社并采取相应措施；

（9）没有做好其他旅游者的安抚工作；

（10）不应让全陪和领队都留下照顾其余客人，因为在将伤员送医院的途中，必须有亲属或领队在场。

第九章 旅行服务相关知识

【案例9-1】这是理由吗？
【案例评析】

1.海关人员的做法符合政策：

（1）带有应税物品的旅客不能经绿色通道通关；

（2）海外旅客来中国旅行只可免税携带香烟400支，超出部分都应纳税；

（3）中国政府严禁有害的声像制品入出境，旅客携带黄色录像带亦在严禁之列。

2.旅客说他不识中文，所以走错了海关通道，这不是理由。因为海关通道除文字外，还有明显的标志：红色通道以红色正方形为标志，而绿色通道则以绿色正八角形为标志，经常旅行的人是应该知道的。

3.能经绿色通道通关的旅客包括：

（1）持有中国主管部门给予外交、礼遇签证护照的外籍人士；

（2）海关给予免检礼遇的人员。

不明海关规定或不知如何选择通道的旅客，应选择红色通道通关；经绿色通道通关的旅客，仍需向海关出示本人证件和按规定填写的申报单据。

【案例9-2】谁为旅游者的死负责

【案例评析】

本案死者家属向旅行社提出赔偿要求属不合理；旅行社有义务安慰死者家属，但并不必要为游客死亡事故负责任，其理由如下：

（1）旅行社导游人员在登山前已一再向游客强调了安全问题，在思想上已给游客加强了防范。这对夫妇自身没有加强思想警惕，对其安全问题完全疏忽。新婚愉快的心情固然可以理解，但如果自己都不对自己的安全负责，任何外界的努力都是徒劳。导游人员已一再强调安全，希望引起各位游客的重视，但游客自己的忽视而造成了不幸的发生。

（2）在具体环节的操作上，导游人员也已尽职尽责。登山之前，导游人员向游客说明其危险性，也提出有恐高症的游客不要随团登山，但当事人并未听从导游人员的劝告，反而隐瞒了事实。导游人员根本无从知道事实真相，更是无法帮助其解决问题。事实上，团内有两名游客因有恐高症而未随团旅游，而这对夫妇明知有一方轻度畏高，却不告知导游人员，将自己推向了危险与死亡。

登山之前，导游人员也已告诉游客，因此山危险，所以请团队各团员在登山中集中注意力，不要左顾右盼，以免分神失足。然而这对新婚夫妇却没有听从导游人员的劝告，依然在登山途中频频回头。地陪和全陪为保护全团游客，一前一后；这对新婚夫妇年轻健康，并无特殊情况需导游人员特殊照顾。自己疏忽了自己的安全，不断分神回头，加之恐高，造成了悲剧的发生。

此事故纯属意外事故，其赔偿责任应在保险公司。其保险范畴是旅行社旅客意外保险，对游客在旅游过程中遭到不测而受到伤害进行赔偿。按照该保险规定，人身伤亡最高赔偿限额为每人外汇人民币18万元。

旅行社已协助死者家属向保险公司进行了索赔，取得了人伤身躯身亡最高赔款。旅行社本身并没有对这对新婚夫妇造成任何人身伤害，不应承担违约赔偿责任。

对于这起事故的发生，我们深感不幸。在感情上，旅行社表示遗憾与同情，并能理解家属丧失亲人的心情；但在责任的角度上，旅行社不能给予赔偿。倘若因同情赔偿，会使旅行社名誉受损，使事故性质不明。当事人家属要求赔偿精神损失费，但是事故的发生属于意外，并且当事人要负一定责任，所以旅行社没有必要负责赔偿，不能将责任与感情混为一谈。

附录2　导游人员扣分的违规行为明细

依据《导游人员管理实施办法》对导游实施计分制管理，将导游人员扣分的违规行为归纳为27种：

1. 扣除10分的行为：

（1）有损害国家利益和民族尊严的言行；
（2）诱导或安排旅游者参加黄、赌、毒活动项目；
（3）有殴打或谩骂旅游者行为；
（4）欺骗、胁迫旅游者消费；
（5）未通过年审继续从事导游业务；
（6）因自身原因造成旅游团重大危害和损失。

2. 扣除8分的行为：

（1）拒绝、逃避检查，或欺骗检查人员；
（2）擅自增加或者减少旅游项目；
（3）擅自终止导游活动；
（4）讲解中掺杂庸俗、下流、迷信内容；
（5）未经旅行社委派私自承揽或者以其他任何方式直接承揽导游业务。

3. 扣除6分的行为

（1）向旅游者兜售物品或购买旅游者物品；
（2）以明示或者暗示的方式向旅游者索要小费；
（3）因自身原因漏接漏送或误接误送旅游团；
（4）讲解质量差或不讲解；
（5）私自转借导游证供他人使用；
（6）发生重大安全事故不积极配合有关部门救助。

4. 扣除4分的行为

（1）私自带人随团游览；
（2）无故不随团活动；
（3）在导游活动中未佩戴导游证或未携带计分卡；
（4）不尊重旅游者宗教信仰和民族风俗。

5. 扣除2分的行为

（1）未按规定时间到岗；

（2）10人以上团队未打接待社社旗；

（3）未携带正规接待计划；

（4）接站未出示旅行社标识；

（5）仪表、着装不整洁；

（6）讲解中吸烟、吃东西。

导游人员在10分分值被扣完后，原则上要求暂停从事导游业务，并由最后扣分的旅游行政执法机构暂时保留其导游证，但要出具保留导游证证明，且需于10日内通报该导游人员所在地旅游行政管理部门和登记注册单位。须说明的是，如果是正在带团过程中的导游人员，可持旅游执法部门开具的保留证明完成团队剩余行程。事后必须接受旅游行政管理部门的培训，经考核合格方能继续从事导游业务。导游人员如一次性被扣10分，须接受旅游行政管理部门的相应规定处罚。

附录3 《中华人民共和国旅游法》

目 录

第一章　总　则
第二章　旅游者
第三章　旅游规划和促进
第四章　旅游经营
第五章　旅游服务合同
第六章　旅游安全
第七章　旅游监督管理
第八章　旅游纠纷处理
第九章　法律责任
第十章　附　则

中华人民共和国旅游法

第一章 总则

第一条　为保障旅游者和旅游经营者的合法权益，规范旅游市场秩序，保护和合理利用旅游资源，促进旅游业持续健康发展，制定本法。

第二条　在中华人民共和国境内的和在中华人民共和国境内组织到境外的游览、度假、休闲等形式的旅游活动以及为旅游活动提供相关服务的经营活动，适用本法。

第三条　国家发展旅游事业，完善旅游公共服务，依法保护旅游者在旅游活动中的权利。

第四条　旅游业发展应当遵循社会效益、经济效益和生态效益相统一的原则。国家鼓励各类市场主体在有效保护旅游资源的前提下，依法合理利用旅游资源。利用公共资源建设的游览场所应当体现公益性质。

第五条　国家倡导健康、文明、环保的旅游方式，支持和鼓励各类社会机构开展旅游公益宣传，对促进旅游业发展做出突出贡献的单位和个人给予奖励。

第六条　国家建立健全旅游服务标准和市场规则，禁止行业垄断和地区垄断。旅游经营者应当诚信经营，公平竞争，承担社会责任，为旅游者提供安全、健康、卫生、方便的旅游服务。

第七条　国务院建立健全旅游综合协调机制,对旅游业发展进行综合协调。

县级以上地方人民政府应当加强对旅游工作的组织和领导,明确相关部门或者机构,对本行政区域的旅游业发展和监督管理进行统筹协调。

第八条　依法成立的旅游行业组织,实行自律管理。

第二章　旅游者

第九条　旅游者有权自主选择旅游产品和服务,有权拒绝旅游经营者的强制交易行为。

旅游者有权知悉其购买的旅游产品和服务的真实情况。

旅游者有权要求旅游经营者按照约定提供产品和服务。

第十条　旅游者的人格尊严、民族风俗习惯和宗教信仰应当得到尊重。

第十一条　残疾人、老年人、未成年人等旅游者在旅游活动中依照法律、法规和有关规定享受便利和优惠。

第十二条　旅游者在人身、财产安全遇有危险时,有请求救助和保护的权利。

旅游者人身、财产受到侵害的,有依法获得赔偿的权利。

第十三条　旅游者在旅游活动中应当遵守社会公共秩序和社会公德,尊重当地的风俗习惯、文化传统和宗教信仰,爱护旅游资源,保护生态环境,遵守旅游文明行为规范。

第十四条　旅游者在旅游活动中或者在解决纠纷时,不得损害当地居民的合法权益,不得干扰他人的旅游活动,不得损害旅游经营者和旅游从业人员的合法权益。

第十五条　旅游者购买、接受旅游服务时,应当向旅游经营者如实告知与旅游活动相关的个人健康信息,遵守旅游活动中的安全警示规定。

旅游者对国家应对重大突发事件暂时限制旅游活动的措施以及有关部门、机构或者旅游经营者采取的安全防范和应急处置措施,应当予以配合。

旅游者违反安全警示规定,或者对国家应对重大突发事件暂时限制旅游活动的措施、安全防范和应急处置措施不予配合的,依法承担相应责任。

第十六条　出境旅游者不得在境外非法滞留,随团出境的旅游者不得擅自分团、脱团。

入境旅游者不得在境内非法滞留,随团入境的旅游者不得擅自分团、脱团。

第三章　旅游规划和促进

第十七条　国务院和县级以上地方人民政府应当将旅游业发展纳入国民经济和社会发展规划。

国务院和省、自治区、直辖市人民政府以及旅游资源丰富的设区的市和县级人民政府,应当按照国民经济和社会发展规划的要求,组织编制旅游发展规划。对跨行政区域且适宜进行整体利用的旅游资源进行利用时,应当由上级人民政府组织编制或者由相关地方人民政府协商编制统一的旅游发展规划。

第十八条　旅游发展规划应当包括旅游业发展的总体要求和发展目标,旅游资源保护和利用的要求和措施,以及旅游产品开发、旅游服务质量提升、旅游文化建设、旅游形象推广、旅游基础设施和公共服务设施建设的要求和促进措施等内容。

根据旅游发展规划,县级以上地方人民政府可以编制重点旅游资源开发利用的专项规划,对特定区域内的旅游项目、设施和服务功能配套提出专门要求。

第十九条 旅游发展规划应当与土地利用总体规划、城乡规划、环境保护规划以及其他自然资源和文物等人文资源的保护和利用规划相衔接。

第二十条 各级人民政府编制土地利用总体规划、城乡规划,应当充分考虑相关旅游项目、设施的空间布局和建设用地要求。规划和建设交通、通信、供水、供电、环保等基础设施和公共服务设施,应当兼顾旅游业发展的需要。

第二十一条 对自然资源和文物等人文资源进行旅游利用,必须严格遵守有关法律、法规的规定,符合资源、生态保护和文物安全的要求,尊重和维护当地传统文化和习俗,维护资源的区域整体性、文化代表性和地域特殊性,并考虑军事设施保护的需要。有关主管部门应当加强对资源保护和旅游利用状况的监督检查。

第二十二条 各级人民政府应当组织对本级政府编制的旅游发展规划的执行情况进行评估,并向社会公布。

第二十三条 国务院和县级以上地方人民政府应当制定并组织实施有利于旅游业持续健康发展的产业政策,推进旅游休闲体系建设,采取措施推动区域旅游合作,鼓励跨区域旅游线路和产品开发,促进旅游与工业、农业、商业、文化、卫生、体育、科教等领域的融合,扶持少数民族地区、革命老区、边远地区和贫困地区旅游业发展。

第二十四条 国务院和县级以上地方人民政府应当根据实际情况安排资金,加强旅游基础设施建设、旅游公共服务和旅游形象推广。

第二十五条 国家制定并实施旅游形象推广战略。国务院旅游主管部门统筹组织国家旅游形象的境外推广工作,建立旅游形象推广机构和网络,开展旅游国际合作与交流。

县级以上地方人民政府统筹组织本地的旅游形象推广工作。

第二十六条 国务院旅游主管部门和县级以上地方人民政府应当根据需要建立旅游公共信息和咨询平台,无偿向旅游者提供旅游景区、线路、交通、气象、住宿、安全、医疗急救等必要信息和咨询服务。设区的市和县级人民政府有关部门应当根据需要在交通枢纽、商业中心和旅游者集中场所设置旅游咨询中心,在景区和通往主要景区的道路设置旅游指示标识。

旅游资源丰富的设区的市和县级人民政府可以根据本地的实际情况,建立旅游客运专线或者游客中转站,为旅游者在城市及周边旅游提供服务。

第二十七条 国家鼓励和支持发展旅游职业教育和培训,提高旅游从业人员素质。

第四章 旅游经营

第二十八条 设立旅行社,招徕、组织、接待旅游者,为其提供旅游服务,应当具备下列条件,取得旅游主管部门的许可,依法办理工商登记:

(一)有固定的经营场所;
(二)有必要的营业设施;
(三)有符合规定的注册资本;
(四)有必要的经营管理人员和导游;
(五)法律、行政法规规定的其他条件。

第二十九条　旅行社可以经营下列业务：

（一）境内旅游；

（二）出境旅游；

（三）边境旅游；

（四）入境旅游；

（五）其他旅游业务。

旅行社经营前款第二项和第三项业务，应当取得相应的业务经营许可，具体条件由国务院规定。

第三十条　旅行社不得出租、出借旅行社业务经营许可证，或者以其他形式非法转让旅行社业务经营许可。

第三十一条　旅行社应当按照规定交纳旅游服务质量保证金，用于旅游者权益损害赔偿和垫付旅游者人身安全遇有危险时紧急救助的费用。

第三十二条　旅行社为招徕、组织旅游者发布信息，必须真实、准确，不得进行虚假宣传，误导旅游者。

第三十三条　旅行社及其从业人员组织、接待旅游者，不得安排参观或者参与违反我国法律、法规和社会公德的项目或者活动。

第三十四条　旅行社组织旅游活动应当向合格的供应商订购产品和服务。

第三十五条　旅行社不得以不合理的低价组织旅游活动，诱骗旅游者，并通过安排购物或者另行付费旅游项目获取回扣等不正当利益。

旅行社组织、接待旅游者，不得指定具体购物场所，不得安排另行付费旅游项目。但是，经双方协商一致或者旅游者要求，且不影响其他旅游者行程安排的除外。

发生违反前两款规定情形的，旅游者有权在旅游行程结束后三十日内，要求旅行社为其办理退货并先行垫付退货货款，或者退还另行付费旅游项目的费用。

第三十六条　旅行社组织团队出境旅游或者组织、接待团队入境旅游，应当按照规定安排领队或者导游全程陪同。

第三十七条　参加导游资格考试成绩合格，与旅行社订立劳动合同或者在相关旅游行业组织注册的人员，可以申请取得导游证。

第三十八条　旅行社应当与其聘用的导游依法订立劳动合同，支付劳动报酬，缴纳社会保险费用。

旅行社临时聘用导游为旅游者提供服务的，应当全额向导游支付本法第六十条第三款规定的导游服务费用。

旅行社安排导游为团队旅游提供服务的，不得要求导游垫付或者向导游收取任何费用。

第三十九条　从事领队业务，应当取得导游证，具有相应的学历、语言能力和旅游从业经历，并与委派其从事领队业务的取得出境旅游业务经营许可的旅行社订立劳动合同。

第四十条　导游和领队为旅游者提供服务必须接受旅行社委派，不得私自承揽导游和领队业务。

第四十一条　导游和领队从事业务活动，应当佩戴导游证，遵守职业道德，尊重旅游者的风俗习惯和宗教信仰，应当向旅游者告知和解释旅游文明行为规范，引导旅游者健康、文明旅游，劝阻旅游者违反社会公德的行为。

导游和领队应当严格执行旅游行程安排，不得擅自变更旅游行程或者中止服务活动，不得向旅游者索取小费，不得诱导、欺骗、强迫或者变相强迫旅游者购物或者参加另行付费旅游项目。

第四十二条 景区开放应当具备下列条件，并听取旅游主管部门的意见：

（一）有必要的旅游配套服务和辅助设施；

（二）有必要的安全设施及制度，经过安全风险评估，满足安全条件；

（三）有必要的环境保护设施和生态保护措施；

（四）法律、行政法规规定的其他条件。

第四十三条 利用公共资源建设的景区的门票以及景区内的游览场所、交通工具等另行收费项目，实行政府定价或者政府指导价，严格控制价格上涨。拟收费或者提高价格的，应当举行听证会，征求旅游者、经营者和有关方面的意见，论证其必要性、可行性。

利用公共资源建设的景区，不得通过增加另行收费项目等方式变相涨价；另行收费项目已收回投资成本的，应当相应降低价格或者取消收费。

公益性的城市公园、博物馆、纪念馆等，除重点文物保护单位和珍贵文物收藏单位外，应当逐步免费开放。

第四十四条 景区应当在醒目位置公示门票价格、另行收费项目的价格及团体收费价格。景区提高门票价格应当提前六个月公布。

将不同景区的门票或者同一景区内不同游览场所的门票合并出售的，合并后的价格不得高于各单项门票的价格之和，且旅游者有权选择购买其中的单项票。

景区内的核心游览项目因故暂停向旅游者开放或者停止提供服务的，应当公示并相应减少收费。

第四十五条 景区接待旅游者不得超过景区主管部门核定的最大承载量。景区应当公布景区主管部门核定的最大承载量，制定和实施旅游者流量控制方案，并可以采取门票预约等方式，对景区接待旅游者的数量进行控制。

旅游者数量可能达到最大承载量时，景区应当提前公告并同时向当地人民政府报告，景区和当地人民政府应当及时采取疏导、分流等措施。

第四十六条 城镇和乡村居民利用自有住宅或者其他条件依法从事旅游经营，其管理办法由省、自治区、直辖市制定。

第四十七条 经营高空、高速、水上、潜水、探险等高风险旅游项目，应当按照国家有关规定取得经营许可。

第四十八条 通过网络经营旅行社业务的，应当依法取得旅行社业务经营许可，并在其网站主页的显著位置标明其业务经营许可证信息。

发布旅游经营信息的网站，应当保证其信息真实、准确。

第四十九条 为旅游者提供交通、住宿、餐饮、娱乐等服务的经营者，应当符合法律、法规规定的要求，按照合同约定履行义务。

第五十条 旅游经营者应当保证其提供的商品和服务符合保障人身、财产安全的要求。

旅游经营者取得相关质量标准等级的，其设施和服务不得低于相应标准；未取得质量标准等级的，不得使用相关质量等级的称谓和标识。

第五十一条 旅游经营者销售、购买商品或者服务，不得给予或者收受贿赂。

第五十二条　旅游经营者对其在经营活动中知悉的旅游者个人信息，应当予以保密。

第五十三条　从事道路旅游客运的经营者应当遵守道路客运安全管理的各项制度，并在车辆显著位置明示道路旅游客运专用标识，在车厢内显著位置公示经营者和驾驶人信息、道路运输管理机构监督电话等事项。

第五十四条　景区、住宿经营者将其部分经营项目或者场地交由他人从事住宿、餐饮、购物、游览、娱乐、旅游交通等经营的，应当对实际经营者的经营行为给旅游者造成的损害承担连带责任。

第五十五条　旅游经营者组织、接待出入境旅游，发现旅游者从事违法活动或者有违反本法第十六条规定情形的，应当及时向公安机关、旅游主管部门或者我国驻外机构报告。

第五十六条　国家根据旅游活动的风险程度，对旅行社、住宿、旅游交通以及本法第四十七条规定的高风险旅游项目等经营者实施责任保险制度。

第五章　旅游服务合同

第五十七条　旅行社组织和安排旅游活动，应当与旅游者订立合同。

第五十八条　包价旅游合同应当采用书面形式，包括下列内容：

（一）旅行社、旅游者的基本信息；

（二）旅游行程安排；

（三）旅游团成团的最低人数；

（四）交通、住宿、餐饮等旅游服务安排和标准；

（五）游览、娱乐等项目的具体内容和时间；

（六）自由活动时间安排；

（七）旅游费用及其交纳的期限和方式；

（八）违约责任和解决纠纷的方式；

（九）法律、法规规定和双方约定的其他事项。

订立包价旅游合同时，旅行社应当向旅游者详细说明前款第二项至第八项所载内容。

第五十九条　旅行社应当在旅游行程开始前向旅游者提供旅游行程单。旅游行程单是包价旅游合同的组成部分。

第六十条　旅行社委托其他旅行社代理销售包价旅游产品并与旅游者订立包价旅游合同的，应当在包价旅游合同中载明委托社和代理社的基本信息。

旅行社依照本法规定将包价旅游合同中的接待业务委托给地接社履行的，应当在包价旅游合同中载明地接社的基本信息。

安排导游为旅游者提供服务的，应当在包价旅游合同中载明导游服务费用。

第六十一条　旅行社应当提示参加团队旅游的旅游者按照规定投保人身意外伤害保险。

第六十二条　订立包价旅游合同时，旅行社应当向旅游者告知下列事项：

（一）旅游者不适合参加旅游活动的情形；

（二）旅游活动中的安全注意事项；

（三）旅行社依法可以减免责任的信息；

（四）旅游者应当注意的旅游目的地相关法律、法规和风俗习惯、宗教禁忌，依照中国法律不宜参加的活动等；

（五）法律、法规规定的其他应当告知的事项。

在包价旅游合同履行中，遇有前款规定事项的，旅行社也应当告知旅游者。

第六十三条 旅行社招徕旅游者组团旅游，因未达到约定人数不能出团的，组团社可以解除合同。但是，境内旅游应当至少提前七日通知旅游者，出境旅游应当至少提前三十日通知旅游者。

因未达到约定人数不能出团的，组团社经征得旅游者书面同意，可以委托其他旅行社履行合同。组团社对旅游者承担责任，受委托的旅行社对组团社承担责任。旅游者不同意的，可以解除合同。

因未达到约定的成团人数解除合同的，组团社应当向旅游者退还已收取的全部费用。

第六十四条 旅游行程开始前，旅游者可以将包价旅游合同中自身的权利义务转让给第三人，旅行社没有正当理由的不得拒绝，因此增加的费用由旅游者和第三人承担。

第六十五条 旅游行程结束前，旅游者解除合同的，组团社应当在扣除必要的费用后，将余款退还旅游者。

第六十六条 旅游者有下列情形之一的，旅行社可以解除合同：

（一）患有传染病等疾病，可能危害其他旅游者健康和安全的；

（二）携带危害公共安全的物品且不同意交有关部门处理的；

（三）从事违法或者违反社会公德的活动的；

（四）从事严重影响其他旅游者权益的活动，且不听劝阻、不能制止的；

（五）法律规定的其他情形。

因前款规定情形解除合同的，组团社应当在扣除必要的费用后，将余款退还旅游者；给旅行社造成损失的，旅游者应当依法承担赔偿责任。

第六十七条 因不可抗力或者旅行社、履行辅助人已尽合理注意义务仍不能避免的事件，影响旅游行程的，按照下列情形处理：

（一）合同不能继续履行的，旅行社和旅游者均可以解除合同。合同不能完全履行的，旅行社经向旅游者做出说明，可以在合理范围内变更合同；旅游者不同意变更的，可以解除合同。

（二）合同解除的，组团社应当在扣除已向地接社或者履行辅助人支付且不可退还的费用后，将余款退还旅游者；合同变更的，因此增加的费用由旅游者承担，减少的费用退还旅游者。

（三）危及旅游者人身、财产安全的，旅行社应当采取相应的安全措施，因此支出的费用，由旅行社与旅游者分担。

（四）造成旅游者滞留的，旅行社应当采取相应的安置措施。因此增加的食宿费用，由旅游者承担；增加的返程费用，由旅行社与旅游者分担。

第六十八条 旅游行程中解除合同的，旅行社应当协助旅游者返回出发地或者旅游者指定的合理地点。由于旅行社或者履行辅助人的原因导致合同解除的，返程费用由旅行社承担。

第六十九条 旅行社应当按照包价旅游合同的约定履行义务，不得擅自变更旅游行程安排。

经旅游者同意，旅行社将包价旅游合同中的接待业务委托给其他具有相应资质的地接社履行的，应当与地接社订立书面委托合同，约定双方的权利和义务，向地接社提供与旅游者订立的包价旅游合同的副本，并向地接社支付不低于接待和服务成本的费用。地接社应当按照包价旅游合同和委托合同提供服务。

第七十条　旅行社不履行包价旅游合同义务或者履行合同义务不符合约定的，应当依法承担继续履行、采取补救措施或者赔偿损失等违约责任；造成旅游者人身损害、财产损失的，应当依法承担赔偿责任。旅行社具备履行条件，经旅游者要求仍拒绝履行合同，造成旅游者人身损害、滞留等严重后果的，旅游者还可以要求旅行社支付旅游费用一倍以上三倍以下的赔偿金。

由于旅游者自身原因导致包价旅游合同不能履行或者不能按照约定履行，或者造成旅游者人身损害、财产损失的，旅行社不承担责任。

在旅游者自行安排活动期间，旅行社未尽到安全提示、救助义务的，应当对旅游者的人身损害、财产损失承担相应责任。

第七十一条　由于地接社、履行辅助人的原因导致违约的，由组团社承担责任；组团社承担责任后可以向地接社、履行辅助人追偿。

由于地接社、履行辅助人的原因造成旅游者人身损害、财产损失的，旅游者可以要求地接社、履行辅助人承担赔偿责任，也可以要求组团社承担赔偿责任；组团社承担责任后可以向地接社、履行辅助人追偿。但是，由于公共交通经营者的原因造成旅游者人身损害、财产损失的，由公共交通经营者依法承担赔偿责任，旅行社应当协助旅游者向公共交通经营者索赔。

第七十二条　旅游者在旅游活动中或者在解决纠纷时，损害旅行社、履行辅助人、旅游从业人员或者其他旅游者的合法权益的，依法承担赔偿责任。

第七十三条　旅行社根据旅游者的具体要求安排旅游行程，与旅游者订立包价旅游合同的，旅游者请求变更旅游行程安排，因此增加的费用由旅游者承担，减少的费用退还旅游者。

第七十四条　旅行社接受旅游者的委托，为其代订交通、住宿、餐饮、游览、娱乐等旅游服务，收取代办费用的，应当亲自处理委托事务。因旅行社的过错给旅游者造成损失的，旅行社应当承担赔偿责任。

旅行社接受旅游者的委托，为其提供旅游行程设计、旅游信息咨询等服务的，应当保证设计合理、可行，信息及时、准确。

第七十五条　住宿经营者应当按照旅游服务合同的约定为团队旅游者提供住宿服务。住宿经营者未能按照旅游服务合同提供服务的，应当为旅游者提供不低于原定标准的住宿服务，因此增加的费用由住宿经营者承担；但由于不可抗力、政府因公共利益需要采取措施造成不能提供服务的，住宿经营者应当协助安排旅游者住宿。

第六章　旅游安全

第七十六条　县级以上人民政府统一负责旅游安全工作。县级以上人民政府有关部门依照法律、法规履行旅游安全监管职责。

第七十七条　国家建立旅游目的地安全风险提示制度。旅游目的地安全风险提示的级别划分和实施程序，由国务院旅游主管部门会同有关部门制定。

县级以上人民政府及其有关部门应当将旅游安全作为突发事件监测和评估的重要内容。

第七十八条 县级以上人民政府应当依法将旅游应急管理纳入政府应急管理体系，制定应急预案，建立旅游突发事件应对机制。

突发事件发生后，当地人民政府及其有关部门和机构应当采取措施开展救援，并协助旅游者返回出发地或者旅游者指定的合理地点。

第七十九条 旅游经营者应当严格执行安全生产管理和消防安全管理的法律、法规和国家标准、行业标准，具备相应的安全生产条件，制定旅游者安全保护制度和应急预案。

旅游经营者应当对直接为旅游者提供服务的从业人员开展经常性应急救助技能培训，对提供的产品和服务进行安全检验、监测和评估，采取必要措施防止危害发生。

旅游经营者组织、接待老年人、未成年人、残疾人等旅游者，应当采取相应的安全保障措施。

第八十条 旅游经营者应当就旅游活动中的下列事项，以明示的方式事先向旅游者作出说明或者警示：

（一）正确使用相关设施、设备的方法；

（二）必要的安全防范和应急措施；

（三）未向旅游者开放的经营、服务场所和设施、设备；

（四）不适宜参加相关活动的群体；

（五）可能危及旅游者人身、财产安全的其他情形。

第八十一条 突发事件或者旅游安全事故发生后，旅游经营者应当立即采取必要的救助和处置措施，依法履行报告义务，并对旅游者作出妥善安排。

第八十二条 旅游者在人身、财产安全遇有危险时，有权请求旅游经营者、当地政府和相关机构进行及时救助。

中国出境旅游者在境外陷于困境时，有权请求我国驻当地机构在其职责范围内给予协助和保护。

旅游者接受相关组织或者机构的救助后，应当支付应由个人承担的费用。

第七章 旅游监督管理

第八十三条 县级以上人民政府旅游主管部门和有关部门依照本法和有关法律、法规的规定，在各自职责范围内对旅游市场实施监督管理。

县级以上人民政府应当组织旅游主管部门、有关主管部门和市场监督管理、交通等执法部门对相关旅游经营行为实施监督检查。

第八十四条 旅游主管部门履行监督管理职责，不得违反法律、行政法规的规定向监督管理对象收取费用。

旅游主管部门及其工作人员不得参与任何形式的旅游经营活动。

第八十五条 县级以上人民政府旅游主管部门有权对下列事项实施监督检查：

（一）经营旅行社业务以及从事导游、领队服务是否取得经营、执业许可；

（二）旅行社的经营行为；

（三）导游和领队等旅游从业人员的服务行为；

（四）法律、法规规定的其他事项。

旅游主管部门依照前款规定实施监督检查，可以对涉嫌违法的合同、票据、账簿以及其他资料进行查阅、复制。

第八十六条　旅游主管部门和有关部门依法实施监督检查，其监督检查人员不得少于二人，并应当出示合法证件。监督检查人员少于二人或者未出示合法证件的，被检查单位和个人有权拒绝。

监督检查人员对在监督检查中知悉的被检查单位的商业秘密和个人信息应当依法保密。

第八十七条　对依法实施的监督检查，有关单位和个人应当配合，如实说明情况并提供文件、资料，不得拒绝、阻碍和隐瞒。

第八十八条　县级以上人民政府旅游主管部门和有关部门，在履行监督检查职责中或者在处理举报、投诉时，发现违反本法规定行为的，应当依法及时作出处理；对不属于本部门职责范围的事项，应当及时书面通知并移交有关部门查处。

第八十九条　县级以上地方人民政府建立旅游违法行为查处信息的共享机制，对需要跨部门、跨地区联合查处的违法行为，应当进行督办。

旅游主管部门和有关部门应当按照各自职责，及时向社会公布监督检查的情况。

第九十条　依法成立的旅游行业组织依照法律、行政法规和章程的规定，制定行业经营规范和服务标准，对其会员的经营行为和服务质量进行自律管理，组织开展职业道德教育和业务培训，提高从业人员素质。

第八章　旅游纠纷处理

第九十一条　县级以上人民政府应当指定或者设立统一的旅游投诉受理机构。受理机构接到投诉，应当及时进行处理或者移交有关部门处理，并告知投诉者。

第九十二条　旅游者与旅游经营者发生纠纷，可以通过下列途径解决：

（一）双方协商；

（二）向消费者协会、旅游投诉受理机构或者有关调解组织申请调解；

（三）根据与旅游经营者达成的仲裁协议提请仲裁机构仲裁；

（四）向人民法院提起诉讼。

第九十三条　消费者协会、旅游投诉受理机构和有关调解组织在双方自愿的基础上，依法对旅游者与旅游经营者之间的纠纷进行调解。

第九十四条　旅游者与旅游经营者发生纠纷，旅游者一方人数众多并有共同请求的，可以推选代表人参加协商、调解、仲裁、诉讼活动。

第九章　法律责任

第九十五条　违反本法规定，未经许可经营旅行社业务的，由旅游主管部门或者市场监督管理部门责令改正，没收违法所得，并处一万元以上十万元以下罚款；违法所得十万元以上的，并处违法所得一倍以上五倍以下罚款；对有关责任人员，处二千元以上二万元以下罚款。

旅行社违反本法规定,未经许可经营本法第二十九条第一款第二项、第三项业务,或者出租、出借旅行社业务经营许可证,或者以其他方式非法转让旅行社业务经营许可的,除依照前款规定处罚外,并责令停业整顿;情节严重的,吊销旅行社业务经营许可证;对直接负责的主管人员,处二千元以上二万元以下罚款。

第九十六条 旅行社违反本法规定,有下列行为之一的,由旅游主管部门责令改正,没收违法所得,并处五千元以上五万元以下罚款;情节严重的,责令停业整顿或者吊销旅行社业务经营许可证;对直接负责的主管人员和其他直接责任人员,处二千元以上二万元以下罚款:

(一)未按照规定为出境或者入境团队旅游安排领队或者导游全程陪同的;

(二)安排未取得导游证的人员提供导游服务或者安排不具备领队条件的人员提供领队服务的;

(三)未向临时聘用的导游支付导游服务费用的;

(四)要求导游垫付或者向导游收取费用的。

第九十七条 旅行社违反本法规定,有下列行为之一的,由旅游主管部门或者有关部门责令改正,没收违法所得,并处五千元以上五万元以下罚款;违法所得五万元以上的,并处违法所得一倍以上五倍以下罚款;情节严重的,责令停业整顿或者吊销旅行社业务经营许可证;对直接负责的主管人员和其他直接责任人员,处二千元以上二万元以下罚款:

(一)进行虚假宣传,误导旅游者的;

(二)向不合格的供应商订购产品和服务的;

(三)未按照规定投保旅行社责任保险的。

第九十八条 旅行社违反本法第三十五条规定的,由旅游主管部门责令改正,没收违法所得,责令停业整顿,并处三万元以上三十万元以下罚款;违法所得三十万元以上的,并处违法所得一倍以上五倍以下罚款;情节严重的,吊销旅行社业务经营许可证;对直接负责的主管人员和其他直接责任人员,没收违法所得,处二千元以上二万元以下罚款,并暂扣或者吊销导游证。

第九十九条 旅行社未履行本法第五十五条规定的报告义务的,由旅游主管部门处五千元以上五万元以下罚款;情节严重的,责令停业整顿或者吊销旅行社业务经营许可证;对直接负责的主管人员和其他直接责任人员,处二千元以上二万元以下罚款,并暂扣或者吊销导游证。

第一百条 旅行社违反本法规定,有下列行为之一的,由旅游主管部门责令改正,处三万元以上三十万元以下罚款,并责令停业整顿;造成旅游者滞留等严重后果的,吊销旅行社业务经营许可证;对直接负责的主管人员和其他直接责任人员,处二千元以上二万元以下罚款,并暂扣或者吊销导游证:

(一)在旅游行程中擅自变更旅游行程安排,严重损害旅游者权益的;

(二)拒绝履行合同的;

(三)未征得旅游者书面同意,委托其他旅行社履行包价旅游合同的。

第一百零一条 旅行社违反本法规定,安排旅游者参观或者参与违反我国法律、法规和社会公德的项目或者活动的,由旅游主管部门责令改正,没收违法所得,责令停业整顿,并处二万元以上二十万元以下罚款；情节严重的，吊销旅行社业务经营许可证；对直接负责的主管人员和其他直接责任人员，处二千元以上二万元以下罚款，并暂扣或者吊销导游证。

第一百零二条 违反本法规定，未取得导游证或者不具备领队条件而从事导游、领队活动的，由旅游主管部门责令改正，没收违法所得，并处一千元以上一万元以下罚款，予以公告。

导游、领队违反本法规定，私自承揽业务的，由旅游主管部门责令改正，没收违法所得，处一千元以上一万元以下罚款，并暂扣或者吊销导游证。

导游、领队违反本法规定，向旅游者索取小费的，由旅游主管部门责令退还，处一千元以上一万元以下罚款；情节严重的，并暂扣或者吊销导游证。

第一百零三条 违反本法规定被吊销导游证的导游、领队和受到吊销旅行社业务经营许可证处罚的旅行社的有关管理人员，自处罚之日起未逾三年的，不得重新申请导游证或者从事旅行社业务。

第一百零四条 旅游经营者违反本法规定，给予或者收受贿赂的，由市场监督管理部门依照有关法律、法规的规定处罚；情节严重的，并由旅游主管部门吊销旅行社业务经营许可证。

第一百零五条 景区不符合本法规定的开放条件而接待旅游者的，由景区主管部门责令停业整顿直至符合开放条件，并处二万元以上二十万元以下罚款。

景区在旅游者数量可能达到最大承载量时，未依照本法规定公告或者未向当地人民政府报告，未及时采取疏导、分流等措施，或者超过最大承载量接待旅游者的，由景区主管部门责令改正，情节严重的，责令停业整顿一个月至六个月。

第一百零六条 景区违反本法规定，擅自提高门票或者另行收费项目的价格，或者有其他价格违法行为的，由有关主管部门依照有关法律、法规的规定处罚。

第一百零七条 旅游经营者违反有关安全生产管理和消防安全管理的法律、法规或者国家标准、行业标准的，由有关主管部门依照有关法律、法规的规定处罚。

第一百零八条 对违反本法规定的旅游经营者及其从业人员，旅游主管部门和有关部门应当记入信用档案，向社会公布。

第一百零九条 旅游主管部门和有关部门的工作人员在履行监督管理职责中，滥用职权、玩忽职守、徇私舞弊，尚不构成犯罪的，依法给予处分。

第一百一十条 违反本法规定，构成犯罪的，依法追究刑事责任。

第十章 附则

第一百一十一条 本法下列用语的含义：

（一）旅游经营者，是指旅行社、景区以及为旅游者提供交通、住宿、餐饮、购物、娱乐等服务的经营者。

（二）景区，是指为旅游者提供游览服务、有明确的管理界限的场所或者区域。

（三）包价旅游合同，是指旅行社预先安排行程，提供或者通过履行辅助人提供交通、住宿、餐饮、游览、导游或者领队等两项以上旅游服务，旅游者以总价支付旅游费用的合同。

（四）组团社，是指与旅游者订立包价旅游合同的旅行社。

（五）地接社，是指接受组团社委托，在目的地接待旅游者的旅行社。

（六）履行辅助人，是指与旅行社存在合同关系，协助其履行包价旅游合同义务，实际提供相关服务的法人或者自然人。

第一百一十二条 本法自 2013 年 10 月 1 日起施行。

附录4 《导游管理办法》

《导游管理办法》是为加强导游队伍建设，深化导游体制改革，保障导游合法权益，提升导游服务质量，依据法律法规而制定的法规。本办法共六章四十条，自2018年1月1日起施行。

第一章 总则

第一条 为规范导游执业行为，提升导游服务质量，保障导游合法权益，促进导游行业健康发展，依据《中华人民共和国旅游法》《导游人员管理条例》和《旅行社条例》等法律法规，制定本办法。

第二条 导游执业的许可、管理、保障与激励，适用本办法。

第三条 国家对导游执业实行许可制度。从事导游执业活动的人员，应当取得导游人员资格证和导游证。

国家旅游局建立导游等级考核制度、导游服务星级评价制度和全国旅游监管服务信息系统，各级旅游主管部门运用标准化、信息化手段对导游实施动态监管和服务。

第四条 旅游行业组织应当依法维护导游合法权益，促进导游职业发展，加强导游行业自律。

旅行社等用人单位应当加强对导游的管理和培训，保障导游合法权益，提升导游服务质量。

导游应当恪守职业道德，提升服务水平，自觉维护导游行业形象。

第五条 支持和鼓励各类社会机构积极弘扬导游行业先进典型，优化导游执业环境，促进导游行业健康稳定发展。

第二章 导游执业许可

第六条 经导游人员资格考试合格的人员，方可取得导游人员资格证。

国家旅游局负责制定全国导游资格考试政策、标准，组织导游资格统一考试，以及对地方各级旅游主管部门导游资格考试实施工作进行监督管理。

省、自治区、直辖市旅游主管部门负责组织、实施本行政区域内导游资格考试具体工作。

全国导游资格考试管理的具体办法，由国家旅游局另行制定。

第七条 取得导游人员资格证，并与旅行社订立劳动合同或者在旅游行业组织注册的人员，可以通过全国旅游监管服务信息系统向所在地旅游主管部门申请取得导游证。

导游证采用电子证件形式，由国家旅游局制定格式标准，由各级旅游主管部门通过全国旅游监管服务信息系统实施管理。电子导游证以电子数据形式保存于导游个人移动电话等移动终端设备中。

第八条 在旅游行业组织注册并申请取得导游证的人员，应当向所在地旅游行业组织提交下列材料：

（一）身份证；

（二）导游人员资格证；

（三）本人近期照片；

（四）注册申请。

旅游行业组织在接受申请人取得导游证的注册时，不得收取注册费；旅游行业组织收取会员会费的，应当符合《社会团体登记条例》等法律法规的规定，不得以导游证注册费的名义收取会费。

第九条 导游通过与旅行社订立劳动合同取得导游证的，劳动合同的期限应当在1个月以上。

第十条 申请取得导游证，申请人应当通过全国旅游监管服务信息系统填写申请信息，并提交下列申请材料：

（一）身份证的扫描件或者数码照片等电子版；

（二）未患有传染性疾病的承诺；

（三）无过失犯罪以外的犯罪记录的承诺；

（四）与经常执业地区的旅行社订立劳动合同或者在经常执业地区的旅游行业组织注册的确认信息。

前款第（四）项规定的信息，旅行社或者旅游行业组织应当自申请人提交申请之日起5个工作日内确认。

第十一条 所在地旅游主管部门对申请人提出的取得导游证的申请，应当依法出具受理或者不予受理的书面凭证。需补正相关材料的，应当自收到申请材料之日起5个工作日内一次性告知申请人需要补正的全部内容；逾期不告知的，收到材料之日起即为受理。

所在地旅游主管部门应当自受理申请之日起10个工作日内，作出准予核发或者不予核发导游证的决定。不予核发的，应当书面告知申请人理由。

第十二条 具有下列情形的，不予核发导游证：

（一）无民事行为能力或者限制民事行为能力的；

（二）患有甲类、乙类以及其他可能危害旅游者人身健康安全的传染性疾病的；

（三）受过刑事处罚的，过失犯罪的除外；

（四）被吊销导游证之日起未逾3年的。

第十三条 导游证的有效期为3年。导游需要在导游证有效期届满后继续执业的，应当在有效期限届满前3个月内，通过全国旅游监管服务信息系统向所在地旅游主管部门提出申请，并提交本办法第十条第（二）项至第（四）项规定的材料。

旅行社或者旅游行业组织应当自导游提交申请之日起3个工作日内确认信息。所在地旅游主管部门应当自旅行社或者旅游行业组织核实信息之日起5个工作日内予以审核，并对符合条件的导游变更导游证信息。

第十四条 导游与旅行社订立的劳动合同解除、终止或者在旅游行业组织取消注册的，导游及旅行社或者旅游行业组织应当自解除、终止合同或者取消注册之日起5个工作日内，通过全国旅游监管服务信息系统将信息变更情况报告旅游主管部门。

第十五条 导游应当自下列情形发生之日起 10 个工作日内,通过全国旅游监管服务信息系统提交相应材料,申请变更导游证信息:

(一)姓名、身份证号、导游等级和语种等信息发生变化的;

(二)与旅行社订立的劳动合同解除、终止或者在旅游行业组织取消注册后,在 3 个月内与其他旅行社订立劳动合同或者在其他旅游行业组织注册的;

(三)经常执业地区发生变化的;

(四)其他导游身份信息发生变化的。

旅行社或者旅游行业组织应当自收到申请之日起 3 个工作日内对信息变更情况进行核实。所在地旅游主管部门应当自旅行社或者旅游行业组织核实信息之日起 5 个工作日内予以审核确认。

第十六条 有下列情形之一的,所在地旅游主管部门应当撤销导游证:

(一)对不具备申请资格或者不符合法定条件的申请人核发导游证的;

(二)申请人以欺骗、贿赂等不正当手段取得导游证的;

(三)依法可以撤销导游证的其他情形。

第十七条 有下列情形之一的,所在地旅游主管部门应当注销导游证:

(一)导游死亡的;

(二)导游证有效期届满未申请换发导游证的;

(三)导游证依法被撤销、吊销的;

(四)导游与旅行社订立的劳动合同解除、终止或者在旅游行业组织取消注册后,超过 3 个月未与其他旅行社订立劳动合同或者未在其他旅游行业组织注册的;

(五)取得导游证后出现本办法第十二条第(一)项至第(三)项情形的;

(六)依法应当注销导游证的其他情形。

导游证被注销后,导游符合法定执业条件需要继续执业的,应当依法重新申请取得导游证。

第十八条 导游的经常执业地区应当与其订立劳动合同的旅行社(含旅行社分社)或者注册的旅游行业组织所在地的省级行政区域一致。

导游证申请人的经常执业地区在旅行社分社所在地的,可以由旅行社分社所在地旅游主管部门负责导游证办理相关工作。

第三章 导游执业管理

第十九条 导游为旅游者提供服务应当接受旅行社委派,但另有规定的除外。

第二十条 导游在执业过程中应当携带电子导游证、佩戴导游身份标识,并开启导游执业相关应用软件。

旅游者有权要求导游展示电子导游证和导游身份标识。

第二十一条 导游身份标识中的导游信息发生变化,导游应当自导游信息发生变化之日起 10 个工作日内,向所在地旅游主管部门申请更换导游身份标识。旅游主管部门应当自收到申请之日起 5 个工作日内予以确认更换。

导游身份标识丢失或者因磨损影响使用的，导游可以向所在地旅游主管部门申请重新领取，旅游主管部门应当自收到申请之日起 10 个工作日内予以发放或者更换。

第二十二条　导游在执业过程中应当履行下列职责：

（一）自觉维护国家利益和民族尊严；

（二）遵守职业道德，维护职业形象，文明诚信服务；

（三）按照旅游合同提供导游服务，讲解自然和人文资源知识、风俗习惯、宗教禁忌、法律法规和有关注意事项；

（四）尊重旅游者的人格尊严、宗教信仰、民族风俗和生活习惯；

（五）向旅游者告知和解释文明行为规范、不文明行为可能产生的后果，引导旅游者健康、文明旅游，劝阻旅游者违反法律法规、社会公德、文明礼仪规范的行为；

（六）对可能危及旅游者人身、财产安全的事项，向旅游者作出真实的说明和明确的警示，并采取防止危害发生的必要措施。

第二十三条　导游在执业过程中不得有下列行为：

（一）安排旅游者参观或者参与涉及色情、赌博、毒品等违反我国法律法规和社会公德的项目或者活动；

（二）擅自变更旅游行程或者拒绝履行旅游合同；

（三）擅自安排购物活动或者另行付费旅游项目；

（四）以隐瞒事实、提供虚假情况等方式，诱骗旅游者违背自己的真实意愿，参加购物活动或者另行付费旅游项目；

（五）以殴打、弃置、限制活动自由、恐吓、侮辱、咒骂等方式，强迫或者变相强迫旅游者参加购物活动、另行付费等消费项目；

（六）获取购物场所、另行付费旅游项目等相关经营者以回扣、佣金、人头费或者奖励费等名义给予的不正当利益；

（七）推荐或者安排不合格的经营场所；

（八）向旅游者兜售物品；

（九）向旅游者索取小费；

（十）未经旅行社同意委托他人代为提供导游服务；

（十一）法律法规规定的其他行为。

第二十四条　旅游突发事件发生后，导游应当立即采取下列必要的处置措施：

（一）向本单位负责人报告，情况紧急或者发生重大、特别重大旅游突发事件时，可以直接向发生地、旅行社所在地县级以上旅游主管部门、安全生产监督管理部门和负有安全生产监督管理职责的其他相关部门报告；

（二）救助或者协助救助受困旅游者；

（三）根据旅行社、旅游主管部门及有关机构的要求，采取调整或者中止行程、停止带团前往风险区域、撤离风险区域等避险措施。

第二十五条　具备领队条件的导游从事领队业务的，应当符合《旅行社条例实施细则》等法律、法规和规章的规定。

旅行社应当按要求将本单位具备领队条件的领队信息及变更情况，通过全国旅游监管服务信息系统报旅游主管部门备案。

第四章 导游执业保障与激励

第二十六条 导游在执业过程中，其人格尊严受到尊重，人身安全不受侵犯，合法权益受到保障。导游有权拒绝旅行社和旅游者的下列要求：
（一）侮辱其人格尊严的要求；
（二）违反其职业道德的要求；
（三）不符合我国民族风俗习惯的要求；
（四）可能危害其人身安全的要求；
（五）其他违反法律、法规和规章规定的要求。
旅行社等用人单位应当维护导游执业安全、提供必要的职业安全卫生条件，并为女性导游提供执业便利、实行特殊劳动保护。

第二十七条 旅行社有下列行为的，导游有权向劳动行政部门投诉举报、申请仲裁或者向人民法院提起诉讼：
（一）不依法与聘用的导游订立劳动合同的；
（二）不依法向聘用的导游支付劳动报酬、导游服务费用或者缴纳社会保险费用的；
（三）要求导游缴纳自身社会保险费用的；
（四）支付导游的报酬低于当地最低工资标准的。
旅行社要求导游接待以不合理低价组织的旅游团队或者承担接待旅游团队的相关费用的，导游有权向旅游主管部门投诉举报。
鼓励景区对持有导游证从事执业活动或者与执业相关活动的导游免除门票。

第二十八条 旅行社应当与通过其取得导游证的导游订立不少于 1 个月期限的劳动合同，并支付基本工资、带团补贴等劳动报酬，缴纳社会保险费用。
旅行社临时聘用在旅游行业组织注册的导游为旅游者提供服务的，应当依照旅游和劳动相关法律、法规的规定足额支付导游服务费用；旅行社临时聘用的导游与其他单位不具有劳动关系或者人事关系的，旅行社应当与其订立劳动合同。

第二十九条 旅行社应当提供设置"导游专座"的旅游客运车辆，安排的旅游者与导游总人数不得超过旅游客运车辆核定乘员数。
导游应当在旅游车辆"导游专座"就坐，避免在高速公路或者危险路段站立讲解。

第三十条 导游服务星级评价是对导游服务水平的综合评价,星级评价指标由技能水平、学习培训经历、从业年限、奖惩情况、执业经历和社会评价等构成。导游服务星级根据星级评价指标通过全国旅游监管服务信息系统自动生成，并根据导游执业情况每年度更新一次。
旅游主管部门、旅游行业组织和旅行社等单位应当通过全国旅游监管服务信息系统，及时、真实地备注各自获取的导游奖惩情况等信息。

第三十一条 各级旅游主管部门应当积极组织开展导游培训，培训内容应当包括政策法规、安全生产、突发事件应对和文明服务等，培训方式可以包括培训班、专题讲座和网络在线培训等，每年累计培训时间不得少于 24 小时。培训不得向参加人员收取费用。
旅游行业组织和旅行社等应当对导游进行包括安全生产、岗位技能、文明服务和文明引导等内容的岗前培训和执业培训。
导游应当参加旅游主管部门、旅游行业组织和旅行社开展的有关政策法规、安全生产、突发事件应对和文明服务内容的培训；鼓励导游积极参加其他培训，提高服务水平。

第五章 罚则

第三十二条 导游违反本办法有关规定的，依照下列规定处理：

（一）违反本办法第十九条规定的，依据《旅游法》第一百零二条第二款的规定处罚；

（二）违反本办法第二十条第一款规定的，依据《导游人员管理条例》第二十一条的规定处罚；

（三）违反本办法第二十二条第（一）项规定的，依据《导游人员管理条例》第二十条的规定处罚；

（四）违反本办法第二十三条第（一）项规定的，依据《旅游法》第一百零一条的规定处罚；

（五）违反本办法第二十三条第（二）项规定的，依据《旅游法》第一百条的规定处罚；

（六）违反本办法第二十三条第（三）项至第（六）项规定的，依据《旅游法》第九十八条的规定处罚；

（七）违反本办法第二十三条第（七）项规定的，依据《旅游法》第九十七条第（二）项的规定处罚；

（八）违反本办法第二十三条第（八）项规定的，依据《导游人员管理条例》第二十三条的规定处罚；

（九）违反本办法第二十三条第（九）项规定的，依据《旅游法》第一百零二条第三款的规定处罚。

违反本办法第三条第一款规定，未取得导游证从事导游活动的，依据《旅游法》第一百零二条第一款的规定处罚。

第三十三条 违反本办法规定，导游有下列行为的，由县级以上旅游主管部门责令改正，并可以处 1000 元以下罚款；情节严重的，可以处 1000 元以上 5000 元以下罚款：

（一）未按期报告信息变更情况的；

（二）未申请变更导游证信息的；

（三）未更换导游身份标识的；

（四）不依照本办法第二十四条规定采取相应措施的；

（五）未按规定参加旅游主管部门组织的培训的；

（六）向负责监督检查的旅游主管部门隐瞒有关情况、提供虚假材料或者拒绝提供反映其活动情况的真实材料的；

（七）在导游服务星级评价中提供虚假材料的。

旅行社或者旅游行业组织有前款第（一）项和第（七）项规定行为的，依照前款规定处罚。

第三十四条 导游执业许可申请人隐瞒有关情况或者提供虚假材料申请取得导游人员资格证、导游证的，县级以上旅游主管部门不予受理或者不予许可，并给予警告；申请人在一年内不得再次申请该导游执业许可。

导游以欺骗、贿赂等不正当手段取得导游人员资格证、导游证的，除依法撤销相关证件外，可以由所在地旅游主管部门处1000元以上5000元以下罚款；申请人在三年内不得再次申请导游执业许可。

第三十五条 导游涂改、倒卖、出租、出借导游人员资格证、导游证，以其他形式非法转让导游执业许可，或者擅自委托他人代为提供导游服务的，由县级以上旅游主管部门责令改正，并可以处2000元以上1万元以下罚款。

第三十六条 违反本办法第二十五条第二款规定，旅行社不按要求报备领队信息及变更情况，或者备案的领队不具备领队条件的，由县级以上旅游主管部门责令改正，并可以删除全国旅游监管服务信息系统中不具备领队条件的领队信息；拒不改正的，可以处5000元以下罚款。

旅游行业组织、旅行社为导游证申请人申请取得导游证隐瞒有关情况或者提供虚假材料的，由县级以上旅游主管部门责令改正，并可以处5000元以下罚款。

第三十七条 对导游违反本办法规定的行为，县级以上旅游主管部门应当依照旅游经营服务不良信息管理有关规定，纳入旅游经营服务不良信息管理；构成犯罪的，依法移送公安机关追究其刑事责任。

第三十八条 旅游主管部门及其工作人员在履行导游执业许可、管理职责中，滥用职权、玩忽职守、徇私舞弊的，由有关部门责令改正，对直接负责的主管人员和其他直接责任人员依法给予处分。

第六章 附则

第三十九条 本办法下列用语的含义：

（一）所在地旅游主管部门，是指旅行社（含旅行社分社）、旅游行业组织所在地的省、自治区、直辖市旅游主管部门或者其委托的设区的市级旅游主管部门、县级旅游主管部门；

（二）旅游行业组织，是指依照《社会团体登记管理条例》成立的导游协会，以及在旅游协会、旅行社协会等旅游行业社会团体内设立导游分会或者导游工作部门，具体由所在地旅游主管部门确定；

（三）经常执业地区，是指导游连续执业或者3个月内累计执业达到30日的省级行政区域；

（四）导游身份标识，是指标识有导游姓名、证件号码等导游基本信息，以便于旅游者和执法人员识别身份的工作标牌，具体标准由国家旅游局制定。

第四十条 本办法自2018年1月1日起施行

【内容解读】

国家旅游局发布的《导游管理办法》（以下简称《办法》），对导游执业的许可、管理、保障与激励、罚则等作了明确规定，并规定导游出现强迫购物、吃回扣等行为时，最高处罚可以吊销导游资格证。《办法》还规定，导游证采用电子证件，游客、景区、执法人员等可以通过扫描电子导游证上的二维码识别导游身份。

《导游管理办法》对导游强迫购物、吃回扣等11类行为予以严格禁止，并逐项明确了处罚适用的规定，设置了导游执业服务不能逾越的底线。这是导游新规的重要内容之一。

《导游管理办法》规定,导游执业许可证不再只有通过旅行社一个途径获得,还可以通过旅游行业组织申请注册,打破了旅行社的垄断。这不但使导游执业变得更加宽松,也使旅游服务组织的市场竞争变得更加公平——导游可以与线上旅游服务机构签约执业,也可以参加导游协会组织、旅游服务机构,提供导游派遣服务,强化了导游参与博弈的权利。这些都为进一步激活导游积极性、提升导游服务水平创造了条件。

参考文献

[1] 全国导游资格考试统编教材专家编写组.导游业务[M]. 5 版. 北京：中国旅游出版社，2020.
[2] 杜炜，张建梅.导游业务[M]. 2 版. 北京：高等教育出版社，2006.
[3] 杨光，王冬青.导游业务[M]. 北京：电子工业出版社出版，2007.
[4] 叶娅丽.导游业务[M]. 上海：上海交通大学出版社，2011.
[5] 李娌，王哲.导游服务案例精选解析[M]. 北京：旅游教育出版社，2007.
[6] 仇向明，黄恢月.出境旅游领队工作案例解析[M]. 北京：旅游教育出版社，2008.
[7] 程新造.导游接待案例选析[M]. 北京：旅游教育出版社，2003.
[8] 陈树主.导游业务[M]. 重庆：重庆大学出版社，2015.
[9] 王红宝.导游业务[M]. 杭州：浙江大学出版社，2010.
[10] 熊剑平,导游实务与案例[M]. 武汉：湖北教育出版社，2014.
[11] 蒋炳辉.导游员带团200个怎么办[M]. 北京：中国旅游出版社，2001.
[12] 毛福禄.模拟导游[M]. 大连：东北财经大学出版社，2002.
[13] 韩荔华.实用导游语言技巧[M]. 北京：旅游教育出版社，2002.
[14] 蒋炳辉.导游带团艺术[M]. 北京：中国旅游出版社，2001.
[15] 薛建红.旅游服务礼仪[M]. 郑州：郑州大学出版社，2002.
[16] 叶骁军，丁乙欣.导游服务实务教程[M]. 天津：南开大学出版社，2015.
[17] 李盼，梁焰，邹建琴，等.导游业务[M]. 成都：西南交通大学出版社，2018.
[18] 全国导资考试教材编写组.导游实务[M]. 北京：旅游教育出版社，2001.
[19] 国家旅游局人事劳动教育司.模拟导游[M]. 北京：中国旅游出版社，199.
[20] 王雁.导游业务练习册[M]. 北京：高等教育出版社，2008.